楊維中　注譯

新譯

# 華嚴經入法界品（下）

三民書局

國家圖書館出版品預行編目資料

新譯華嚴經入法界品／楊維中注譯.－－二版四刷.－－臺北市：三民，2022
冊； 公分.－－(古籍今注新譯叢書)

ISBN 978-957-14-5448-1(上冊：平裝).
ISBN 978-957-14-5449-8(下冊：平裝)
1.華嚴部

221.2 100001233

古籍今注新譯叢書

新譯華嚴經入法界品（下）

| | |
|---|---|
| 注譯者 | 楊維中 |
| 發行人 | 劉振強 |
| 出版者 | 三民書局股份有限公司 |
| 地址 | 臺北市復興北路 386 號 (復北門市)<br>臺北市重慶南路一段 61 號 (重南門市) |
| 電話 | (02)25006600 |
| 網址 | 三民網路書店 https://www.sanmin.com.tw |
| 出版日期 | 初版一刷 2004 年 1 月<br>二版一刷 2011 年 2 月<br>二版四刷 2022 年 4 月 |
| 書籍編號 | S033290 |
| ISBN | 978-957-14-5449-8 |

# 新譯華嚴經入法界品 目次

## 下冊

# 華嚴經　入法界品之十

【題　解】本卷包括〈入法界品〉的「末會」中的第三十四會至三十五會，即善財童子「五十三參」中的第三十三參至三十四參的內容。

第三十三參為「普德淨光夜神會」：善財童子遵從婆珊婆演底夜神的囑咐，到達閻浮提「摩竭提」國「菩提場」內向「普德淨光」夜神請教進入菩薩地的方法、途徑。普德淨光夜神向善財童子解說圓滿菩薩行的十種方法，並為善財童子敘述「寂靜禪定樂普遊步」菩薩解脫法門的法體與四大業用（即功能）。此四大功能為：攀緣如實禪、法樂住禪、引生功德禪、饒益有情禪。普德淨光夜神給善財童子宣講的「菩薩寂靜禪定樂普遊步解脫門」，是進入「十地」之第二地——「離垢地」的方法。離垢地，又作「離垢」、「無垢地」、「淨地」。進入此地之菩薩，獲得守清淨戒行，遠離煩惱垢染，故名「無垢」；又以此地具足三聚淨戒故，亦稱「具戒地」。

第三十四參為「喜目觀察眾生夜神會」：善財童子在前往找尋「喜目觀察眾生」夜神住所的路上，得到喜目觀察眾生夜神的加持，求訪親近善知識之心更加迫切。到達夜神的住所後，善財童子看到了此位夜神顯現出的修行身，其化身分別象徵「十度」的「施波羅蜜」、「戒波羅蜜」、「忍波羅蜜」、「精進波羅蜜」、「靜慮波羅蜜」、「般若波羅蜜」、「方便善巧波羅蜜」、「願波羅蜜」、「力波羅蜜」、「智波羅蜜」。喜目觀察眾生夜神又從其每一毛孔中變化出色界四禪天、欲界五天、天龍八部以及閻羅王及其眷屬等等無數的眾生身雲，他們分別以各種聲音為眾生演說以「十波羅蜜」為主的法門，使眾生得到解脫修行利益。善財童子因為往昔曾經與喜目觀察眾生夜神共同修行以及如來神力加持的緣故，目睹喜目觀察眾生夜神所示現出來的功能而獲得菩薩不思議大勢力普喜幢自在力解脫法門。在此，善財童子又提出發心修行之後的修行過程、修得此法門的具體時節兩個問題，請喜目觀察眾生夜神回答。喜目觀察眾生夜神以偈頌的形式對這兩個問題作了回答。喜目觀察眾生夜神在「寂靜音劫」發菩提心，又歷經「天勝劫」、「梵光明劫」、「功德月劫」、「寂靜慧劫」、「善出現劫」、「堅固王劫」、「妙勝主劫」、「千功德劫」、「無著莊嚴劫」等九劫的清淨修行，最終在「功德幢」佛的所在證得十地境界，獲得大勢力普喜幢菩薩解脫法門。喜目觀察眾生夜神給善財童子宣講的菩薩不思議大勢力普喜幢自在力解脫法門，是進入十地之第三地——「發光地」的方法。發光地，又作「明地」、「有光地」、「興光地」，菩薩至此位成就勝定、大法、總持，開發極明淨之慧光。

## 善財童子第三十三參：普德淨光夜神會

爾時，善財童子了知彼婆珊婆演底夜神初發菩提心所生菩薩藏、所發菩薩願、所淨菩薩度、所入菩薩地、所修菩薩行、所行出離道、一切智光海、普救眾生心、普徧大悲雲，於一切佛剎盡未來際常能出生普賢行願。

漸次遊行，至普德淨光夜神所，頂禮其足，繞無數匝，於前合掌而作是言：「聖者！我已先發阿耨多羅三藐三菩提心，而我未知菩薩云何修行菩薩地，云何出生菩薩地，云何成就菩薩地。」

夜神答言：「善哉！善哉！善男子！汝已能發阿耨多羅三藐三菩提心，今復問於菩薩地修行、出生及以成就。

「善男子！菩薩成就十法，能圓滿菩薩行。何者為十？一者，得清淨三昧，常見一切佛；二者，得清淨眼，常觀一切佛相、好莊嚴；三者，知一切如來無量無邊功德大海；四者，知等法界無量諸佛法光明海；五者，知一切如來一一毛孔放等眾生數大光明海，利益無量一切眾生；六者，見一切如來一一毛孔出一切寶色光明燄海；七者，於念念中出現一切佛變化海，充滿法界，究竟一切諸佛境界，調伏眾生；八者，得佛音聲同一切眾生言音海，轉三世一切佛法輪；九者，知一切佛無邊名號海；十者，知一切佛調伏眾生不思議自在力。善男子！菩薩成就此十種法，則能圓滿菩薩諸行。

【章　旨】這是善財童子「五十三參」的第三十三次參訪，也是〈入法界品〉「末會」中善財五十五會中的第三十四會。善財童子遵從婆珊婆演底夜神的囑咐，到達閻浮提「摩竭提」國「菩提場」內向「普德淨光」夜神請教進入菩薩地的方法、途徑。普德淨光夜神向善財童子解說圓滿菩薩行的十種方法。

【語　譯】那時，善財童子了知那婆珊婆演底夜神初發菩提心之時所生的菩薩藏、所發的菩薩願、所淨的菩薩度、所進入的菩薩地、所修行的菩薩行、所行的出離之道、所證的一切智之光明海、所懷有的普救眾生之心、普偏大悲之雲，在一切佛土盡未來際常常能產生普賢行願。

善財童子逐漸前進，到達「摩竭提」國「菩提場」內的「普德淨光」夜神的住所。善財童子頂禮夜神的雙足，在其周圍繞行無數圈，在其前合掌而這樣說道：「聖者！我早先已經發阿耨多羅三藐三菩提心，但卻不知曉菩薩如何修行菩薩地，如何出生於菩薩地，如何成就菩薩地。」

普德淨光夜神回答說：「好啊！好啊！善男子！你已經能夠發阿耨多羅三藐三菩提心，現今又問菩薩地修行、出生以及成就等問題。

「善男子！菩薩成就如下十法就能夠使菩薩行得到圓滿。這十法是什麼呢？第一，獲得清淨三昧，常常觀見一切佛；第二，獲得清淨眼，常常觀想一切佛相、好莊嚴；第三，知曉一切如來無量無邊之功德大海；第四，知曉與法界相同大小的無量諸佛之法光明海；第五，知曉一切如來一一毛孔放射出與眾生數量相等的大光明之海，並且以此利益無量一切眾生；第六，觀見一切如來一一毛孔發出一切寶之顏色的光明燄之海；第七，在念念中出現一切佛變化之海，充滿整個法界，究竟一切諸佛之境界，並且以之調伏眾生；第八，獲得與一切眾生言音與佛的聲音完全相同之海，旋轉三世一切佛法輪；第九，知曉一切佛無邊名號之海；第十，知曉一切佛調伏眾生不思議之自在力。善男子！菩薩成就此十種法，就能夠使菩薩諸行得到圓滿。

「善男子！我得菩薩解脫，名寂靜禪定樂普遊步❶。普見三世一切諸佛，亦見彼佛清淨國土、道場、眾會、神通、名號、說法、壽命、言音、身相，種種不同，悉皆明睹而無取著。何以故？知諸如來非去，世趣永滅故；非來，體性❷無生故；非生，法身平等故；非滅，無有生相故；非實，住如幻法故；非妄，利益眾生故；非遷，超過生死故；非壞，性常不變故；一相，言語悉離故；無相，性相本空故❸。

「善男子！我如是了知一切如來時❹，於菩薩寂靜禪定樂普遊步解脫門，分明了達，成就增長，思惟觀察，堅固莊嚴，不起一切妄想分別，大悲救護一切眾生。一心不動，修習初禪❺。息一切意業，攝一切眾生，智力勇猛，喜心悅豫，修第二禪❻。思惟一切眾生自性，厭離生死，修第三禪❼。悉能息滅一切眾生眾苦熱惱❽，修第四禪❾。

「增長圓滿一切智願，出生一切諸三昧海，入諸菩薩解脫海❿門，遊戲一切神通，成就一切變化，以清淨智普入法界⓫。

「善男子！我修此解脫時，以種種方便成就眾生⓬。所謂：於在家放逸眾生，令生不淨想、可厭想、疲勞想、逼迫想、繫縛想、羅剎想、無常想、苦想、無我想、空想、無生想、不自在想、老病死想。自於五欲不生樂著，亦勸眾生不著欲樂，唯住法樂⓭，出離於家，入於非家。若有眾生住於空閑，我為止息諸惡音聲，於靜夜時為說深法，與順行緣，開出家門，示正道路，為作光明，除其闇障，滅其怖畏，讚出家業，嘆佛、法、僧及善知識具諸功德，亦歎親近善知識行。復次，善男子！我修解脫時，令諸眾生，不生非法貪，不起邪分別，不作諸罪業。若已作者，皆令止息；若未生善法，未修波羅蜜行，未求一切智，未起大慈悲，未造人、天業，皆令其生；若已生者，令其增長。我與如是順道因緣，乃至令成一切智智。

**【章　旨】**普德淨光夜神為善財童子敘述「寂靜禪定樂普遊步」菩薩解脫法門的法體與四大功能。此四大功能為：攀緣如實禪、法樂住禪、引生功德禪、饒益有情禪。

**【注　釋】**❶寂靜禪定樂普遊步　據澄觀解釋，此法門之法體為：「謂契理無著為『寂靜』，止觀雙運為『禪定』，正法樂住為『樂』，大用無涯為『普遊步』。」（澄觀《華嚴經疏》卷五十八，《大正藏》卷三十五，頁九四二上）❷體性　指實體，即事物之實質為「體」，而體之不變易稱為「性」，故「體」即「性」。若就理之法門而言，佛與眾生，其體性同一而無差別。❸普見三世一切諸佛二十五句　澄觀說此數句是對「攀緣如實禪」的說明。「攀緣如實禪」與「如來清淨禪」相同。文中以般若學的「八不」解釋此禪法，「文有『十非』，大同《中論》八不。謂不去不來、不生不滅為四。其『非實非妄』即是不常，『非遷非壞』即是不斷，一相即非異，無相亦非一。」此禪法的核心是「窮了如來之體性」（參見澄觀《華嚴經疏》卷五十八，《大正藏》卷三十五，頁九四二上）。❹我如是了知一切如來時　此段落講述「法樂住禪」之內容。❺初禪　清淨心中，諸漏不動，是為初禪。

具有「尋」、「伺」、「喜」、「樂」、「心一境性」等五支，心能寂靜審慮，感受到離開欲界之惡而生喜、樂，心感喜受，身感樂受，故稱「離生喜樂」，然仍有尋與伺之心理活動，稱為初禪。尋，舊譯作「覺」，為心之粗分別作用；伺，舊譯作「觀」，為心之細分別作用。因為獲得此禪定之人仍有尋、伺作用，故又稱「有覺有觀」。上文中，「思惟觀察」即是尋、伺，「堅固莊嚴」猶是尋、伺之相。「不起一切妄想分別」，即所離之障。「大悲救護一切眾生」，「調離自憂，念眾生憂，故生喜、樂」。「一心不動」則為此禪之所依（參見澄觀《華嚴經疏》卷五十八，《大正藏》卷三十五，頁九四二上）。❻第二禪　具有「內等淨」、「喜」、「樂」、「心一境性」等四支，在此禪定中，遠離初禪的尋、伺心理活動，於內心信相明淨，故稱「內等淨」；由於禪定之故，住於喜與樂之情態，故稱「定生喜樂」。上文中，「息一切意業」即「滅覺觀」，「攝一切眾生」、「智力勇猛」是「內淨無覺無觀」即「內等淨」，「喜心悅豫」是「定生喜樂」（參見澄觀《華嚴經疏》卷五十八，《大正藏》卷三十五，頁九四二上）。❼第三禪　具有行捨、正念、正慧（又作正知）、受樂、心一境性等五支。於此禪定中，已離脫二禪之喜樂，住於正念正知，進一步欣求更高境界的勝法而精進修習；因已遠離二禪定之喜樂，然猶存有自地之妙樂，故稱「離喜妙樂」。上文中，「思惟一切眾生自性」即行捨、正念二支，「厭離生死」即正慧、受樂二支，「調正知生死不可喜故，厭離即得真寂之樂」（參見澄觀《華嚴經疏》卷五十八，《大正藏》卷三十五，頁九四二上）。❽熱惱　指逼於劇苦，而使身心焦熱苦惱。❾第四禪　此禪定具有「捨清淨」、「念清淨」、「不苦不樂受」、「心一境性」等四支。在此禪定，離脫第三禪定之妙樂，故稱「捨清淨」；僅憶念修養功德，故稱「念清淨」；由此之故，住於不苦不樂之感受中。上文中，「悉能息滅一切眾生眾苦熱惱」通具前三支，「悉能息滅」即「捨念清淨」，既無苦樂即是「中受」（參見澄觀《華嚴經疏》卷五十八，《大正藏》卷三十五，頁九四二上、中）。❿解脫海　解脫之德，深廣如海，故將解脫境界稱之為「海」。⓫增長圓滿一切智願六句　此六句講解「引生功德禪」。「遊戲神通」即「普遊步」義，約一乘而說「普入法界」（參見澄觀《華嚴經疏》卷五十八，《大正藏》卷三十五，頁九四二中）。⓬以種種方便成就眾生　此一大段落講解「饒益有情禪」。「種種方便」無不饒益，也即「普遊步」義。可分為三部分理解：「所謂」以下為使其修習「四念處」等觀，「若有眾生」下說明修此道的因緣，「復次」以下使其修習「四正斷」。四念處，又稱「四念住」、「四意止」、「四止念」，或單稱「四念」，即「身念處」、「受念處」、「心念處」、「法念處」。也就是觀身不淨、觀受是苦、觀心無常、觀法無我，而對治「常」、「樂」、「我」、「淨」等四顛倒的觀法。「念」指與觀慧相應之念心所；「處」即「身」、「受」、「心」、「法」四境。於此四境起不淨、苦、無常、無我等觀慧時，就能夠使念止住於其境，因此稱為「念處」或「念住」。四正斷，即「四正勤」，已生惡使其斷滅、未生惡使其不生、未生善使其生起、已生善使其增長。此「四正勤」就是精進，精進勤勞修習四種道法，以策勵身、口、意，斷惡生善。⓭法樂　即法味之樂。聽受佛法之法味，以長養法身之慧命而生喜樂，故稱「法樂」。又行善積德以自娛，也稱為「法樂」。

**【語　譯】**「善男子！我獲得名叫『寂靜禪定樂普遊步』的解脫法門。我可以完全看見過去、現在、未來三世中的一切諸佛，也可以看見這些佛種種不同的清淨國土、道場、眾會、神通、名號、說法、壽命、言音、身相，都能夠明睹而並不執著。為什麼呢？我知曉諸如來非去，世間之道趣永遠除滅的緣故；如來非來，其體性無生的緣故；如來非生，佛的法身平等的緣故；如來非滅，無有生相的緣故；如來非實，住於如幻之法的緣故；如來非妄，利益眾生的緣故；如來非遷，超過生死的緣故；如來非壞，其性常不變的緣故；如來一相，言語都完全遠離的緣故；如來無相，性相本來就是空的緣故。

「善男子！我這樣了知一切如來之時，在菩薩寂靜禪定樂普遊步解脫門中，分明了達，增長成就，思惟觀察，堅固莊嚴，不起一切妄想分別，大悲救護一切眾生，一心不動，修習初禪。息滅一切意業，攝取一切眾生，智力勇猛，喜心悅豫，修習第二禪。思惟一切眾生之自性，厭惡遠離生死，修習第三禪。都能夠息滅一切眾生身心的焦熱苦惱，修習第四禪。

「我增長圓滿一切智之願，出生一切諸三昧之海，進入諸菩薩解脫海之門，遊戲一切神通，成就一切變化，以清淨智完全進入法界。

「善男子！我修習這一解脫法門之時，以種種方便使眾生得到成就。具體而言，面對在家放逸之眾生，使其產生不淨之想、可厭之想、疲勞之想、逼迫之想、繫縛之想、羅剎之想、無常之想、苦之想、無我之想、空之想、無生之想、不自在之想、老病死之想。自己對於五欲不產生喜樂執著，也激勵眾生不執著欲樂，只是住於法樂，出離於家，進入非家。對於住在空閑之處的眾生，我為了止息諸惡之音聲，在靜夜時為其說甚深之法，給予其求取寂靜之想順應的外緣，為其指點出家之門，為其開示正確的道路，為其變化出光明，除去其黑暗之蔽障，滅除其怖畏，讚嘆其出家之業，讚嘆佛、法、僧及善知識所具備的諸功德，也讚嘆其親近善知識的行為。還有，善男子！我修習這一解脫法門之時，使諸眾生，不生非法之貪，不生起邪分別想，不作諸罪業。對於已經作了這些業的眾生，都使其停止；對於未產生善法，未曾修習波羅蜜行，未求得一切智，未生起大慈悲，未造人、天之業的眾生，都使其產生之；對於已經產生這些善法的眾生，使其增長。我給予他們如此順道因緣，直至使其成就一切智之智。

「善男子！我唯得此菩薩寂靜禪定樂普遊步解脫門。如諸菩薩摩訶薩，具足普賢所有行願，了達一切無邊法界，常能增長一切善根，照見一切如來智力，住於一切如來境界，恆處生死，心無障礙，疾能滿足一切智願，普能往詣一切世界，悉能觀見一切諸佛，偏能聽受一切佛法，能破一切眾生癡闇，能於生死大夜之中出生一切智慧光明。而我云何能知能說彼功德行？

「善男子！去此不遠，於菩提場右邊，有一夜神，名喜目觀察眾生❶。汝詣彼問：菩薩云何學菩薩行、修菩薩道？」

爾時，普德淨光夜神欲重宣此解脫義，為善財童子而說頌曰：「若有信解心，盡見三世佛；彼人眼清淨，能入諸佛海❷。汝觀諸佛身，清淨相莊嚴，一念神通力，法界悉充滿❸。盧舍那如來，道場成正覺，一切法界中，轉於淨法輪❹。如來知法性，寂滅無有二，清淨相嚴身，偏示諸世間❺。佛身不思議，法界悉充滿，普現一切剎，一切無不見❻。佛身常光明，一切剎塵等，種種清淨色，念念偏法界❼。如來一毛孔，放不思議光，普照諸群生，令其煩惱滅❽。如來一毛孔，出生無盡化，

充徧於法界，除滅眾生苦❾。佛演一妙音，隨類皆令解，普雨廣大法，
使發菩提意❿。佛昔修諸行，已曾攝受我，故得見如來，普現一切剎⓫。
諸佛出世間，量等眾生數，種種解脫境，非我所能知。一切諸菩薩，入
佛一毛孔，如是妙解脫，非我所能知⓬。此近有夜神，名喜目觀察，汝
應往詣彼，問修菩薩行⓭。」

時，善財童子頂禮其足，繞無數匝，殷勤瞻仰，辭退而去。

【章　旨】普德淨光夜神又向善財童子舉薦閻浮提摩竭提國菩提場右邊的「喜目觀察眾生」夜神，囑咐善財童子前去拜訪。善財童子於是告別普德淨光夜神繼續前進求法。

【注　釋】❶喜目觀察眾生　據澄觀的解釋，「『喜目觀察』者，忍惡視物，故云『喜目』；發聞持光，故云『觀察』。」(澄觀《華嚴經疏》卷五十八，《大正藏》卷三十五，頁九四二中) ❷若有信解心四句　以下十偈分別指前述圓滿菩薩諸行的方法，此偈指第一法「得清淨三昧，常見一切佛」。❸汝觀諸佛身四句　此偈指第二法「得清淨眼，常觀一切佛相、好莊嚴」。❹盧舍那如來四句　此偈指第三法「知一切如來無量無邊功德大海」。❺如來知法性四句　此偈指第四法「知等法界無量諸佛法光明海」。❻佛身不思議四句　此偈指第七法「於念念中出現一切佛變化海，充滿法界，究竟一切諸佛境界，調伏眾生」。❼佛身常光明四句　此偈指第六法「見一切如來一一毛孔出一切寶色光明燄海」。❽如來一毛孔四句　此偈指第五法「知一切如來一一毛孔放等眾生數大光明

海，利益無量一切眾生」。❾如來一毛孔四句　此偈指第十法「知一切佛調伏眾生不思議自在力」。❿佛演一妙音四句　此偈指第八法「得佛音聲同一切眾生言音海，轉三世一切佛法輪」。⓫佛昔修諸行四句　此偈指第九法「知一切佛無邊名號海」。⓬諸佛出世間八句　普德淨光夜神以謙虛的胸懷總結自己所修學的法門。⓭此近有夜神四句　普德淨光夜神向善財童子推薦喜目觀察夜神，囑咐善財童子前去拜訪。後一頌指示後友。

【語　譯】「善男子！我只是獲得此菩薩寂靜禪定樂普遊步解脫門。如同諸位菩薩，我具足普賢所有行願，了達一切無邊之法界，常常能夠使一切善根得到增長，照見一切如來智之力，住於一切如來境界，永遠處於生死流轉之中但卻心無障礙，能夠很快滿足一切智之願，完全能夠前往到達一切世界，都能觀見一切諸佛，徧能聽受一切佛法，能破除一切眾生所具的無明黑暗，能在生死大夜之中出生一切智慧光明。而我為什麼能夠知曉、能夠宣說這一功德行呢？

「善男子！距離此處不遠，也就在菩提場的右邊，有一位名叫『喜目觀察眾生』的夜神。你可以前往他處向其請教：菩薩如何學菩薩行、修菩薩道？」

這時，為再次宣說這一解脫法門，普德淨光夜神對善財童子以偈頌說：「若有信解心，盡見三世佛；彼人眼清淨，能入諸佛海。汝觀諸佛身，清淨相莊嚴，一念神通力，法界悉充滿。盧舍那如來，道場成正覺，一切法界中，轉於淨法輪。如來知法性，寂滅無有二，清淨相嚴身，徧示諸世間。佛身不思議，法界悉充滿，普現一切剎，一切無不見。佛身常光明，一切剎塵等，種種清淨色，念念徧法界。如來一毛孔，放不思議光，普照諸群生，令其煩惱滅。如來一毛孔，出生無盡化，充徧於法界，除滅眾生苦。佛演一妙音，隨類皆令解，普雨廣大法，使發菩提意。佛昔修諸行，已曾攝受我，故得見如來，普現一切剎。諸佛出世間，量等眾生數，種種解脫境，非我所能知。一切諸菩薩，入佛一毛孔，如是妙解脫，非我所能知。此近有夜神，名喜目觀察，汝應往詣彼，問修菩薩行。」

這時，善財童子頂禮夜神的雙足，在其周圍繞行無數圈，殷勤瞻仰夜神。然後，善財童子辭別普德淨光夜神，又繼續前行求法。

## 善財童子第三十四參：喜目觀察眾生夜神會

爾時，善財童子敬善知識教，行善知識語，作如是念：「善知識者，難見難遇；見善知識，令心不散亂❶；見善知識，破障礙山；見善知識，入大悲海救護眾生；見善知識，得智慧光普照法界；見善知識，悉能修行一切智道；見善知識，普能睹見十方佛海；見善知識，得見諸佛轉於法輪，憶持不忘。」作是念已，發意欲詣喜目觀察眾生夜神所。

時，喜目神加善財童子，令知親近善知識，能生諸善根，增長成熟。所謂：令知親近善知識，能修助道具；令知親近善知識，能起勇猛心；

令知親近善知識，能作難壞業；令知親近善知識，能得難伏力；令知親近善知識，能入無邊方；令知親近善知識，能久遠修行；令知親近善知識，能辨無邊業；令知親近善知識，能行無量道；令知親近善知識，能得速疾力，普詣諸剎；令知親近善知識，能不離本處徧至十方。

時，善財童子遽發是念：「由親近善知識，能勇猛勤修一切智道；由親近善知識，能速出生諸大願海；由親近善知識，能為一切眾生盡未來劫受無邊苦；由親近善知識，能被大精進甲，於一微塵中說法聲徧法界；由親近善知識，能速往詣一切方海；由親近善知識，於一毛道，盡未來劫修菩薩行；由親近善知識，於念念中行菩薩行，究竟安住一切智地；由親近善知識，能入三世一切如來自在神力諸莊嚴道；由親近善知識，能常徧入諸法界門；由親近善知識，常緣法界未曾動出，而能徧往十方國土。」

爾時，善財童子發是念已，即詣喜目觀察眾生夜神所。

【章　旨】這是善財童子五十三參的第三十四次參訪，也是〈入法界品〉「末會」中善財五十五會中的第三十五會。善財童子在前往找尋喜目觀察眾生夜神住所的路上，得到喜目觀察眾生夜神的加持，求訪親近善知識之心更加迫切。

【注　釋】❶散亂　心所之名，又作「散動」、「心亂」，是指心於所緣之境流蕩散亂之精神作用。也就是，心若沒有呈現出不動的狀態，心就會起障礙正定的惡慧之作用。

【語　譯】這時，善財童子尊敬善知識的教誨，實踐善知識的旨意，這樣想道：「善知識確實難於見到，難於遇到；拜見善知識可以使心不散亂；拜見善知識，可以破除障礙之山；拜見善知識，可以進入大悲海去救護眾生；拜見善知識，可獲得智慧光普照法界；拜見善知識，全部能夠修行一切智之道；拜見善知識，能夠完全目睹十方佛海；拜見善知識，可以看見諸佛正在旋轉法輪，並且對於佛所說之法憶持不忘。」這樣想著，善財童子更加急迫地想到達喜目觀察眾生夜神的住所。

當時，喜目觀察夜神加持於善財童子，使其知曉親近善知識，能夠產生諸善根，增長成熟。具體而言，使其知曉親近善知識，能夠修習助道之具；使其知曉親近善知識，能夠生起勇猛心；使其知曉親近善知識，能夠作出難壞之業；使其知曉親近善知識，能夠獲得難伏力；使其知曉親近善知識，能夠進入無邊之方位；使其知曉親近善知識，能夠久遠修行；使其知曉親近善知識，能夠做成無邊之業；使其知曉親近善知識，能夠實踐無量道行；使其知曉親近善知識，能夠獲得速疾力，完全到達諸國土；使其知曉親近善知識，能夠不離開本處而徧至十方。

這時，善財童子忽然這樣想道：「由親近善知識的緣故，能夠勇猛勤修一切智之道；由親近善知識的緣故，能夠迅速出生諸大願之海；由親近善知識的緣故，能夠代替一切眾生直至盡未來劫受無邊苦；由親近善知識的緣故，能夠披大精進之甲，在一微塵中說法而其聲卻偏傳法界；由親近善知識的緣故，能夠迅速到達一切方海；由親近善知識的緣故，在一毛道直至盡未來劫修習菩薩行；由親近善知識的緣故，在念念中實踐菩薩行，究竟安住於一切智之地；由親近善知識的緣故，能夠進入三世一切如來自在神力諸莊嚴之道；由親近善知識的緣故，能夠常常完全進入諸法界門；由親近善知識的緣故，常常緣入法界而未有行動卻能夠偏往十方國土。」

這時，善財童子這樣想著，立即到達了喜目觀察眾生夜神的住所。

見彼夜神在於如來眾會道場，坐蓮華藏師子之座，入大勢力普喜幢解脫❶，於其身上一一毛孔，出無量種變化身雲，隨其所應，以妙言音而為說法，普攝無量一切眾生，皆令歡喜而得利益。

所謂：出無量化身雲，充滿十方一切世界，說諸菩薩行檀波羅蜜，於一切事皆無戀著，於一切眾生普皆施與；其心平等，無有輕慢❷，內外悉施，難捨能捨。

出等眾生數無量化身雲，充滿法界，普現一切眾生之前，說持淨戒❸

無有缺犯，修諸苦行皆悉具足，於諸世間無有所依，於諸境界無所愛著，說在生死輪迴往返，說諸人、天盛衰苦樂，說諸境界皆是不淨，說一切法皆是無常，說一切行悉苦無味，令諸世間捨離顛倒，住諸佛境持如來戒。如是演說種種戒行❹，戒香❺普熏，令諸眾生悉得成熟。

又出等眾生數種種身雲，說能忍受一切眾苦，所謂：割截、捶楚、訶罵、欺辱，其心泰然，不動不亂；於一切行不卑不高，於諸眾生不起我慢，於諸法性安住忍受。說菩提心無有窮盡，心無盡故，智亦無盡，普斷一切眾生煩惱；說諸眾生卑賤醜陋不具足身，令生厭離；讚諸如來清淨妙色無上之身，令生欣樂。如是方便成熟眾生。

又出等眾生界種種身雲，隨諸眾生心之所樂，說勇猛精進，修一切智助道之法；勇猛精進，降伏魔怨❻；勇猛精進，發菩提心，不動不退；勇猛精進，度一切眾生，出生死海；勇猛精進，除滅一切惡道諸難；勇猛精進，壞無智山；勇猛精進，供養一切諸佛如來不生疲厭；勇猛精進，受持一切諸佛法輪；勇猛精進，壞散一切諸障礙山；勇猛精進，教化成熟一切眾生；勇猛精進，嚴淨一切諸佛國土。如是方便成熟眾生。

又出種種無量身雲，以種種方便，令諸眾生，心生歡喜，捨離惡意，厭一切欲；為說慚愧，令諸眾生藏護諸根；為說無上清淨梵行；為說欲界是魔境界，令生恐怖；為現不樂世間欲樂，住於法樂，隨其次第，入諸禪定諸三昧樂，令思惟觀察，除滅一切所有煩惱；又為演說一切菩薩諸三昧海神力變現自在遊戲，令諸眾生歡喜適悅，離諸憂怖，其心清淨，諸根猛利，愛重於法，修習增長。

【章旨】善財童子來到喜目觀察眾生夜神的住所，看到了此位夜神顯現出的修行身。這是喜目觀察眾生夜神所修之法門的業用，其化身分別象徵「十度」的「施波羅蜜」、「戒波羅蜜」、「忍波羅蜜」、「精進波羅蜜」、「靜慮波羅蜜」。

【注釋】❶大勢力普喜幢解脫　此法門名稱的涵義，澄觀解釋說：「無不攝伏為『大勢力』，徧稱群機故云『普喜』，摧伏高顯所以名『幢』。」（澄觀《華嚴經疏》卷五十八，《大正藏》卷三十五，頁九四二中）❷輕慢　因輕視別人而產生的傲慢等心作用。❸淨戒　清淨之戒行。❹戒行　調持戒之行為。受持佛陀所制之律法，能隨順戒體，動作身、口、意三業而不違法，稱為戒行。❺戒香　以香薰於十方，比喻持戒者之德名遠聞。蓋持戒之香，其芳馨徧於世間，名聞滿於十方，逆、順風時都能夠聞之；與栴檀、沉水或花葉之香順風則聞之、逆風則不聞的情形並不相同。❻魔怨　指惡魔。因惡魔向人行惡，為人之怨敵，故稱魔怨。

【語　譯】善財童子看見喜目觀察夜神在如來眾會道場中坐在蓮華藏師子之座上，進入「大勢力普喜幢解脫」法門，在其身上每一毛孔中產生出無量種變化身之雲，針對眾生的要求，以美妙的聲音為眾生說法，普攝無量一切眾生，使其都歡喜而得到利益。

喜目觀察夜神變化出無量化身之雲，充滿十方一切世界，講說諸菩薩實踐布施波羅蜜，對於一切事都無留戀執著，對於一切眾生都完全施與；其心完全平等，無有輕慢之心，身內、身外之物都能夠布施，對於最難捨棄的也能夠捨棄。

喜目觀察夜神變化出與眾生數量完全相等的無量化身之雲，充滿法界，完全顯現在一切眾生之前，講說執行清淨戒行而沒有欠缺違犯，修習諸苦行都完全具備，對於諸世間沒有任何依靠，對於諸境界沒有任何歡喜執著，講說眾生在生死輪迴之中往返的情形，講說諸人、天之盛衰與苦樂，講說諸境界都是不淨，講說一切法都是無常的，講說一切行都是苦而無味的，使諸世間眾生捨棄遠離顛倒，住於諸佛境界實踐如來所制定的戒律規範。喜目觀察夜神以種種變化身如此演說種種戒行，戒香普熏，使諸眾生都獲得成熟。

喜目觀察夜神又變化出與眾生數相等的種種身之雲，講說能忍受一切眾苦；這些苦是：割截身體、敲打身體、訶罵、欺辱；儘管身受這些苦楚，其心卻安然不動而從不混亂；不將一切行看低也不將其看高，對於諸眾生不產生我慢之心，對於諸法性安住忍受。喜目觀察夜神之變化身講說菩提心無有窮盡，因為心無盡的緣故，智慧也無盡的緣故，完全斷絕一切眾生之煩惱；講說諸眾生卑賤醜陋而殘缺不全的身體，使其產生厭惡遠離之心；稱讚諸如來清淨妙色無上之身，使其產生欣樂。喜目觀察夜神以如此方便，使眾生得到成熟。

喜目觀察夜神又變化出與眾生界相等的種種身之雲，針對眾生心之所樂，講說勇猛精進，修習一切智助道之法；以勇猛精進，降伏魔怨；以勇猛精進，發菩提心，不動不退；以勇猛精進，濟度一切眾生，出離生死之海；以勇猛精進，除滅一切惡道諸難；以勇猛精進，毀壞無智之山；以勇猛精進，供養一切諸佛如來從不產生疲倦厭惡；以勇猛精進，受持一切諸佛法輪；以勇猛精進，壞散一切諸障礙之山；以勇猛精進，教化使一切眾生得到成熟；以勇猛精進，嚴淨一切諸佛國土。喜目觀察夜神以如此方便，使眾生得到成熟。

喜目觀察夜神又變化出種種無量身之雲，以種種方便，使諸眾生心中產生歡喜，捨棄遠離惡意，厭惡一切欲望。他為其演說慚愧之法，使諸眾生保藏維護諸根；為其演說無上清淨梵行；為其演說欲界即是魔鬼境界，使其產生恐怖；為其顯現不樂世間欲樂，住於法樂，跟隨其次第，進入諸禪定諸三昧樂，使其思惟觀察，除滅一切所有煩惱；又為其演說一切菩薩諸三昧海神力變現自在遊戲，使諸眾生歡喜適悅，遠離諸憂怖，其心清淨，諸根猛利，看重熱愛佛法，修習增長。

又出等眾生界種種身雲，為說往詣十方國土，供養諸佛及以師長、真善知識，受持一切諸佛法輪精勤不懈；又為演說、稱讚一切諸如來海，觀察一切諸法門海，顯示一切諸法性相，開闡一切諸三昧門，開智慧境界，竭一切眾生疑海；示智慧金剛，壞一切眾生見山；昇智慧日輪，破一切眾生癡闇。皆令歡喜，成一切智。

又出等眾生界種種身雲，普詣一切眾生之前，隨其所應，以種種言辭而為說法；或說世間神通福力；或說三界皆是可怖，令其不作世間業行，離三界處，出見稠林；或為稱讚一切智道，令其超越二乘之地；或為演說不住生死、不住涅槃，令其不著有為、無為；或為演說住於天宮乃至道場，令其欣樂發菩提意。如是方便教化眾生，皆令究竟得一切智。

又出一切世界微塵數身雲，普詣一切眾生之前，念念中示普賢菩薩一切行願，念念中示清淨大願充滿法界，念念中示嚴淨一切世界海，念念中示供養一切如來海，念念中示入一切法門海，念念中示入一切世界海、微塵數世界海，念念中示於一切剎盡未來劫清淨修行一切智道，念念中示入如來力，念念中示入一切三世方便海，念念中示往一切剎現種種神通變化，念念中示諸菩薩一切行願，令一切眾生住一切智。如是所作，恆無休息。

又出等一切眾生心數❶身雲，普詣一切眾生之前，說諸菩薩集一切智助道之法無邊際力、求一切智不破壞力、無窮盡力、修無上行不退轉力、無間斷力、於生死法無染著力、能破一切諸魔眾力、遠離一切煩惱垢力、能破一切業障山力、住一切劫修大悲行無疲倦力、震動一切諸佛國土令一切眾生生歡喜力、能破一切諸外道力、普於世間轉法輪力。以如是等方便成熟，令諸眾生至一切智。

又出等一切眾生心數無量變化色身雲，普詣十方無量世界，隨眾生心，演說一切菩薩智行。所謂：說入一切眾生界海智，說入一切眾生心海智，說入一切眾生根海智，說入一切眾生行海智，說度一切眾生未曾失時智，說出一切法界音聲智，說念念徧一切法界海智，說念念知一切世界海壞智，說念念知一切世界海成、住莊嚴差別智，說念念自在親近供養一切如來聽受法輪智。示現如是智波羅蜜，令諸眾生，皆大歡喜，調暢適悅，其心清淨，生決定解，求一切智無有退轉。如說菩薩諸波羅蜜成熟眾生，如是宣說一切菩薩種種行法而為利益。

【章　旨】喜目觀察眾生夜神的化身分別象徵十度的「般若波羅蜜」、「方便善巧波羅蜜」、「願波羅蜜」、「力波羅蜜」、「智波羅蜜」。

【注　釋】❶心數　又作「心所」、「心所有法」、「心所法」、「心數法」，從屬於「心王」，指與心（即「心王」）相應而同時存在的種種複雜的精神作用。

【語　譯】喜目觀察夜神又變化出與眾生界相等的種種身之雲，為眾生講說應該前往十方國土去供養諸佛以及老師長者、真正的善知識，受持一切諸佛法輪而精勤不懈；又為眾生演說、稱讚一切諸如來之海，觀察一切諸法門海，顯示一切諸法性相，開示闡述一切諸三昧門，開示智慧境界，使一切眾生疑海乾涸；開示智慧金剛，毀壞一切眾生見解之山；昇起智慧之日輪，破除一切眾生之無明黑暗。喜目觀察夜神就是如此，使得眾生以歡喜的心境，成就一切智。

喜目觀察夜神又變化出與眾生界相等的種種身之雲，到達一切眾生之前，針對其所應，以種種言辭而為其說法；或者講說世間神通之福力；或者講說三界都是非常恐怖的，使其不作世間業行，遠離三界，拔出見解稠林；或者為其稱讚一切智道，使其超越聲聞、緣覺二乘之地；或者為其演說不住於生死、不住於涅槃之法，使其不著有為法和無為法；或者為其演說住於天宮乃至道場之法，使其欣樂發菩提意。喜目觀察夜神以如此方便教化眾生，使眾生都究竟獲得一切智。

喜目觀察夜神又變化出一切世界微塵數身之雲，到達一切眾生之前，於念念中示顯普賢菩薩一切行願，於念念中示顯充滿法界的清淨大願，於念念中示顯嚴淨一切世界海，於念念中示顯供養一切如來海，於念念中示顯進入一切法門海，於念念中示顯進入一切世界海、微塵數世界海，於念念中示顯於一切國土盡未來劫清淨修行一切智之道，於念念中示顯進入如來之力，於念念中示顯進入一切三世方便之海，於念念中示顯往一切國土顯現種種神通變化，於念念中示顯諸菩薩一切行願，使一切眾生住於一切智。喜目觀察夜神以如此辛勞救度眾生，永遠沒有休息。

喜目觀察夜神又變化出與一切眾生心所法相等的身雲，到達一切眾生之前，講說諸菩薩集一切智助道之法的無邊際之力、追求一切智不破壞力、無窮盡力、修習無上行不退轉力、無間斷力、於生死法無染著力、能破一切諸魔眾力、遠離一切煩惱垢力、能破一切業障山力、住一切劫修大悲行無疲倦力、震動一切諸佛國土使一切眾生產生歡喜力、能破一切諸外道之力、普於世間轉法輪之力。喜目觀察夜神以如此的方便成熟，使諸眾生到達一切智的境界。

喜目觀察夜神又變化出與一切眾生心所法相等的無量變化色身雲，到達十方無量世界，隨應眾生心，演說一切菩薩的智慧和修行。具體而言，講說進入一切眾生界海之智，講說進入一切眾生心海之智，講說進入一切眾生根海之智，講說進入一切眾生行海之智，講說度一切眾生未曾失時之智，講說出一切法界音聲之智，講說念念徧一切法界海之智，講說念念知一切世界海壞之智，講說念念知一切世界海成、住莊嚴差別之智，講說念念自在親近供養一切如來聽受法輪之智。喜目觀察夜神示現如此智波羅蜜，使諸眾生，都產生大歡喜，暢快舒適，其心清淨，產生決定的理解，求取一切智而無有退轉。喜目觀察夜神宣說菩薩諸波羅蜜使眾生得到成熟，如此宣說一切菩薩種種修行方法而使其獲得利益。

復於一一諸毛孔中，出無量種眾生身雲。所謂：出與色究竟天、善現天、善見天、無熱天、無煩天相似身雲，出少廣、廣果、福生、無雲天相似身雲，出徧淨、無量淨、少淨天相似身雲，出光音、無量光、少光天相似身雲，出大梵、梵輔、梵眾天相似身雲❶，出自在天、化樂天、兜率陀天、須夜摩天、忉利天及其采女、諸天子眾相似身雲❷，出提頭賴吒乾闥婆王、乾闥婆子、乾闥婆女相似身雲，出毗樓勒叉、鳩槃荼王、鳩槃荼子、鳩槃荼女相似身雲，出毗樓博叉龍王、龍子、龍女相似身雲，出毗沙門夜叉王❸、夜叉子、夜叉女相似身雲，出大樹緊那羅王、善慧摩睺羅伽王、大速疾力迦樓羅王、羅睺阿修羅王、閻羅法王❹及其子、其女相似身雲，出諸人王及其子、其女相似身雲，出聲聞、獨覺及諸佛眾相似身雲，出地神、水神、火神、風神、河神、海神、山神、樹神乃至晝、夜、主方神等相似身雲。週徧十方，充滿法界。

於彼一切眾生之前，現種種聲。所謂：風輪聲、水輪聲、火燄聲、海潮聲、地震聲、大山相擊聲、天城震動聲、摩尼相擊聲、天王聲、龍王聲、夜叉王聲、乾闥婆王聲、阿修羅王聲、迦樓羅王聲、緊那羅王聲、摩睺羅伽王聲、人王聲、梵王聲、天女歌詠聲、諸天音樂聲、摩尼寶王聲。

【章 旨】喜目觀察夜神又從其每一毛孔中變化出無數的眾生身之雲，並在眾生前發出種種聲音。這些眾生身雲依次為色界四禪天、欲界五天、天龍八部以及閻羅王等及其眷屬。

【注 釋】❶出興色究竟天五句　此五句指色界的「四禪天」共「十八天」。其順序為四禪九天、三禪三天、二禪三天、初禪三天。❷出自在天句　由下向上，依次為四大王眾天（又稱四天王：持國天、增長天、廣目天、多聞天等及其眷屬之住所）、三十三天（又稱忉利天；此天之主稱釋提桓因，即帝釋天）、夜摩天（又稱焰摩天、第三焰天）、睹史多天（又稱兜率天）、樂變化天（又稱化樂天）、他化自在天（又稱第六天、魔天），合稱「六欲天」，為「屬欲界六天」之意。❸毗沙門夜叉王　此指「四天王」之一的北方「多聞天王」。因為夜叉受毗沙門天王統領，守護忉利天等諸天，得受種種歡樂，並具有威勢。因此有此稱呼。❹閻羅法王　閻羅王依法判定冥界眾生之罪，故稱「閻羅法王」，也簡稱為「法王」。

【語　譯】喜目觀察夜神又從其每一毛孔之中，變化出無量種眾生身雲。這些身雲有：變化興起色究竟天、善現天、善見天、無熱天、無煩天相似身雲，興起少廣、廣果、福生、無雲天相似身雲，興起徧淨、無量淨、少淨天相似身雲，興起光音、無量光、少光天相似身雲，興起大梵、梵輔、梵眾天相似身雲，興起自在天、化樂天、兜率陀天、須夜摩天、忉利天及其采女、諸天子眾相似身雲，興起提頭賴吒乾闥婆王、乾闥婆子、乾闥婆女相似身雲，出毗樓勒叉、鳩槃荼王、鳩槃荼子、鳩槃荼女相似身雲，興起毗樓博叉龍王、龍子、龍女相似身雲，興起毗沙門夜叉王、夜叉子、夜叉女相似身雲，興起大樹緊那羅王、善慧摩睺羅伽王、大速疾力迦樓羅王、羅睺阿修羅王、閻羅法王及其子、其女相似身雲，興起諸人王及其子、其女相似身雲，興起聲聞、獨覺及諸佛眾相似身雲，興起地神、水神、火神、風神、河神、海神、山神、樹神乃至晝、夜、主方神等相似身雲。喜目觀察夜神所變現出的這些眾生身雲週徧十方，充滿法界。

喜目觀察夜神在一切眾生之前，顯現出種種聲音。這些聲音有：風輪聲、水輪聲、火燄聲、海潮聲、地震聲、大山相擊聲、天城震動聲、摩尼相擊聲、天王聲、龍王聲、夜叉王聲、乾闥婆王聲、阿修羅王聲、迦樓羅王聲、緊那羅王聲、摩睺羅伽王聲、人王聲、梵王聲、天女歌詠聲、諸天音樂聲、摩尼寶王聲。

以如是等種種音聲，說喜目觀察眾生夜神從初發心所集功德。所謂：承事一切諸善知識，親近諸佛，修行善法；行檀波羅蜜，難捨能捨；行尸波羅蜜，棄捨王位、宮殿、眷屬，出家學道；行羼提波羅蜜，能忍世間一切苦事，及以菩薩所修苦行、所持正法，皆悉堅固，其心不動，亦能忍受一切眾生於己身心惡作惡說，忍一切業皆不失壞，忍一切法生決定解，忍諸法性能諦思惟；行精進波羅蜜，起一切智行，成一切佛法；行禪波羅蜜，其禪波羅蜜所有資具、所有修習、所有成就、所有清淨、所有起三昧神通、所有入三昧海門，皆悉顯示；行般若波羅蜜，其般若波羅蜜所有資具，所有清淨、大智慧日、大智慧雲、大智慧藏、大智慧門，皆悉顯示；行方便波羅蜜，其方便波羅蜜所有資具、所有修行、所有體性、所有理趣、所有清淨、所有相應事，皆悉顯示；行願波羅蜜，其願波羅蜜所有體性、所有成就、所有修習、所有相應事，皆悉顯示；行力波羅蜜，其力波羅蜜所有資具、所有因緣、所有理趣、所有演說、所有相應事，皆悉顯示；行智波羅蜜，其智波羅蜜所有資具、所有體性、所有成就、所有清淨、所有處所、所有增長、所有深入、所有光明、所有顯示、所有理趣、所有相應事、所有簡擇❶、所有行相❷、所有相應法，所有所攝法、所知法、所知業、所知剎、所知劫、所知世、所知佛出現、所知佛、所知菩薩，所知菩薩心、菩薩位、菩薩資具、菩薩發趣❸、菩薩迴向、菩薩大願、菩薩法輪、菩薩簡擇法、菩薩法海、菩薩法門海、菩薩法旋流、菩薩法理趣，如是等智波羅蜜相應境界，皆悉顯示，成熟眾生。

又說此神從初發心所集功德相續次第；所習善根相續次第；所修無量諸波羅蜜相續次第；死此生彼及其名號相續次第；親近善友，承事諸佛，受持正法，修菩薩行，入諸三昧，以三昧力，普見諸佛，普見諸剎，普知諸劫，深入法界，觀察眾生，入法界海，知諸眾生死此生彼，得淨天❹耳聞一切聲，得淨天眼見一切色，得他心智❺知眾生心，得宿住智❻知前際事，得無依無作神足智❼通自在遊行徧十方剎，如是所有相續次第；得菩薩解脫，入菩薩解脫海，得菩薩自在，得菩薩勇猛，得菩薩遊步，住菩薩想，入菩薩道，如是一切所有功德相續次第。皆悉演說，分別顯示，成熟眾生。

如是說時，於念念中，十方各嚴淨不可說不可說諸佛國土，度脫無量惡趣眾生，令無量眾生生天、人中富貴自在，令無量眾生出生死海，令無量眾生安住聲聞、辟支佛地，令無量眾生住如來地。

【章　旨】喜目觀察眾生夜神通過每一毛孔所變化出的種種眾生之身演說種種法（以「十波羅蜜」為主），使眾生得到解脫修行利益。

【注　釋】❶簡擇　選擇。指依智慧力作正確之判斷，以捨偽取真。「簡」與「擇」，均為選擇、分別之意。以智慧來簡擇一切諸法之力，即稱為「擇力」。又由簡擇力而得滅諦涅槃，即稱為「擇滅」。❷行相　指心及心所所具有的認識作用或所映現之影像狀態。心、心所以各自之性能，遊行於境相之上，又行於所對境之相狀，故稱為「行相」。❸菩薩發趣　指地前菩薩為趣入大乘所發之十種心，稱「十發趣心」、「十發趣」。「十發趣」如下：捨心、戒心、忍心、進心、定心、慧心、願心、護心、喜心、頂心。❹淨天　指聲聞、緣覺二乘。因為此二乘人斷除諸煩惱，獲大神通，變化自在，清淨無染，故稱之為「淨天」。❺他心智　又作「知他人心智」、「心差別智」，指了知他人心念之智。遠離欲惑而得色界之根本禪定以上者，得發此智；於六通中，稱為「他心通」。❻宿住智　又作「宿住通智」、「宿命通智」，即知曉自身及六道眾生之百千萬世宿命及所作之事的神通智慧。❼無依無作神足智　即「神境通智」、「身通智」、「身如意通智」、「神足通智」，即自由無礙，隨心所欲現身之能力。

【語　譯】這些眾生身雲以如此等種種音聲演說喜目觀察眾生夜神從初發心所積集的功德。具體而言，這些功德是：承事一切諸善知識，親近諸佛，修行善法；行布施波羅蜜，對於難於捨棄的能夠捨棄；實踐尸波羅蜜，棄捨王位、宮殿、眷屬而出家學道；實踐羼提波羅蜜，能夠忍受世間一切苦事，能夠忍受菩薩所修苦行、所持正法，都很堅固，其心不動，也能夠忍受一切眾生對於自己的身心作出不好的事情說出不好的言語，忍一切業使其都不失壞，忍受一切法而生決定性理解，忍受諸法性能夠仔細思惟；實踐精進波羅蜜，興起一切智行，成就一切佛法；實踐禪波羅蜜，其禪波羅蜜所需要的所有資生之具、所有修習、所有成就、所有清淨、所有起三昧神通、所有進入三昧海之法門，都完全顯示出來；實踐般若波羅蜜，其般若波羅蜜所有資生之具，所有清淨、大智慧之日、大智慧之雲、大智慧之藏、大智慧之門，都完全顯示出來；實踐方便波羅蜜，其方便波羅蜜所有資生之具、所有修行、所有體性、所有理論旨趣、所有清淨、所有相應之事，都完全顯示出來；實踐願波羅蜜，其願波羅蜜所有體性、所有成就、所有修習、所有相應之事，都完全顯示出來；實踐力波羅蜜，其力波羅蜜所有資生之具、所有因緣、所有理論旨趣、所有演說、所有相應之事，都完全顯示出來；實踐智波羅蜜，其智波羅蜜所有資具、所有體性、所有成就、所有清淨、所有處所、所有增長、所有深入、所有光明、所有顯示、所有理論旨趣、所有相應之事、所有簡擇、所有行相、所有相應法，所有所攝法、所知法、所知業、所知國土、所知劫、所知世、所知佛出現、所知佛、所知菩薩，所知菩薩心、菩薩位、菩薩資生之具、菩薩發趣心、菩薩迴向、菩薩大願、菩薩法輪、菩薩簡擇法、菩薩法海、菩薩法門海、菩薩法旋流、菩薩法理論旨趣，如此等等智波羅蜜相應境界，都完全顯示出來，使眾生得以成熟。

這些眾生身雲以如此聲音又演說此神從初發心所積集的功德相續次第；所修習的善根相續次第；所修習無量諸波羅蜜相續次第；死於此，生於彼，及其名號相續次第；親近善友，承事諸佛，受持正法，修習菩薩行，進入諸三昧，以三昧之力，普見諸佛，普見諸國土，完全知曉諸劫，深入法界，觀察眾生，進入法界海，知曉諸眾生死於此生於彼，獲得淨天耳聞聽一切聲音，獲得淨天眼看見一切顏色，獲得他心智知曉眾生之心，獲得宿住智知曉前際之事，獲得無依無作神足智通在十方國土中自在周遊，如此所有相續次第；獲得菩薩解脫，進入菩薩解脫海，獲得菩薩自在，獲得菩薩勇猛，獲得菩薩遊步，住於菩薩想，進入菩薩道，如此一切所有功德相續次第。如此等等，都得到演說，分別顯示，使眾生得到成熟。

在這些眾生身雲演說之時，於念念中，十方不可說不可說諸佛國土都得到嚴淨，度脫無量惡趣眾生，使無量眾生生於天、人中獲得富貴自在，使無量眾生出離生死之海，使無量眾生安住於聲聞、辟支佛地，使無量眾生住於如來地。

爾時，善財童子見聞如上所現一切諸希有事，念念觀察，思惟解了，深入安住，承佛威力及解脫力，則得菩薩不思議大勢力普喜幢自在力解脫。何以故？與喜目夜神於往昔時同修行故，如來神力所加持故，不思議善根所祐助故，得菩薩諸根故，生如來種中故，得善友力所攝受故，受諸如來所護念故，毗盧遮那如來曾所化故，彼分善根❶已成熟故，堪修普賢菩薩行故。

爾時，善財童子得此解脫已，心生歡喜，合掌向喜目觀察眾生夜神，以偈讚曰：「無量無數劫，學佛甚深法，隨其所應化，顯現妙色身。了知諸眾生，沉迷嬰妄想，種種身皆現，隨應悉調伏。法身恆寂靜，清淨無二相，為化眾生故，示現種種形。於諸蘊界處，未曾有所著，示行及色身，調伏一切眾。不著內外法，已度生死海，而現種種身，住於諸有界。遠離諸分別，戲論所不動，為著妄想者，弘宣十力法。一心住三昧，無量劫不動，毛孔出化雲，供養十方佛。得佛方便力，念念無邊際，示現種種身，普攝諸群生。了知諸有海，種種業莊嚴，為說無礙法，令其悉清淨。色身妙無比，清淨如普賢，隨諸眾生心，示現世間相。」

【章　旨】善財童子因為往昔曾經與喜目觀察眾生夜神共同修行以及如來神力加持的緣故，目睹喜目觀察眾生夜神所示現出來的功能而獲得「菩薩不思議大勢力普喜幢自在力解脫」法門。善財童子又以偈頌體讚嘆夜神的無上功德。

【注　釋】❶分善根　又稱「四善根」、「四加行位」，即「暖法」、「頂法」、「忍法」、「世第一法」。此四者乃是發見道位無漏智的根本，故稱「善根」。此四善根係順趣於見道之無漏決擇智，因此又稱「順決擇分善根」。以佛覺為己心，如火欲燃，名為「暖」；以自心成佛，如登高山，身入虛空，下有微礙，名為「頂」；印持無所取之境，順忍所無取之心識，名為「忍」（暖位以佛覺為己心，頂位以自心為佛境，忍位則覺於中道）；由此更進，則迷、覺兩忘，中邊不立，雖未至初地見道之出世間，然已到世間的最後邊際，縱屬有漏，但在世間已是第一，故名「世第一」。

【語　譯】這時，善財童子見聞如上所顯現的一切諸希有之事，念念觀察，思惟理解了悟，深入安住，承佛威力以及解脫力的加持，獲得了「菩薩不可思議大勢力普喜幢自在力解脫」。因為什麼緣故呢？因為善財童子在往昔曾經與喜目夜神在一起共同修行的緣故，因為如來神力加持的緣故，因為不可思議善根所祐助的緣故，獲得菩薩諸根的緣故，生於如來種之中的緣故，獲得善友之力攝受的緣故，受到諸如來護念的緣故，曾經為毗盧遮那如來所化的緣故，善財童子的分善根已成熟的緣故，堪修普賢菩薩行的緣故。

這時，善財童子獲得這一解脫法門，心中生出歡喜，合掌禮拜喜目觀察眾生夜神，並且以偈讚頌夜神曰：「無量無數劫，學佛甚深法，隨其所應化，顯現妙色身。了知諸眾生，沉迷嬰妄想，種種身皆現，隨應悉調伏。法身恆寂靜，清淨無二相，為化眾生故，示現種種形。於諸蘊界處，未曾有所著，示行及色身，調伏一切眾。不著內外法，已度生死海，而現種種身，住於諸有界。遠離諸分別，戲論所不動，為著妄想者，弘宣十力法。一心住三昧，無量劫不動，毛孔出化雲，供養十方佛。得佛方便力，念念無邊際，示現種種身，普攝諸群生。了知諸有海，種種業莊嚴，為說無礙法，令其悉清淨。色身妙無比，清淨如普賢，隨諸眾生心，示現世間相。」

爾時，善財童子說此頌已，白言：「天神！汝發阿耨多羅三藐三菩提心，為幾時耶？得此解脫身❶已久如？」

爾時，喜目觀察眾生主夜神以頌答曰：「我念過去世，過於剎塵劫，剎號摩尼光，劫名寂靜音。百萬那由他，俱胝四天下，其王數亦爾，各各自臨馭。中有一王都，號曰香幢寶，莊嚴最殊妙，見者皆欣悅。中有轉輪王，其身甚微妙，三十二種相，隨好以莊嚴；蓮華中化生，金色光明身，騰空照遠近，普及閻浮界。其王有千子，勇猛身端正；臣佐滿一億，智慧善方便；嬪御有十億，顏容狀天女，利益調柔意，慈心給侍王。其王以法化，普及四天下，輪圍大地中，一切皆豐盛。我時為寶女，具足梵音聲，身出金色光，照及千由旬。日光既已沒，音樂咸寂然，大王及侍御，一切皆安寢。彼時德海佛，出興於世間，顯現神通力，充滿十方界；放大光明海，一切剎塵數，種種自在身，徧滿於十方。地震出妙音，普告佛興世；天人龍神眾，一切皆歡喜。一一毛孔中，出佛化身海，十方皆徧滿，隨應說妙法。我時於夢中，見佛諸神變，亦聞深妙法，心生大歡喜。一萬主夜神，共在空中住，讚嘆佛興世，同時覺悟我：『賢慧汝應起，佛已現汝國，劫海難值遇，見者得清淨。』我時便寐寤，即睹清淨光。觀此從何來。見佛樹王下，諸相莊嚴體，猶如寶山王；一切毛孔中，放大光明海。見已心歡喜，便生此念言：『願我得如佛，廣大神通力。』我時尋覺寤，大王並眷屬，令見佛光明，一切皆欣慶。我時與大王，騎從千萬億，眾生亦無量，俱行詣佛所。我於二萬歲，供養彼如來，七寶四天下，一切皆奉施。時彼如來說《功德普雲經》，普應群生心，莊嚴諸願海。夜神覺悟我，令我得利益，我願作是身，覺諸放逸者。我從此初發，最上菩提願，往來諸有中，其心無忘失。從此後供養，十億那由佛，恆受人天樂，饒益諸群生。初佛功德海，第二功德燈，第三妙寶幢，第四虛空智，第五蓮華藏，第六無礙慧，第七法月王，第八智燈輪；第九兩足尊❷，寶燄山燈王；第十調御師❸，三世華光音。如是等諸佛，我悉曾供養，然未得慧眼❹，入於解脫海。

「從此次第有，一切寶光剎，其劫名天勝，五百佛興世。最初月光輪，第二名日燈，第三名光幢，第四寶須彌，第五名華燄，第六號燈海，第七熾然佛，第八天藏佛，九光明王幢，十普智光王。如是等諸佛，我悉曾供養，尚於諸法中，無而計為有。

「從此復有劫，名曰梵光明；世界蓮華燈，莊嚴極殊妙。彼有無量佛，一一無量眾，我悉曾供養，尊重聽聞法。初寶須彌佛，二功德海佛，三法界音佛，四法震雷佛，五名法幢佛，六名地光佛，七名法力光，八名虛空覺，第九須彌光，第十功德雲。如是等如來，我悉曾供養，未能明了法，而入諸佛海。

「次後復有劫，名為功德月；爾時有世界，其名功德幢。彼中有諸佛，八十那由他，我皆以妙供，深心而敬奉。初乾闥婆王，二名大樹王，三功德須彌，第四寶眼佛，第五盧舍那，第六光莊嚴，第七法海佛，第八光勝佛，九名賢勝佛，第十法王佛。如是等諸佛，我悉曾供養，然未得深智，入於諸法海。

【章　旨】善財童子又提出兩個問題，請喜目觀察眾生夜神回答。第一個問題是發心修行之後的修行過程，第二個問題是修得此法門的具體時節問題。喜目觀察眾生夜神以偈頌的形式對這兩個問題作了回答。此章依照時間先後為序，說明在「寂靜音劫」、「天勝劫」、「梵光明劫」、「功德月劫」的修行情況。寂靜音劫主要說明發心情況，因未得「慧眼」所以也未進入解脫境界。在天勝劫的修行，因為未能理解心的自性本來就是「空」，所以將「無」仍然執著為

「有」。在梵光明劫仍然未能明瞭「十行」中的第十行——「真實行」之法。在功德月劫未能獲得「善巧迴向」之深智，故未能進入佛智之海。

【注　釋】❶解脫身　本指佛身之一，但此處指菩薩修完第十地之後所獲得的「無學道」佛果。此時已經斷離世俗所謂的肉身，以解脫之後的正智為「身」，故稱「解脫身」。❷兩足尊　又作「無上兩足尊」、「二足尊」，為佛之尊號。因佛具足三十二相、八十種好以及世間所有眾生都沒有的智慧，所以，佛是天、人之中，所有兩足生類中之最尊貴者。另外，「兩足」也比喻「權」與「實」、「戒」與「定」、「福」與「慧」、「解」與「行」等，佛即具足此兩足，而遊行法界，無所障礙。❸調御師　又作「調御丈夫」，佛十號之一。佛能調御一切可度的丈夫，使他們發心修道。❹慧眼　指智慧之眼，是聲聞、緣覺二乘所證之眼。以此眼能夠了知諸法平等、性空之智慧，因其照見諸法真相，能夠度眾生至彼岸，因此稱為「慧眼」。

【語　譯】善財童子說完這些頌之後，又問喜目觀察眾生夜神：「天神！您是在什麼時候發阿耨多羅三藐三菩提心的？具體是在什麼時節獲得這一解脫身的？」

這時，喜目觀察眾生主夜神以偈頌回答說：「我記得在過去世，一直到剎塵數的劫之前，有一處號為『摩尼光』的國土，劫名為『寂靜音』。有百萬那由他俱胝數目的四天下，其王數也是如此多，這些王各自統治自己的區域。其中有一處王都，號為『香幢寶』，是最為莊嚴美妙的，凡是見者都很欣悅。其中有位轉輪王，其身非常美妙，三十二種相、八十種隨好都俱全；他是在蓮花中化生的，有金色光明的身體，其光騰空照耀遠近十方，並且也射入閻浮界。其王有一千個兒子，都具有勇猛而端正的身體；其臣佐有一億多，有極大智慧而且擅長各種方便；其嬪妃有十億，顏容如同天女，都以溫柔的脾性與慈心侍奉國王。其王以法治理教化四天下，在其輪圍山大地之中，一切都很豐盛。我當時為寶女，具足梵音聲，身上發出金色光，照及千由旬。太陽落山之後，音樂也都停息了，大王以及侍御，所有的人眾都安寢了。這時德海佛來到了世間，顯現出神通力，充滿了十方界；放出如海的大光明，其一切剎塵數的種種自在身，徧佈十方。大地震動發出妙音，普告佛出世；天、人、龍等神眾，所有的眾生都很歡喜。佛的每一毛孔之中，變化出佛的化身海，十方都徧滿佛，隨應為眾生演說妙法。我當時在夢中，看見佛的諸種神變，也聽到深刻的佛法，心中產生大歡喜。一萬名主夜神，一起在空中停住，讚嘆佛的出世，同時啟發我說：『賢慧的你啊，應該起來！佛已經在你的國土出現，如海之劫也是難於遇求的，凡是見到佛者都可以獲得清淨。』我當時便醒來了，立即看見了清淨之光。我再仔細看此光是從何處來的。我看見佛坐於樹王之下，諸相莊嚴，就猶如寶山之王；一切毛孔中，放出如海的大光明。我看見這些心中就很興奮，便產生了這些想法：『希望我也能夠如佛一樣，有如此廣大的神通力。』這時我就去找尋大王以及眷屬，讓他們也看見了佛之光明，所有眾生都歡欣鼓舞。我當時與大王，帶領騎從千萬億，以及無量眾生，一起前往佛的所在地。我在二萬年中，供養這位如來，四天下中的所有七寶，我都奉獻布施。當時這位如來演說《功德普雲經》，完全隨應眾生之心，莊嚴諸願之海。夜神使我覺悟，使我獲得利益，我願轉生為夜神之身，使放逸者得到覺悟。我從這一因緣初發最上菩提大願，儘管在諸有之中往來，但此心從未忘記失去。從此之後，我供養了十億那由他數量的佛，一直受生而享受人、天之樂，饒益諸群生。我供養的第一位佛為『功德海』，第二位為『功德燈』，第三位為『妙寶幢』，第四位為『虛空智』，第五位為『蓮華藏』，第六位為『無礙慧』，第七位為『法月王』，第八位為『智燈輪』，第九位佛為『寶燄山燈王』，第十位佛為『三世華光音』。如此等等諸佛，我都曾經供養過，但卻未獲得慧眼，未能進入解脫海。

「在這一劫之後，又有一處『一切寶光剎』國土，其劫名為『天勝』，有五百佛出世。第一位為『月光輪』，第二位為『日燈』，第三位為『光幢』，第四位為『寶須彌』，第五位為『華燄』，第六位為『燈海』，第七位為『熾然佛』，第八位為『天藏佛』，第九位為『光明王幢』，第十位為『普智光王』。如此等等諸佛，我都曾經供養過，但尚未通達諸法，將『無』卻執著為『有』。

「在這一劫之後，又有一處國土，其劫名為『梵光明』；此世界名為『蓮華燈』，莊嚴極為特殊美妙。那裡有無量佛，每一位佛都有無量眾生，我都曾經供養他們，我尊重佛及其眷屬，聽聞佛說法。第一位為『寶須彌佛』，第二位為『功德海佛』，第三位為『法界音佛』，第四位為『法震雷佛』，第五位名『法幢佛』，第六位名『地光佛』，第七位名『法力光』，第八位名『虛空覺』，第九位名『須彌光』，第十位名『功德雲』。如此等等如來，我都曾經供養過，但我卻未能明瞭法，也未能進入諸佛之海。

「在這一劫之後，有一劫名為『功德月』；那時有一處世界，其名為『功德幢』。此世界中諸佛其數有八十那由他，我都給美妙的供養，深心而敬奉他們。第一位佛是『乾闥婆王』，第二位為『大樹王』，第三位為『功德須彌』，第四位為『寶眼佛』，第五位為『盧舍那』，第六位為『光莊嚴』，第七位為『法海佛』，第八位為『光勝佛』，第九位名『賢勝佛』，第十位為『法王佛』。如此等等諸佛，我都曾經供養過，但是卻未獲得深智，也未能進入諸法之海。

「此後復有劫，名為寂靜慧，剎號金剛寶，莊嚴悉殊妙。於中有千佛，次第而出興，眾生少煩惱，眾會悉清淨。初金剛臍佛，二無礙力佛，三名法界影，四號十方燈，第五名悲光，第六名戒海，第七忍燈輪，第八法輪光，九名光莊嚴，十名寂靜光。如是等諸佛，我悉曾供養，猶未能深悟，如空清淨法。遊行一切剎，於彼修諸行。

「次第復有劫，名為善出現，剎號香燈雲，淨穢所共成。億佛於中現，莊嚴剎及劫，所說種種法，我皆能憶持。初名廣稱佛，次名法海佛，三名自在王，四名功德雲，第五法勝佛，第六天冠佛，第七智燄佛，第八虛空音，第九兩足尊，名普生殊勝，第十無上士，眉間勝光明。如是一切佛，我悉曾供養，然猶未能淨，離諸障礙道。

「次第復有劫，名集堅固王，剎號寶幢王，一切善分佈。有五百諸佛，於中而出現；我恭敬供養，求無礙解脫。最初功德輪，其次寂靜音，次名功德海，次名日光王，第五功德王，第六須彌相，次名法自在，次佛功德王，第九福須彌，第十光明王。如是等諸佛，我悉曾供養，所有清淨道，普入盡無餘，然於所入門，未能成就忍。

「次第復有劫，名為妙勝主，剎號寂靜音，眾生煩惱薄。於中有佛現，八十那由他；我悉曾供養，修行最勝道。初佛名華聚，次佛名海藏，次名功德生，次號天王髻，第五摩尼藏，第六真金山，第七寶聚尊，第八法幢佛，第九名勝財，第十名智慧。此十為上首，供養無不盡。

「次第復有劫，名曰千功德；爾時有世界，號善化幢燈；六十億那由，諸佛興於世。最初寂靜幢，其次奢摩他，第三百燈王，第四寂靜光，第五雲密陰，第六日大明，七號法燈光，八名殊勝燄，九名天勝藏，十名大吼音。如是等諸佛，我悉常供養，未得清淨忍，深入諸法海。

「次第復有劫，名無著莊嚴；爾時有世界，名曰無邊光；中有三十六，那由他佛現。初功德須彌，第二虛空心，第三具莊嚴，第四法雷音，第五法界聲，第六妙音雲，第七照十方，第八法海音，第九功德海，第十功德幢。如是等諸佛，我悉曾供養。

【章　旨】此章依照時間先後為序，說明在「寂靜慧劫」、「善出現劫」、「堅固王劫」、「妙勝主劫」、「千功德劫」、「無著莊嚴劫」的修行情況。在寂靜慧劫，仍然未悟得「十地」上之我空、法空二空真如清淨法。在堅固王劫的修行，未能修盡修道之障礙。在妙勝主劫修行最勝道，修習般若智。在千功德劫修行，但卻未能獲得八地無生忍。在無著莊嚴劫，此位夜神證得十地之境界。注意，此十劫之名與十地完全對應，但其所證則須注意澄觀的如下解釋。澄觀說：「前次第皆言『未得』，後後則已得。前前思之，亦可。初劫已得初地，未得第二，乃至第九未得第十地，第十劫中方得圓滿故。」（澄觀《華嚴經疏》卷五十八，《大正藏》卷三十五，頁九四三上）這是說，關於「未得」可以從兩方面去理解：第一，從後推前觀之，前劫未得，後劫則得之。第二，從前往後思之，則初劫中已得初地而未得第二地，第二地未得第三地，以此類推，第九劫未得第十地。至第十劫則獲得第十地之智慧與境界。

【語　譯】「在這一劫之後，有名為『寂靜慧』的劫，國土號『金剛寶』，莊嚴且特殊美妙。在此劫中有千佛，次第而出世，眾生煩惱很少，眾會都清淨。第一位佛名為『金剛臍佛』，第二位為『無礙力佛』，第三位名為『法界影』，第四位號『十方燈』，第五位為『悲光』，第六位名『戒海』，第七位為『忍燈輪』，第八位為『法輪光』，第九位名『光莊嚴』，第十位名『寂靜光』。如此等等諸佛，我都曾經供養過，但仍然猶未能深悟空清淨等法。遊行一切國土，在那裡修習諸行。

「在這一劫之後，有名為『善出現』的劫，國土號『香燈雲』，由淨、穢兩種世間構成。有上億位佛在其中出現，莊嚴國土以及劫，這些佛所說的種種法，我都能夠受持而不忘失。第一位名『廣稱佛』，第二位名『法海佛』，第三位名『自在王』，第四位名『功德雲』，第五位為『法勝佛』，第六位為『天冠佛』，第七位為『智燄佛』，第八位為『虛空音』，第九位佛名『普生殊勝』，第十位為『無上士』，眉間有殊勝的光明。如此等等一切佛，我都曾經供養過，但卻未能清淨，遠離諸障礙道。

「在這一劫之後，有名為『集堅固王』的劫，國土名為『寶幢王』，所有的善行在此國土都有分佈。此劫有五百諸佛在其中出現；我恭敬供養這些佛，追求無礙解脫。第一位佛名為『功德輪』，第二位佛名為『寂靜音』，第三位佛名為『功德海』，第四位佛名為『日光王』，第五位佛名為『功德王』，第六位佛名為『須彌相』，第七位佛名為『法自在』，第八位佛名為『佛功德王』，第九位佛名為『福須彌』，第十位為『光明王』。如此等等諸佛，我都曾經供養過，所有的清淨之道，我可以完全進入而沒有任何剩餘，然而對於所證入之法門，仍然未能成就法忍。

「在此劫之後，有名為『妙勝主』的劫，國土號『寂靜音』，眾生煩惱很少。在此國土中有八十那由他數的佛出現；這些佛我都曾經供養過，我在此劫修行最殊勝之道。第一位佛名『華聚』，第二位佛名『海藏』，第三位佛名『功德生』，第四位佛號『天王髻』，第五位佛名『摩尼藏』，第六位佛名『真金山』，第七位佛名『寶聚尊』，第八位佛名『法幢佛』，第九位佛名『勝財』，第十位佛名『智慧』。此十位佛為上首，我都供養他們而無不周到。

「在此劫之後，有名為『千功德』的劫；那時有一處世界，號『善化幢燈』；有六十億那由他的佛出現於世。第一位佛名為『寂靜幢』，第二位佛名為『奢摩他』，第三位佛名為『百燈王』，第四位佛名為『寂靜光』，第五位佛名為『雲密陰』，第六位佛名為『日大明』，第七位佛名為『法燈光』，第八位佛名為『殊勝燄』，第九位佛名為『天勝藏』，第十位佛名為『大吼音』。如此等等諸佛，我都曾經供養過，但卻未得清淨忍，也未能深入諸法海。

「在此劫之後，有名為『無著莊嚴』的劫；那時有世界，名為『無邊光』；此劫中有三十六那由他數的佛出現。第一位佛名為『功德須彌』，第二位佛名為『虛空心』，第三位佛名為『具莊嚴』，第四位佛名為『法雷音』，第五位佛名為『法界聲』，第六位佛名為『妙音雲』，第七位佛名為『照十方』，第八位佛名為『法海音』，第九位佛名為『功德海』，第十位佛名為『功德幢』。如此等等諸佛，我都曾經供養過。

「次有佛出現，名為功德幢；我為月面天，供養人中主。時佛為我說，無依妙法門；我聞專念持，出生諸願海。我得清淨眼，寂滅定總持，能於念念中，悉見諸佛海。我得大悲藏，普明方便眼，增長菩提心，成就如來力。見眾生顛倒，執常樂我淨，愚癡暗所覆，妄想起煩惱。行止見稠林，往來貪欲海，集於諸惡趣，無量種種業。一切諸趣中，隨業而受身，生老死眾患，無量苦逼迫。為彼眾生故，我發無上心，願得如十方，一切十力尊。緣佛及眾生，起於大願雲，從是修功德，趣入方便道。願雲悉彌覆，普入一切道，具足波羅蜜，充滿於法界。速入於諸地，三世方便海，一念修諸佛，一切無礙行。佛子我爾時，得入普賢道，了知十法界，一切差別門。

「善男子！於汝意云何，彼時轉輪聖王，名十方主，能紹隆佛種❶者，豈異人乎？文殊師利童子是也！爾時夜神覺悟我者，普賢菩薩之所化耳！我於爾時為王寶女，蒙彼夜神覺悟於我，令我見佛，發阿耨多羅三藐三菩提心。自從是來，經佛剎微塵數劫，不墮惡趣，常生人、天，於一切處常見諸佛，乃至於妙燈功德幢佛所，得此大勢力普喜幢菩薩解脫，以此解脫如是利益一切眾生。

【章 旨】喜目觀察眾生夜神為善財童子回答自己得法的時節。寂靜音劫「摩尼光」國土中的「十方主」是「文殊師利」菩薩，喚醒喜目觀察眾生夜神前身——國王之女的夜神是「普賢」菩薩的化身。從寂靜音劫至無著莊嚴劫的「功德幢」佛出現於世，喜目觀察眾生夜神一直不懈修行，最終在功德幢佛所證得十地境界，獲得「大勢力普喜幢菩薩解脫」法門。此章中的偈頌部分，可以分為兩部分去理解。前四偈，分別說明證得第八地「無依大願」、第九地「滅定總持」、第十地則成就如來之力。後八偈講說修行普賢行位的情況（參見《華嚴經疏》卷五十八，《大正藏》卷三十五，頁九四三上）。

【注 釋】❶紹隆佛種 謂承繼正法並使佛的種子光大隆盛。

【語 譯】「在無著莊嚴劫中又有佛出現，名為『功德幢』；我當時為月面天，供養人中的主人。當時佛為我演說無依妙法門；我一聽說便專心念持，生出諸願之海。我獲得清淨眼，寂滅定總持，能於念念中完全看見諸佛海。我獲得大悲藏，普明方便眼，增長菩提心，成就如來之力。我看見眾生顛倒，執持常樂我淨的觀念，被愚癡暗所覆蓋，因妄想而生起煩惱。眾生行止見解之稠林，往來於貪欲之海，墜落於諸惡趣，產生無量種種業。在一切諸趣中，隨業而受身，被生老死等眾多禍患所糾纏，被無量苦所逼迫。為了這些眾生的緣故，我發無上心，希望能夠前往十方拜見一切具備十力的尊師。以佛及眾生為緣，我發起大願之雲，從此修習功德，趣入方便之道。大願之雲完全覆蓋了一切，我完全進入一切道，具足波羅蜜，充滿於法界。我迅速進入諸地，以三世方便海，念念修習諸佛的一切無礙之行。佛子，我當時得以進入普賢道，了知十法界的一切差別門。

「善男子！你知道嗎？在『寂靜音劫』的轉輪聖王，名為『十方主』，其能夠發揚光大佛種的，難道是別人嗎？是文殊師利童子啊！那時喚醒我的夜神，是普賢菩薩所化生的呵！我在那時是王所垂愛的女兒，承蒙那位夜神使我覺醒，使我得以見佛，發阿耨多羅三藐三菩提心。自那時起，經歷佛剎微塵數的劫，我不墮惡趣，常生人、天之中，在一切處常見諸佛，直至在妙燈功德幢佛的所在，我獲得了此大勢力普喜幢菩薩解脫法門，以此解脫法門使一切眾生都獲得利益。

「善男子！我唯得此大勢力普喜幢解脫門。如諸菩薩摩訶薩，於念念中，普詣一切諸如來所，疾能趣入一切智海；於念念中，以發趣門，入於一切諸大願海；於念念中，以願海門，盡未來劫，念念出生一切諸行。一一行中出生一切剎微塵數身，一一身普入一切法界門；一一法界門，一切佛剎中，隨眾生心說諸妙行。一切剎一一塵中，悉見無邊諸如來海；一一如來所，悉見徧法界諸佛神通；一一如來所，悉見往劫修菩薩行；一一如來所，受持守護所有法輪；一一如來所，悉見三世一切如來諸神變海。而我云何能知能說彼功德行？

「善男子！此眾會中，有一夜神，名普救眾生妙德❶。汝詣彼問：菩薩云何入菩薩行、淨菩薩道？」

時，善財童子頂禮其足，繞無數匝，殷勤瞻仰，辭退而去。

【章　旨】喜目觀察眾生夜神又向善財童子舉薦此會眾中的「普救眾生妙德」夜神，囑咐善財童子前去拜訪。善財童子於是告別喜目觀察眾生夜神繼續求法。

【注　釋】❶普救眾生妙德　關於此夜神的名稱，澄觀解釋為：「同在證位，故云『於此會中』，起精進行為『普救眾生』，智焰吉祥稱為『妙德』。」（澄觀《華嚴經疏》卷五十八，《大正藏》卷三十五，頁九四三上）

【語　譯】「善男子！我只是獲得這一大勢力普喜幢解脫門。如同諸位菩薩一樣，我在念念中，前往一切諸如來的所在，迅速能夠趣入一切智之海；在念念中，以十種發趣門，進入一切諸大願之海；在念念中，以願海門，盡未來劫，念念出生一切諸行。在一一行中出生一切剎微塵數身，而一一身又完全入一切法界門；在一一法界門，一切佛剎中，針對眾生之心而演說諸種妙行。在一一切剎一一塵之中，完全看見無邊諸如來之海；在一一如來之所，完全看見偏及法界的諸佛神通；在一一如來之所，完全看見往劫修菩薩行；在一一如來之所，受持守護所有法輪；在一一如來之所，都完全看見三世一切如來諸神變之海。而我為什麼能夠知曉、能夠宣說這一功德行呢？

「善男子！就在此會的會眾之中，有一位名為『普救眾生妙德』的夜神。你可以去向他請教：菩薩如何入菩薩行、淨菩薩道？」

這時，善財童子頂禮喜目觀察眾生夜神的雙足，在其周圍繞行無數圈，殷勤瞻仰夜神。然後善財童子辭別喜目觀察眾生夜神，又繼續前去求法。

# 華嚴經 入法界品之十一

【題　解】本卷為〈入法界品〉的「末會」中的第三十六會，即善財童子「五十三參」中的第三十五參「普救眾生妙德夜神會」的內容。

善財童子在前往找尋「普救眾生妙德」夜神的路上，仔細反思喜目觀察眾生夜神的教誨，發親近善知識的大願。此時，善財童子又得到普救眾生妙德夜神所發「智燈普照清淨幢」大光明的加持，獲得「究竟清淨輪三昧」，因此三昧而得以仔細觀察世間，並且看到普救眾生妙德夜神救度眾生的大用神力。善財童子看到如此景象，佩服至極，便虔誠禮拜。普救眾生妙德夜神恢復本形，但不捨其神力。善財童子向普救眾生妙德夜神提出了三個問題：一是此解脫法門的名稱，二是獲得這一解脫法門的修行時間，三是修成這一法門的因緣。普救眾生妙德夜神先就這三個問題從總體上作了回答，然後又分層對其作了回答。

此法門的全名為「菩薩普現一切世間調伏眾生解脫門」，而普救眾生妙德夜神歷經無數劫方纔證得這一法門。在過去很久之前，有一名為「圓滿清淨」的劫，劫中有一名「毗盧遮那大威德」的世界。此世界東側，有一名「寶燈華幢」的四天下。此天下的閻浮提內，有一名為「寶華燈」的國土。此土有一名「毗盧遮那妙寶蓮華髻」的轉輪王。此轉輪王有一名「圓滿面」的妃子，此妃有一名為「普智燄妙德眼」的女兒。此土眾生互相詆毀，其所有的樂事都在減損。在寶華燈國土之國都的城北一棵名為「普光法雲音幢」的菩提樹下，有一位名為「普智寶燄妙德幢」的佛出世。從此佛出世之前的一萬年起，有一朵大蓮花不斷放出光明。普智寶燄妙德幢如來在此菩提樹下出世顯相，旋轉法輪，使無量眾生、聲聞、緣覺、菩薩得到利益。普賢菩薩化現妙身，告訴此國土的轉輪王，此城外的菩提樹下有佛出世。於是，此國王帶領其部眾前往佛所在的道場拜佛問法。轉輪王之女普智燄妙德眼因將自己的莊嚴具獻給佛而得以看見佛所顯現出來的大用，使其心清淨。普智寶燄妙德幢如來為轉輪王、王女以及其他會眾演說《一切如來轉法輪經》。此王女獲得三昧益、大心益以及發心調伏眾生益。

普救眾生妙德夜神給善財童子說，當時的那位普智燄妙德眼童女就是自己的前身。在「圓滿清淨劫」之前的十大劫，此童女在普賢菩薩的激勵下因修補蓮華座上的破損佛像而發菩提心。後來，童女經普賢菩薩引導拜見普智寶燄妙德幢佛，解身瓔珞，散佛供養，聞佛說法，最終獲得菩薩普現一切世間調伏眾生解脫門。普救眾生妙德夜神在毗盧遮那大威德世界圓滿清淨劫得法之後，又在「大光劫」供養諸佛，繼續修行。由於諸劫的修行，普救眾生妙德夜神最終獲得此菩薩普現一切世間調伏眾生解脫法門，獲得一切智。

普救眾生妙德夜神又向善財童子舉薦「寂靜音海」夜神，囑咐善財童子前去拜訪。善財童子於是告別普救眾生妙德夜神繼續求法。普救眾生妙德夜神給善財童子宣講的菩薩普現一切世間調伏眾生解脫法門，是進入「十地」之第四地——「焰慧地」的方法。焰慧地，又作「焰地」、「增曜地」、「暉曜地」。菩薩至此位安住於最勝菩提分法，燒煩惱薪，增智慧焰，因此名之為焰慧地。

## 善財童子第三十五參：普救眾生妙德夜神會

爾時，善財童子於喜目觀察眾生夜神所，聞普喜幢解脫門，信解趣入，了知隨順，思惟修習，念善知識所有教誨，心無暫捨，諸根不散，一心願得見善知識，普於十方勤求匪懈，願常親近生諸功德，與善知識同一善根，得善知識巧方便行，依善知識入精進海，於無量劫常不遠離。作是願已，往詣普救眾生妙德夜神所。

時，彼夜神為善財童子示現菩薩調伏眾生解脫神力，以諸相、好莊嚴其身，於兩眉間放大光明，名智燈普照清淨幢，無量光明以為眷屬，其光普照一切世間。照世間已，入善財頂，充滿其身。善財爾時即得究竟清淨輪三昧❶。

【章旨】這是善財童子「五十三參」的第三十五次參訪，也是〈入法界品〉「末會」中善財五十五會中的第三十六會。善財童子在前往找尋「普救眾生妙德」夜神的路上，仔細反思喜目觀察眾生夜神的教誨，發親近善知識的大願。此時，善財童子又得到普救眾生妙德夜神所發「智燈普照清淨幢」大光明的加持，獲得「究竟清淨輪三昧」。

【注釋】❶究竟清淨輪三昧　關於此三昧，澄觀解釋說：「三業、六根皆離障故，云『究竟清淨』，即淨智圓滿，摧障為『輪』故所見無礙。」（澄觀《華嚴經疏》卷五十八，《大正藏》卷三十五，頁九四三中）

【語譯】這時，善財童子在喜目觀察眾生夜神所聽聞普喜幢解脫門之後，信解趣入，了知隨順，思惟修習，記憶善知識所有的教誨，心無片刻捨棄遠離，諸根不散，一心希望得見善知識，完全在十方勤求不懈，希望常常親近善知識而產生諸功德，希望與善知識擁有同樣的善根，獲得善知識巧方便之行，依照善知識所教導進入精進之海，在無量劫常常不遠離。發這一大願之後，善財童子前往普救眾生妙德夜神的住所。

這時，那位普救眾生妙德夜神為善財童子示現出菩薩調伏眾生解脫的神力，以諸相、好莊嚴自己之身，在兩眉之間放出名為「智燈普照清淨幢」的大光明，無量光明作為眷屬，其光普照一切世間。完整地照耀世間之後，其光從善財童子的頭頂一直充滿其全身。頓時，善財童子獲得了「究竟清淨輪三昧」。

得此三昧已，悉見二神兩處中間，所有一切地塵、水塵及以火塵，金剛摩尼眾寶微塵，華、香、瓔珞諸莊嚴具，如是一切所有微塵，一一塵中各見佛剎微塵數世界成壞。及見一切地、水、火、風諸大❶積聚。亦見一切世界接連，皆以地輪任持❷而住。種種山海、種種河池、種種樹林、種種宮殿，所謂：天宮殿、龍宮殿、夜叉宮殿，乃至摩睺羅伽、人非人等宮殿屋宅，地獄、畜生、閻羅王界一切住處，諸趣輪轉，生死往來，隨業受報，各各差別，靡不悉見。

又見一切世界差別。所謂：或有世界雜穢，或有世界清淨，或有世界趣雜穢，或有世界趣清淨，或有世界雜穢清淨，或有世界清淨雜穢，或有世界一向清淨，或有世界其形平正，或有覆住，或有側住。如是等一切世界一切趣中，悉見此普救眾生夜神，於一切時一切處，隨諸眾生形貌、言辭、行解差別，以方便力普現其前，隨宜化度，令地獄眾生免諸苦毒，令畜生眾生不相食噉，令餓鬼眾生無有饑渴，令諸龍等離一切怖，令欲界眾生離欲界苦，令人趣眾生離暗夜怖、毀呰怖、惡名怖、大眾怖、不活怖、死怖、惡道怖、斷善根怖、退菩提心怖、遇惡知識怖、離善知識怖、墮二乘地怖、種種生死怖、異類眾生同住怖、惡時受生怖❸、惡種族中受生怖、造惡業怖、業煩惱障怖❹、執著諸想繫縛怖❺，如是等怖悉令捨離。

又見一切眾生，卵生❻、胎生❼、濕生❽、化生❾，有色❿、無色⓫，有想⓬、無想⓭，非有想非無想⓮，普現其前，常勤救護，為成就菩薩大願力故，深入菩薩三昧力故，堅固菩薩神通力故，出生普賢行願力故，增廣菩薩大悲海故，得普覆眾生無礙大慈故，得普與眾生無量喜樂故，得普攝一切眾生智慧方便故，得菩薩廣大解脫自在神通故，嚴淨一切佛剎故，覺了一切諸法故，供養一切諸佛故，受持一切佛教故，積集一切善根修一切妙行故，入一切眾生心海而無障礙故，知一切眾生諸根教化成熟故，淨一切眾生信解除其惡障故，破一切眾生無知黑闇故，令得一切智清淨光明故。

【章　旨】善財童子獲得究竟清淨輪三昧後得以仔細觀察世間，並且看到普救眾生妙德夜神救度眾生的大用神力。

【注　釋】❶地水火風諸大　即地、水、火、風「四大」。「地」以堅硬為性，「水」以潮濕為性，「火」以溫暖為性，「風」以流動為性。世間的一切有形物質，都是由「四大」所造。❷地輪任持　佛教認為，世間之地層是由五輪支持而存在的，最上方為地輪，所以說地層是由地輪支撐的。地層由地、水、風、空之四輪而成，最下為空輪，空輪之上有風輪，風輪之上有水輪，水輪之上有地輪，地輪即金輪際也。❸惡時受生怖　指對於在惡行盛之時轉生的恐懼。❹業煩惱障怖　指對於業障中的「煩惱障」的恐懼。業障，指能障聖道及聖道加行善根之業；煩惱障為三障（煩惱、業、報）或五障（煩惱、業、生、法、所知）之首。❺執著諸想繫縛怖　指對於眾生之身心因為被煩惱、妄想或外界事物所束縛而失去自由並且長時流轉於生死之中的恐怖。「想」指外界的境象作用於心中所產生的精神作用。「想」有「六想」、「三想」之分。六想，為依據眼、耳、鼻、舌、身、意六根而產生的眼想、耳想、鼻想、舌想、身想、意想。依所緣境之大、小、無量之別，而有「大想」、「小想」、「無量想」等三想。依所緣之境的善惡又分為，「欲想」（貪欲想）、「瞋想」（瞋恚想）、「害想」（殺害想）等「三不善想」或「三惡想」，以及與之相反的「出離想」、「不恚想」、「不害想」等「三善想」。❻卵生　指由卵殼出生的眾生，如鵝、孔雀、雞、蛇、魚、蟻等。❼胎生　又作「腹生」，指從母胎而出生者，如人、象、馬、牛、豬、羊、驢等。❽濕生　濕生又作「因緣生」、「寒熱和合生」，指由糞聚、注道、穢廁、腐肉、叢草等潤濕地之濕氣所產生的生命，如飛蛾、蚊蚰、蠓蚋、麻生蟲等。❾化生　指無所依託而忽有的生命，如諸天、地獄、「中有」之有情，都是由其過去之業力而化生。❿有色　指欲界與色界中具有色身的眾生。⓫無色　指「無色界」的眾生。此界無一可謂為色法之物質，亦無身體，無宮殿，但存識心，而住居於深妙之禪定，故謂之為「無色界」。⓬有想　指具有感覺、認識、意志、思考等意識作用的有情眾生。⓭無想　指全無想念等作用的眾生。⓮非有

想非無想　無色界之第四處「有頂天」的生命存在。生於此處的眾生沒有如同下地眾生所具有的粗想煩惱，因此既是「非有想」又「非想」。

【語　譯】善財童子在獲得究竟清淨輪三昧之後，完全看見在喜目觀察眾生夜神與普救眾生妙德夜神所在的兩地之間，所有一切地塵、水塵以及火塵，金剛摩尼眾寶微塵，花、香、瓔珞諸莊嚴具，如此一切的所有微塵，一一塵中各顯現佛土微塵數世界的生成與毀壞。也看見一切地、水、火、風諸大的積聚。也看見一切世界接連不斷，都依靠地輪的支撐存在。種種山海、種種河池、種種樹林、種種宮殿，所謂：天宮殿、龍宮殿、夜叉宮殿，甚至摩睺羅伽、人非人等宮殿屋宅，地獄、畜生、閻羅王界一切處所，諸趣的輪轉，生死的往來，隨業受報，各各差別，無不在眼前顯現出來。

善財童子又看見一切世界的差別。所謂：有的世界是混雜污穢的，有的世界是清淨的，有的世界趨向於混雜污穢，有的世界趨向於清淨，有的世界雜穢清淨混雜，有的世界清淨雜穢混雜，有的世界一直清淨，有的世界其形狀平正，有的世界以顛倒的形式而存在，有的世界以傾斜的形式而存在。如此等一切世界的一切諸道中，都可以看見這位普救眾生夜神在一切時一切處，針對眾生的形貌、言辭、行為與理解力的差別，以方便力在其面前顯現出來，隨宜化度，使地獄眾生免於諸苦的毒害，使畜生道眾生不互相吞噉，使餓鬼道眾生無有饑渴，使諸龍等眾生遠離一切恐怖，使欲界眾生遠離欲界之苦，使人道眾生遠離對於暗夜的恐怖、對於毀辱的恐怖、對於受人譏謗而使名譽受損的恐怖、對於因無自信而怯於出現大眾之前的恐怖、對於不安定生活的畏懼、對於死的恐怖、對於降生惡道的恐怖、對於斷善根的恐怖、對於菩提心退墮的恐怖、對於遇惡知識的恐怖、對於遠離善知識的恐怖、對於墮入聲聞緣覺二乘地的恐怖、對於種種生死的恐怖、對於異類眾生同住一起的恐怖、對於在惡時受生的恐怖、對於受生在惡種族之中的恐怖、對於造惡業的恐怖、對於業煩惱障的恐怖、對於因執著諸想而被繫縛的恐怖。這位菩薩使眾生捨棄遠離如此等等恐怖。

善財童子又看見一切眾生，卵生、胎生、濕生、化生，有色界、無色界眾生，有想眾生與無想眾生，非有想非無想眾生，如此等等眾生都完全顯現在眼前，普救眾生妙德夜神都去勤奮救護。這是為成就菩薩大願力的緣故，深入菩薩三昧力的緣故，堅固菩薩神通力作用的緣故，出生普賢行願力的緣故，增廣菩薩大悲之海的緣故，獲得普覆眾生無礙大慈的緣故，獲得普與眾生無量喜樂的緣故，獲得普攝一切眾生智慧方便的緣故，獲得菩薩廣大解脫自在神通的緣故，嚴淨一切佛土的緣故，覺了一切諸法的緣故，供養一切諸佛的緣故，受持一切佛之教誨的緣故，積集一切善根修一切妙行的緣故，進入一切眾生心海而無障礙的緣故，知曉一切眾生諸根並且教化使其成熟的緣故，使一切眾生的信解清淨並且去除其惡障的緣故，破除一切眾生無知黑闇的緣故，獲得一切智清淨之光明的緣故。

時，善財童子見此夜神如是神力不可思議甚深境界，普現調伏一切眾生菩薩解脫已，歡喜無量，頭面作禮，一心瞻仰。時，彼夜神即捨菩薩莊嚴之相，還復本形，而不捨其自在神力。

爾時，善財童子恭敬合掌，卻住一面，以偈讚曰：「我善財得見，如是大神力，其心生歡喜，說偈而讚嘆。我見尊妙身，眾相以莊嚴；譬如空中星，一切悉嚴淨。所放殊勝光，無量剎塵數；種種微妙色，普照於十方。一一毛孔放，眾生心數光；一一光明端，皆出寶蓮華；華中出化身，能滅眾生苦；光中出妙香，普熏於眾生；復雨種種華，供養一切佛。兩眉放妙光，量與須彌等，普觸❶諸含識，令滅愚癡闇。口放清淨光，譬如無量日，普照於廣大，毗盧舍那境。眼放清淨光，譬如無量月，普照十方剎，悉滅世癡翳。現化種種身，相狀等眾生，充滿十方界，度脫三有海。妙身徧十方，普現眾生前，滅除水火賊，王等一切怖。我承喜目教，今得詣尊所，見尊眉間相，放大清淨光，普照十方海，悉滅一切闇，顯現神通力，而來入我身。我遇圓滿光，心生大歡喜，得總持三昧，普見十方佛。我於所經處，悉見諸微塵，一一微塵中，各見塵數剎。

或有無量剎，一切咸濁穢，眾生受諸苦，常悲嘆號泣。或有染淨剎，少樂多憂苦；示現三乘像，往彼而救度。或有淨染剎，眾生所樂見，菩薩常充滿，住持諸佛法。一一微塵中，無量淨剎海；毗盧遮那佛，往劫所嚴淨。佛於一切剎，悉坐菩提樹，成道轉法輪，度脫諸群生。我見普救天❷，於彼無量剎，一切諸佛所，普皆往供養。」

【章　旨】善財童子看到如此景象，佩服至極，便虔誠禮拜。普救眾生妙德夜神恢復本形，但不捨其神力。善財童子又以偈讚頌普救眾生妙德夜神之功德。

【注　釋】❶觸　指境（對象）、根（感官及其機能）、識（認識）三者和合時所產生之精神作用。大致相當於主觀與客觀接觸之感覺。❷普救天　指普救眾生妙德夜神。

【語　譯】這時，善財童子看見此普救眾生妙德夜神如此神力不可思議的甚深境界，以及顯現的調伏一切眾生菩薩解脫身之後，歡喜無量，頂禮禮拜夜神，一心瞻仰夜神。這時，普救眾生妙德夜神隨即捨棄菩薩莊嚴的形像，又恢復本來的形相，但卻不捨棄擁有的自在神力。

這時，善財童子恭敬合掌，在夜神面前站住，以偈頌稱讚說：「我善財得見，如是大神力，其心生歡喜，說偈而讚嘆。我見尊妙身，眾相以莊嚴；譬如空中星，一切悉嚴淨。所放殊勝光，無量剎塵數；種種微妙色，普照於十方。一一毛孔放，眾生心數光；一一光明端，皆出寶蓮華；華中出化身，能滅眾生苦；光中出妙香，普熏於眾生；復雨種種華，供養一切佛。兩眉放妙光，量與須彌等，普觸諸含識，令滅愚癡闇。口放清淨光，譬如無量日，普照於廣大，毗盧舍那境。眼放清淨光，譬如無量月，普照十方剎，悉滅世癡翳。現化種種身，相狀等眾生，充滿十方界，度脫三有海。妙身徧十方，普現眾生前，滅除水火賊，王等一切怖。我承喜目教，今得詣尊所，見尊眉間相，放大清淨光，普照十方海，悉滅一切闇，顯現神通力，而來入我身。我遇圓滿光，心生大歡喜，得總持三昧，普見十方佛。我於所經處，悉見諸微塵，一一微塵中，各見塵數剎。或有無量剎，一切咸濁穢，眾生受諸苦，常悲嘆號泣。或有染淨剎，少樂多憂苦；示現三乘像，往彼而救度。或有淨染剎，眾生所樂見，菩薩常充滿，住持諸佛法。一一微塵中，無量淨剎海；毗盧遮那佛，往劫所嚴淨。佛於一切剎，悉坐菩提樹，成道轉法輪，度脫諸群生。我見普救天，於彼無量剎，一切諸佛所，普皆往供養。」

爾時，善財童子說此頌已，白普救眾生妙德夜神言：「天神！今此解脫甚深希有！其名何等？得此解脫其已久如？修何等行而得清淨？」

夜神言：「善男子！是處難知，諸天及人、一切二乘所不能測。何以故？此是住普賢菩薩行者境界故，住大悲藏者境界故，救護一切眾生者境界故，能淨一切三惡❶、八難❷者境界故，能於一切佛剎中紹隆佛種不斷者境界故，能住持一切佛法者境界故，能於一切劫修菩薩行成滿大願海者境界故，能於一切法界海以清淨智光滅無明闇障者境界故，能以一念智慧光明普照一切三世方便海者境界故。我承佛力，今為汝說。

【章　旨】善財童子向普救眾生妙德夜神提出了三個問題：一是此解脫法門的名稱，二是獲得這一解脫法門的修行時間，三是修成這一法門的方法。普救眾生妙德夜神先就這三個問題從總體上作了回答，而其法門的名稱「菩薩普現一切世間調伏眾生解脫門」將在「謙遜推薦善友」部分說出全名。

【注　釋】❶三惡　指人的三種惡心。其一，心性狠毒鄙陋，不能接納善言。其二，器量狹小，常懷嫉妒，畏懼他人比自己優勝。其三，若知他人比自己優秀，便覺得羞恥而不願意向其請教。有此「三惡」的眾生，很難加以教化。❷八難　又作「八難處」、「八難解法」、「八無暇」、「八非時」、「八惡」、「八不聞時節」，指八種不能遇到佛、不能聽聞正法的八種障難。其一，在地獄難，眾生因惡業所感，墮於地獄，長夜冥冥而受苦無間，不得見佛聞法。其二，在餓鬼難。其三，在畜生難，畜生種類不一，亦各隨因受報，或為人畜養，或居山海等處，常受鞭打殺害，或互相吞啖，受苦無窮。其四，在長壽天難，此天以五百劫為壽，即色界第四禪中之無想天。無想者，以其心想不行，如冰魚蟄蟲，外道修行多生其處，而障於見佛聞法。其五，在邊地之郁單越難，「郁單越」譯為「勝處」，生此處者，其人壽千歲，沒有中途夭折的情況，貪著享樂而不受教化，是以聖人不出其中，不得見佛聞法。其六，盲聾瘖啞難，此等人雖生中國（指古印度中部摩竭陀國一帶），而業障深重，盲聾瘖啞，諸根不具，雖值佛出世，而不能見佛聞法。其七，世智辯聰難，即便是聰明伶俐，只是追求沉溺在對於外道經書的學習，而不信仰出世正法。其八，生在佛前佛後難，由於業重緣薄，生在佛前佛後，沒有機會見佛聞法。

【語　譯】這時，善財童子說完此頌之後，對普救眾生妙德夜神說：「天神！現今我看到的這一解脫法門非常罕見！其名是什麼？獲得此解脫需要多少時間？需要修行什麼內容纔能得到如此清淨法門？」

普救眾生妙德夜神回答說：「善男子！這一境界是難於知曉的，是諸天及人、一切聲聞、緣覺所不能測知的。為什麼這麼說呢？這是因為它是住於普賢菩薩行的修行者所具的境界的緣故，是住於大悲藏的修行者所具境界的緣故，是救護一切眾生的修行者所具境界的緣故，是能使一切三惡、八難清淨的修行者所具境界的緣故，是能在一切佛土中使佛種得到延續不斷的修行者所具的境界的緣故，是能住持一切佛法的修行者所具的境界的緣故，是能在一切劫修菩薩行成滿大願海的修行者所具的境界的緣故，是能於一切法界海以清淨智之光滅除無明黑闇的障礙的修行者所具的境界的緣故，是能夠以一念智慧光明普照一切三世方便海的修行者所具的境界的緣故。我秉承佛力，現今為你演說。

「善男子！乃往古世，過佛剎微塵數劫，爾時有劫名圓滿清淨，世界名毗盧遮那大威德，有須彌山微塵數如來於中出現。其佛世界，以一切香王摩尼寶為體，眾寶莊嚴，住無垢光明摩尼王海上。其形正圓，淨穢合成，一切嚴具帳雲而覆其上，一切莊嚴摩尼輪山千匝圍繞。有十萬億那由他四天下皆妙莊嚴，或有四天下惡業眾生於中止住，或有四天下雜業眾生於中止住❶，或有四天下善根眾生於中止住，或有四天下一向清淨諸大菩薩之所止住。

「此界東際輪圍山側，有四天下，名寶燈華幢。國界清淨，飲食豐足，不藉耕耘而生稻粱；宮殿樓閣悉皆奇妙；諸如意樹處處行列，種種香樹恆出香雲，種種鬘樹恆出鬘雲，種種華樹常雨妙華；種種寶樹出諸奇寶，無量色光周匝照耀；諸音樂樹出諸音樂，隨風吹動演妙音聲；日月光明摩尼寶王普照一切，晝夜受樂無時間斷。

「此四天下有百萬億那由他諸王國土，一一國土有千大河周匝圍繞，一一皆以妙華覆上，隨流漂動，出天樂音，一切寶樹列植其岸，種種珍奇以為嚴飾，舟船來往稱情戲樂。一一河間有百萬億城，一一城有百萬億那由他聚落；如是一切城邑、聚落，各有無量百千億那由他宮殿、園林周匝圍繞。

「此四天下閻浮提內，有一國土，名寶華燈，安隱豐樂，人民熾盛；其中眾生，具行十善❷。有轉輪王於中出現，名毗盧遮那妙寶蓮華髻，於蓮華中忽然化生，三十二相以為嚴好，七寶具足，王四天下，恆以正法教導群生。王有千子，端正勇健，能伏冤敵；百萬億那由他宮人、采女，皆悉與王同種善根、同修諸行、同時誕生，端正姝妙猶如天女，身真金色常放光明，諸毛孔中恆出妙香；良臣、猛將，具足十億。王有正妃，名圓滿面，是王女寶，端正殊特，皮膚金色，目髮紺青，言同梵音，身有天香，常放光明照千由旬。其有一女，名普智燄妙德眼，形體端嚴，色相殊美，眾生見者情無厭足。爾時，眾生壽命無量，或有不定而中夭者；種種形色、種種音聲、種種名字、種種族姓，愚、智、勇、怯、貧、富、苦、樂，無量品類皆悉不同。時，或有人語餘人言：『我身端正，汝形鄙陋。』作是語已，遞相毀辱，集不善業；以是業故，壽命、色力、一切樂事悉皆損減。

【章旨】普救眾生妙德夜神開始為善財童子回答其修成此法門的時間。在過去很久之前，有一名為「圓滿清淨」的劫，劫中有一名「毗盧遮那大威德」的世界。此世界東側，有一名「寶燈華幢」的四天下。此天下的閻浮提內，有一名為「寶華燈」的國土。此土有一名「毗盧遮那妙寶蓮華髻」的轉輪王。此轉輪王有一名「圓滿面」的妃子，此妃有一名為「普智燄妙德眼」的女兒。此土眾生互相詆毀，其所有的樂事都在減損。

【注釋】❶雜業眾生於中止住　即「雜生世界」。由作各種業而感應各種果報並且共居在一起的眾生所組成的世界。如娑婆世界，也被稱之為「五趣雜居地」，為地獄、餓鬼、畜生、人、天等五趣雜居之世界。❷十善　十種的善業，即不殺生、不偷盜、不邪淫、不妄語、不兩舌、不惡口、不綺語、不貪、不瞋、不癡。

【語譯】「善男子！在久遠的世紀之前再過佛土微塵數劫，那時有一名為『圓滿清淨』的劫，其世界名叫『毗盧遮那大威德』，此世界中有須彌山微塵數如來出現於世。其佛世界，以一切香王摩尼寶為其體，以眾寶作為莊嚴，諸佛都住在無垢光明摩尼王之海上。此世界的形狀是正圓形，為淨穢合成的國土，一切美麗的帳雲覆蓋在國土之上，一切莊嚴摩尼輪山在其周圍圍繞了一千層。

此世界中有十萬億那由他的四天下，都有美麗的裝飾，有的四天下由惡業眾生在其中居住，有的四天下由雜業眾生在其中居住，有的四天下由善根眾生在其中居住，有的四天下由一向清淨的諸大菩薩在其中居住。

「在此世界東邊的輪圍山之側面，有一名為『寶燈華幢』的四天下。其國界清淨，飲食豐足，不需要憑藉耕耘而可以自己產生稻粱；其宮殿樓閣都非常奇妙；到處排列著諸如意樹，種種香樹一直在發出香雲，種種鬘樹一直在發出鬘雲，種種花樹常常降下美妙的花朵；種種寶樹長出許多奇異的珍寶，無量顏色的光芒周匝照耀；諸音樂樹隨風吹動演奏出美妙的音樂；日月光明摩尼寶王完全照耀一切，晝夜都有陽光，沒有任何間斷。

「此四天下有百萬億那由他數量的諸王國土，每一國土中有一千條大河在其周圍圍繞，每一處河流上都有美妙的花朵覆蓋在上面，河水隨流漂動，演奏出天上纔有的音樂，一切寶樹列植其岸，種種珍奇裝飾著大河，河面上舟船來往盡情戲樂。每一處河間都有百萬億城市，每一城中都有百萬億那由他的村落；如是一切城邑、村落，各有無量百千億那由他座宮殿、園林在其周圍圍繞。

「在這一四天下的閻浮提內，有一處名叫『寶華燈』的國土，安穩豐樂，人口眾多；其中的眾生都執行十善。此國土中有轉輪王出現，名叫『毗盧遮那妙寶蓮華髻』，是在蓮花中忽然化生的，有三十二相裝飾其身。此轉輪王具足七寶，在四天下稱王，永遠以正法教導眾生。此王有一千名兒子，都端正勇健，能降伏冤家敵人，此國中有百萬億那由他數量的宮人、采女都與國王同樣種植了善根、同樣修習諸行、同時誕生。這些宮人、采女都端正美麗猶如天女，真金色的身體常常放出大光明，諸毛孔中一直發出美妙的香氣。此國良臣、猛將足足有十億。此王有一位名叫『圓滿面』的正妃，是國王最寵愛的女子，端正殊特，皮膚為金色，眼睛、頭髮青中透紅，其說話的聲音就如同菩薩的聲音，身上發出天上纔有的香氣，其身常常放出光明照射千由旬之遠。此王妃有一位名叫『普智燄妙德眼』的女兒，形體端嚴，色相殊美，凡是看見她的眾生無不生情而永遠沒有滿足之時。當時，這一世界的眾生壽命各不相同，也有年壽不定而中途夭折的；眾生的形體顏色、種種音聲、種種名字、種種族姓，愚、智、勇、怯、貧、富、苦、樂，如此等等品性都不相同。當時，有人對他人說：『我的身體端正，而你的身形醜陋。』剛剛說完此語，眾生之間就開始了互相毀辱，都集積了不善之業。由於這些不善業的緣故，眾生的壽命、色力、一切樂事都損減了。

「時，彼城北有菩提樹，名普光法雲音幢，以念念出現一切如來道場莊嚴堅固摩尼王而為其根，一切摩尼以為其幹，眾雜妙寶以為其葉，次第分佈，並相稱可，四方上下，圓滿莊嚴；放寶光明，出妙音聲，說一切如來甚深境界。於彼樹前，有一香池，名寶華光明演法雷音，妙寶為岸，百萬億那由他寶樹圍繞，一一樹形如菩提樹，眾寶瓔珞周匝垂下，無量樓閣皆寶所成，週遍道場以為嚴飾。彼香池內出大蓮華，名普現三世一切如來莊嚴境界雲，須彌山微塵數佛於中出現。

「其第一佛，名普智寶燄妙德幢，於此華上，最初得阿耨多羅三藐三菩提，無量千歲演說正法，成熟眾生。

「其彼如來未成佛時，十千年前，此大蓮華放淨光明，名現諸神通成熟眾生，若有眾生遇斯光者，心自開悟，無所不了，知十千年後佛當出現。九千年前，放淨光明，名一切眾生離垢燈，若有眾生遇斯光者，得清淨眼，見一切色，知九千年後佛當出現。八千年前，放大光明，名一切眾生業果音，若有眾生遇斯光者，悉得自知諸業果報，知八千年後佛當出現。七千年前，放大光明，名生一切善根音，若有眾生遇斯光者，一切諸根悉得圓滿，知七千年後佛當出現。六千年前，放大光明，名佛不思議境界音，若有眾生遇斯光者，其心廣大，普得自在，知六千年後佛當出現。五千年前，放大光明，名嚴淨一切佛剎音，若有眾生遇斯光者，悉見一切清淨佛土，知五千年後佛當出現。四千年前，放大光明，名一切如來境界無差別燈，若有眾生遇斯光者，悉能往覲一切諸佛，知四千年後佛當出現。三千年前，放大光明，名三世明燈，若有眾生遇斯光者，悉能現見一切如來諸本事海，知三千年後佛當出現。二千年前，放大光明，名如來離翳智慧燈，若有眾生遇斯光者，則得普眼見一切如來神變、一切諸佛國土、一切世界眾生，知二千年後佛當出現。一千年前，放大光明，名令一切眾生見佛集諸善根，若有眾生遇斯光者，則得成就見佛三昧，知一千年後佛當出現。次七日前，放大光明，名一切眾生歡喜音，若有眾生遇斯光者，得普見諸佛生大歡喜，知七日後佛當出現。

【章　旨】在寶華燈國土之國都的城北一棵名為「普光法雲音幢」的菩提樹下，有一位名為「普智寶燄妙德幢」的佛出世。從此佛出世之前的一萬年起，有一朵大蓮花不斷放出光明。經文中，以十一重敘述此光明之功用。據澄觀的解釋，「放光調機，有十一重。一一重中，各有光明業用成益。以益對『名』可以思准。若約表法，則前十為次第十度光，後一為圓融十度光。以此照心則自智出現。」（澄觀《華嚴經疏》卷五十八，《大正藏》卷三十五，頁九四三下）這是說，這十一重光可以依照名稱知曉其功用，若依照象徵的方法，則前十重象徵「十度」，最後一重則象徵十度之圓融。

【語　譯】「當時，在閻浮提內寶華燈國之國都的北邊有一棵名叫『普光法雲音幢』的菩提樹。此樹以『念念出現一切如來道場莊嚴堅固摩尼王』為其樹根，以一切摩尼為其樹幹，以許多類型的美妙珍寶為其樹葉。這些珍寶，在菩提樹上次第分佈，相互映襯，使得菩提樹的四方上下都圓滿莊嚴。此菩提樹放出寶光明，發出美妙的聲音，演說一切如來甚深之境界。在這棵菩提樹前面，有一座名為『寶華光明演法雷音』的香池，此池以美妙的珍寶為岸，有百萬億那由他數的寶樹在其周圍圍繞，每一棵樹形都如同菩提樹，樹上眾多以珍寶製作的瓔珞在其四周垂下。池邊的無數樓閣都是由珍寶組成的，這些樓閣在道場到處都有，將道場裝飾得更加美觀。這座香池內長出一朵名叫『普現三世一切如來莊嚴境界雲』的大蓮花，在此蓮花上有如須彌山微塵數的佛出現。

「在普現三世一切如來莊嚴境界雲大蓮花上出現的第一位佛名叫『普智寶燄妙德幢』。他就是在此花上最初獲得阿耨多羅三藐三菩提的，從此以後的無量千歲都在演說正法，使眾生得到成熟。

「在普智寶燄妙德幢如來未成佛之前的一萬年前，此大蓮花放出清淨光明，名為『現諸神通成熟眾生』。如果有眾生遇到這一光明，其心就自然開悟，沒有什麼不能領悟了斷，並且知曉一萬年之後有佛應當出現。在普智寶燄妙德幢如來未成佛之前的九千年前，此大蓮花放出清淨光明，名為『一切眾生離垢燈』。如果有眾生遇到這一光明，就獲得清淨眼，看見一切顏色，並且知曉九千年後有佛應當出現。在普智寶燄妙德幢如來未成佛之前的八千年前，此大蓮花放出清淨光明，名為『一切眾生業果音』。如果有眾生遇到這一光明，都得以自知諸業之果報，並且知曉八千年後有佛應當出現。在普智寶燄妙德幢如來未成佛之前的七千年前，此大蓮花放出清淨光明，名為『生一切善根音』。如果有眾生遇到這一光明，其一切諸根都能夠獲得圓滿，並且知曉七千年後有佛應當出現。在普智寶燄妙德幢如來未成佛之前的六千年前，此大蓮花放出清淨光明，名為『佛不思議境界音』。如果有眾生遇到這一光明，其心就變得無比廣大，完全獲得自在，並且知曉六千年後有佛應當出現。在普智寶燄妙德幢如來未成佛之前的五千年前，此大蓮花放出清淨光明，名為『嚴淨一切佛剎音』。如果有眾生遇到這一光明，都可以看見一切清淨佛土，並且知曉五千年後有佛應當出現。在普智寶燄妙德幢如來未成佛之前的四千年前，此大蓮花放出清淨光明，名為『一切如來境界無差別燈』。如果有眾生遇到這一光明，都能夠前往禮拜一切諸佛，並且知曉四千年後有佛應當出現。在普智寶燄妙德幢如來未成佛之前的三千年前，此大蓮花放出清淨光明，名為『三世明燈』。如果有眾生遇到這一光明，都能看見一切如來諸本事之海，並且知曉三千年後有佛應當出現。在普智寶燄妙德幢如來未成佛之前的二千年前，此大蓮花放出清淨光明，名為『如來離翳智慧燈』。如果有眾生遇到這一光明，就可以獲得普偏觀察一切眾生之普眼，能夠看見一切如來神變、一切諸佛國土、一切世界眾生，並且知曉二千年後有佛應當出現。在普智寶燄妙德幢如來未成佛之前的一千年前，此大蓮花放出清淨光明，名為『令一切眾生見佛集諸善根』。如果有眾生遇到這一光明，就可獲得成就見佛三昧，並且知曉一千年後有佛應當出現。在普智寶燄妙德幢如來未成佛之前七日，此大蓮花放出清淨光明，名為『一切眾生歡喜音』。如果有眾生遇到這一光明，就得以完全看見諸佛因而產生大歡喜，並且知曉七日後有佛應當出現。

「滿七日已，一切世界悉皆震動，純淨無染，念念普現十方一切清淨佛剎，亦現彼剎種種莊嚴；若有眾生根性淳熟，應見佛者，咸詣道場。

「爾時，彼世界中一切輪圍、一切須彌、一切諸山、一切大海、一切地、一切城、一切垣牆、一切宮殿、一切音樂、一切語言，皆出音聲，讚說一切諸佛如來神力境界；又出一切香雲、一切燒香雲、一切末香雲、一切香摩尼形像雲、一切寶燄雲、一切燄藏雲、一切摩尼衣雲、一切瓔珞雲、一切妙華雲、一切如來光明雲、一切如來圓光雲、一切音樂雲、一切如來願聲雲、一切如來言音海雲、一切如來相好雲，顯示如來出現世間不思議相。

「善男子！此普照三世一切如來莊嚴境界大寶蓮華王，有十佛剎微塵數蓮華周匝圍繞，諸蓮華內悉有摩尼寶藏師子之座，一一座上皆有菩薩結跏趺坐。善男子！彼普智寶燄妙德幢王如來，於此成阿耨多羅三藐三菩提時，即於十方一切世界中成阿耨多羅三藐三菩提。

「隨眾生心，悉現其前為轉法輪。於一一世界，令無量眾生離惡道苦，令無量眾生得生天中，令無量眾生住於聲聞、辟支佛地，令無量眾生成就出離菩提之行，令無量眾生成就勇猛幢菩提之行，令無量眾生成就法光明菩提之行，令無量眾生成就清淨根菩提之行，令無量眾生成就平等力菩提之行，令無量眾生成就入法城菩提之行，令無量眾生成就徧至一切處不可壞神通力菩提之行，令無量眾生入普門方便道菩提之行，令無量眾生安住三昧門菩提之行，令無量眾生成就緣一切清淨境界菩提之行❶，令無量眾生發菩提心❷，令無量眾生住菩薩道❸，令無量眾生安住清淨波羅蜜道❹，令無量眾生住菩薩初地，令無量眾生住菩薩二地乃至十地❺，令無量眾生入於菩薩殊勝行願，令無量眾生安住普賢清淨行願❻。

「善男子！彼普智寶燄妙德幢如來，現如是不思議自在神力轉法輪時，於彼一一諸世界中，隨其所應，念念調伏無量眾生。

【章　旨】普智寶燄妙德幢如來在菩提樹下出世顯相，旋轉法輪，使無量眾生、聲聞、緣覺、菩薩得到利益。

【注　釋】❶令無量眾生成就出離菩提之行十句　此十句大致表示進入菩薩修行階位之前的準備性修行活動。❷令無量眾生發菩提心　此句大致表示「十住位」。❸令無量眾生住菩薩道　此句大致表示「十行位」。❹令無量眾生安住清淨波羅蜜道　此句大致表示「十迴向位」。❺令無量眾生住菩薩初地二句　此二句表示「十地位」。❻令無量眾生入於菩薩殊勝行願二句　此二句表示「等覺位」。等覺位，大乘五十二階位中的第五十一位，即十地位滿，將證佛果的中間階段，因其智慧功德，等似妙覺，故名「等覺」，又名「一生補處」或「金剛心菩薩」。

【語　譯】「滿七日之後，一切世界都震動起來，純淨無染，念念普現出十方一切清淨佛土，也顯現出那國土中的種種莊嚴。如果有眾生根性淳熟，能夠看見佛的眾生應該都前往道場。

「這時，這一世界中的一切輪圍山、一切須彌山，一切諸山、一切大海、一切地、一切城、一切垣牆、一切宮殿、一切音樂、一切語言，都發出聲音，讚說一切諸佛如來神力之境界；此世界中又發出一切香雲、一切燒香雲、一切末香雲、一切香摩尼形像雲、一切寶燄雲、一切燄藏雲、一切摩尼衣雲、一切瓔珞雲、一切妙華雲、一切如來光明雲、一切如來圓光雲、一切音樂雲、一切如來願聲雲、一切如來言音海雲、一切如來相好雲，這些雲彩都顯示出如來出現世間時所具備的不可思議之相。

「善男子！這位普照三世一切如來莊嚴境界大寶蓮華王，有十佛土微塵數蓮花在其周圍圍繞，諸蓮花內都有摩尼寶藏師子之座，每一座上都有菩薩在其上結跏趺而坐。善男子！彼普智寶燄妙德幢王如來，在此成就阿耨多羅三藐三菩提時，也就同時在十方一切世界中成就阿耨多羅三藐三菩提。

「此普智寶燄妙德幢王如來針對眾生的心意，在眾生前都顯現出來旋轉法輪。在每一世界，使無量眾生遠離惡道之苦，使無量眾生得以轉生天中，使無量眾生住於聲聞、辟支佛之地，使無量眾生成就出離菩提之行，使無量眾生成就勇猛幢菩提之行，使無量眾生成就法光明菩提之行，使無量眾生成就清淨根菩提之行，使無量眾生成就平等力菩提之行，使無量眾生成就入法城菩提之行，使無量眾生成就徧至一切處不可壞神通力菩提之行，使無量眾生進入普門方便道菩提之行，使無量眾生安住於三昧門菩提之行，使無量眾生成就緣一切清淨境界菩提之行，使無量眾生發菩提心，使無量眾生住菩薩道，使無量眾生安住於清淨波羅蜜道，使無量眾生住於菩薩初地，使無量眾生住於菩薩二地乃至十地，使無量眾生進入於菩薩殊勝行願，使無量眾生安住於普賢清淨行願。

「善男子！這位普智寶燄妙德幢如來，顯現出如此不可思議自在神力旋轉法輪之時，在這諸世界中，隨眾生所應，念念調伏無量眾生。

「時，普賢菩薩知寶華燈王城中眾生，自恃色貌及諸境界，而生憍慢陵蔑他人；化現妙身，端正殊特，往詣彼城，放大光明，普照一切，令彼聖王及諸妙寶、日月星宿、眾生身等一切光明悉皆不現，譬如日出眾景奪曜，亦如聚墨對閻浮金。時，諸眾生咸作是言：『此為是誰？為天？為梵？今放此光，令我等身所有光色皆不顯現。』種種思惟，無能解了。

「爾時，普賢菩薩在彼輪王寶宮殿上虛空中住，而告之言：『大王當知，今汝國中，有佛興世，在普光明法雲音幢菩提樹下。』時，聖王女蓮華妙眼見普賢菩薩所現色身光明自在，及聞身上諸莊嚴具所出妙音，心生歡喜，作如是念：『願我所有一切善根，得如是身、如是莊嚴、如是相好、如是威儀、如是自在。今此大聖，能於眾生生死長夜黑闇之中放大光明，開示如來出興於世；願令於我亦得如是，為諸眾生作智光明，破彼所有無知黑闇。願我所在受生之處，常得不離此善知識。』

「善男子！時，轉輪王與其寶女、千子、眷屬、大臣、輔佐、四種兵眾，及其城內無量人民，前後圍繞，以王神力，俱昇虛空，高一由旬，放大光明照四天下，普使一切咸得瞻仰，欲令眾生俱往見佛，以偈讚曰：

『如來出世間，普救諸群生，汝等應速起，往詣導師所。無量無數劫，乃有佛興世，演說深妙法，饒益一切眾。佛觀諸世間，顛倒常癡惑，輪迴生死苦，而起大悲心。無數億千劫，修習菩提行，為欲度眾生，斯由大悲力。頭目手足等，一切悉能捨，為求菩提故，如是無量劫。無量億千劫，導師難可遇；見聞若承事，一切無空過。今當共汝等，往觀調御尊，坐於如來座，降魔成正覺。瞻仰如來身，放演無量光，種種微妙色，除滅一切暗。一一毛孔中，放光不思議，普照諸群生，咸令大歡喜。汝等咸應發，廣大精進心，詣彼如來所，恭敬而供養。』

「爾時，轉輪聖王說偈讚佛，開悟一切眾生已，從輪王善根，出十千種大供養雲，往詣道場，向如來所。所謂：一切寶蓋雲、一切華帳雲、一切寶衣雲、一切寶鈴網雲、一切香海雲、一切寶座雲、一切寶幢雲、一切宮殿雲、一切妙華雲、一切諸莊嚴具雲，於虛空中週徧嚴飾。到已，頂禮普智寶燄妙德幢王如來足，繞無量百千匝，即於佛前坐普照十方寶蓮華座。

【章　旨】普賢菩薩化現妙身，告訴此國土的轉輪王，此城外的菩提樹下有佛出世。於是，此國王帶領其部眾前往佛所在的道場拜佛問法。

【語　譯】「當時，普賢菩薩知曉寶華燈王城中眾生，依靠自己的色貌及諸境界而產生憍慢並陵蔑他人。於是，普賢菩薩化現出妙身，端正殊特，前往寶華燈王城，放出大光明，普照一切，使那裡的聖王及諸妙寶、日月星宿、眾生身等一切光明都無法顯露出來。此正如太陽一出，眾多景物都爭相放出光芒，也如同聚墨與閻浮金的對比。這時，諸位眾生都這樣說道：『這位是誰呀？是天嗎？是梵嗎？他放出此光，使我們的身體的所有光色都不再顯現。』他們這樣想著，但都沒有辦法瞭解真相。

「這時，普賢菩薩在那位轉輪王寶宮殿之上的空中停住，對國王說：『大王應當知道，現今你的國家中，有佛興世，佛在普光明法雲音幢菩提樹下。』這時，聖王之女蓮華妙眼因看見普賢菩薩所現色身的光明自在，以及聽到從其身上諸莊嚴具所發出美妙的聲音，心中產生歡喜，這樣想道：『希望我所有一切善根，都可以獲得如此身、如此莊嚴、如此相好、如此威儀、如此自在。現今此大聖，能夠在眾生生死長夜黑闇之中放出大光明，開示如來出興於世；希望使我也能夠如此，為諸眾生作智慧光明，破除眾生所有的無知黑闇。希望我所在受生之處，永遠可以不離此善知識。』

「善男子！這時，轉輪王與其寶女、千子、眷屬、大臣、輔佐、四種兵眾，及其城內無量人民，前後圍繞，憑藉王的神力，都昇入空中高達一由旬，放出大光明照四天下，完全使一切都可以瞻仰得見，想使眾生都去拜見佛。王以偈讚頌說：

「『如來出世間，普救諸群生，汝等應速起，往詣導師所。無量無數劫，乃有佛興世，演說深妙法，饒益一切眾。佛觀諸世間，顛倒常癡惑，輪迴生死苦，而起大悲心。無數億千劫，修習菩提行，為欲度眾生，斯由大悲力。頭目手足等，一切悉能捨，為求菩提故，如是無量劫。無量億千劫，導師難可遇；見聞若承事，一切無空過。今當共汝等，往觀調御尊，坐於如來座，降魔成正覺。瞻仰如來身，放演無量光，種種微妙色，除滅一切暗。一一毛孔中，放光不思議，普照諸群生，咸令大歡喜。汝等咸應發，廣大精進心，詣彼如來所，恭敬而供養。』

「這時，轉輪聖王說完偈語讚佛，開悟一切眾生之後，從輪王所獲得的善根之處生出一萬種大供養雲，前往道場，向如來的所在進發。這些雲彩有：一切寶蓋雲、一切華帳雲、一切寶衣雲、一切寶鈴網雲、一切香海雲、一切寶座雲、一切寶幢雲、一切宮殿雲、一切妙華雲、一切諸莊嚴具雲，這些雲彩在空中到處排列裝飾道場。此位轉輪王以及所帶領的部眾到達道場之後，頂禮普智寶燄妙德幢王如來的雙足，在其周圍繞行無量百千圈，隨即在佛前坐於普照十方寶蓮華座上。」

「時，轉輪王女普智燄妙德眼即解身上諸莊嚴具，持以散佛。時，莊嚴具於虛空中變成寶蓋、寶網垂下，龍王執持；一切宮殿於中間列；十種寶蓋周匝圍繞，形如樓閣，內外清淨，諸瓔珞雲及諸寶樹、香海摩尼以為莊嚴。於此蓋中，有菩提樹，枝葉榮茂，普覆法界，念念示現無量莊嚴。毗盧遮那如來坐此樹下，有不可說佛剎微塵數菩薩前後圍繞，皆從普賢行願出生，住諸菩薩無差別住，亦見有一切諸世間主，亦見如來自在神力，又見一切諸劫次第世界成壞，又亦見彼一切世界一切諸佛出興次第，又亦見彼一切世界一一皆有普賢菩薩供養於佛、調伏眾生，又亦見彼一切菩薩莫不皆在普賢身中，亦見自身在其身內，亦見其身在一切如來前、一切普賢前、一切菩薩前、一切眾生前，又亦見彼一切世界一一各有佛剎微塵數世界種種際畔、種種任持、種種形狀、種種體性、種種安佈、種種莊嚴、種種清淨、種種莊嚴雲而覆其上、種種劫名、種種佛興、種種三世、種種方處、種種住法界、種種入法界、種種住虛空、種種如來菩提場、種種如來神通力、種種如來師子座、種種如來大眾海、種種如來眾差別、種種如來巧方便、種種如來轉法輪、種種如來妙音聲、種種如來言說海、種種如來契經雲；既見是已，其心清淨，生大歡喜。

【章　旨】轉輪王之女普智燄妙德眼因將自己的莊嚴具獻給佛而得以看見佛所顯現出來的大用，使其心清淨。此中，「嚴具奉佛，表修萬行，向佛果故。」（澄觀《華嚴經疏》卷五十八，《大正藏》卷三十五，頁九四四上）

【語　譯】「這時，轉輪王之女『普智燄妙德眼』隨即解下自己身上的諸莊嚴具，手持它散給佛。這時，莊嚴具在虛空中變成寶蓋、寶網垂下，由龍王執持，在一切宮殿的中間排列；十種寶蓋在其周圍圍繞，形狀如同樓閣，內外清淨，以諸瓔珞雲及諸寶樹、香海摩尼為莊嚴。在此蓋中，有菩提樹，枝葉榮茂，完全覆蓋了法界，念念示現無量莊嚴。毗盧遮那如來坐在此菩提樹下，有不可說佛土微塵數菩薩在其前後圍繞，都從普賢行願中出生，住於諸菩薩無差別住之境，也看見一切諸世間主，也看見如來自在神力，又看見一切諸劫次第世界的生成與毀滅，也看見彼一切世界一切諸佛出興的次第，又看見那一切世界一一都有普賢菩薩供養佛、調伏眾生，又看見彼一切菩薩莫不都在普賢身體之中，也看見自身在其身內，也看見其身在一切如來前、一切普賢前、一切菩薩前、一切眾生前，也看見那一切世界一一各有佛土微塵數世界種種際畔、種種任持、種種形狀、種種體性、種種安排佈置、種種莊嚴、種種清淨、種種莊嚴雲而覆其上、種種劫名、種種佛興、種種三世、種種地方方位、種種住法界、種種入法界、種種住虛空、種種如來菩提場、種種如來神通力、種種如來師子座、種種如來大眾之海、種種如來眾差別、種種如來巧方便、種種如來轉法輪、種種如來妙音聲、種種如來言說海、種種如來契經雲。在看見這些之後，王女的心清淨了，產生大歡喜。

「普智寶燄妙德幢王如來，為說修多羅，名《一切如來轉法輪》，十佛剎微塵數修多羅而為眷屬。

「時，彼女人聞此經已，則得成就十千三昧門，其心柔軟，無有粗彊，如初受胎，如始誕生，如娑羅樹❶初始生芽。彼三昧心亦復如是，所謂：現見一切佛三昧、普照一切剎三昧、入一切三世門三昧、說一切佛法輪三昧、知一切佛願海三昧、開悟一切眾生令出生死苦三昧、常願破一切眾生闇三昧、常願滅一切眾生苦三昧、常願生一切眾生樂三昧、教化一切眾生不生疲厭三昧、一切菩薩無障礙幢三昧、普詣一切清淨佛剎三昧。得如是等十千三昧已，復得妙定心、不動心、歡喜心、安慰心、廣大心、順善知識心、緣甚深一切智心、住廣大方便海心、捨離一切執著心、不住一切世間境界心、入如來境界心、普照一切色海心、無惱害心，無高倨心、無疲倦心、無退轉心、無懈怠心、思惟諸法自性心、安住一切法門海心、觀察一切法門海心、了知一切眾生海心、救護一切眾生海心、普照一切世界海心、普生一切佛願海心、悉破一切障山心、積集福德助道心、現見諸佛十力心、普照菩薩境界心、增長菩薩助道心、偏緣一切方海心。

「一心思惟普賢大願，發一切如來十佛剎微塵數願海：願嚴淨一切佛國，願調伏一切眾生，願偏知一切法界，願普入一切法界海，願於一切佛剎盡未來際劫修菩薩行，願盡未來際劫不捨一切菩薩行，願得親近一切如來，願得承事一切善友，願得供養一切諸佛，願於念念中修菩薩行，增一切智無有間斷。發如是等十佛剎微塵數願海，成就普賢所有大願。

「時，彼如來復為其女開示演說發心已來所集善根、所修妙行、所得大果，令其開悟成就如來所有願海，一心趣向一切智位。

【章　旨】普智寶燄妙德幢如來為轉輪王、王女以及其他會眾演說《一切如來轉法輪經》。此王女獲得三昧益、大心益以及發心調伏眾生益。

【注　釋】❶娑羅樹　又作「沙羅」、「薩羅」、「蘇連」，意譯「堅固」或「高遠」。屬龍腦香科，喬木，產於印度、孟加拉等熱帶地方。高達十丈，葉呈長橢圓形而尖，長五寸至八寸五分，寬三寸至五寸。花小，呈淡黃色。果實有長一、二寸的翼。種子可食。材質甚堅，可供建築用，亦可作種種器具及船艦之材料。相傳，此樹乃過去七佛中第三毗舍浮佛之道場樹。佛陀曾經在此種樹下涅槃。

【語　譯】「普智寶燄妙德幢王如來為其會眾演說修多羅，名為《一切如來轉法輪經》，十佛土微塵數修多羅而為眷屬。

「這時，這位王女聽完此經之後，就得以成就一萬種三昧門，其心柔軟靈活，沒有固執就如同剛剛受胎，如同剛剛誕生，如同娑羅樹開始生芽。她的三昧心也是如此，這些三昧有：現見一切佛三昧、普照一切剎三昧、入一切三世門三昧、說一切佛法輪三昧、知一切佛願海三昧、開悟一切眾生使其出離生死苦三昧、常常希望破除一切眾生的黑闇的三昧、常常希望滅除一切眾生苦三昧、常常希望生出一切眾生樂三昧、教化一切眾生不生疲厭三昧、一切菩薩無障礙幢三昧、完全到達一切清淨佛剎三昧。得如此等一萬門三昧之後，此位王女又獲得妙定心、不動心、歡喜心、安慰心、廣大心、順善知識心、緣甚深一切智心、住廣大方便海心、捨離一切執著心、不住一切世間境界心、入如來境界心、普照一切色海心、無惱害心、無傲慢心、無疲倦心、無退轉心、無懈怠心、思惟諸法自性心、安住一切法門海心、觀察一切法門海心、了知一切眾生海心、救護一切眾生海心、普照一切世界海心、普生一切佛願海心、悉破一切障山心、積集福德助道心、現見諸佛十力心、普照菩薩境界心、增長菩薩助道心、偏緣一切方海心。

「此位王女一心思惟普賢的大願，發一切如來十佛土微塵數大願海：希望嚴淨一切佛國，希望調伏一切眾生，希望偏知一切法界，希望普入一切法界海，希望在一切佛土盡未來際劫修菩薩行，希望盡未來際劫不捨一切菩薩行，希望得以親近一切如來，希望得以承事一切善友，希望得以供養一切諸佛，希望在念念中修菩薩行，使一切智得到增長無有間斷。發如此與十佛土微塵數相同的大願之海，希望成就普賢的所有大願。

「這時，這位如來又為其女開示演說發心已來所集的善根、所修的妙行、所得的大果，使其開悟成就如來所有願海，一心趣向一切智位。

「善男子！復於此前，過十大劫，有世界，名日輪光摩尼，佛號因陀羅幢妙相。此妙眼女，於彼如來遺法之中，普賢菩薩勸其修補蓮華座上故壞佛像；既修補已，而復彩畫，既彩畫已，復寶莊嚴，發阿耨多羅三藐三菩提心。

「善男子！我念過去，由普賢菩薩善知識故，種此善根。從是已來，不墮惡趣，常於一切天王、人王種族中生，端正可喜，眾相圓滿，令人樂見，常見於佛，常得親近普賢菩薩；乃至於今，示導開悟，成熟於我，令生歡喜。

「善男子！於意云何？爾時毗盧遮那藏妙寶蓮華髻轉輪聖王者，豈異人乎？今彌勒菩薩是。時王妃圓滿面者，寂靜音海夜神是，今所住處去此不遠。時妙德眼童女者，即我身是。我於彼時，身為童女，普賢菩薩勸我修補蓮華座像，以為無上菩提因緣，令我發於阿耨多羅三藐三菩提心。我於彼時，初始發心；次復引導，令我得見妙德幢佛，解身瓔珞，散佛供養，見佛神力，聞佛說法，即得菩薩普現一切世間調伏眾生解脫門。於念念中，見須彌山微塵數佛，亦見彼佛道場、眾會、清淨國土；

我皆尊重，恭敬供養，聽聞說法，依教修行。

【章　旨】普救眾生妙德夜神給善財童子說，當時的那位普智燄妙德眼童女就是自己的前身。在「圓滿清淨劫」之前的十大劫，此童女在普賢菩薩的激勵下因修補蓮華座上的破損佛像而發菩提心。後來，童女經普賢菩薩引導見於普智寶燄妙德幢佛，解身瓔珞，散佛供養，聞佛說法，最終獲得菩薩普現一切世間調伏眾生解脫門。

【語　譯】「善男子！在此之前過十大劫，有一處名為『日輪光摩尼』的世界，其佛號『因陀羅幢妙相』。這位妙眼女，在那如來遺法之中，普賢菩薩激勵其修補蓮華座上破損的佛像；在修補完畢之後，又恢復了彩畫，在彩畫恢復完畢之後，又以珍寶裝飾佛像，此童女隨即發阿耨多羅三藐三菩提心。

「善男子！我想起過去，由於普賢菩薩善知識的緣故，種植此善根。從那時起，我不墮入惡趣，常在一切天王、人王的種族中受生，端正可喜，眾相圓滿，使人都樂於看到我，常常去拜見佛，常常得以親近普賢菩薩。直到現在，普賢菩薩都示導我，使我開悟，使我成熟，使我產生歡喜之心。

「善男子！你以為如何呢？當時那位毗盧遮那藏妙寶蓮華髻轉輪聖王難道是其他人嗎？他就是現今的彌勒菩薩。當時的圓滿面王妃就是寂靜音海夜神，她現在的住處距離此地不遠。當時的妙德眼童女就是我的前身。我在那時，身為童女，普賢菩薩激勵我修補蓮華座像，以之作為發無上菩提的因緣，使我發於阿耨多羅三藐三菩提心。我在那時，剛剛發心。後來，普賢菩薩又引導我，使我得以拜見妙德幢佛，我解下身上的瓔珞，散佛供養，看見佛的神力，聽聞佛的說法，隨即獲得菩薩普現一切世間調伏眾生解脫門。我在念念中，看見須彌山微塵數佛，也看見那佛道場、眾會、清淨國土；對於這些佛道場、眾會等等，我都很尊重，恭敬供養，聽聞佛說法，依照佛的教誨修行。

「善男子！過彼毗盧遮那大威德世界圓滿清淨劫已，次有世界，名寶輪妙莊嚴，劫名大光，有五百佛於中出現，我皆承事恭敬供養。

「其最初佛，名大悲幢；初出家時，我為夜神，恭敬供養。次有佛出，名金剛那羅延幢；我為轉輪王，恭敬供養；其佛為我說修多羅，名一切佛出現，十佛剎微塵數修多羅以為眷屬。次有佛出，名金剛無礙德；我於彼時為轉輪王，恭敬供養；其佛為我說修多羅，名普照一切眾生根，須彌山微塵數修多羅而為眷屬；我皆受持。次有佛出，名火燄山妙莊嚴；我於彼時為長者女；其佛為我說修多羅，名普照三世藏，閻浮提微塵數修多羅而為眷屬；我皆聽聞，如法受持。次有佛出，名一切法海高勝王；我為阿修羅王，恭敬供養；其佛為我說修多羅，名分別一切法界，五百修多羅而為眷屬；我皆聽聞，如法受持。次有佛出，名海嶽法光明；我為龍王女，雨如意摩尼寶雲而為供養；其佛為我說修多羅，名增長歡喜海，百萬億修多羅而為眷屬；我皆聽聞，如法受持。次有佛出，名寶燄山燈；我為海神，雨寶蓮華雲恭敬供養；其佛為我說修多羅，名法界方便海光明，佛剎微塵數修多羅而為眷屬；我皆聽聞，如法受持。次有佛出，名功德海光明輪；我於彼時為五通仙❶，現大神通，六萬諸仙前後圍繞，雨香華雲而為供養；其佛為我說修多羅，名無著法燈，六萬修多羅而為眷屬；我皆聽聞，如法受持。次有佛出，名毗盧遮那功德藏；我於彼時，為主地神，名出生平等義，與無量地神俱，雨一切寶樹、一切摩尼藏、一切寶瓔珞雲而為供養；其佛為我說修多羅，名出生一切如來智藏，無量修多羅而為眷屬；我皆聽聞，受持不忘。善男子！如是次第，其最後佛，名充滿虛空法界妙德燈；我為妓女，名曰美顏，見佛入城，歌舞供養；承佛神力，踴在空中，以千偈頌讚歎於佛；佛為於我，放眉間光，名莊嚴法界大光明，徧觸我身；我蒙光已，即得解脫門，名法界方便不退藏。

「善男子！此世界中，有如是等佛剎微塵數劫，一切如來於中出現；我皆承事，恭敬供養。

【章　旨】普救眾生妙德夜神在毗盧遮那大威德世界圓滿清淨劫得法之後，又在「大光劫」供養諸佛，繼續修行。

【注　釋】❶五通仙　即獲得五種神通的仙人。「五神通」是修習所得的五種不可思議之力。第一為「天眼通」，指超越肉眼的所有障礙，可以看見常人所不能看見的。第二為「天耳通」，又名「天耳智證通」或「天耳智通」，指超越肉耳的所有障礙，可以聽聞常人所不能聽到的音聲。第三為「他心通」，指可洞悉他人之心念。第四為「宿命通」，指能知曉自、他過去之事。第五為「身如意通」，指可點石成金、變火成水、飛行自在、變現自在的能力。獲得此五種神通之仙人，稱為「五通仙」。印度各種宗教大多都有修習而得此五種神通的，而佛陀則曾經禁止其弟子顯現各種神通。

【語　譯】「善男子！在過那一毗盧遮那大威德世界圓滿清淨劫之後，又有一處名為『寶輪妙莊嚴』

的世界，其劫名為『大光』，有五百佛在其中出現，我都承事恭敬供養。

「此大光劫中的第一位佛，名為『大悲幢』；佛剛剛出家時，我為夜神，恭敬供養。再次，又有佛出，名為『金剛那羅延幢』；我為轉輪王，恭敬供養；其佛為我宣說修多羅，名『一切佛出現』，十佛土微塵數的修多羅以為眷屬。又有佛出世，名為『金剛無礙德』；我在那時為轉輪王，恭敬供養；其佛為我宣說修多羅，名為『普照一切眾生根』，須彌山微塵數修多羅而為眷屬；我都接受記憶。再次，又有佛出世，名為『火燄山妙莊嚴』；我在那時為長者女；其佛為我宣說修多羅，名為『普照三世藏』，閻浮提微塵數修多羅而為眷屬；我都聽聞，如法接受記憶。再次，又有佛出，名『一切法海高勝王』；我為阿修羅王，恭敬供養；其佛為我宣說修多羅，名『分別一切法界』，五百修多羅而為眷屬；我都聽聞，如法接受記憶。再次，又有佛出世，名為『海嶽法光明』；我為龍王女，降下如意摩尼寶雲而為供養；其佛為我宣說修多羅，名為『增長歡喜海』，百萬億修多羅而為眷屬；我都聽聞，如法接受記憶。再次，又有佛出世，名為『寶燄山燈』；我為海神，降下寶蓮華雲恭敬供養；其佛為我宣說修多羅，名為『法界方便海光明』，佛土微塵數修多羅而為眷屬；我都聽聞，如法接受記憶。再次，有佛出世，名為『功德海光明輪』；我在那時為五通仙，顯現大神通，六萬諸仙前後圍繞，降下香華雲而為供養；其佛為我宣說修多羅，名為『無著法燈』，六萬修多羅而為眷屬；我都聽聞，如法接受記憶。再次，又有佛出世，名為『毗盧遮那功德藏』；我在那時，為主地神，名為『出生平等義』，與無量地神一起，降下一切寶樹、一切摩尼藏、一切寶瓔珞雲而為供養；其佛為我宣說修多羅，名為『出生一切如來智藏』，無量修多羅而為眷屬；我都聽聞，接受記憶而不忘。善男子！如此次第，其最後佛名為『充滿虛空法界妙德燈』；我當時為妓女，名為『美顏』，看見佛進入此城，歌舞供養；承蒙佛的神力，我踴昇空中，以千偈頌讚嘆佛；佛為我放出眉間之光，名為『莊嚴法界大光明』。此光徧觸我的身體，我承蒙此光之後，隨即獲得名為『法界方便不退藏』的解脫門。

「善男子！在此世界之中，有如此與佛土微塵數相同的劫，一切如來從中出現；我都承事，恭敬供養。

「彼諸如來所說正法，我皆憶念，乃至不忘一文一句。於彼一一諸如來所，稱揚讚嘆一切佛法，為無量眾生廣作利益；於彼一一諸如來所，得一切智光明，現三世法界海，入一切普賢行。

「善男子！我依一切智光明故，於念念中見無量佛；既見佛已，先所未得、先所未見普賢諸行❶，悉得成滿。何以故？以得一切智光明故。」

爾時，普救眾生夜神，欲重明此解脫義，承佛神力，為善財童子而說頌言：「『善財聽我說，甚深難見法，普照於三世，一切差別門。如我初發心，專求佛功德，所入諸解脫，汝今應諦聽。我念過去世，過剎微塵劫，次前有一劫，名圓滿清淨。是時有世界，名為徧照燈，須彌塵數佛，於中出興世：初佛名智燄，次佛名法幢，第三法須彌，第四德師子，第五寂靜王，第六滅諸見，第七高名稱，第八大功德，第九名勝日，第十名月面。於此十佛所，最初悟法門。從此後次第，復有十佛出：初名虛空處，第二名普光，三名住諸方，四名正念海，五名高勝光，六名須彌雲，七名法燄佛，八名山勝佛，九名大悲華，十名法界華。此十出現時，第二悟法門。從此後次第，復有十佛出：第一光幢佛，第二智慧佛，第三心義佛，第四德主佛，第五天慧佛，第六慧王佛，第七勝智佛，第八光王佛，第九勇猛佛，第十蓮華佛。於此十佛所，第三悟法門。從此後次第，復有十佛出：第一寶燄山，第二功德海，第三法光明，第四蓮華藏，第五眾生眼，第六香光寶，七須彌功德，八乾闥婆王，第九摩尼藏，第十寂靜色。從此後次第，復有十佛出：初佛廣大智，次佛寶光明，第三虛空雲，第四殊勝相，第五圓滿戒，第六那羅延，第七須彌德，第八功德輪，第九無勝幢，第十大樹山。從此後次第，復有十佛出：第一娑羅藏，第二世主身，第三高顯光，第四金剛照，第五地威力，第六甚深法，第七法慧音，第八須彌幢，第九勝光明，第十妙寶光。從此後次第，復有十佛出：第一梵光明，第二虛空音，第三法界身，第四光明輪，第五智慧幢，第六虛空燈，第七微妙德，第八偏照光，第九勝福光，第十大悲雲。從此後次第，復有十佛出：第一力光慧，第二普現前，第三高顯光，第四光明身，第五法起佛，第六寶相佛，第七速疾風，第八勇猛幢，第九妙寶蓋，第十照三世。從此後次第，復有十佛出：第一願海光，第二金剛身，第三須彌德，第四念幢王，第五功德慧，第六智慧燈，第七光明幢，第八廣大智，第九法界智，第十法海智。從此後次第，復有十佛出：初名布施法，次名功德輪，三名勝妙雲，四名忍智燈，五名寂靜音，六名寂靜幢，七名世間燈，八名深大願，九名無勝幢，十名智燄海。從此後次第，復有十佛出：初佛法自在，二佛無礙慧，三名意海慧，四名眾妙音，五名自在施，六名普現前，七名隨樂身，八名住勝德，第九本性佛，第十賢德佛。須彌塵數劫，此中所有佛，普作世間燈，我悉曾供養。佛剎微塵劫，所有佛出現，我皆曾供養，入此解脫門。我於無量劫，修行得此道；汝若能修行，不久亦當得。』

【章　旨】普救眾生妙德夜神總結其在諸劫修行的情況。由於諸劫的修行，普救眾生妙德夜神最終獲得此菩薩普現一切世間調伏眾生解脫法門，獲得一切智。普救眾生妙德夜神又以偈頌形式對其所言作了總結，全章共四十一首偈頌。第一、二偈標舉正法，提示善財童子等會眾仔細聽講；後面的三十六偈宣講在最初圓滿清淨劫中供養其中出現的一百一十名佛的情形。這一百一十佛分別表徵「十地」、「等覺」等十一位，各以初佛為主，其餘九佛為伴。這些內容是前述長行中沒有涉及到的。最後二劫從總體上概括其餘諸劫的修行情形，表徵「智滿行圓，無非佛故」（澄觀《華嚴經疏》卷五十八，《大正藏》卷三十五，頁九四四中）。

【注　譯】❶普賢諸行　包含兩層面的涵義，一是「普賢行願」，二是「普賢三昧」。前者指普賢菩薩所發的「十大行願」，後者指「一切三昧」。從後者言之，普賢菩薩、文殊菩薩為一大法門，普賢菩薩主司一切三昧，文殊菩薩主司一切般若，助佛教化，因此相對於「文殊般若」而稱「普賢三昧」。法藏在《華嚴經探玄記》中說：「普賢三昧自在，文殊般若自在。」（法藏《華嚴經探玄記》卷十八，《大正藏》卷三十五，頁四四一下）

【語譯】「這些如來所說的正法，我都記憶誦持，甚至不忘一字一句。在每一如來的住所，稱揚讚嘆一切佛法，為無量眾生廣泛地謀取利益；在每一如來的住所，獲得一切智之光明，顯現三世法界之海，進入一切普賢行。

「善男子！我依止於一切智之光明的緣故，在念念中看見無量佛；在看見佛之後，先前未獲得、先前未看見的普賢諸行，都得以成就圓滿。為什麼如此呢？因為我已經獲得一切智之光明的緣故。」

這時，普救眾生妙德夜神想再次宣說這一解脫法門，承蒙佛之神力，為善財童子以偈頌形式說道：「『善財聽我說，甚深難見法，普照於三世，一切差別門。如我初發心，專求佛功德，所入諸解脫，汝今應諦聽。我念過去世，過剎微塵劫，次前有一劫，名圓滿清淨。是時有世界，名為徧照燈，須彌塵數佛，於中出興世：初佛名智燄，次佛名法幢，第三法須彌，第四德師子，第五寂靜王，第六滅諸見，第七高名稱，第八大功德，第九名勝日，第十名月面。於此十佛所，最初悟法門。從此後次第，復有十佛出：初名虛空處，第二名普光，三名住諸方，四名正念海，五名高勝光，六名須彌雲，七名法燄佛，八名山勝佛，九名大悲華，十名法界華。此十出現時，第二悟法門。從此後次第，復有十佛出：第一光幢佛，第二智慧佛，第三心義佛，第四德主佛，第五天慧佛，第六慧王佛，第七勝智佛，第八光王佛，第九勇猛佛，第十蓮華佛。於此十佛所，第三悟法門。從此後次第，復有十佛出：第一寶燄山，第二功德海，第三法光明，第四蓮華藏，第五眾生眼，第六香光寶，七須彌功德，八乾闥婆王，第九摩尼藏，第十寂靜色。從此後次第，復有十佛出：初佛廣大智，次佛寶光明，第三虛空雲，第四殊勝相，第五圓滿戒，第六那羅延，第七須彌德，第八功德輪，第九無勝幢，第十大樹山。從此後次第，復有十佛出：第一娑羅藏，第二世主身，第三高顯光，第四金剛照，第五地威力，第六甚深法，第七法慧音，第八須彌幢，第九勝光明，第十妙寶光。從此後次第，復有十佛出：第一梵光明，第二虛空音，第三法界身，第四光明輪，第五智慧幢，第六虛空燈，第七微妙德，第八徧照光，第九勝福光，第十大悲雲。從此後次第，復有十佛出：第一力光慧，第二普現前，第三高顯光，第四光明身，第五法起佛，第六寶相佛，第七速疾風，第八勇猛幢，第九妙寶蓋，第十照三世。從此後次第，復有十佛出：第一願海光，第二金剛身，第三須彌德，第四念幢王，第五功德慧，第六智慧燈，第七光明幢，第八廣大智，第九法界智，第十法海智。從此後次第，復有十佛出：初名布施法，次名功德輪，三名勝妙雲，四名忍智燈，五名寂靜音，六名寂靜幢，七名世間燈，八名深大願，九名無勝幢，十名智燄海。從此後次第，復有十佛出：初佛法自在，二佛無礙慧，三名意海慧，四名眾妙音，五名自在施，六名普現前，七名隨樂身，八名住勝德，第九本性佛，第十賢德佛。須彌塵數劫，此中所有佛，普作世間燈，我悉曾供養。佛剎微塵劫，所有佛出現，我皆曾供養，入此解脫門。我於無量劫，修行得此道；汝若能修行，不久亦當得。』

「善男子！我唯知此菩薩普現一切世間調伏眾生解脫。如諸菩薩摩訶薩，集無邊行，生種種解，現種種身，具種種根，滿種種願，入種種三昧，起種種神變，能種種觀察法，入種種智慧門，得種種法光明。而我云何能知能說彼功德行？

「善男子！去此不遠，有主夜神，名寂靜音海❶，坐摩尼光幢莊嚴蓮華座，百萬阿僧祇主夜神前後圍繞。汝詣彼問：菩薩云何學菩薩行、修菩薩道？」

時，善財童子頂禮其足，繞無數匝，殷勤瞻仰，辭退而去。

【章　旨】普救眾生妙德夜神又向善財童子舉薦「寂靜音海」夜神，囑咐善財童子前去拜訪。善財童子於是告別普救眾生妙德夜神繼續求法。

【注　釋】❶寂靜音海　因為此位夜神與普救眾生妙德夜神所證相同，又都依止於禪定，因此說寂靜音海夜神住地距離此處不遠。因為是以禪定為依託，因此名之為「寂靜」，「入俗演法化物深廣，故云『音海』。然此神即普救之母，表真精進卻從定生起，心動是妄非進故。」（澄觀《華嚴經疏》卷五十八，《大正藏》卷三十五，頁九四四中）寂靜音海夜神是普救眾生妙德夜神之母，則象徵精進是從禪定所生。

【語　譯】「善男子！我只是知曉此『菩薩普現一切世間調伏眾生解脫』法門。如同諸菩薩一樣，積集無邊之修行，產生種種理解，顯現出種種身，具備種種根，滿足種種願，進入種種三昧，生起種種神變，修得種種觀察法，進入種種智慧之門，獲得種種法光明。而我為什麼能夠知曉、能夠宣說這一功德行呢？

「善男子！距離此地不遠，有一位名為『寂靜音海』的主夜神，坐在摩尼光幢莊嚴蓮華座上，有百萬阿僧祇主夜神前後圍繞。你可以前往他那裡請教：菩薩如何學菩薩行、修菩薩道？」

這時，善財童子頂禮普救眾生妙德夜神的雙足，在其周圍繞行無數圈，殷勤瞻仰夜神。然後，善財童子辭別普救眾生妙德夜神，繼續前去求法。

# 華嚴經 入法界品之十二

【題 解】本卷為〈入法界品〉「末會」中的第三十七會和第三十八會，即善財童子「五十三參」中的第三十六參和三十七參的內容。

第三十六參為「寂靜音海夜神會」：善財童子遵從普救眾生妙德夜神的囑咐，前去拜訪「寂靜音海」夜神，向其請教修行菩薩行的方法、途徑。

寂靜音海夜神告訴善財童子，自己獲得了「菩薩念念出生廣大喜莊嚴解脫門」，善財童子則從「業用」、「境界」、「方便所起」、「能觀之觀」四方面詢問此法門的內容。寂靜音海夜神告訴善財童子，菩薩念念出生廣大喜莊嚴解脫法門是「以悲、智雙運等心為能起之方便。前九起上求大智心，後『我發起令一切眾生超過』下十心，下化大悲心」（澄觀《華嚴經疏》卷五十八，《大正藏》卷三十五，頁九四四下）。而此寂靜音海夜神則以三部分回答此法門的業用（即功能）問題。總共三十七門分為三部分：第一部分十五門以「十度化治其十蔽，於中，初五門雙明捨戒，以捨一切著則戒淨故。後十心明餘八度，而『般若』及『願』各有二門」。第二部分十二門則指化度無功德眾生，使其獲得可成佛之因果功德，見第一義之「空」。第三部分十門則以對治門破其惑障。寂靜音海夜神以兩部分來回答此法門應該觀想的對象：「所觀境」即正觀之對象，「分齊境」則是指有差別的各自有別的境像。先以十層從正面說明，後則以二十二層比喻加以說明。

善財童子向寂靜音海夜神請教解脫的根據。寂靜音海夜神以「十大法藏」即「十度」作為證成此法門的根據。善財童子又向寂靜音海夜神請教修成此法門的時間。寂靜音海夜神最初在「一切淨光寶世界海」中的「清淨光金莊嚴世界普光明幢劫」修行。寂靜音海夜神從清淨光金莊嚴世界普光明幢劫中命終之後，就轉生在此「華藏莊嚴世界海」娑婆世界中修行得法，並且在遇到「毗盧遮那」佛之時獲得這一「念念出生廣大喜莊嚴解脫」境界。以下，寂靜音海夜神首先為善財童子說明其依此法門在海中的所見，然後再顯示此法門的「能悟」與「所悟」。後來，又別顯「一一智光」之大功用，分為五部分：一知如來因地之行（十度），二知佛因地之位，三知因地作用，四知佛果之功用，五總知因果。功用無邊，則重重不可窮盡。

寂靜音海夜神以長行、偈頌又向善財童子總結此菩薩念念出生廣大喜莊嚴解脫法門，並且對善財童子所問的問題作了總結性回答。寂靜音海夜神給善財童子宣講的念念生廣大喜莊嚴解脫法門，是進入「十地」之第五地——「難勝地」的方法。難勝地，又作「極難勝地」。菩薩至此位，能使行、相互違之真、俗二智互合相應，因此名為難勝地。

第三十七參為「守護一切城增長威力夜神會」：善財童子遵從寂靜音海夜神的囑咐，前去拜訪「守護一切城增長威力」夜神，向其請教修行菩薩行的方法、途徑。守護一切城增長威力夜神告訴善財童子，自己獲得的法門叫「菩薩甚深自在妙音解脫」。守護一切城增長威力夜神為善財童子詳細地說明了菩薩甚深自在妙音解脫法門的功用。先釋「甚深」，次釋「自在」，後釋「妙音」，最後總結此業用。

善財童子又問證得此法門的機緣。守護一切城增長威力夜神告訴善財童子，在往古世過世界轉微塵數劫之「離垢光明劫」中，有一名為「法界功德雲」的四天下，在此劫中出世的第一位佛是「法海雷音光明王」。此中有一名為「妙幢」的王都，此王都中有一位名為「普寶華光」的轉輪王。這位轉輪王就是現今的普賢菩薩，而王國中名叫「清淨日光明面」的比丘尼，就是此位夜神的前身。守護一切城增長威力夜神就是在此劫發菩提心，獲得了此甚深自在妙音解脫法門。在往古世過世界轉微塵數劫之離垢光明劫中，又有無數的佛出世。在往古世過世界轉微塵數劫之離垢光明劫中，其最後佛名為「法界城智慧燈」。守護一切城增長威力夜神在此劫中供養一切佛，聽聞說法，出家學道，最終方纔修得這一甚深自在妙音解脫。

守護一切城增長威力夜神給善財童子宣講的甚深自在妙音解脫法門，是進入「十地」之第六地——「現前地」的方法。現前地，又作「現在地」、「目見地」、「目前地」。菩薩至此位，住緣起智，進而引發染淨無分別的最勝智現前，故名現前地。

## 善財童子第三十六參：寂靜音海夜神會

爾時，善財童子於普救眾生妙德夜神所聞菩薩普現一切世間調伏眾生解脫門，了知信解，自在安住；而往寂靜音海夜神所，頂禮其足，繞無數匝，於前合掌而作是言：「聖者！我已先發阿耨多羅三藐三菩提心，我欲依善知識，學菩薩行，入菩薩行，修菩薩行，住菩薩行。唯願慈哀，為我宣說：菩薩云何學菩薩行？云何修菩薩道？」

時，彼夜神告善財言：「善哉！善哉！善男子！汝能依善知識求菩薩行。善男子！我得菩薩念念出生廣大喜莊嚴解脫門❶。」

善財言：「大聖！此解脫門為何事業？行何境界？起何方便？作何觀察？」

【章旨】這是善財童子「五十三參」的第三十六次參訪，也是〈入法界品〉「末會」中善財五十五會中的第三十六會。善財童子遵從普救眾生妙德夜神的囑咐，前去拜訪「寂靜音海」夜神，向其請教修行菩薩行的方法、途徑。寂靜音海夜神告訴善財童子，自己獲得了「菩薩念念出生廣大喜莊嚴解脫門」，善財童子則從「業用」、「境界」、「方便所起」、「能觀之觀」四方面詢問此法門的內容。

【注釋】❶菩薩念念出生廣大喜莊嚴解脫門　澄觀對此法門的涵義解釋為：「一、化生遂志故，生喜即福德莊嚴。二、觀佛菩薩勝用故，歡喜即智慧莊嚴。觀化既無間斷故，『喜』亦念念出生。」（澄觀《華嚴經疏》卷

五十八，《大正藏》卷三十五，頁九四四中）

【語譯】這時，善財童子對於在普救眾生妙德夜神處所聞聽到的菩薩普現一切世間調伏眾生解脫法門，已經了知信解，並且得以自在安住。然後，善財童子到達寂靜音海夜神的住所，頂禮寂靜音海夜神的雙足，在其周圍繞行無數圈，後在其前合掌而這樣說道：「聖者！我早先已經發阿耨多羅三藐三菩提心，我想依止善知識，學菩薩行，進入菩薩行，修菩薩行，住於菩薩行。希望您慈愍，為我宣說：菩薩如何學菩薩行？如何修菩薩道？」

當時，寂靜音海夜神告訴善財童子說：「好啊！好啊！善男子！你已經能夠依止善知識而求取菩薩行。善男子！我獲得了『菩薩念念出生廣大喜莊嚴解脫』法門。」

善財童子問道：「大聖！這一解脫法門的業用如何？產生什麼樣的境界？生起什麼樣的方便？其觀行的內容如何？」

夜神言：「善男子！我發起清淨平等樂欲心，我發起離一切世間塵垢清淨堅固莊嚴不可壞樂欲心，我發起攀緣❶不退轉位永不退轉心，我發起莊嚴功德寶山不動心，我發起無住心，我發起普現一切眾生前救護心，我發起見一切佛海無厭足心，我發起求一切菩薩清淨願力心，我發起住大智光明海心；我發起令一切眾生超過憂惱曠野心，我發起令一切眾生捨離愁憂苦惱心，我發起令一切眾生捨離不可意色、聲、香、味、觸、法❷心，發起令一切眾生捨離愛別離苦、怨憎會苦心，我發起令一切眾生捨離惡緣愚癡等苦心，我發起與一切險難眾生作依怙心，我發起令一切眾生出生死苦處心，我發起令一切眾生捨離生老病死等苦心，我發起令一切眾生成就如來無上法樂心，我發起令一切眾生皆受喜樂心。

【章　旨】寂靜音海夜神為善財童子回答菩薩念念出生廣大喜莊嚴解脫法門所生起的方便的問題。「以悲、智雙運等心為能起之方便。前九起上求大智心，後『我發起令一切眾生超過』下十心，下化大悲心。」（澄觀《華嚴經疏》卷五十八，《大正藏》卷三十五，頁九四四下）

【注　釋】❶攀緣　攀取緣慮之意。指心執著於某一對象之作用。眾生之妄想緣取三界諸法，此乃一切煩惱之根源。蓋凡夫之人，妄想微動即攀緣諸法；妄想既有所攀緣，則善惡已分；善惡既分，則憎愛並熾；由此，內煩眾結，外生萬疾；此都攀緣作用所致。❷色聲香味觸法　指「六塵」，即色塵、聲塵、香塵、味塵、觸塵、法塵。「塵」為染污之義，佛教認為外境能夠染污人們清淨的心靈，使真性不能顯發。又名「六境」，即六根所緣之外境。法，指具有自性的一切存在。

【語譯】寂靜音海夜神說：「善男子！我發起清淨平等樂欲心，我發起離一切世間塵垢清淨堅固莊嚴不可壞樂欲心，我發起攀緣不退轉位永不退轉心，我發起莊嚴功德寶山不動心，我發起無住心，我發起普現於一切眾生前救護心，我發起見一切佛海而永不滿足心，我發起求一切菩薩清淨願力心，我發起住大智光明海心；我發起使一切眾生超越憂惱曠野心，我發起使一切眾生捨離愁憂苦惱心，我發起使一切眾生捨離不以色、聲、香、味、觸、法六塵為對象之心，發起使一切眾生捨離愛別離苦、怨憎會苦心，我發起使一切眾生捨離惡緣愚癡等苦心，我發起為一切遇到險難的眾生而作依怙之心，我發起使一切眾生脫離生死苦處之心，我發起使一切眾生捨離生老病死等苦之心，我發起使一切眾生成就如來無上法樂之心，我發起使一切眾生皆受喜樂之心。

「發是心已，復為說法，令其漸至一切智地。所謂：

「若見眾生樂著所住宮殿、屋宅，我為說法，令其了達諸法自性，離諸執著；若見眾生戀著父母、兄弟、姊妹，我為說法，令其得預諸佛菩薩清淨眾會；若見眾生戀著妻子，我為說法，令其捨離生死愛染，起大悲心，於一切眾生平等無二；若見眾生住於王宮，采女侍奉，我為說法，令其得與眾聖集會，入如來教；若見眾生染著境界，我為說法，令其得入如來境界；若見眾生多瞋恚者，我為說法，令住如來忍波羅蜜；若見眾生其心懈怠，我為說法，令得清淨精進波羅蜜；若見眾生其心散亂，我為說法，令得如來禪波羅蜜；若見眾生入見稠林無明暗障，我為說法，令得出離稠林黑暗；若見眾生無智慧者，我為說法，令得般若波羅蜜；若見眾生染著三界，我為說法，令出生死；若見眾生志意下劣，我為說法，令其圓滿佛菩提願；若見眾生住自利行，我為說法，令其發起利益一切諸眾生願；若見眾生志力微弱，我為說法，令得菩薩力波羅蜜；若見眾生愚癡闇心，我為說法，令得菩薩智波羅蜜。

「若見眾生色相不具，我為說法，令得如來清淨色身；若見眾生形容醜陋，我為說法，令得無上清淨法身；若見眾生色相粗惡，我為說法，令得如來微妙色身；若見眾生情多憂惱，我為說法，令得如來畢竟安樂❶；若見眾生貧窮所苦，我為說法，令得菩薩功德寶藏；若見眾生住止園林，我為說法，令彼勤求佛法因緣；若見眾生行於道路，我為說法，令其趣向一切智道；若見眾生在聚落中，我為說法，令出三界；若見眾生住止人間，我為說法，令其超越二乘之道，住如來地；若見眾生居住城郭，我為說法，令其得住法王城中；若見眾生住於四隅，我為說法，令得三世平等智慧；若見眾生住於諸方，我為說法，令得智慧見一切法。

「若見眾生貪行多者，我為彼說不淨觀門，令其捨離生死愛染；若見眾生瞋行多者，我為彼說大慈觀門，令其得入勤加修習；若見眾生癡行多者，我為說法，令得明智觀諸法海；若見眾生等分行者，我為說法，令其得入諸乘願海；若見眾生樂生死樂，我為說法，令其厭離；若見眾生厭生死苦，應為如來所化度者，我為說法，令能方便示現受生；若見眾生愛著五蘊，我為說法，令其得住無依境界；若見眾生其心下劣，我為顯示勝莊嚴道；若見眾生心生憍慢，我為其說平等法忍❷；若見眾生其心諂曲，我為其說菩薩直心❸。

「善男子！我以此等無量法施攝諸眾生，種種方便教化調伏，令離惡道，受人、天樂，脫三界縛，住一切智；我時便得廣大歡喜法光明海，其心怡暢，安隱適悅。

【章　旨】寂靜音海夜神為善財童子回答菩薩念念出生廣大喜莊嚴解脫法門的功能問題。總共三十七門分為三部分：第一部分十五門以「十度化治其十蔽，於中，初五門雙明捨戒，以捨一切著則戒淨故。後十心明餘八度，而『般若』及『願』各有二門」。第二部分十二門則指化度無功德眾生，使其獲得可成佛之因果功德，見第一義之「空」。第三部分十門則以對治門破其惑障。

【注　釋】❶如來畢竟安樂　指佛所具的最終極的身安心樂之境界。畢竟，又作「究竟」、「至竟」，即「究極」、「至極」、「最終」之意。安樂，身安心樂，身無危險為「安」，心無憂惱為「樂」。❷平等法忍　指堅定地安住於眾生平等之法中。對於眾生亦應等同視之，無高低、親怨之區別，在值得憐憫和具有佛性上，平等無二，此稱「眾生平等」。法忍，指對於諸經所說微妙幽深之法義能不驚怖，且能勤學讀誦，而安住於教法之真理中。忍，忍耐、忍許、忍可、安忍，即指堪忍違逆之境而不起瞋心。❸直心　指質直而無諂曲之心，也可以指清淨純一、專心企求佛道之「菩提心」。

【語　譯】「當我發起這些心之後，又為眾生說法，使其逐漸能夠到達一切智之地。具體有：

「如果看見樂於執著所住宮殿、屋宅的眾生，我為其說法，使其了達諸法之自性，遠離諸執著；如果看見戀著父母、兄弟、姊妹的眾生，我為其說法，使其能夠參與諸佛菩薩清淨眾會；如果看見戀著妻子的眾生，我為其說法，使其捨棄遠離生死愛染，生起大悲心，對於一切眾生都平等無二；如果看見住於王宮並且有采女侍奉的眾生，我為其說法，使其能夠參加眾聖的集會，進入如來的教誨；如果看見染著境界的眾生，我為其說法，使其能夠進入如來境界；如果看見多瞋恚的眾生，我為其說法，使其住於如來忍波羅蜜；如果看見其心懈怠的眾生，我為其說法，使其獲得清淨精進波羅蜜；如果看見其心散亂的眾生，我為其說法，使其獲得如來禪波羅蜜；如果看見進入見稠林被無明黑暗障蔽的眾生，我為其說法，使其得以出離稠林黑暗；如果看見無智慧的眾生，我為其說法，使其獲得般若波羅蜜；如果看見染著欲界、色界、無色界三界的眾生，我為其說法，使其出離生死；如果看見志意下劣的眾生，我為其說法，使其圓滿佛菩提之願；如果看見眾生住於自利之行為，我為其說法，使其發起利益一切諸眾生之願；如果看見志力微弱的眾生，我為其說法，使其獲得菩薩力波羅蜜；如果看見有愚癡闇之心的眾生，我為其說法，使其獲得菩薩智波羅蜜。

「如果看見色相不具的眾生，我為其說法，使其獲得如來清淨之色身；如果看見形容醜陋的眾生，我為其說法，使其獲得無上清淨法身；如果看見色相粗惡的眾生，我為其說法，使其獲得如來微妙色身；如果看見情多憂惱的眾生，我為其說法，使其獲得如來畢竟安樂；如果看見被貧窮所苦的眾生，我為其說法，使其獲得菩薩功德寶藏；如果看見住止於園林的眾生，我為其說法，使其勤求佛法因緣；如果看見行於道路的眾生，我為其說法，使其趣向一切智之道；如果看見在聚落中的眾生，我為其說法，使其出離三界；如果看見住止於人間的眾生，我為其說法，使其超越聲聞、緣覺二乘之道，住於如來地；如果看見居住於城郭的眾生，我為其說法，使其得以住在佛、菩薩法王之城中；如果看見眾生住於四隅，我為其說法，使其獲得三世平等之智慧；如果看見眾生住於諸方，我為其說法，使其獲得智慧可以見一切法。

「如果看見貪行多的眾生，我為其說不淨觀門，使其捨離生死愛染；如果看見瞋行多的眾生，我為其說大慈觀門，使其得以勤加修習；如果看見癡行多的眾生，我為其說法，使其得以依靠明智觀察諸法之海；如果看見致力於對事物做歸納、分類思考活動的眾生，我為其說法，使其得以進入諸乘願海；如果看見眾生樂於生死之樂，我為其說法，使其厭惡遠離；如果看見眾生厭惡生死苦，可以被如來所化度的眾生，我為其說法，使其能夠以方便示現受生；如果看見愛著五蘊的眾生，我為其說法，使其得以住於無依之境界；如果看見其心下劣的眾生，我為其顯示殊勝的莊嚴道；如果看見心生憍慢的眾生，我為其說平等法忍；如果看見其心諂曲的眾生，我為其說菩薩所具的正直之心。

「善男子！我以此等無量法布施攝化諸眾生，以種種方便教化調伏眾生，使其遠離惡道，獲得人、天之樂，脫離三界之縛，住於一切智。我當時便獲得廣大歡喜法光明之海，其心怡暢，安隱適悅。

「復次，善男子！我常觀察一切菩薩道場眾會，修種種願行，現種種淨身，有種種常光，放種種光明；以種種方便，入一切智門，入種種三昧，現種種神變，出種種音聲海，具種種莊嚴身，入種種如來門，詣種種國土海，見種種諸佛海，得種種辯才海，照種種解脫境，得種種智光海，入種種三昧海，遊戲種種諸解脫門，以種種門趣一切智，種種莊嚴虛空法界，以種種莊嚴雲徧覆虛空，觀察種種道場眾會，集種種世界，入種種佛剎，詣種種方海，受種種如來命，從種種如來所，與種種菩薩俱，雨種種莊嚴雲，入如來種種方便，觀如來種種法海，入種種智慧海，坐種種莊嚴座。

「善男子！我觀察此道場眾會，知佛神力無量無邊，生大歡喜。善男子！我觀毗盧遮那如來，念念出現不可思議清淨色身；既見是已，生大歡喜。又觀如來於念念中，放大光明充滿法界；既見是已，生大歡喜。又見如來一一毛孔，念念出現無量佛剎微塵數光明海，一一光明以無量佛剎微塵數光明而為眷屬，一一週徧一切法界，消滅一切諸眾生苦；既見是已，生大歡喜。又，善男子！我觀如來頂及兩肩，念念出現一切佛剎微塵數寶燄山雲，充滿十方一切法界；既見是已，生大歡喜。又，善男子！我觀如來一一毛孔，於念念中，出一切佛剎微塵數香光明雲，充滿十方一切佛剎；既見是已，生大歡喜。又，善男子！我觀如來一一相，念念出一切佛剎微塵數諸相莊嚴如來身雲，偏往十方一切世界；既見是已，生大歡喜。又，善男子！我觀如來一一毛孔，於念念中，出不可說佛剎微塵數佛變化雲，示現如來從初發心、修波羅蜜、具莊嚴道、入菩薩地；既見是已，生大歡喜。又，善男子！我觀如來一一毛孔，念念出現不可說不可說佛剎微塵數天王身雲，及以天王自在神變，充偏一切十方法界，應以天王身而得度者，即現其前而為說法；既見是已，生大歡喜。如天王身雲，其龍王、夜叉王、乾闥婆王、阿修羅王、迦樓羅王，緊那羅王、摩睺羅伽王、人王、梵王身雲，莫不皆於一一毛孔，如是出現，如是說法。

「我見是已，於念念中，生大歡喜，生大信樂，量與法界薩婆若等。

昔所未得而今始得，昔所未證而今始證，昔所未入而今始入，昔所未滿而今始滿，昔所未見而今始見，昔所未聞而今始聞。何以故？以能了知法界相故，知一切法唯一相故，能平等入三世道故，能說一切無邊法故。

【章　旨】寂靜音海夜神為善財童子回答菩薩念念出生廣大喜莊嚴解脫法門所應該觀想的對象。分兩部分，先觀菩薩所具的境界，後以十門觀察正顯佛之神力。

【語　譯】「復次，善男子！我常常觀察一切菩薩道場眾會，觀察菩薩所修習的種種願行，所顯現的種種淨身，所具有的種種常光，所放出的種種光明；菩薩以種種方便，進入一切智門，進入種種三昧，顯現出種種神變，發出種種音聲海，具備種種莊嚴身，進入種種如來門，到達種種國土海，看見種種諸佛海，獲得種種辯才海，照耀種種解脫之境，獲得種種智光海，進入種種三昧海，遊戲於種種諸解脫門，以種種門進入一切智，以種種莊嚴虛空法界，以種種莊嚴雲完全覆蓋虛空，菩薩觀察種種道場眾會，積集種種世界，進入種種佛土，到達種種方海，接受種種如來的命令，跟從種種如來所在，與種種菩薩在一起，降下種種莊嚴雲，進入如來種種方便，觀種種如來法海，進入種種智慧海，坐於種種莊嚴座。

「善男子！我觀察此道場眾會，知曉佛之神力是無量無邊的，便產生大歡喜。善男子！我觀察毗盧遮那如來，在念念中出現不可思議清淨色身；見到此清淨色身之後，我便產生了大歡喜。

又在念念觀想如來之中，如來放出大光明充滿法界；見到這些光明之後，產生了大歡喜。又看見如來一一毛孔，於念念中出現無量佛土微塵數光明大海，一一光明以無量佛土微塵數光明而為眷屬，一一週徧一切法界，消滅一切諸眾生苦；看到這一奇異景象之後，產生了大歡喜。又，善男子！我看見如來的頂及兩肩，在念念中出現一切佛土微塵數寶燄山雲，充滿十方一切法界；看到這一景象之後，我產生大歡喜。又，善男子！我看見如來一一毛孔，於念念中，出現一切佛土微塵數香光明雲，充滿十方一切佛土；看到這一景象之後，產生大歡喜。又，善男子！我看見如來一一相，念念中出現一切佛土微塵數諸相莊嚴如來身雲，徧往十方一切世界；看到這一景象之後，我產生大歡喜。又，善男子！我看見如來一一毛孔，於念念中，出現不可說佛土微塵數佛變化雲，示現出如來從初發心、修波羅蜜、具莊嚴道、進入菩薩地的情形；看到這一景象之後，我產生大歡喜。又，善男子！我看見如來一一毛孔，念念中出現不可說不可說佛土微塵數天王身雲，這些天王身雲以天王自在神變充徧一切十方法界，凡是有可以以天王身而得以濟度的眾生，隨即顯現於其前而為說法；看到這一景象之後，產生大歡喜。如天王身雲一樣，其龍王、夜叉王、乾闥婆王、阿修羅王、迦樓羅王、緊那羅王、摩睺羅伽王、人王、梵王身雲，無不都在如來的一一毛孔之中如此而出現，如此說法。

「我看見這些之後，在念念中，產生大歡喜，產生大信樂，其數量與法界一切智相等。過去所沒有獲得的現今獲得了，過去所沒有證得的現今證得了，過去所沒有進入的現今進入了，過去所沒有滿足的現今滿足了，過去所沒有見到的現今開始見到了，過去所沒有聽說的現今開始聽說了。為什麼這麼說呢？這是因我能夠了知法界相狀的緣故，因我能夠知曉一切法的唯一相狀的緣故，因我能夠平等進入三世之道的緣故，能夠演說一切無邊之法的緣故。

「善男子！我入此菩薩念念出生廣大喜莊嚴解脫光明海。又，善男子！此解脫無邊，普入一切法界門故；此解脫無盡，等發一切智性心故；此解脫無際，入無際畔一切眾生心想中故；此解脫甚深，寂靜智慧所知境故；此解脫廣大，遍一切如來境故；此解脫無壞，菩薩智眼之所知故；此解脫無底，盡於法界之源底故。此解脫者即是普門，於一事中普見一切諸神變故；此解脫者終不可取，一切法身等無二故；此解脫者終無有生，以能了知如幻法故。

「此解脫者猶如影像，一切智願光所生故；此解脫者猶如變化❶，化生菩薩諸勝行故；此解脫者猶如大地，為一切眾生所依處故；此解脫者猶如大水，能以大悲潤一切故；此解脫者猶如大火，乾竭眾生貪愛水故；此解脫者猶如大風，令諸眾生速疾趣於一切智故；此解脫者猶如大海，種種功德莊嚴一切諸眾生故；此解脫者如須彌山，出一切智法寶海故；此解脫者如大城郭，一切妙法所莊嚴故；此解脫者猶如虛空，普容三世佛神力故；此解脫者猶如大雲，普為眾生雨法雨故；此解脫者猶如淨日，能破眾生無知暗故；此解脫者猶如滿月，滿足廣大福德海故；此解脫者猶如真如❷，悉能週徧一切處故；此解脫者猶如自影，從自善業所化出故；此解脫者猶如呼響❸，隨其所應為說法故；此解脫者猶如影像，隨眾生心而照現故；此解脫者如大樹王，開敷一切神通華故；此解脫者猶如金剛，從本已來不可壞故；此解脫者如如意珠，出生無量自在力故；此解脫者如離垢藏❹，摩尼寶王示現一切三世如來諸神力故；此解脫者如喜幢摩尼寶，能平等出一切諸佛法輪聲故。善男子！我今為汝說此譬喻，汝應思惟，隨順悟入。」

【章　旨】寂靜音海夜神為善財童子回答菩薩念念出生廣大喜莊嚴解脫法門所具的境界。分兩部分，「入法界門即所觀境，發一切智性心即分齊境。」（澄觀《華嚴經疏》卷五十八，《大正藏》卷三十五，頁九四五上）「所觀境」即正觀之對象，「分齊境」則有差別的各自有別的境像。先以十層從正面說明，後則以二十二層比喻加以說明。

【注釋】❶變化 指佛、菩薩為教化眾生，而以其神通力變化成種種相貌。其中，佛為地前凡夫等利益之事，而變現之佛身或菩薩等身，稱為「變化身」、「應化身」、「應化佛」；為五道之眾生而變現鬼畜等身，稱為「化身」；無而忽有之佛形、菩薩形、人形、鳥形等，稱為化佛、化菩薩、化人、化鳥。又佛為教化凡夫，應機所變現淨、穢之國土，稱為「變化土」、「化土」。❷真如 即指徧佈於宇宙萬物之中的最真實的本體，為一切萬有的本質，實際上就是「空性」。它有許多異名，「如如」、「如實」、「法性」、「實際」、「實相」、「如來藏」、「法身」、「佛性」等等。❸呼響 指在山谷中對於呼叫的反應，即回聲。❹離垢藏 指「如來藏自性清淨心」，指於一切眾生之煩惱身中，所隱藏之本來清淨（即自性清淨）的如來法身。因為如來藏雖覆藏於煩惱中，卻不為煩惱所污，具足本來絕對清淨而永遠不變的本性，因此稱之為「離垢藏」。

【語譯】「善男子！我進入此菩薩念念出生廣大喜莊嚴解脫光明海。又，善男子！此解脫法門是沒有邊緣的，因為其完全進入一切法界門的緣故；此解脫法門沒有盡頭，因為其與發一切智所具的本性之心相同的緣故；此解脫法門是沒有邊際的，因為其進入無邊無際的一切眾生心想之中的緣故；此解脫境界甚深，因為其是寂靜智慧所知之境界的緣故；此解脫法門廣大，因為其週徧一切如來的境界的緣故；此解脫境界不會壞滅，因為其是菩薩智眼之所知的緣故；此解脫境界沒有底限，因為其窮盡了法界之源泉與根底的緣故；此解脫境界就是普門，因為從一事之中完全看見一切諸神變的緣故；此解脫境界最終沒有什麼可以執取的，因為一切法身與其相等沒有區別的緣故；此解脫境界最終沒有生的情形發生，因為其能了知如幻之法的緣故。

「此解脫境界猶如影像，是一切智之願光所生的緣故；此解脫境界猶如『變化』，從中化生出菩薩諸勝行的緣故；此解脫境界猶如大地，因為其是一切眾生所依之處的緣故；此解脫境界猶如大水，能夠以大悲滋潤一切的緣故；此解脫境界猶如大火，能夠使眾生的貪愛之水乾涸的緣故；此解脫境界猶如大風，能夠使諸眾生迅速進入一切智的緣故；此解脫境界猶如大海，因為其以種種功德莊嚴一切諸眾生的緣故；此解脫境界如須彌山，因為它是能夠生出一切智的法寶海的緣故；此解脫境界如大城郭，因為其是一切妙法之所莊嚴的緣故；此解脫境界猶如虛空，因為其能夠完全容納三世佛之神力的緣故；此解脫境界猶如大雲，因為其能夠完全為眾生降下法雨的緣故；此解脫境界猶如淨日，因為其能夠破除眾生無知之黑暗的緣故；此解脫境界猶如滿月，因為其能夠成為滿足眾生廣大福德的大海的緣故；此解脫境界猶如真如，因為其能夠完全週徧一切處的緣故；此解脫境界猶如自己的影子，因為其是從自己的善業所化生出來的緣故；此解脫境界猶如對於高呼的回響，因為其可以隨其所應為其說法的緣故；此解脫境界猶如鏡子，因為其可以針對眾生之心而照現出影像的緣故；此解脫境界如大樹王，因為其能夠開敷出一切神通花的緣故；此解脫境界猶如金剛，因為其是從本已來不可毀壞的緣故；此解脫境界如同如意珠，因為其能夠出生無量自在力的緣故；此解脫境界如同離垢藏，因為其摩尼寶王可以示現一切三世如來諸神力的緣故；此解脫境界如同喜幢摩尼寶，因為其能夠平等生出一切諸佛旋轉法輪的聲音的緣故。善男子！我現今為你說這些譬喻，你應該順此思惟，隨順悟入這些境界。」

爾時，善財童子白寂靜音海夜神言：「大聖！云何修行，得此解脫？」

夜神言：「善男子！菩薩修行十大法藏，得此解脫。何等為十？一修布施廣大法藏，隨眾生心悉令滿足；二修淨戒廣大法藏，普入一切佛功德海；三修堪忍廣大法藏，能徧思惟一切法性；四修精進廣大法藏，趣一切智恆不退轉；五修禪定廣大法藏，能滅一切眾生熱惱；六修般若廣大法藏，能徧了知一切法海；七修方便廣大法藏，能徧成熟諸眾生海；八修諸願廣大法藏，徧一切佛剎、一切眾生海，盡未來劫修菩薩行；九修諸力廣大法藏，念念現於一切法界海、一切佛國土，成等正覺常不休息；十修淨智廣大法藏，得如來智，徧知三世一切諸法無有障礙。善男子！若諸菩薩安住如是十大法藏，則能獲得如是解脫，清淨增長，積集堅固❶，安住圓滿。」

【章　旨】善財童子向寂靜音海夜神請教解脫的根據。寂靜音海夜神以「十大法藏」即「十度」作為證成此法門的根據。

【注　釋】❶堅固　樹之根株不能拔者叫「堅」，跟從他物不變原態叫「固」。佛典中常常以之比喻心念之不變不動。

【語　譯】這時，善財童子又向寂靜音海夜神請教：「大聖！如何修行纔能獲得這一解脫法門呢？」

寂靜音海夜神回答說：「善男子！菩薩修行十大法藏就得以獲此解脫法門。十大法藏是什麼呢？一、修習布施廣大法藏，針對眾生心使其都得到滿足；二、修習淨戒廣大法藏，完全進入一切佛功德海；三、修習堪忍廣大法藏，能徧思惟一切法性；四、修習精進廣大法藏，進入一切智永遠不退轉；五、修習禪定廣大法藏，能夠使一切眾生滅除身心的焦熱苦惱；六、修習般若廣大法藏，能夠完全了知一切法之海；七、修習方便廣大法藏，能夠完全成熟諸眾生海；八、修習諸願廣大法藏，徧一切佛土、一切眾生海，盡未來劫修習菩薩行；九、修習諸力廣大法藏，念念顯現於一切法界海、一切佛國土，成等正覺常不休息；十、修習清淨智廣大法藏，獲得如來智，完全知曉三世一切諸法而無有障礙。善男子！若諸菩薩安住於如此十大法藏，就能夠獲得如此解脫，清淨增長，積集堅固之心，安住於圓滿之境。」

善財童子言：「聖者！汝發阿耨多羅三藐三菩提心，其已久如？」

夜神言：「善男子！此華藏莊嚴世界海❶東，過十世界海，有世界海名一切淨光寶。此世界海中，有世界種❷，名一切如來願光明音；中有世界，名清淨光金莊嚴，一切香金剛摩尼王為體，形如樓閣，眾妙寶雲以為其際，住於一切寶瓔珞海，妙宮殿雲而覆其上，淨穢相雜。

「此世界中，乃往古世，有劫名普光幢，國名普滿妙藏，道場名一切寶藏妙月光明，有佛名不退轉法界音，於此成阿耨多羅三藐三菩提；我於爾時，作菩提樹神，名具足福德燈光明幢，守護道場；我見彼佛成等正覺、示現神力，發阿耨多羅三藐三菩提心，即於此時，獲得三昧，名普照如來功德海。此道場中，次有如來出興於世，名法樹威德山；我時命終，還生此中，為道場主夜神，名殊妙福智光，見彼如來轉正法輪、現大神通，即得三昧，名普照一切離貪境界。次有如來出興於世，名一切法海音聲王；我於彼時，身為夜神，因得見佛，承事供養，即獲三昧，名生長一切善法地。次有如來出興於世，名寶光明燈幢王；我於彼時，身為夜神，因得見佛，承事供養，即獲三昧，名普現神通光明雲。次有如來，出興於世，名功德須彌光；我於彼時，身為夜神，因得見佛，承事供養，即獲三昧，名普照諸佛海。次有如來出興於世，名法雲音聲王；我於彼時，身為夜神，因得見佛，承事供養，即獲三昧，名一切法海燈。次有如來出興於世，名智燈照耀王；我於彼時，身為夜神，因得見佛，承事供養，即獲三昧，名滅一切眾生苦清淨光明燈。次有如來出興於世，名法勇妙德幢；我於彼時，身為夜神，因得見佛，承事供養，即獲三昧，名三世如來光明藏。次有如來出興於世，名師子勇猛法智燈；我於彼時，身為夜神，因得見佛，承事供養，即獲三昧，名一切世間無障礙智慧輪。次有如來出興於世，名智力山王；我於彼時，身為夜神，因得見佛，承事供養，即獲三昧，名普照三世眾生諸根行。

「善男子！清淨光金莊嚴世界普光明幢劫中，有如是等佛剎微塵數如來出興於世。我於彼時，或為天王，或為龍王，或為夜叉王，或為乾闥婆王，或為阿修羅王，或為迦樓羅王，或為緊那羅王，或為摩睺羅伽王，或為人王，或為梵王，或為天身，或為人身，或為男子身，或為女人身，或為童男身，或為童女身，悉以種種諸供養具，供養於彼一切如來，亦聞其佛所說諸法。從此命終，還即於此世界中生，經佛剎微塵數劫修菩薩行。

【章　旨】善財童子又向寂靜音海夜神請教修成此法門的時間。寂靜音海夜神最初在「一切淨光寶世界海」中的「清淨光金莊嚴世界普光明幢劫」修行，後又從其餘剎海中發心修行。

【注　釋】❶華藏莊嚴世界海　又作「蓮華藏世界」、「華藏界」，相當於十佛之境界，係就「證入生」之位而言。即十佛攝化之諸種世界，為「國土海」之對稱。華嚴宗約因、果而分佛土為二類，以「果分不可說土」為國土海，即圓融自在不可言說的佛境界。以「因分可說土」為世界海，即因位菩薩所居、佛所教化之世界。❷世界種　佛教中有「五重世界」的說法。《大智度論》卷五十有文曰：「三千大千世界名一世界；一時起，一時滅如是等十方如恒河沙等世界，是一佛世界；如是一佛世界數，如恒河沙等世界，是一佛世界海；如是佛世界海數，如十方恆河沙世界，是佛世界種；如是世界種十方無量，是名一佛世界。」後來的《華嚴經》注家引用六十《華嚴經》卷五十六的說法，將第二重「一佛世界」改稱為「世界性」，這樣便構成了一個關於「世界」構成的系列：「一世界」、「一世界性」、「一世界海」、「一世界種」、「一佛世界」。其中，「種」為「種類」，也是「因義」。積集世界海，共安一處，攝諸同類，此為第五重「一佛世界」作其「因」之種子，故名為「世界種」。

【語譯】善財童子又向寂靜音海夜神問道：「聖者！您發阿耨多羅三藐三菩提心，已經經過了多長時間了呢？」

寂靜音海夜神回答說：「善男子！在此華藏莊嚴世界海之東過十世界海，有一處名叫『一切淨光寶』的世界海。此世界海中，有一處名叫『一切如來願光明音』的世界種；此世界種中又有一處名叫『清淨光金莊嚴』的世界。這一世界是以一切香金剛摩尼王為主體，其形狀如同樓閣，有眾多美妙的寶雲以為其邊際，住於一切寶瓔珞之海，美妙的宮殿雲而覆蓋其上，淨穢相雜。

「此清淨光金莊嚴世界中，在其往古之世，有一名叫『普光幢』的劫，其國名為『普滿妙藏』，道場名為『一切寶藏妙月光明』，有一位名為『不退轉法界音』的佛，在此道場成就阿耨多羅三藐三菩提；我在那時，作為菩提樹神，名叫『具足福德燈光明幢』，守護著這一道場；我看見那位佛成等正覺、示現出神力、發阿耨多羅三藐三菩提心，在當時我就獲得名為『普照如來功德海』的三昧。此後，在這一道場中，又有如來出興於世，名為『法樹威德山』；我命終之後，又轉生於這一道場之中，又作為道場主夜之神，名為『殊妙福智光』，我看見那位如來轉正法輪、顯現出大神通，立即獲得名叫『普照一切離貪境界』的三昧。此後，又有如來出興於世，名為『一切法海音聲王』；我在那時，身為夜神，憑藉得以見佛並且承事供養這位佛的因緣，立即獲得名為『生長一切善法地』的三昧。此後，又有如來出興於世，名為『寶光明燈幢王』；我在那時，身為夜神，憑藉得以見佛並且承事供養這位佛的因緣，立即獲得名叫『普現神通光明雲』的三昧。此後，又有如來出興於世，名為『功德須彌光』；我在那時，身為夜神，憑藉得以見佛並且承事供養這位佛的因緣，立即獲得名為『普照諸佛海』的三昧。此後，又有如來出興於世，名為『法雲音聲王』；我在那時，身為夜神，憑藉得以見佛並且承事供養這位佛的因緣，立即獲得名為『一切法海燈』的三昧。此後，又有如來出興於世，名為『智燈照耀王』；我在那時，身為夜神，憑藉得以見佛並且承事供養這位佛的因緣，立即獲得名為『滅一切眾生苦清淨光明燈』的三昧。此後，又有如來出興於世，名為『法勇妙德幢』；我在那時，身為夜神，憑藉得以見佛並且承事供養這位佛的因緣，立即獲得名為『三世如來光明藏』的三昧。此後，又有如來出興於世，名為『師子勇猛法智燈』；我在那時，身為夜神，憑藉得以見佛並且承事供養這位佛的因緣，立即獲得名為『一切世間無障礙智慧輪』的三昧。此後，又有如來出興於世，名為『智力山王』；我在那時，身為夜神，憑藉得以見佛並且承事供養這位佛的因緣，立即獲得名為『普照三世眾生諸根行』的三昧。

「善男子！在『清淨光金莊嚴世界普光明幢劫』中，有如此與佛土微塵相同數量的如來出興於世。我在那時，有時為天王，有時為龍王，有時為夜叉王，有時為乾闥婆王，有時為阿修羅王，有時為迦樓羅王，有時為緊那羅王，有時為摩睺羅伽王，有時為人王，有時為梵王，有時為天身，有時為人身，有時為男子身，有時為女人身，有時為童男身，有時為童女身，都以種種諸供養具，供養那裡的一切如來，也聽聞其佛所說的諸法。從這一劫中命終，又立即在此世界中出生，經佛土微塵數的劫一直修習菩薩行。

「然後命終，生此華藏莊嚴世界海娑婆世界，值迦羅鳩孫馱如來，承事供養，得三昧，名離一切塵垢光明。次值拘那含牟尼如來，承事供養，得三昧，名普現一切諸剎海。次值迦葉如來，承事供養，得三昧，名演一切眾生言音海。次值毗盧遮那如來，於此道場成正等覺，念念示現大神通力；我時得見，即獲此念念出生廣大喜莊嚴解脫。

「得此解脫已，能入十不可說不可說佛剎微塵數法界安立海，見彼一切法界安立海一切佛剎所有微塵，一一塵中有十不可說不可說佛剎微塵數佛國土。一一佛土皆有毗盧遮那如來坐於道場，於念念中，成正等覺，現諸神變；所現神變，一一皆徧一切法界海。亦見自身在彼一切諸如來所，又亦聞其所說妙法。又亦見彼一切諸佛一一毛孔，出變化海，現神通力，於一切法界海、一切世界海、一切世界種、一切世界中，隨眾生心，轉正法輪。

「我得速疾陀羅尼力，受持思惟一切文義；以明了智，普入一切清淨法藏；以自在智，普游一切甚深法海；以週徧智，普知三世諸廣大義；以平等智，普達諸佛無差別法，如是悟解一切法門。一一法門中，悟解一切修多羅雲；一一修多羅雲中，悟解一切法海；一一法海中，悟解一切法品；一一法品中，悟解一切法雲；一一法雲中，悟解一切法流❶。一一法流中，出生一切大喜海；一一大喜海，出生一切地；一一地，出生一切三昧海；一一三昧海，得一切見佛海；一一見佛海，得一切智光海❷。一一智光海，普照三世，徧入十方。

【章　旨】寂靜音海夜神從清淨光金莊嚴世界普光明幢劫中命終之後，就轉生在此「華藏莊嚴世界海」娑婆世界中修行得法，並且在遇到「毗盧遮那」佛之時獲得這一「念念出生廣大喜莊嚴解脫」境界。以下，寂靜音海夜神首先為善財童子說明其依此法門在海中的所見，然後再顯示此法門的「能悟」與「所悟」。

【注　釋】❶一一法門中十句　此十句宣說「能悟」。第一、二句是說，通過每一法門可悟解許多契經的內容；第三、四句是說，每一契經詮釋了許多深廣之法；第五、六句是每一深法都包含著許多品類；第七、八句是說，每一品類中又包含有許多事法即「法雲」；第九、十句是說，從每一根本法雲流出眾多支派。❷一一法流中十

句　此十句指「所悟」。

【語　譯】「當我在清淨光金莊嚴世界普光明幢劫中命終之後，就轉生在此華藏莊嚴世界海娑婆世界中，剛好遇到『迦羅鳩孫馱』如來，便承事供養，獲得名為『離一切塵垢光明』的三昧。此後，又遇到『拘那含牟尼』如來，便承事供養，獲得名為『普現一切諸剎海』的三昧。此後，又遇到『迦葉』如來，便承事供養，獲得名為『演一切眾生言音海』的三昧。此後，又遇到『毗盧遮那』如來，在此道場成正等覺，念念示現出大神通力；我當時得以觀見，立即獲得這一念念出生廣大喜莊嚴解脫境界。

「在獲得這一念念出生廣大喜莊嚴解脫境界之後，能夠進入十不可說不可說佛土微塵數法界安立海，看見那一切法界安立海中的一切佛土所有微塵，其每一塵中有十不可說不可說佛土微塵數佛國土。每一佛土中都有毗盧遮那如來坐在道場中，於念念之中，成正等覺，顯現諸神變；其所顯現的神變，一一都偏於一切法界海。我也同時看見自身在那一切諸如來的所在，聽聞其所說的妙法；又看見那一切諸佛的每一毛孔都變出變化海，顯現出神通力，在一切法界海、一切世界海、一切世界種、一切世界之中，隨應眾生心，轉正法輪。

「我獲得了速疾陀羅尼力，受持思惟一切經文的涵義；以明了智，完全進入一切清淨法藏；以自在智，完全游於一切甚深法海；以週徧智，完全知曉三世諸廣大之義；以平等智，完全了達諸佛無差別法。如此，我悟解了一切法門；從每一法門中，悟解了一切修多羅雲；從每一修多羅雲中，悟解了一切法海；從每一法海中，悟解了一切法品；從每一法品中，悟解了一切法雲；從每一法雲中，悟解了一切法流；從每一法流中，出生一切大喜海；從每一大喜海中，出生一切地；從每一地中，出生一切三昧海；從每一三昧海中，獲得一切見佛海；從每一見佛海中，獲得一切智光海；從每一智光海中，完全照耀三世，完全進入十方。

「知無量如來往昔諸行海；知無量如來所有本事海；知無量如來難捨能施海；知無量如來清淨戒輪海；知無量如來清淨堪忍海；知無量如來廣大精進海；知無量如來甚深禪定海；知無量如來般若波羅蜜海；知無量如來方便波羅蜜海；知無量如來願波羅蜜海；知無量如來力波羅蜜海；知無量如來智波羅蜜海。

「知無量如來往昔超菩薩地；知無量如來往昔住菩薩地無量劫海，現神通力；知無量如來往昔入菩薩地；知無量如來往昔修菩薩地；知無量如來往昔治菩薩地。知無量如來往昔觀菩薩地；知無量如來昔為菩薩時，常見諸佛；知無量如來昔為菩薩時，盡見佛海，劫海同住。

「知無量如來昔為菩薩時，以無量身徧生剎海❶；知無量如來昔為菩薩時，週徧法界修廣大行；知無量如來昔為菩薩時，示現種種諸方便門，調伏成熟一切眾生。

「知無量如來放大光明，普照十方一切剎海；知無量如來現大神力，普現一切諸眾生前；知無量如來廣大智地；知無量如來轉正法輪；知無量如來示現相海；知無量如來示現身海；知無量如來廣大力海。

「彼諸如來，從初發心，乃至法滅；我於念念，悉得知見。

【章　旨】此處又別顯「一一智光」之大功用，分為五部分：一、知如來因地之行（十度），二、知佛因地之位，三、知因地作用，四、知佛果之功用，五、總知因果。功用無邊，則重重不可窮盡。

【注　釋】❶剎海　全稱「剎土大海」，指十方世界，也就是一般所說的「宇宙」。「剎」意為「剎土」、「國土」，「海」為大海之意。「剎海」帶有比喻性質。

【語　譯】「我憑藉此念念出生廣大喜莊嚴解脫境界法門，知曉無量如來往昔諸行之海；知曉無量如來所有本事之海；知曉無量如來難捨能施之海；知曉無量如來清淨戒輪之海；知曉無量如來清淨堪忍之海；知曉無量如來廣大精進之海；知曉無量如來甚深禪定之海；知曉無量如來般若波羅蜜之海；知曉無量如來方便波羅蜜之海；知曉無量如來願波羅蜜之海；知曉無量如來力波羅蜜之海；知曉無量如來智波羅蜜之海。

「憑藉此法門，我還能夠知曉無量如來往昔超越的菩薩地；知曉無量如來往昔曾經住過的菩薩地於無量劫海中顯現出神通力；知曉無量如來往昔進入過的菩薩地；知曉無量如來往昔所修行的菩薩地；知曉無量如來往昔所治的菩薩地。知曉無量如來往昔所觀的菩薩地；知曉無量如來過去曾經為菩薩時，常常觀見的諸佛；知曉無量如來過去為菩薩之時，看見的全部佛海，並且於劫海中與佛同住。

「憑藉此法門，我還知曉無量如來過去曾經作為菩薩之時，以無量身徧生國土海；知曉無量如來過去曾經為菩薩時，週徧法界所修的廣大行；知曉無量如來過去曾經為菩薩之時，所示現的種種諸方便門，以之調伏成熟一切眾生。

「憑藉此法門，我知曉無量如來放出大光明，普照十方一切國土海；知曉無量如來顯現出大神力，完全顯現在一切諸眾生前；知曉無量如來廣大智之地；知曉無量如來轉正法輪；知曉無量如來示現相之海；知曉無量如來示現身之海；知曉無量如來廣大力之海。

「總之，那些如來，從初發心一直到寂滅，我在念念之中，都完全得以知曉看見。

「善男子！汝問我言：『汝發心來，其已久如？』善男子！我於往昔，過二佛剎微塵數劫，如上所說，於清淨光金莊嚴世界中，為菩提樹神，聞不退轉法界音如來說法，發阿耨多羅三藐三菩提心；於二佛剎微塵數劫中修菩薩行，然後乃生此娑婆世界賢劫之中。從迦羅鳩孫馱佛至釋迦牟尼佛，及此劫中未來所有一切諸佛，我皆如是親近供養。如於此世界賢劫之中，供養未來一切諸佛；一切世界一切劫中，所有未來一切諸佛，悉亦如是親近供養。善男子！彼清淨光金莊嚴世界，今猶現在，諸佛出現相續不斷。汝當一心修此菩薩大勇猛門。」

爾時，寂靜音海主夜神，欲重宣此解脫義，為善財童子而說頌言：

「『善財聽我說，清淨解脫門，聞已生歡喜，勤修令究竟。我昔於劫海，生大信樂心，清淨如虛空，常觀一切智。我於三世佛，皆生信樂心；並及其眾會，悉願常親近。我昔曾見佛，為眾生供養，得聞清淨法，其心大歡喜。常尊重父母，恭敬而供養；如是無休懈，入此解脫門。老病貧窮人，諸根不具足；一切皆愍濟，令其得安隱。水火及王賊，海中諸恐怖；我昔修諸行，為救彼眾生。煩惱恆熾然，業障所纏覆，墮於諸險道，我救彼眾生。一切諸惡趣，無量楚毒苦，生老病死等，我當悉除滅。願盡未來劫，普為諸群生，滅除生死苦，得佛究竟樂。』

【章　旨】寂靜音海夜神以長行、偈頌又向善財童子總結此菩薩念念出生廣大喜莊嚴解脫法門，並且對善財童子所問的問題作了總結性回答。偈頌共十首，第一首為誡聽勸修，後四首為以「智」而供養佛、菩薩、眾生以及父母，後四偈則以大悲之心救度眾生，最後一偈則為總結祈願。

【語　譯】「善男子！你問我說：『您發心以來，已經經歷了多長時間呢？』善男子！我在久遠的過去，過二佛土微塵數劫，如上面所說，在清淨光金莊嚴世界中，作為菩提樹神，聽聞『不退轉法界音』如來說法，發阿耨多羅三藐三菩提心；在二佛土微塵數劫中修習菩薩行，然後纔生於此娑婆世界賢劫之中。從迦羅鳩孫馱佛至釋迦牟尼佛，及此劫中未來所有一切諸佛，我都如此親近供養。如在此世界賢劫之中，供養未來一切諸佛；一切世界一切劫中，所有未來一切諸佛，我也都如此親近供養。善男子！這一清淨光金莊嚴世界，今天猶然存在，諸佛仍然相續不斷出現。你應當一心修習此菩薩大勇猛門。」

這時，寂靜音海主夜神想重宣此解脫之義，為善財童子而說頌說：

「『善財聽我說，清淨解脫門，聞已生歡喜，勤修令究竟。我昔於劫海，生大信樂心，清淨如虛空，常觀一切智。我於三世佛，皆生信樂心；並及其眾會，悉願常親近。我昔曾見佛，為眾生供養，得聞清淨法，其心大歡喜。常尊重父母，恭敬而供養；如是無休懈，入此解脫門。老病貧窮人，諸根不具足；一切皆愍濟，令其得安隱。水火及王賊，海中諸恐怖；我昔修諸行，為救彼眾生。煩惱恆熾然，業障所纏覆，墮於諸險道，我救彼眾生。一切諸惡趣，無量楚毒苦，生老病死等，我當悉除滅。願盡未來劫，普為諸群生，滅除生死苦，得佛究竟樂。』」

「善男子！我唯知此念念生廣大喜莊嚴解脫。如諸菩薩摩訶薩，深入一切法界海，悉知一切諸劫數，普見一切剎成壞。而我云何能知能說彼功德行？

「善男子！此菩提場如來會❶中，有主夜神，名守護一切城增長威力。汝詣彼問：菩薩云何學菩薩行、修菩薩道？」

爾時，善財童子一心觀察寂靜音海主夜神身，而說頌言：

「我因善友教，來詣天神所，見神處寶座，身量無有邊。非是著色相，計有於諸法，劣智淺識人，能知尊境界。世間天及人，無量劫觀察，亦不能測度，色相無邊故。遠離於五蘊，亦不住於處，永斷世間疑，顯現自在力。不取內外法，無動無所礙，清淨智慧眼，見佛神通力。身為正法藏，心是無礙智，既得智光照，復照諸群生。心集無邊業，莊嚴諸世間，了世皆是心，現身等眾生。知世悉如夢，一切佛如影❷，諸法皆如響，令眾無所著。為三世眾生，念念示現身，而心無所住，十方偏說法。無邊諸剎海，佛海眾生海，悉在一塵中，此尊解脫力。」

時，善財童子說此偈已，頂禮其足，繞無量匝，殷勤瞻仰，辭退而去。

【章旨】寂靜音海夜神又向善財童子推薦此會中的「守護一切城增長威力」夜神，囑咐善財童子前去拜訪請教。善財童子以偈頌讚頌感謝寂靜音海夜神的教誨，告別寂靜音海夜神，繼續前行求法。

【注釋】❶如來會　如來集諸菩薩等說法的法會。❷一切佛如影　這是從佛之三身的角度而言的。「三身」

即「法身」、「報身」、「應身」。「法身」是由真如的理體所證顯；「報身」是酬報因位無量願行的相好莊嚴身；「應身」則是應所化眾生之機感而化現的佛身。在此，世間眾生所見的「報身」、「應身」都是依止於「法身」而應機變現出來的，所以如同影子一樣。

【語譯】「善男子！我只是知曉此念念生廣大喜莊嚴解脫。如同諸位菩薩一樣，深入一切法界海，完全知曉一切諸劫數，完全觀見一切國土的產生與毀壞。而我為什麼能夠知曉、能夠宣說這一功德行？

「善男子！此菩提場如來會中，有一位名叫『守護一切城增長威力』的主夜神。你可以去拜訪他，向他請教菩薩如何學菩薩行、修菩薩道？」

這時，善財童子一心觀察寂靜音海主夜神身，而說頌說：

「我因善友教，來詣天神所，見神處寶座，身量無有邊。非是著色相，計有於諸法，劣智淺識人，能知尊境界。世間天及人，無量劫觀察，亦不能測度，色相無邊故。遠離於五蘊，亦不住於處，永斷世間疑，顯現自在力。不取內外法，無動無所礙，清淨智慧眼，見佛神通力。身為正法藏，心是無礙智，既得智光照，復照諸群生。心集無邊業，莊嚴諸世間，了世皆是心，現身等眾生。知世悉如夢，一切佛如影，諸法皆如響，令眾無所著。為三世眾生，念念示現身，而心無所住，十方徧說法。無邊諸剎海，佛海眾生海，悉在一塵中，此尊解脫力。」

這時，善財童子說完此偈之後，頂禮寂靜音海夜神的雙足，在其周圍繞行無數圈，殷勤瞻仰夜神。然後，辭別寂靜音海夜神，又繼續其求法歷程。

## 善財童子第三十七參：守護一切城增長威力夜神會

爾時，善財童子隨順寂靜音海夜神教，思惟觀察所說法門，一一文句皆無忘失，於無量深心、無量法性、一切方便神通智慧，憶念思擇，相續不斷；其心廣大，證入安住。

行詣守護一切城夜神所，見彼夜神坐一切寶光明摩尼王師子之座，無數夜神所共圍繞，現一切眾生色相身，現普對一切眾生身，現不染一切世間身，現一切眾生身數身，現超過一切世間身，現成熟一切眾生身，現速往一切十方身，現徧攝一切十方身，現究竟如來體性身❶，現究竟調伏眾生身。

善財見已，歡喜踊躍，頂禮其足，繞無量匝，於前合掌而作是言：

「聖者！我已先發阿耨多羅三藐三菩提心，而未知菩薩修菩薩行時，云何饒益眾生？云何以無上攝而攝眾生？云何順諸佛教？云何近法王位？唯願慈哀，為我宣說！」

【章　旨】這是善財童子五十三參的第三十七次參訪，也是〈入法界品〉「末會」中善財五十五會中的第三十八會。善財童子遵從寂靜音海夜神的囑咐，前去拜訪「守護一切城增長威力」夜神，向其請教修行菩薩行的方法、途徑。

【注　釋】❶究竟如來體性身　此是指修得的類似於佛之「法身」的理體之身。

【語　譯】這時，善財童子隨順寂靜音海夜神的教誨，思惟觀察其所說的菩薩念念出生廣大喜莊嚴解脫法門，對於每一文句都沒有忘記遺失，對於無量深心、無量法性、一切方便神通智慧，都憶念思惟抉擇，相續不斷。善財童子心量變得廣大，證入安住之心。

善財童子前往守護一切城增長威力夜神的住所，看見這位夜神坐在一切寶光明摩尼王師子之座上，有無數夜神共同圍繞，顯現出一切眾生所具有的色相身，顯現出可以完全面對一切眾生的身相，顯現出不染一切世間之身，顯現出與一切眾生身的數量相同的身相，顯現出超越一切世間的身相，顯現出成熟一切眾生之身，顯現出速往一切十方之身，顯現出徧攝一切十方眾生之身，顯現出究竟如來體性之身，顯現出究竟調伏眾生之身。

善財童子看見這一景象之後，歡喜踴躍，頂禮夜神的雙足，在其周圍繞行無數圈，在夜神面前合掌而這樣說道：「聖者！我早先已經發阿耨多羅三藐三菩提心，但卻未能知曉菩薩修菩薩行之時，如何饒益眾生？如何以無上攝而攝取眾生？如何遵順諸佛之教誨？如何接近法王位？希望您慈哀於我，為我宣說這些問題！」

時，彼夜神告善財言：「善男子！汝為救護一切眾生故，汝為嚴淨一切佛剎故，汝為供養一切如來故，汝欲住一切劫救眾生故，汝欲守護一切佛種性故，汝欲普入十方修諸行故，汝欲普入一切法門海故，汝欲以平等心徧一切故，汝欲普受一切佛法輪故，汝欲普隨一切眾生心之所樂雨法雨故，問諸菩薩所修行門。

「善男子！我得菩薩甚深自在妙音解脫❶，為大法師❷，無所罣礙，善能開示諸佛法藏故；具大誓願、大慈悲力，令一切眾生住菩提心故；能作一切利眾生事，積集善根無有休息故；為一切眾生調御之師，令一切眾生住薩婆若道故；為一切世間清淨法日❸，普照世間，令生善根故；於一切世間其心平等，普令眾生增長善法故；於諸境界其心清淨，除滅一切諸不善業故；誓願利益一切眾生，身恆普現一切國土故；示現一切本事因緣，令諸眾生安住善行故；恆事一切諸善知識，為令眾生安住佛教故。

「佛子！我以此等法施眾生，令生白法，求一切智，其心堅固猶如金剛那羅延藏，善能觀察佛力、魔力，常得親近諸善知識，摧破一切業惑障山❹，集一切智助道之法，心恆不捨一切智地。

【章旨】守護一切城增長威力夜神告訴善財童子，自己獲得的法門叫「菩薩甚深自在妙音解脫」。此位夜神並且從總體上對此法門的業用作了簡略說明。

【注釋】❶菩薩甚深自在妙音解脫　據澄觀的解釋，此法門的涵義為：「即事契理，故曰『甚深』；權實無礙蘊攝妙辯，稱為『自在』；依此演法，普應群機，是為『妙音』。」（澄觀《華嚴經疏》卷五十八，《大正藏》卷三十五，頁九四五下）❷大法師　又作「說法師」、「法師」，指通曉佛法又能引導眾生修行之人。廣義之法師，通指佛陀及其弟子；狹義則專指一般通曉經或律之行者，稱為「經師」或「律師」。❸法日　以日光比喻佛法之智慧能夠普照眾生，能夠破無明生死癡闇。❹業惑障山　指「業障」、「惑障」等遮蔽正道之山。業障，謂眾生於諸善法不能勤行，而隨身、口、意造作惡業，障蔽正道。惑障，是指眾生由貪欲、瞋恚、愚癡等惑，使根性昏鈍而障蔽正道。

【語　譯】這時，守護一切城增長威力夜神告訴善財童子說：「善男子！你為了救護一切眾生的緣故，你為了嚴淨一切佛土的緣故，你為了供養一切如來的緣故，你因為想住於一切劫救助眾生的緣故，你因為想守護一切佛之種性的緣故，你因為想完全進入十方修習諸行的緣故，你因為想完全進入一切法門之海的緣故，你因為想以平等之心對待一切的緣故，你因為想完全接受一切佛法輪的緣故，你因為想完全隨一切眾生心之所樂降下法雨的緣故，向我請教諸菩薩所修的法門。

「善男子！我已經獲得『菩薩甚深自在妙音解脫』。我能夠憑藉此法門，作為大法師，沒有任何障礙，善於並且能夠開示諸佛法藏；具備大誓願、大慈悲力，能夠使一切眾生住於菩提心；能夠做任何有利於眾生的事，積集善根永遠沒有休息；作一切眾生的調御之師，使一切眾生住於一切智之道；作為一切世間之清淨法日，完全照耀世間，使眾生產生善根；對於一切世間都以平等之心看待，完全使眾生增長善法；面對諸境界而能夠保持心的清淨，除滅一切諸不善業；誓願利益一切眾生，身永遠普現一切國土；示現一切本事因緣，使諸眾生安住於善行；永遠侍奉一切諸善知識，使眾生安住於佛的教誨。

「佛子！我以這些法布施予眾生，使其生起善法，尋求一切智，其心堅固猶如金剛那羅延藏，善於並且能夠觀察佛力、魔力，常常得以親近諸善知識，摧破一切業所具的惑障之山，積集一切智助道之法，心永遠不捨棄一切智之地。

「善男子！我以如是淨法光明饒益一切眾生，集善根助道法❶時，作十種觀察法界。何者為十？所謂：我知法界無量，獲得廣大智光明故；我知法界無邊，見一切佛所知見故；我知法界無限，普入一切諸佛國土，恭敬供養諸如來故；我知法界無畔，普於一切法界海中，示現修行菩薩行故；我知法界無斷，入於如來不斷智故；我知法界一性，如來一音，一切眾生無不了故；我知法界性淨，了如來願普度一切眾生故；我知法界偏眾生，普賢妙行悉週遍故；我知法界一莊嚴，普賢妙行善莊嚴故；我知法界不可壞，一切智善根充滿法界不可壞故。善男子！我作此十種觀察法界，集諸善根辦助道法，了知諸佛廣大威德，深入如來難思境界。

「又，善男子！我如是正念思惟，得如來十種大威德陀羅尼輪。何者為十？所謂：普入一切法陀羅尼輪、普持一切法陀羅尼輪、普說一切法陀羅尼輪、普念十方一切佛陀羅尼輪、普說一切佛名號陀羅尼輪、普入三世諸佛願海陀羅尼輪、普入一切諸乘海陀羅尼輪、普入一切眾生業海陀羅尼輪、疾轉一切業陀羅尼輪、疾生一切智陀羅尼輪。善男子！此十陀羅尼輪，以十千陀羅尼輪而為眷屬，恆為眾生演說妙法。

「善男子！我或為眾生說聞慧法，或為眾生說思慧法，或為眾生說修慧法，或為眾生說一有法❷，或為眾生說一切有法❸，或為說一如來名海法❹，或為說一切如來名海法，或為說一世界海法，或為說一切世界海法，或為說一佛授記海法，或為說一切佛授記海法，或為說一如來眾會道場海法，或為說一切如來眾會道場海法，或為說一如來法輪海法，或為說一切如來法輪海法，或為說一如來修多羅法，或為說一切如來修多羅法，或為說一如來集會法，或為說一切如來集會法，或為說一薩婆若心海法，或為說一切薩婆若心海法，或為說一乘出離法，或為說一切乘出離法。善男子！我以如是等不可說法門，為眾生說。

「善男子！我入如來無差別法界門海，說無上法，普攝眾生，盡未來劫，住普賢行。善男子！我成就此甚深自在妙音解脫，於念念中增長一切諸解脫門，念念充滿一切法界。」

【章 旨】守護一切城增長威力夜神為善財童子再詳細地說明菩薩甚深自在妙音解脫法門的功用。先釋「甚深」，次釋「自在」，後釋「妙音」，最後總結此業用。

【注 釋】❶助道法　謂四念住、四正斷等三十七種道品，因為能夠資助止觀修行，因此稱之為助道法。❷一有法　即「真如」，即指徧佈於宇宙中的最真實之本體，為一切萬有之根源，為大乘佛教所說的「萬有的不變的本體」。❸一切有法　指「一切有為法」，指有作為、有造作之一切因緣所生之法。❹一如來名海法　指一切如來之名的廣大聚集。佛典之中慣以「海」比喻廣大無涯，無邊無際。以下九句所用之「海」仿此。

【語 譯】「善男子！當我以如此淨法光明饒益一切眾生、積集善根助道之法的時候，以十種方法觀察法界。這十種觀察方法是什麼呢？所謂：我知曉法界無量，是因為獲得了廣大智光明的緣故；我知曉法界無有邊際，是因為看見了一切佛所知見的緣故；我知曉法界無限，完全進入一切諸佛國土，是因為我恭敬供養諸如來的緣故；我知曉法界無有際畔，普在一切法界之海中，示現出修行菩薩行的緣故；我知曉法界無有斷絕，是因為我進入了如來不斷智的緣故；我知曉法界一性，如來一音，是一切眾生無不了悟的緣故；我知曉法界之性是清淨的，是因為了悟如來的大願是完全救度一切諸眾生的緣故；我知曉法界中的所有的眾生，是因為普賢妙行都週徧的緣故；我知曉法界同一莊嚴，是因為普賢妙行善莊嚴的緣故；我知曉法界不可壞，是因為一切智之善根充滿法界且不可壞的緣故。善男子！我以此十種方法觀察法界，積集諸善根完成諸種助道之法，得以了知諸佛廣大威德，得以深入如來難思之境界。

「還有，善男子！我如此正念思惟，獲得如來十種大威德陀羅尼輪。這十種陀羅尼輪是什麼呢？它們是：完全進入一切法陀羅尼輪、完全憶持一切法陀羅尼輪、普說一切法陀羅尼輪、普念十方一切佛陀羅尼輪、普說一切佛之名號陀羅尼輪、普入三世諸佛大願之海陀羅尼輪、普入一切諸乘海陀羅尼輪、普入一切眾生業海陀羅尼輪、快速旋轉一切業陀羅尼輪、快速產生一切智陀羅尼輪。善男子！這十種陀羅尼輪，以一萬種陀羅尼輪而為眷屬，永遠為眾生演說妙法。

「善男子！我有時為眾生宣說聽聞智慧之法，有時為眾生宣說思索智慧之法，有時為眾生宣說修習智慧之法，有時為眾生宣說一種東西為有之法，有時為眾生宣說一切有之法，有時為其宣說一位如來名海之法，有時為其宣說一切如來名海之法，有時為其宣說一處世界海之法，有時為其宣說一切世界海之法，有時為其宣說一位佛授記海之法，有時為其宣說一切佛授記海之法，有時為其宣說一位如來眾會道場海之法，有時為其宣說一切如來眾會道場海之法，有時為其宣說一如來法輪海之法，有時為其宣說一切如來法輪海之法，有時為其宣說一位如來修多羅之法，有時為其宣說一切如來修多羅之法，有時為其宣說一位如來集會之法，有時為其宣說一切如來集會之法，有時為其宣說一種一切智心海之法，有時為其宣說一切一切智心海之法，有時為其宣說一乘出離之法，有時為其宣說一切乘出離之法。善男子！我以如此等不可說之法門，為眾生宣說。

「善男子！我進入如來無差別法界門海，演說無上法，普攝眾生，盡未來劫，住於普賢行。善男子！我成就此甚深自在妙音解脫，在念念中增長一切諸解脫門，念念充滿一切法界。」

時，善財童子白夜神言：「奇哉！天神！此解脫門如是希有！聖者證得，其已久如？」

夜神言：「善男子！乃往古世，過世界轉微塵數劫，有劫名離垢光明，有世界名法界功德雲，以現一切眾生業摩尼王海為體，形如蓮華，住四天下微塵數香摩尼須彌山網中，以出一切如來本願音蓮華而為莊嚴，須彌山微塵數蓮華而為眷屬，須彌山微塵數香摩尼以為間錯，有須彌山微塵數四天下，一一四天下有百千億那由他不可說不可說城。

「善男子！彼世界中，有四天下，名為妙幢；中有王都，名普寶華光；去此不遠，有菩提場，名普顯現法王宮殿。須彌山微塵數如來於中出現，其最初佛，名法海雷音光明王。彼佛出時，有轉輪王，名清淨日光明面，於其佛所，受持一切法海旋修多羅。佛涅槃後，其王出家，護持正法。法欲滅時，有千部異眾千種說法。近於末劫，業惑障重；諸惡比丘多有鬥諍，樂著境界，不求功德，樂說王論、賊論、女論、國論、海論，及以一切世間之論。

「時，王比丘而語之言：『奇哉！苦哉！佛於無量諸大劫海集此法炬❶，云何汝等而共毀滅？』作是說已，上昇虛空，高七多羅樹，身出無量諸色燄雲，放種種色大光明網，令無量眾生除煩惱熱，令無量眾生發菩提心。以是因緣，彼如來教，復於六萬五千歲中而得興盛。

「時，有比丘尼，名法輪化光，是此王女，百千比丘尼而為眷屬，聞父王語及見神力，發菩提心永不退轉，得三昧，名一切佛教燈，又得此甚深自在妙音解脫；得已，身心柔軟，即得現見法海雷音光明王如來一切神力。

「善男子！於汝意云何？彼時轉輪聖王隨於如來轉正法輪，佛涅槃後興隆末法者，豈異人乎？今普賢菩薩是。其法輪化光比丘尼，即我身是。我於彼時，守護佛法，令十萬比丘尼於阿耨多羅三藐三菩提得不退轉，又令得現見一切佛三昧，又令得一切佛法輪金剛光明陀羅尼，又令

## 得普入一切法門海般若波羅蜜。

【章　旨】善財童子又問證得此法門的機緣。守護一切城增長威力夜神告訴善財童子，在往古世過世界轉微塵數劫之「離垢光明劫」中，有一名為「法界功德雲」的四天下，在此劫中出世的第一位佛是「法海雷音光明王」。此中有一名為「妙幢」的王都，此王都中有一位名為「普寶華光」的轉輪王。這位轉輪王就是現今的普賢菩薩，而國王就是一位名叫「清淨日光明面」的比丘尼，就是此位夜神的前身。守護一切城增長威力夜神就是在此劫發菩提心，而獲得此甚深自在妙音解脫法門的。

【注　釋】❶法炬　法能照物，故譬之以火炬。

【語　譯】這時，善財童子對守護一切城增長威力夜神說道：「奇特啊！天神！這一解脫門如此希有！聖者證得這一法門經歷了多長時間？」

夜神回答說：「善男子！在過去的古世，過世界轉微塵數劫，有一名為『離垢光明』的劫，有一處名為『法界功德雲』的世界。這一世界是以可以顯現一切眾生業摩尼王之海為其形體，其形狀如同蓮華，住於四天下微塵數香摩尼須彌山之網中，以可以發出一切如來本願之音的蓮花為其莊嚴，以須彌山微塵數的蓮花為其眷屬，有須彌山微塵數香摩尼在此間錯分佈。此世界中，有須彌山微塵數的四天下，每一處四天下都有百千億那由他不可說不可說的城市。

「善男子！在這一世界中，有一處名為『妙幢』的四天下；此四天下中有一處名為『普寶華光』的王都。距離此王都不遠處，有一處名為『普顯現法王宮殿』的菩提場。須彌山微塵數的如來在此菩提場出現，其最初一位佛名為『法海雷音光明王』。這位佛出世時，有一位名叫『清淨日光明面』的轉輪王在這位佛的住所，受持了一切法海旋修多羅。佛涅槃之後，這位轉輪王出家，護持正法。在佛法正要滅除之時，有千部不同的部眾宣說千種不同之法。在接近末劫之時，業的惑障非常沉重；諸位惡比丘之間發生許多鬥諍，他們喜歡並且執著內外境界，不求取功德，卻熱衷於討論國君論、盜賊論、女人論、國家論、大海論以及其他一切世間之論。

「當時，這位國王比丘對於大眾說：『奇怪啊！苦惱啊！佛在無量諸大劫海積集的這些法之火炬，你們為什麼要一起將其毀滅呢？』這樣說完之後，這位國王上昇到空中，高達七棵多羅樹那麼高，身體發出無量諸色火燄雲，放出種種顏色的大光明網，使得無量眾生除去煩惱的熱烤，使無量眾生發菩提心。由於這一因緣，那些如來的教誨，重新在六萬五千歲的時候得以興盛。

「當時，有一位名為『法輪化光』的比丘尼，是這位國王的女兒，有百千比丘尼為其眷屬。『法輪化光』比丘尼一聽到父王的話語，一看見父王的這一神力，便當即發菩提心並永不退轉，獲得名叫『一切佛教燈』的三昧，也獲得了此甚深自在妙音解脫法門。獲得這些之後，這位比丘尼身心變得柔軟，隨即獲得顯現法海雷音光明王如來的一切神力。

「善男子！你如何看待這些呢？那時那位跟隨如來轉正法輪並且在佛涅槃之後興隆末法的轉輪王，難道是別人嗎？他就是現今的普賢菩薩。那位法輪化光比丘尼也就是我的前身。我在那時，守護佛法，使十萬比丘尼獲得不退轉的阿耨多羅三藐三菩提，又使其得以現見一切佛之三昧，又使其獲得一切佛法輪金剛光明陀羅尼，又使其能夠完全進入一切法門海般若波羅蜜。

「次有佛興，名離垢法光明；次有佛興，名法輪光明髻；次有佛興，名法日功德雲；次有佛興，名法海妙音王；次有佛興，名法日智慧燈；次有佛興，名法華幢雲；次有佛興，名法燄山幢王；次有佛興，名甚深法功德月；次有佛興，名法智普光藏；次有佛興，名開示普智藏；次有佛興，名功德藏山王；次有佛興，名普門須彌賢；次有佛興，名一切法精進幢；次有佛興，名法寶華功德雲；次有佛興，名寂靜光明髻；次有佛興，名法光明慈悲月；次有佛興，名功德燄海；次有佛興，名智日普光明。

「次有佛興，名普賢圓滿智；次有佛興，名神通智光王；次有佛興，名福德華光燈；次有佛興，名智師子幢王；次有佛興，名日光普照王；次有佛興，名須彌寶莊嚴相；次有佛興，名日光普照；次有佛興，名法王功德月；次有佛興，名開敷蓮華妙音雲；次有佛興，名日光明相；次有佛興，名普光明妙法音；次有佛興，名師子金剛那羅延無畏；次有佛興，名普智勇猛幢；次有佛興，名普開法蓮華身；次有佛興，名功德妙華海；次有佛興，名道場功德月；次有佛興，名法炬熾然月；次有佛興，名普光明髻；次有佛興，名法幢燈；次有佛興，名金剛海幢雲。

「次有佛興，名名稱山功德雲；次有佛興，名栴檀妙月；次有佛興，名普妙光明華；次有佛興，名照一切眾生光明王；次有佛興，名功德蓮華藏；次有佛興，名香燄光明王；次有佛興，名波頭摩華因；次有佛興，名眾相山普光明；次有佛興，名普名稱幢；次有佛興，名須彌普門光；次有佛興，名功德法城光；次有佛興，名大樹山光明；次有佛興，名普德光明幢；次有佛興，名功德吉祥相；次有佛興，名勇猛法力幢；次有佛興，名法輪光明音；次有佛興，名功德山智慧光；次有佛興，名無上妙法月；次有佛興，名法蓮華淨光幢；次有佛興，名寶蓮華光明藏。

「次有佛興，名光燄雲山燈；次有佛興，名普覺華；次有佛興，名種種功德燄須彌藏；次有佛興，名圓滿光山王；次有佛興，名福德雲莊嚴；次有佛興，名法山雲幢；次有佛興，名功德山光明；次有佛興，名法日雲燈王；次有佛興，名法雲名稱王；次有佛興，名法輪雲；次有佛興，名開悟菩提智光幢；次有佛興，名普照法輪月；次有佛興，名寶山威德賢；次有佛興，名賢德廣大光；次有佛興，名普智雲；次有佛興，名法力功德山；次有佛興，名功德香燄王；次有佛興，名金色摩尼山妙音聲；次有佛興，名頂髻出一切法光明雲；次有佛興，名法輪熾盛光。

「次有佛興，名無上功德山；次有佛興，名精進炬光明雲；次有佛興，名三昧印廣大光明冠；次有佛興，名寶光明功德王；次有佛興，名法炬寶蓋音；次有佛興，名普照虛空界無畏法光明；次有佛興，名月相莊嚴幢；次有佛興，名光明燄山雲；次有佛興，名照無障礙法虛空；次有佛興，名開顯智光身；次有佛興，名世主德光明音；次有佛興，名一切法三昧光明音；次有佛興，名法音功德藏；次有佛興，名熾然燄法海雲；次有佛興，名普照三世相大光明；次有佛興，名普照法輪山；次有佛興，名法界師子光；次有佛興，名須彌華光明；次有佛興，名一切三昧海師子燄；次有佛興，名普智光明燈。

【章　旨】在往古世過世界轉微塵數劫之離垢光明劫中，又有無數的佛出世。經中列舉了前百位佛，此章為第二位至第九十九位。

【語　譯】「在往古世過世界轉微塵數劫之『離垢光明劫』中，在第一位佛出世之後，又有名為『離垢法光明』的佛出世；此後，又有名為『法輪光明髻』的佛出世；此後，又有名為『法日功德雲』的佛出世；此後，又有名為『法海妙音王』的佛出世；此後，又有名為『法日智慧燈』的佛出世；此後，又有名為『法華幢雲』的佛出世；此後，又有名為『法燄山幢王』的佛出世；此後，又有名為『甚深法功德月』的佛出世；此後，又有名為『法智普光藏』的佛出世；此後，又有名為『開示普智藏』的佛出世；此後，又有名為『功德藏山王』的佛出世；此後，又有名為『普門須彌賢』的佛出世；此後，又有名為『一切法精進幢』的佛出世；此後，又有名為『法寶華功德雲』的佛出世；此後，又有名為『寂靜光明髻』的佛出世；此後，又有名為『法光明慈悲月』的佛出世；此後，又有名為『功德燄海』的佛出世；此後，又有名為『智日普光明』的佛出世。

「此後，又有名為『普賢圓滿智』的佛出世；此後，又有名為『神通智光王』的佛出世；此後，又有名為『福德華光燈』的佛出世；此後，又有名為『智師子幢王』的佛出世；此後，又有名為『日光普照王』的佛出世；此後，又有名為『須彌寶莊嚴相』的佛出世；此後，又有名為『日光普照』的佛出世；此後，又有名為『法王功德月』的佛出世；此後，又有名為『開敷蓮華妙音雲』的佛出世；此後，又有名為『日光明相』的佛出世；此後，又有名為『普光明妙法音』的佛出世；此後，又有名為『師子金剛那羅延無畏』的佛出世；此後，又有名為『普智勇猛幢』的佛出世；此後，又有名為『普開法蓮華身』的佛出世；此後，又有名為『功德妙華海』的佛出世；此後，又有名為『道場功德月』的佛出世；此後，又有名為『法炬熾然月』的佛出世；此後，又有名為『普光明髻』的佛出世；此後，又有名為『法幢燈』的佛出世；此後，又有名為『金剛海幢雲』的佛出世。

「此後，又有名為『名稱山功德雲』的佛出世；此後，又有名為『栴檀妙月』的佛出世；此後，又有名為『普妙光明華』的佛出世；此後，又有名為『照一切眾生光明王』的佛出世；此後，又有名為『功德蓮華藏』的佛出世；此後，又有名為『香燄光明王』的佛出世；此後，又有名為『波頭摩華因』的佛出世；此後，又有名為『眾相山普光明』的佛出世；此後，又有名為『普名稱幢』的佛出世；此後，又有名為『須彌普門光』的佛出世；此後，又有名為『功德法城光』的佛出世；此後，又有名為『大樹山光明』的佛出世；此後，又有名為『普德光明幢』的佛出世；此後，又有名為『功德吉祥相』的佛出世；此後，又有名為『勇猛法力幢』的佛出世；此後，又有名為『法輪光明音』的佛出世；此後，又有名為『功德山智慧光』的佛出世；此後，又有名為

『無上妙法月』的佛出世；此後，又有名為『法蓮華淨光幢』的佛出世；此後，又有名為『寶蓮華光明藏』的佛出世。

「此後，又有名為『光燄雲山燈』的佛出世；此後，又有名為『普覺華』的佛出世；此後，又有名為『種種功德燄須彌藏』的佛出世；此後，又有名為『圓滿光山王』的佛出世；此後，又有名為『福德雲莊嚴』的佛出世；此後，又有名為『法山雲幢』的佛出世；此後，又有名為『功德山光明』的佛出世；此後，又有名為『法日雲燈王』的佛出世；此後，又有名為『法雲名稱王』的佛出世；此後，又有名為『法輪雲』的佛出世；此後，又有名為『開悟菩提智光幢』的佛出世；此後，又有名為『普照法輪月』的佛出世；此後，又有名為『寶山威德賢』的佛出世；此後，又有名為『賢德廣大光』的佛出世；此後，又有名為『普智雲』的佛出世；此後，又有名為『法力功德山』的佛出世；此後，又有名為『功德香燄王』的佛出世；此後，又有名為『金色摩尼山妙音聲』的佛出世；此後，又有名為『頂髻出一切法光明雲』的佛出世；此後，又有名為『法輪熾盛光』的佛出世。

「此後，又有名為『無上功德山』的佛出世；此後，又有名為『精進炬光明雲』的佛出世；此後，又有名為『三昧印廣大光明冠』的佛出世；此後，又有名為『寶光明功德王』的佛出世；此後，又有名為『法炬寶蓋音』的佛出世；此後，又有名為『普照虛空界無畏法光明』的佛出世；此後，又有名為『月相莊嚴幢』的佛出世；此後，又有名為『光明燄山雲』的佛出世；此後，又有名為『照無障礙法虛空』的佛出世；此後，又有名為『開顯智光身』的佛出世；此後，又有名為『世主德光明音』的佛出世；此後，又有名為『一切法三昧光明音』的佛出世；此後，又有名為『法音功德藏』的佛出世；此後，又有名為『熾然燄法海雲』的佛出世；此後，又有名為『普照三世相大光明』的佛出世；此後，又有名為『普照法輪山』的佛出世；此後，又有名為『法界師子光』的佛出世；此後，又有名為『須彌華光明』的佛出世；此後，又有名為『一切三昧海師子燄』的佛出世；此後，又有名為『普智光明燈』的佛出世。

「善男子！如是等須彌山微塵數如來，其最後佛，名法界城智慧燈，並於離垢光明劫中，出興於世。我皆尊重，親近供養，聽聞受持所說妙法；亦於彼一切諸如來所，出家學道，護持法教，入此菩薩甚深自在妙音解脫，種種方便教化成熟無量眾生。從是已來，於佛剎微塵數劫，所有諸佛出興於世，我皆供養，修行其法。

「善男子！我從是來，於生死夜無明昏寐諸眾生中而獨覺悟；今諸眾生，守護心城❶，捨三界城，住一切智無上法城。

「善男子！我唯知此甚深自在妙音解脫，令諸世間，離戲論語，不作二語❷，常真實語，恆清淨語。如諸菩薩摩訶薩，能知一切語言自性，於念念中自在開悟一切眾生，入一切眾生言音海，於一切言辭悉皆辨了，明見一切諸法門海，於普攝一切法陀羅尼已得自在，隨諸眾生心之所疑而為說法，究竟調伏一切眾生，能普攝受一切眾生，巧修菩薩諸無上業，深入菩薩諸微細智，能善觀察諸菩薩藏，能自在說諸菩薩法。何以故？已得成就一切法輪陀羅尼故。而我云何能知能說彼功德行？

【章　旨】在往古世過世界轉微塵數劫之離垢光明劫中，其最後佛名為「法界城智慧燈」。守護一切城增長威力夜神在此劫中供養一切佛，聽聞說法，出家學道，最終方纔修得這一甚深自在妙音解脫法門。

【注　釋】❶心城　有二義。一是指「心」，以身為城廓，故喻「心」為城。二是喻指「禪定」，禪定防心，能抑制妄動，猶如具有防禦作用之城，故喻為「心城」。此處應該指前者。❷二語　意為「兩舌」，乃指前後矛盾之語，或作誹謗之語。

【語　譯】「善男子！如此與須彌山的微塵數相等的如來，其最後一位佛名叫『法界城智慧燈』。這位佛是在『離垢光明劫』中出興於世的。對於這些無數的佛，我都尊重，親近供養，聽聞受持其所說的妙法；也在那一切諸如來的所在，出家學道，護持佛法的正教，進入此菩薩甚深自在妙音解脫境界，以種種方便教化成熟無量眾生。從此已來，在佛土微塵數劫出世的所有諸佛，我都供養，修行其法。

「善男子！從此以來，我在生死夜無明昏寐的諸眾生中獨自覺悟，並且使那些眾生，守護心城，捨棄三界之城，住於一切智無上法城。

「善男子！我只是知曉這一菩薩甚深自在妙音解脫法門，使諸世間的眾生遠離戲論之語，不作誹謗之語，常常說出真實的話語，永遠說出清淨的語言。如同諸菩薩一樣，我能夠知曉一切語言的本來性質，在念念中自在而使一切眾生得以開悟，進入一切眾生言音之海，對於一切言辭都能夠辨別明瞭，明見一切諸法門之海，在普攝一切法陀羅尼方面已經獲得自在，隨諸眾生心之所疑而為其說法，究竟調伏一切眾生，能夠完全攝受一切眾生，巧妙地修習菩薩諸無上之業，深入菩薩諸微細之智，能夠並善於觀察諸菩薩之藏，能夠自在地演說諸菩薩之法。為什麼呢？這是已經成就了一切法輪陀羅尼的緣故。而我為什麼能夠知曉、能夠宣說這一功德行？

「善男子！此佛會中，有主夜神，名開敷一切樹華❶。汝詣彼問：菩薩云何學一切智？云何安立一切眾生住一切智？」

爾時，守護一切城主夜神，欲重宣此解脫義，為善財童子而說頌言：

「菩薩解脫深難見，虛空如如平等相，普見無邊法界內，一切三世諸如來。出生無量勝功德，證入難思真法性，增長一切自在智，開通三世解脫道。過於剎轉微塵劫，爾時有劫名淨光，世界名為法燄雲，其城號曰寶華光。其中諸佛興於世，量與須彌塵數等；有佛名為法海音，於此劫中先出現；乃至其中最後佛，名為法界燄燈王；如是一切諸如來，我皆供養聽受法。我見法海雷音佛，其身普作真金色，諸相莊嚴如寶山，發心願得成如來。我暫見彼如來身，即發菩提廣大心，誓願勤求一切智，性與法界虛空等。由斯普見三世佛，及以一切菩薩眾；亦見國土眾生海，而普攀緣起大悲。隨諸眾生心所樂，示現種種無量身，普徧十方諸國土，動地舒光悟含識。見第二佛而親近，亦見十方剎海佛，乃至最後佛出興，如是須彌塵數等。於諸剎轉微塵劫，所有如來照世燈；我皆親近而瞻奉，令此解脫得清淨。」

爾時，善財童子得入此菩薩甚深自在妙音解脫故，入無邊三昧海，入廣大總持海，得菩薩大神通，獲菩薩大辯才；心大歡喜，觀察守護一切城主夜神，以偈讚曰：

「已行廣大妙慧海，已度無邊諸有海，長壽無患智藏身，威德光明住此眾。了達法性如虛空，普入三世皆無礙；念念攀緣一切境，心心永斷諸分別。了達眾生無有性，而於眾生起大悲；深入如來解脫門，廣度群迷無量眾。觀察思惟一切法，了知證入諸法性；如是修行佛智慧，普化眾生令解脫。天是眾生調御師，開示如來智慧道，普為法界諸含識，說離世間眾怖行。已住如來諸願道，已受菩提廣大教，已修一切遍行力，已見十方佛自在。天神心淨如虛空，普離一切諸煩惱，了知三世無量剎，諸佛菩薩及眾生。天神一念悉了知，晝夜日月年劫海；亦知一切眾生類，種種名相各差別。十方眾生生死處，有色無色想無想，隨順世俗悉了知，引導使入菩提路。已生如來誓願家，已入諸佛功德海，法身清淨心無礙，隨眾生樂現眾色。」

時，善財童子說此頌已，禮夜神足，繞無量匝，殷勤瞻仰，辭退而去。

【章　旨】守護一切城增長威力夜神又向善財童子推薦此會中的「開敷一切樹華」夜神，囑咐善財童子前去拜訪請教。善財童子以偈頌讚頌感謝守護一切城增長威力夜神的教誨，告別守護一切城增長威力夜神，繼續前行求法。

【注　釋】❶開敷一切樹華　據澄觀的解釋，「『開敷樹華』者，約事在香樹閣內故，約位七地是有行，有開發無相住故。」（澄觀《華嚴經疏》卷五十八，《大正藏》卷三十五，頁九四六上）這是說，以下之法會發生在香樹閣內，而此法門具有開發「無相住」的功能，所以名為「開敷一切樹華」。

【語　譯】「善男子！在此佛會之中，有一位名叫『開敷一切樹華』的主夜神。你可以前往他那裡去向他請教：菩薩如何學一切智？如何安立一切眾生使其住於一切智？」

這時，守護一切城增長威力夜神，想再次演說這一解脫法門之義，為善財童子說頌說：

「菩薩解脫深難見，虛空如如平等相，普見無邊法界內，一切三世諸如來。出生無量勝功德，證入難思真法性，增長一切自在智，開通三世解脫道。過於剎轉微塵劫，爾時有劫名淨光，世界名為法燄雲，其城號曰寶華光。其中諸佛興於世，量與須彌塵數等；有佛名為法海音，於此劫中先出現；乃至其中最後佛，名為法界燄燈王；如是一切諸如來，我皆供養聽受法。我見法海雷音佛，其身普作真金色，諸相莊嚴如寶山，發心願得成如來。我暫見彼如來身，即發菩提廣大心，誓願勤求一切智，性與法界虛空等。由斯普見三世佛，及以一切菩薩眾；亦見國土眾生海，而普攀緣起大悲。隨諸眾生心所樂，示現種種無量身，普偏十方諸國土，動地舒光悟含識。見第二佛而親近，亦見十方剎海佛，乃至最後佛出興，如是須彌塵數等。於諸剎轉微塵劫，所有如來照世燈；我皆親近而瞻奉，令此解脫得清淨。」

這時，善財童子因為得以進入此菩薩甚深自在妙音解脫的緣故，進入了無邊三昧海，進入了廣大總持海，獲得了菩薩大神通，獲得了菩薩的大辯才。善財童子心中產生大歡喜，便觀察守護一切城增長威力主夜神，以偈讚頌說：

「已行廣大妙慧海，已度無邊諸有海，長壽無患智藏身，威德光明住此眾。了達法性如虛空，普入三世皆無礙；念念攀緣一切境，心心永斷諸分別。了達眾生無有性，而於眾生起大悲；深入如來解脫門，廣度群迷無量眾。觀察思惟一切法，了知證入諸法性；如是修行佛智慧，普化眾生令解脫。天是眾生調御師，開示如來智慧道，普為法界諸含識，說離世間眾怖行。已住如來諸願道，已受菩提廣大教，已修一切偏行力，已見十方佛自在。天神心淨如虛空，普離一切諸煩惱，了知三世無量剎，諸佛菩薩及眾生。天神一念悉了知，晝夜日月年劫海；亦知一切眾生類，種種名相各差別。十方眾生生死處，有色無色想無想，隨順世俗悉了知，引導使入菩提路。已生如來誓願家，已入諸佛功德海，法身清淨心無礙，隨眾生樂現眾色。」

這時，善財童子說完此頌之後，頂禮夜神雙足，在其周圍繞行無量圈，殷勤瞻仰夜神。然後，善財童子辭別守護一切城增長威力夜神，繼續求法。

# 華嚴經 入法界品之十三

【題解】本卷為〈入法界品〉「末會」中的第三十九會，即善財童子「五十三參」中的第三十八參「開敷一切樹華夜神會」的內容。

善財童子遵從守護一切城增長威力夜神的囑咐，前去拜訪「開敷一切樹華」夜神，向其請教修行菩薩行的方法、途徑。開敷一切樹華夜神向善財童子講解「菩薩出生廣大喜光明解脫門」的作用。

此法門的作用分為兩方面，一是「安樂眾生行」，二是「利益眾生行」。應善財童子所問，開敷一切樹華夜神開始為善財童子講解此法門所具的境界，進入這一解脫法門就能夠獲得「如來普攝眾生巧方便智」。應善財童子的請求，開敷一切樹華夜神向善財童子講解證得這一法門的機緣。

在往古世過世界海微塵數劫之中，有一處名為「普光明真金摩尼山」的世界海，此世界海中有一位名為「普照法界智慧山寂靜威德王」的佛出現。此世界海中又有名為「普莊嚴幢」的世界種，此世界種中又有名為「一切寶色普光明」的世界。此世界中，有一處名為「一切寶山幢」的四天下。此四天下的閻浮提中，有一處名為「堅固妙寶莊嚴雲燈」的王都。當人壽萬歲之時，此王都中出現了一位名為「一切法音圓滿蓋」的國王，其國王無有怨敵。在「一切寶色普光明世界劫」欲盡之時，進入五濁惡世。眾生悲苦，無所依靠，向國王求救。一切法音圓滿蓋國王應眾生的所請，下令竭盡所有布施眾生。在一切法音圓滿蓋國王的命令下，在閻浮提內的大小城市、村落到處都設置了布施之所。其中，堅固妙寶莊嚴雲燈城東面「摩尼山光明」門之外的布施大會由此位國王親自坐鎮。這位一切法音圓滿蓋國王面對前來求取布施的眾生產生十種「心」，也同時產生了無與倫比的喜悅，並且以種種心與喜悅給予眾生種種布施。

當時，在城東布施大會中的「寶光明」長者女禮拜一切法音圓滿蓋王。寶光明長者女以偈頌的形式讚頌一切法音圓滿蓋王的功德，並且在偈頌中敘述了此位國王的本生故事。一切法音圓滿蓋大王稱讚寶光明童女能夠深信他人功德，並且以寶衣攝持寶光明童女及其眷屬。開敷一切樹華夜神告訴善財童子，當時的一切法音圓滿蓋大王就是現今的毗盧遮那佛，而光明王就是淨飯王，蓮華光夫人就是摩耶夫人，寶光明童女就是自己的前身。

開敷一切樹華夜神又向善財童子推薦此道場中的「大願精進力救護一切眾生」夜神，囑咐善財童子前去拜訪請教。善財童子告別開敷一切樹華夜神，繼續前行求法。

開敷一切樹華夜神給善財童子宣講的菩薩出生廣大喜光明解脫法門，是進入「十地」之第七地——「遠行地」的方法。遠行地，又作「深行地」、「深入地」、「深遠地」、「玄妙地」。菩薩至此位，修行進入無相行，遠離世間及二乘的有相功用，因此名為遠行地。

## 善財童子第三十八參：開敷一切樹華夜神會

爾時，善財童子入菩薩甚深自在妙音解脫門，修行增進。往詣開敷一切樹華夜神所，見其身在眾寶香樹樓閣之內妙寶所成師子座上，百萬夜神所共圍繞。時，善財童子頂禮其足，於前合掌而作是言：「聖者！我已先發阿耨多羅三藐三菩提心，而未知菩薩云何學菩薩行，云何得一切智。唯願垂慈，為我宣說！」

夜神言：「善男子！我於此娑婆世界，日光已沒，蓮華覆合，諸人眾等罷遊觀時，見其一切若山、若水、若城、若野，如是等處種種眾生，咸悉發心欲還所住；我皆密護，令得正道，達其處所，宿夜安樂。

「善男子！若有眾生，盛年好色，憍慢放逸，五欲自恣。我為示現老、病、死相，令生恐怖，捨離諸惡。復為稱嘆種種善根，使其修習：

為慳吝❶者，讚歎布施；為破戒❷者，稱揚淨戒；有瞋恚者，教住大慈；懷惱害❸者，令行忍辱；若懈怠者，令起精進；若散亂者，令修禪定；住惡慧者，令學般若；樂小乘者，令住大乘；樂著三界諸趣中者，令住菩薩願波羅蜜；若有眾生，福智微劣，為諸結業❹之所逼迫多留礙者，令住菩薩力波羅蜜；若有眾生，其心闇昧，無有智慧，令住菩薩智波羅蜜。

「善男子！我已成就菩薩出生廣大喜光明解脫門❺。」

【章旨】這是善財童子「五十三參」的第三十八次參訪，也是〈入法界品〉「末會」中善財五十五會中的第三十九會。善財童子遵從守護一切城增長威力夜神的囑咐，前去拜訪「開敷一切樹華」夜神，向其請教修行菩薩行的方法、途徑。開敷一切樹華夜神向善財童子講解「菩薩出生廣大喜光明解脫門」的作用。其作用分為兩方面，一是「安樂眾生行」，二是「利益眾生行」。

【注釋】❶慳吝　不捨得把自己的物品與思想、觀念施給人家，分為「財慳」與「法慳」兩種。吝惜財物，沒有憐憫心，見貧窮困苦而不能惠施，稱為「財慳」；慳惜佛法，心懷妒嫉，唯恐他人優勝於己，不肯教導於人，稱為「法慳」。❷破戒　又作「犯戒」，與「持戒」相對，即毀破所受持之戒律。在佛教中，針對所犯之戒法不同，治罰也不相同。❸惱害　惱恨；憤怒怨恨。❹結業　指由煩惱而生的思想與行為。「結」為「煩惱」之異名，由煩惱生種種之惡業，故曰「結業」。❺菩薩出生廣大喜光明解脫門　據澄觀的解釋，此法門名稱的得名與前述所證有關，也與後面將證之地有關。澄觀說：「一，望前稱已，益物悲智之心，故生『大喜』。二者，望後照佛，攝生廣大悲智，故生『大喜』。」（澄觀《華嚴經疏》卷五十八，《大正藏》卷三十五，頁九四六中）

【語　譯】這時，善財童子進入在守護一切城增長威力夜神處所獲得的菩薩甚深自在妙音解脫法門，修行日益增進。

善財童子到達開敷一切樹華夜神的住所，看見其坐在眾寶香樹樓閣之內的由妙寶所製成的師子座上，百萬夜神在其周圍圍繞。這時，善財童子頂禮夜神的雙足，在其前合掌而這樣說道：「聖者！我早先已經發阿耨多羅三藐三菩提心，但卻不知曉菩薩如何學菩薩行，如何獲得一切智。希望您能夠垂慈於我，為我回答這些問題！」

開敷一切樹華夜神回答說：「善男子！我在此娑婆世界，當太陽落下去，蓮花之葉覆合，諸人眾等旅遊觀光之後，我看見這裡的一切山、水、城市、田野如此等等地方的種種眾生，都生起想回歸自己住所的願望。這時，我都偷偷地護送他們，使其找到正確的道路，到達自己的住所，夜中住宿在安全快樂的地方。

「善男子！如果有眾生，年屆中年卻喜好女色，憍慢放逸，沉浸在感官的享受之中。我就為其示現老、病、死之相，使其產生恐怖，捨棄遠離諸惡。又為其稱嘆種種善根，使其修習：我為慳吝的眾生，讚嘆布施；為破戒的眾生，稱揚淨戒；為瞋恚的眾生，教誨他們住於大慈；對於懷有怨恨之心的眾生，使其實行忍辱；如果有懈怠的眾生，我使其發起精進之心；如果有心思散亂的眾生，使其修習禪定；我為住於惡劣智慧的眾生，使其學習般若；我對於那些以小乘為樂的眾生，使其住於大乘；我對於那些樂於執著三界諸趣的眾生，使其住於菩薩願波羅蜜；如果有福智微劣並且被諸結業之所逼迫而多有障礙的眾生，我使其住於菩薩力波羅蜜；如果有心裡闇昧並且沒有智慧的眾生，我使其住於菩薩智波羅蜜。

「善男子！我已經成就了『菩薩出生廣大喜光明解脫門』。」

善財言：「大聖！此解脫門境界云何？」

夜神言：「善男子！入此解脫，能知如來普攝眾生巧方便智。云何普攝？善男子！一切眾生所受諸樂，皆是如來威德力故，順如來教故，行如來語故，學如來行故，得如來所護力故，修如來所印道故，種如來所行善故，依如來所說法故，如來智慧日光之所照故，如來性淨業力之所攝故。云何知然？善男子！我入此出生廣大喜光明解脫，憶念毗盧遮那如來、應、正等覺往昔所修菩薩行海，悉皆明見。

「善男子！世尊往昔為菩薩時，見一切眾生，著我、我所，住無明闇室，入諸見稠林，為貪愛所縛、忿怒所壞、愚癡所亂、慳嫉所纏，生死輪迴，貧窮困苦，不得值遇諸佛菩薩。見如是已，起大悲心利益眾生。所謂：起願得一切妙寶資具攝眾生心；願一切眾生，皆悉具足資生之物無所乏心，於一切眾事離執著心，於一切境界無貪染心，於一切所有無慳吝心，於一切果報無希望心，於一切榮好無羨慕心，於一切因緣無迷惑心；起觀察真實法性心；起救護一切眾生心；起深入一切法漩澓心；起於一切眾生住平等大慈心；起於一切眾生行方便大悲心；起為大法蓋普覆眾生心；起以大智金剛杵❶破一切眾生煩惱障山心；起令一切眾生增長喜樂心；起願一切眾生究竟安樂心；起隨眾生所欲雨一切財寶心；起以平等方便成熟一切眾生心；起令一切眾生滿足聖財❷心；起願一切眾生究竟皆得十力智果心。

【章　旨】應善財童子所問，開敷一切樹華夜神開始為善財童子講解此法門所具的境界。進入這一解脫法門就能夠獲得「如來普攝眾生巧方便智」，開敷一切樹華夜神又以自己在毗盧遮那佛所的所作所為來說明這一法門的功能。

【注　釋】❶大智金剛杵　如金剛杵般堅固銳利的智慧。金剛杵為古代印度之武器，由於質地堅固，能擊破各種物質，故冠以金剛之名。❷聖財　即「七聖財」、「七財」、「七德財」、「七法財」，是指成就佛道之七種聖法，即信、戒、慚、愧、聞、施、慧等七者。

【語　譯】善財又問：「大聖！這一解脫法門的境界如何？」

開敷一切樹華夜神說：「善男子！進入這一解脫境界，就能夠知曉如來普攝眾生巧方便智慧。如何普攝眾生呢？善男子！一切眾生所受的各種快樂，都是因為如來威德力的緣故，都是遵從如來的教誨的緣故，都是實踐如來的話語的緣故，都是學習如來的行為的緣故，都是獲得如來所護之力的緣故，都是實踐如來所指引的道路的緣故，都是種植了如來所行的善根的緣故，都是依從如來所說之法的緣故，都是如來智慧日光之所照耀的緣故，都是如來性淨業力之所收攝的緣故。怎麼知道是這樣呢？善男子！我進入此出生廣大喜光明解脫，便憶念起毗盧遮那佛往昔所修的菩薩行海，其中所有一切都能夠完全看見。

「善男子！世尊往昔作為菩薩時，看見一切眾生，執著於我與我所有，住於無明闇室，進入諸見稠林，被貪愛所繫縛，被忿怒所毀壞，被愚癡所擾亂，被吝嗇、嫉妒所纏繞，在生死之中輪迴，貧窮困苦，沒有可能遇到諸佛、菩薩。世尊看見如此情境，生起大悲心來利益眾生。大悲心的內容是：生起希望獲得一切美妙的珍寶資具以攝取眾生之心；希望一切眾生，都具足資生之物而無所缺乏之心，眾生能夠對於一切事務都遠離執著之心，對於一切境界都無貪染之心，對於一切所有沒有吝嗇之心，對於一切果報沒有希望之心，對於一切榮譽好處都無羨慕之心，對於一切因緣都無迷惑之心；生起觀察真實法性之心；生起救護一切眾生之心；生起深入一切繁複之法之心；生起對於眾生的平等大慈之心；生起對於一切眾生實行方便大悲之心；生起作為大法蓋完全覆蓋眾生之心；生起以大智金剛杵毀破一切眾生煩惱障礙大山之心；生起使一切眾生增長喜樂之心；生起希望一切眾生究竟安樂之心；生起隨眾生所欲降下一切財寶之心；生起以平等方便成熟一切眾生之心；生起使一切眾生滿足聖財之心；生起願一切眾生究竟獲得十力智慧及果位之心。

「起如是心已，得菩薩力，現大神變；徧法界、虛空界，於一切眾生前，普雨一切資生之物，隨其所欲悉滿其意，皆令歡喜，不悔不吝，無間無斷。以是方便，普攝眾生，教化成熟，皆令得出生死苦難，不求其報；淨治一切眾生心寶❶，令其生起一切諸佛同一善根，增一切智福德大海。

「菩薩如是念念成熟一切眾生，念念嚴淨一切佛剎，念念普入一切法界，念念皆悉徧虛空界，念念普入一切三世，念念成就調伏一切諸眾生智，念念恆轉一切法輪，念念恆以一切智道利益眾生，念念普於一切世界種種差別諸眾生前盡未來劫現一切佛成等正覺，念念普於一切世界、一切諸劫修菩薩行不生二想。所謂：普入一切廣大世界海一切世界種中，種種際畔諸世界，種種莊嚴諸世界，種種體性諸世界，種種形狀諸世界，種種分佈諸世界，或有世界穢而兼淨，或有世界淨而兼穢，或有世界一向雜穢，或有世界一向清淨，或小或大，或粗或細，或正或側，或覆或仰❷。如是一切諸世界中，念念修行諸菩薩行，入菩薩位，現菩薩力，亦現三世一切佛身，隨眾生心普使知見。

「善男子！毗盧遮那如來，於過去世，如是修行菩薩行時，見諸眾生不修功德，無有智慧，著我、我所，無明翳障，不正思惟，入諸邪見，不識因果，順煩惱業，墮於生死險難深坑，具受種種無量諸苦。起大悲心，具修一切波羅蜜行，為諸眾生稱揚讚歎堅固善根，令其安住遠離生死、貧窮之苦，勤修福智助道之法；為說種種諸因果門，為說業報不相違反，為說於法證入之處，為說一切眾生欲解，及說一切受生國土，令其不斷一切佛種，令其守護一切佛教，令其捨離一切諸惡；又為稱讚趣一切智助道之法，令諸眾生心生歡喜，令行法施普攝一切，令其發起一切智行，令其修學諸大菩薩波羅蜜道，令其增長成一切智諸善根海，令其滿足一切聖財，令其得入佛自在門，令其攝取無量方便，令其觀見如來威德，令其安住菩薩智慧。」

【章　旨】開敷一切樹華夜神為善財童子繼續講解菩薩出生廣大喜光明解脫門的功能。

【注　釋】❶心寶　「心」的別稱，因為心中具無量之寶財，故稱之為「心寶」。延壽《宗鏡錄》卷九說：「一切寶中，心寶為上，故知一切法寶皆歸宗鏡中，無有無量法財珍寶而不積集。」❷或覆或仰　即「仰世界」及「覆世界」。正住者是仰世界；倒住者是覆世界。八十卷《華嚴經》卷十七說：「仰世界即是覆世界，覆世界即是仰世界。」（《大正藏》卷十，頁八九下）

【語　譯】「生起上述這些心之後，就獲得了菩薩力，顯現出大神變；充滿法界、虛空界，在一切眾生前，完全降下一切資生之物，隨其所欲都滿足其欲望使其都得到歡喜，不犯應該懺悔之罪過，也不吝嗇，沒有間斷。以此方便，普攝眾生，教化他們使其成熟，都使其得以脫離生死苦難，不追求果報；淨治一切眾生之心，使其生起與一切諸佛相同的善根，使其增長一切智福德大海。

「菩薩如此念念成熟一切眾生，念念嚴淨一切佛土，念念普入一切法界，念念都完全徧及虛空界，念念普入一切三世，念念成就調伏一切諸眾生之智慧，念念永遠旋轉一切法輪，念念永遠以一切智之道利益眾生，念念完全在一切世界種種差別諸眾生的面前盡未來劫顯現出一切佛成等正覺的形像，念念普入一切世界、一切諸劫修習菩薩行而不產生二想。所謂：普入一切廣大世界海一切世界種之中，種種邊緣諸世界，種種美麗莊嚴諸世界，種種本體諸世界，種種不同形狀諸世界，種種分割而斷續存在諸世界，或有世界污穢而兼有清淨，或有世界清淨而兼有污穢，或有世界一直污穢，或有世界一直清淨，或小世界或大世界，或粗世界或細世界，或以平正或以傾斜形式存在的世界，或覆世界或仰世界。在如此一切諸世界中，念念修行諸菩薩行，進入菩薩位，顯現菩薩力，也顯現出三世一切佛身，隨眾生心完全使眾生都知曉看見這一切。

「善男子！毗盧遮那如來，在過去世，如此修行菩薩行之時，看見諸眾生不修習功德，無有智慧，執著於我與我所有，被無明所遮蔽，不正確地思惟，進入諸邪見，不知曉因果，順從煩惱業，墮於生死險難的深坑，承受種種無量諸苦。生起大悲心，全部修習一切波羅蜜行，為諸眾生稱揚讚嘆堅固的善根，使其安住遠離生死、貧窮之苦，勤修福德、智慧助道之法；為其演說種種諸因果門，為其宣說業報之規律不會背離，為其宣說證入佛法之處，為其宣說一切眾生的想法欲望，為其宣說一切受生的國土，使其不斷一切佛種，使其守護一切佛教，使其捨棄遠離一切諸惡；又為其稱讚進入一切智的助道之法，使諸眾生心中產生歡喜，使其實行法布施而完全攝入一切，使其發起一切智之行，使其修學諸大菩薩波羅蜜之道，使其增長成一切智諸善根之海，使其滿足一切聖財，使其得以進入佛自在門，使其攝取無量方便，使其觀見如來的威德，使其安住於菩薩智慧。」

善財童子言：「聖者發阿耨多羅三藐三菩提心，其已久如？」

夜神言：「善男子！此處難信、難知、難解、難入、難說，一切世間及以二乘皆不能知。唯除諸佛神力所護，善友所攝，集勝功德，欲樂清淨，無下劣心，無雜染心，無諂曲心，得普照耀智光明心，發普饒益諸眾生心、一切煩惱及以眾魔無能壞心，起必成就一切智心，不樂一切生死樂心，能求一切諸佛妙樂，能滅一切眾生苦惱，能修一切佛功德海，能觀一切諸法實性，能具一切清淨信解，能超一切生死暴流❶，能入一切如來智海，能決定到無上法城，能勇猛入如來境界，能速疾趣諸佛地位，能即成就一切智力，能於十力已得究竟；如是之人，於此能持、能入、能了。何以故？此是如來智慧境界，一切菩薩尚不能知，況餘眾生！然我今者，以佛威力，欲令調順可化眾生意速清淨，欲令修習善根眾生心得自在，隨汝所問，為汝宣說。」

爾時，開敷一切樹華夜神，欲重明其義，觀察三世如來境界而說頌言：「佛子汝所問，甚深佛境界，難思剎塵劫，說之不可盡。非是貪恚癡，憍慢惑所覆，如是眾生等，能知佛妙法。非是住慳嫉，諂誑諸濁意，煩惱業所覆，能知佛境界。非著蘊界處，及計於有身，見倒想倒人，能知佛所覺。佛境界寂靜，性淨離分別，非著諸有者，能知此法性。生於諸佛家，為佛所守護，持佛法藏者，智眼之境界。親近善知識，愛樂白淨法，勤求諸佛力，聞此法歡喜。心淨無分別，猶如太虛空，慧燈❷破諸闇，是彼之境界。以大慈悲意，普覆諸世間，一切皆平等，是彼之境界。歡喜心無著，一切皆能捨，平等施眾生，是彼之境界。心淨離諸惡，究竟無所悔，順行諸佛教，是彼之境界。了知法自性，及以諸業種，其心無動亂，是彼之境界。勇猛勤精進，安住心不退，勤修一切智，是彼之境界。其心寂靜住三昧，究竟清涼無熱惱，已修一切智海因，此證悟者之解脫。善知一切真實相，深入無邊法界門，普度群生靡有餘，此慧燈者之解脫。了達眾生真實性，不著一切諸有海，如影普現心水❸中，此正道者之解脫。從於一切三世佛，方便願種而出生，盡諸劫剎勤修行，此普賢者之解脫。普入一切法界門，悉見十方諸剎海，亦見其中劫成壞，而心畢竟無分別。法界所有微塵中，悉見如來坐道樹❹，成就菩提化群品，此無礙眼之解脫。汝於無量大劫海，親近供養善知識，為利群生求正法，聞已憶念無遺忘。毗盧遮那廣大境，無量無邊不可思，我承佛力為汝說，令汝深心轉清淨。

【章　旨】善財童子又向開敷一切樹華夜神詢問發菩提心的機緣。由於善財童子所問為佛纔有的境界，所以，此位夜神以長行、偈頌的形式感嘆佛境難於以語言說明與知曉。而開敷一切樹華夜神憑藉佛之神力的加持，答應為善財童子以語言言說此境。

【注　釋】❶暴流　又作「瀑流」，為「煩惱」之別名。大水暴漲之時，可以漂流人畜、房屋等；煩惱也是如此，可以使之善德善品，故稱為「暴流」。❷慧燈　即「智慧之燈」，比喻智慧猶如燈明，能照破濁世之迷闇。❸心水　心中湧現萬象，進而動搖，又有染淨之不同，譬喻如水，稱為「心水」。❹道樹　即菩提樹，本名「畢波羅樹」，因為佛於此樹下成道，所以稱之為「道樹」。

【語　譯】善財童子又問開敷一切樹華夜神說：「聖者發阿耨多羅三藐三菩提心已經多久了呢？」

開敷一切樹華夜神說：「善男子！此處難於相信、難於知曉、難於理解、難於進入、難於宣說，一切世間的眾生以及聲聞、緣覺都不能知曉。除非得到諸佛神力的保護，善友的攝持，積集殊勝的功德，欲樂清淨，無有下劣心，無有雜染心，無有諂曲心，得到完全照耀智慧的光明之心，發完全饒益諸眾生之心、一切煩惱以及眾魔無能毀壞之心，生起必然成就一切智之心，不對一切生死產生喜樂之心，能夠求取一切諸佛美妙之樂，能夠滅除一切眾生苦惱，能夠修習一切佛功德之海，能夠觀一切諸法之實性，能夠具備一切清淨信解，能夠超越一切生死暴流，能夠進入一切如來智之海，能夠決定向往無上法之城，能夠勇猛進入如來的境界，能夠迅速到達諸佛的地位，能夠隨即成就一切智之力，能夠在十力方面獲得究竟；如此之人，對於這一法門能夠憶持、能夠進入、能夠了悟。為了什麼緣故呢？這是如來智慧的境界，一切菩薩尚且不能知曉，況且其餘眾生呢！然而我現在能夠憑藉佛的威力，並且我也想使可以化度的眾生之心得到調理順暢並且使其迅速地得以清淨，想使修習善根的眾生之心得以自在，因此，針對你的詢問，現在我為你宣說。」

這時，開敷一切樹華夜神想重新闡明這一方面之義，觀察三世如來境界而說頌說：「佛子，你所問的甚深境界只有佛纔具有，以難於想像的剎塵劫也無法完全說清楚。這並非貪恚癡以及吝嗇、傲慢、煩惱等所覆蓋的眾生所能夠知曉的微妙的佛法。這是並非執著於吝嗇、嫉妒的眾生，以及被諂媚、欺誑等濁意、煩惱業所覆蓋的眾生，所能夠知曉的佛的境界。這也是並非執著於蘊、界、處以及執著於有身，持顛倒之想之人，所能夠知曉的佛的覺悟。佛的境界寂靜，性淨而遠離分別，並不執著諸種存在，而能夠知曉真實的法性。這是生於諸佛家並且被佛所守護，且持佛之法藏的眾生所擁有的智眼之境界。親近善知識，熱愛並且以善法、清淨法為樂，勤求諸佛之力，聽聞此法都會產生歡喜。清淨的心無有分別，猶如太虛空，以智慧之燈破除諸黑闇，這就是佛之境界。以大慈悲的意願，完全覆蓋諸世間，一切都是平等的，這就是佛之境界。歡喜心沒有任何執著，一切都能夠捨棄，以平等之心而布施眾生，這就是佛之境界。心淨而遠離諸惡，究竟沒有任何應該悔過的惡行，遵順實踐諸佛的教誨，這就是佛之境界。了知法的自性，以及諸業的種子，其心無動無亂，這就是佛之境界。勇猛而勤於精進，安住心永不退轉，勤修一切智，這就是佛之境界。其心寂靜住於三昧，究竟清涼，身心沒有焦熱苦惱，已經修習一切智海之因，這是證悟者的解脫境界。善於知曉一切真實的相狀，深入無邊法界之門，普度群生無有剩餘，這是智慧之燈者的解脫境界。了達眾生的真實性，不執著於一切諸有之海，世界萬有就如同影子一樣完全顯現在眾生的心水之中，這是正道者的解脫境界。跟從一切三世佛，從佛之方便願種出生，盡諸劫剎勤修行，這是修習普賢行者的解脫境界。完全進入一切法界之門，都看見十方諸國土之海，也看見其中劫的生成與毀壞，而心畢竟沒有分別。在法界所有的微塵中，都可以看見如來所坐過的菩提樹，成就菩提而度所有的眾生，這是無礙眼的解脫境界。你在無量大劫之海中，親近供養善知識，為了眾生的利益而求取正法，聽聞的所有佛法都得到憶念無任何遺忘。毗盧遮那佛的廣大境界，是無量無邊而不可思議的，我承蒙佛力的加持為你宣說，使你的深心轉變為清淨之心。

「善男子！乃往古世，過世界海微塵數劫，有世界海，名普光明真金摩尼山；其世界海中，有佛出現，名普照法界智慧山寂靜威德王。善男子！其佛往修菩薩行時，淨彼世界海。其世界海中，有世界微塵數世界種；一一世界種，有世界微塵數世界；一一世界，皆有如來出興於世；一一如來，說世界海微塵數修多羅；一一修多羅，授佛剎微塵數諸菩薩記，現種種神力，說種種法門，度無量眾生。

「善男子！彼普光明真金摩尼山世界海中，有世界種，名普莊嚴幢。此世界種中，有世界，名一切寶色普光明，以現一切化佛影摩尼王為體，形如天城；以現一切如來道場影像摩尼王為其下際，住一切寶華海上，淨穢相雜。此世界中，有須彌山微塵數四天下，有一四天下最處其中，名一切寶山幢。其四天下，一一縱廣十萬由旬，一一各有一萬大城。其閻浮提中，有一王都，名堅固妙寶莊嚴雲燈，一萬大城周匝圍繞。閻浮提人壽萬歲時，其中有王，名一切法音圓滿蓋，有五百大臣、六萬采女、七百王子；其諸王子皆端正勇健，有大威力。爾時，彼王威德普被閻浮提內，無有怨敵。

【章　旨】開敷一切樹華夜神開始為善財童子講解自己獲得這一法門的機緣。在往古世過世界海微塵數劫之中，有一處名為「普光明真金摩尼山」的世界海，此世界海中有一位名為「普照法界智慧山寂靜威德王」的佛出現。此世界海中又有名為「普莊嚴幢」的世界種，此世界種中又有名為「一切寶色普光明」的世界。此世界中，有一處名為「一切寶山幢」的四天下。此四天下的閻浮提中，有一處名為「堅固妙寶莊嚴雲燈」的王都。當人壽萬歲之時，此王都中出現了一位名為「一切法音圓滿蓋」的國王，其國王無有怨敵。

【語　譯】「善男子！在往古世過世界海微塵數劫之中，有一處名為『普光明真金摩尼山』的世界海，此世界海中有一位名為『普照法界智慧山寂靜威德王』的佛出現。善男子！在這位佛往昔修習菩薩行之時，使這一世界海得到清淨。在這處世界海之中，有世界微塵數的世界種；一一世界種之中又有世界微塵數的世界；一一世界中，都有如來出興於世；一一如來，在宣說著世界海微塵數的修多羅；一一修多羅，給佛土微塵數的諸菩薩授記，顯現出種種神力，宣說種種法門，救度無量眾生。

「善男子！在這一普光明真金摩尼山世界海中，有一名為『普莊嚴幢』的世界種。在這一世界種之中，有一處名為『一切寶色普光明』的世界。此世界以能夠顯現一切化佛的影摩尼王寶為其主體，其形狀如同天城；以能夠顯現一切如來道場影像的摩尼王寶為其下際，住於一切寶華海上，清淨與污穢相混雜。在此世界之中，有須彌山微塵數四天下，有一處名為『一切寶山幢』的四天下在其最中心。這一四天下，每一處縱、廣十萬由旬，每一處各有一萬大城。在其閻浮提之中，有一處名為『堅固妙寶莊嚴雲燈』的王都，有一萬大城在其周圍圍繞。當此閻浮提人壽萬歲時，其中出現了一位名為『一切法音圓滿蓋』的國王，國王有五百大臣、六萬采女、七百王子；其每一位王子都長相端正勇健，有大威力。當時，這位國王的威德完全澤披閻浮提之內，他也沒有怨敵。

「時，彼世界劫欲盡時，有五濁起。一切人眾，壽命短促，資財乏少，形色鄙陋，多苦少樂，不修十善，專作惡業，更相忿諍，互相毀辱，離他眷屬，妒他榮好，任情起見，非法貪求。以是因緣，風雨不時，苗稼不登，園林、草樹一切枯槁，人民匱乏，多諸疫病，馳走四方，靡所依怙，咸來共繞王都大城，無量無邊百千萬億，四面周匝高聲大呼；或舉其手，或合其掌，或以頭扣地，或以手搥胸，或屈膝長號，或踴身大叫；頭髮蓬亂，衣裳弊惡，皮膚皴裂，面目無光，而向王言：『大王！大王！我等今者，貧窮孤露，饑渴寒凍，疾病衰羸，眾苦所逼，命將不久，無依無救，無所控告。我等今者來歸大王，我觀大王仁慈智慧，於大王所生得安樂想、得所愛想、得活命想、得攝受想、得寶藏想、遇津梁想、逢道路想、值船筏想、見寶洲想、獲財利想、昇天宮想。』

「爾時，大王聞此語已，得百萬阿僧祇大悲門，一心思惟，發十種大悲語。其十者何？所謂：『哀哉眾生！墮於無底生死大坑；我當云何而速勉濟，令其得住一切智地？哀哉眾生！為諸煩惱之所逼迫；我當云何而作救護，令其安住一切善業？哀哉眾生！生、老、病、死之所恐怖；我當云何為作歸依，令其永得身心安隱？哀哉眾生！常為世間眾怖所逼；我當云何而為祐助，令其得住一切智道？哀哉眾生！無有智眼，常為身見疑惑所覆；我當云何為作方便，令其得決疑見❶翳膜？哀哉眾生！常為癡闇之所迷惑；我當云何為作明炬，令其照見一切智城？哀哉眾生！常為慳嫉諂誑所濁；我當云何而為開曉，令其證得清淨法身？哀哉眾生！長時漂沒生死大海；我當云何而普運度，令其得上菩提彼岸？哀哉眾生！諸根剛強，難可調伏；我當云何而為調御，令其具足諸佛神力？哀哉眾生！猶如盲聾，不見道路；我當云何而為引導，令其得入一切智門？』作是語已，擊鼓宣令：『我今普施一切眾生，隨有所須悉令充足。』

【章　旨】在「一切寶色普光明世界劫」欲盡之時，進入五濁惡世。眾生悲苦，無所依靠，向國王求救。一切法音圓滿蓋國王應眾生的所請，下令竭盡所有布施眾生。

【注　釋】❶疑見　十種邪見之一，對於佛教的真理，心存猶豫而無決定的見解。

【語　譯】「這時，那『一切寶色普光明世界劫』欲盡之時，命濁、眾生濁、煩惱濁、見濁、劫濁等五濁生起。一切人眾，壽命都很短促，缺少資財，形色鄙陋，多苦少樂，不修十善，專門作惡業，互相忿諍，互相毀辱，離間他人的眷屬，嫉妒別人的容貌與榮譽，任情而生起執見，非法貪求。以此因緣，風雨失時而至，苗稼不能豐收，園林、草樹等一切都枯槁，人口稀少，多諸疫病，人們奔走四方，無所依靠，都前來圍繞在王都大城周圍，聚集了無量無邊百千萬億人，在王都的四面周圍高聲大呼；有的舉起手，有的合其掌，有的以頭扣地，有的以手搥胸，有的屈膝大聲號叫，有的踴身大叫；他們頭髮蓬亂，衣裳破裂，皮膚皴裂，面目無光，都向王呼喊：『大王！大王！我們現在貧窮孤苦，饑渴寒凍，疾病衰羸，被眾苦所逼迫，生命將於不久結束，沒有依靠，沒有得救的希望，沒有地方可以哭告求助。我們現今來歸附大王，我們看大王仁慈智慧，對於大王產生了想得到安樂的想法、得到所愛的想法、得以活命的想法、得到攝受的想法、得到寶藏的想法、遇到橋梁的想法、遇到道路的想法、遇到船筏的想法、見到寶洲的想法、獲得財利的想法、昇至天宮的想法。』

「當時，大王聽到這些話語之後，生起百萬阿僧衹大悲之門，一心思惟，發出十種大悲語。這十種大悲語是什麼呢？所謂：『悲哀啊，眾生！你們墮於無底生死的大坑；我應當如何纔可以迅速救濟，使你們得以住於一切智地？悲哀啊，眾生！被諸煩惱所逼迫；我應當如何而作救護，使你們得以安住於一切善業？悲哀啊，眾生！被生、老、病、死所嚇；我應當如何纔可以作你們的歸依，使你們的身心永遠得以安穩？悲哀啊，眾生！一直被世間的許多恐怖所逼迫；我應當如何纔可以作為你們的祐助，使你們得以住於一切智道？悲哀啊，眾生！無有智慧之眼，一直被身見疑惑所覆蓋；我應當如何纔能為你們充作方便，使你們獲得決疑而衝破蓋覆的薄膜？悲哀啊，眾生！一直被無明黑暗所迷惑；我應當如何纔能成為你們的火炬，使你們得以照見一切智之城？

悲哀啊，眾生！一直被吝嗇、嫉妒、諂誑、誑騙所污染；我應當如何纔能開曉你們，使你們證得清淨的法身？悲哀啊，眾生！長時間漂沒在生死大海之中；我應當如何纔能完全運度你們，使你們得以登上菩提彼岸？悲哀啊，眾生！諸根剛強，難可調伏；我應當如何纔能成為調御師，使你們具足諸佛之神力？悲哀啊，眾生！猶如盲人，看不見道路；我應當如何纔能成為你們的引導者，使你們得以進入一切智門？』這樣說完之後，國王擊鼓宣佈命令：『我現今完全布施一切眾生，隨有所須都使其得到滿足。』

「即時頒下閻浮提內大小諸城及諸聚落，悉開庫藏，出種種物，置四衢道。所謂：金、銀、琉璃、摩尼等寶；衣服、飲食、華香、瓔珞、宮殿、屋宅、床榻、敷具；建大光明摩尼寶幢，其光觸身，悉使安隱；亦施一切病緣湯藥；種種寶器盛眾雜寶，金剛器中盛種種香，寶香器中盛種種衣；輦輿、車乘、幢幡、繒蓋，如是一切資生之物，悉開庫藏而以給施。亦施一切村營、城邑、山澤、林藪、妻子、眷屬及以王位，頭、目、耳、鼻、脣、舌、牙、齒、手、足、皮、肉、心、腎、肝、肺，內外所有，悉皆能捨。

「其堅固妙寶莊嚴雲燈城東面有門，名摩尼山光明。於其門外，有施會處。其地廣博，清淨平坦，無諸坑坎、荊棘、沙礫，一切皆以妙寶所成，散眾寶華，熏諸妙香，然諸寶燈，一切香雲充滿虛空，無量寶樹次第行列，無量華網、無量香網彌覆其上，無量百千億那由他諸音樂器恆出妙音。如是一切，皆以妙寶而為莊嚴，悉是菩薩淨業果報❶。

「於彼會中，置師子座，十寶為地，十寶欄楯，十種寶樹周匝圍繞，金剛寶輪以承其下，以一切寶為龍神像而共捧持，種種寶物以為嚴飾，幢幡間列，眾網覆上，無量寶香常出香雲，種種寶衣處處分佈，百千種樂恆奏美音。復於其上張施寶蓋，常放無量寶燄光明，如閻浮金熾然清淨；覆以寶網，垂諸瓔珞，摩尼寶帶周迴間列，種種寶鈴恆出妙音，勸諸眾生修行善業。時，彼大王處師子座，形容端正，人相具足，光明妙寶以為其冠，那羅延身不可沮壞，一一肢分悉皆圓滿，性普賢善，王種中生，於財及法悉得自在，辯才無礙，智慧明達，以政治國，無違命者。

【章　旨】在一切法音圓滿蓋國王的命令下，在閻浮提內的大小城市、村落到處都設置了布施之所。其中，在堅固妙寶莊嚴雲燈城東面「摩尼山光明」門之外的布施大會由此位國王親自坐鎮。

【注　釋】❶業果報　又作「業報」，善惡業因所招感的苦樂果報。業，指善、惡業。果，即由業所感人、天、鬼、畜等之果報。由「業」而報「果」，此乃自然之法理，稱為「業果法然」。此外，「業」與「果」彼此相接相續，「業」為因，「果」為報，因果接續，無窮無止，這就是佛教所言的因果報應說之梗概。

【語　譯】「一切法音圓滿蓋國王下令立即打開閻浮提內大小諸城及諸村落的庫藏，拿出種種物品，置放在四衢道路上。這些物品是：金、銀、琉璃、摩尼等珍寶；衣服、飲食、花香、瓔珞、宮殿、屋宅、床榻、敷具。在各個城市中修建大光明摩尼寶幢，其光一旦接觸眾生的身體，便可以使眾生得到安穩；也布施治療一切病的湯藥；種種寶器中盛放著多種珍寶，金剛器中盛放著種種香，寶香器中盛放著種種衣物；輦輿、車乘、幢幡、繒蓋，如此等等一切資生之物，都打開庫藏而給以布施。這位國王也將一切村莊、城市、山澤、林藪、妻子、眷屬以及王位，頭、目、耳、鼻、脣、舌、牙、齒、手、足、皮、肉、心、腎、肝、肺等等身內、身外所有的東西，都全部布施給眾生。

「在堅固妙寶莊嚴雲燈城的東面有一座名叫『摩尼山光明』的門。在此東門之外，有舉行布施大會之處。其地廣闊，清淨平坦，沒有坑坎、荊棘、沙礫，一切都以美妙的珍寶製成，散佈許多珍貴的花朵，熏諸妙香，點燃諸寶燈，一切香雲充滿虛空，無量寶樹次第行列，無量華網、無量香網在其上覆蓋，無量百千億那由他諸音樂器一直發出美妙的聲音。如此一切，都以美妙的珍寶作為莊嚴，這些都是菩薩修習所得清淨之業的果報。

「在這一會中，放置著師子座，以十寶為地，以十寶製成欄杆，以十種寶樹在其會場周圍圍繞，有金剛寶輪在其下承載著這些，以一切寶為龍神像而共同捧持，以種種寶物以為裝飾，幢幡交錯排列，有許多網覆蓋其上，無量寶香常常散出香雲，到處都堆放著種種寶衣，百千種樂器一直演奏著美妙的音樂。又在其上張施寶蓋，一直放射出無量寶燄光明，如同閻浮提中的金一樣熠熠生輝而又清淨；以寶網覆蓋，垂掛瓔珞，摩尼寶帶在其周圍交錯排列，種種寶鈴一直發出美妙的聲音，激勵諸眾生修行善業。這時，那位大王坐在師子座上，容貌端正，人相具足，以光明妙寶為其冠，其那羅延身不可沮壞，一一肢體都很圓滿，其品性與普賢一樣美好，從王種之中出生，對於財及法都獲得自在，辯才無礙，智慧明達，以政令治國，沒有違反其命令的人。

「爾時，閻浮提無量無數百千萬億那由他眾生，種種國土、種種族類、種種形貌、種種衣服、種種言辭、種種欲樂，俱來此會，觀察彼王，咸言：『此王是大智人、是福須彌、是功德月，住菩薩願，行廣大施。』

時，王見彼諸來乞者，生悲愍心，生歡喜心，生尊重心，生善友心，生廣大心，生相續心，生精進心，生不退心，生捨施心，生週徧心。

「善男子！爾時，彼王見諸乞者，心大歡喜經須臾頃；假使忉利天王、夜摩天王、兜率陀天王，盡百千億那由他劫所受快樂，亦不能及。善化天王於無數劫所受快樂，自在天王於無量劫所受快樂，大梵天王於無邊劫所受梵樂，光音天王於難思劫所受天樂，徧淨天王於無盡劫所受天樂，淨居天王不可說劫住寂靜樂，悉不能及。

「善男子！譬如有人仁慈孝友，遭逢世難，父母、妻息、兄弟、姊妹並皆散失，忽於曠野道路之間而相值遇，瞻奉撫對，情無厭足。時，彼大王見來求者，心生歡喜，亦復如是。

「善男子！其王爾時，因善知識，於佛菩提，解欲❶增長，諸根成就，信心清淨，歡喜圓滿。何以故？此菩薩勤修諸行，求一切智，願得利益一切眾生，願獲菩提無量妙樂，捨離一切諸不善心，常樂積集一切善根，常願救護一切眾生，常樂觀察薩婆若道，常樂修行一切智法，滿足一切眾生所願，入一切佛功德大海，破一切魔業惑障山，隨順一切如來教行，行一切智無障礙道，已能深入一切智流，一切法流常現在前，大願無盡，為大丈夫❷，住大人法，積集一切普門善藏，離一切著，不染一切世間境界，知諸法性猶如虛空。

「於來乞者，生一子想❸，生父母想，生福田想，生難得想，生恩益想，生堅固想、師想、佛想。不簡方處，不擇族類，不選形貌，隨有來至，如其所欲，以大慈心，平等無礙，一切普施，皆令滿足：求飲食者，施與飲食；求衣服者，施與衣服；求香華者，施與香華；求鬘蓋者，施與鬘蓋；幢幡、瓔珞、宮殿、園苑、象馬、車乘、床座、被褥、金、銀、摩尼、諸珍寶物、一切庫藏，及諸眷屬、城邑、聚落，皆悉如是普施眾生。

【章　旨】這位一切法音圓滿蓋國王面對前來求取布施的眾生產生十種「心」，也產生了無與倫比的喜悅，並且以種種心、種種喜悅給予眾生種種布施。

【注　釋】❶解欲　知解和欲望。❷丈夫　勇進正道修行不退轉的男子。❸一子想　謂菩薩修慈悲行，視諸眾生猶如一子。若見眾生修習善業，勝進聖道，心則歡喜。若見眾生造作惡業，流轉生死，心則愁惱。此種狀態譬如父母見子安隱，心則歡喜；見子遇患，心則苦惱。

【語　譯】「那時，閻浮提內種種國土、種種族類、種種形貌、穿著種種衣服、操著種種口音、有著種種欲望快樂的無量無數百千萬億那由他眾生，都一起來到這處布施大會，觀察那位一切法音圓滿蓋國王，都說道：『此王是大智人、是如須彌山之福、是功德月，住於菩薩願，實行廣大施。』這時，王看見這些來乞討的眾生，產生悲愍心，產生歡喜心，產生尊重心，產生善友心，產生廣大心，產生相續心，產生精進心，產生不退心，產生捨施心，產生週徧心。

「善男子！這時，這位國王看見這些行乞者，其心中所產生的歡喜就算只有短暫，然而即使那些忉利天王、夜摩天王、兜率陀天王用盡百千億那由他劫所受的快樂也不能企及。善化天王在無數劫所受的快樂，自在天王在無量劫所受的快樂，大梵天王在無邊劫所受的梵樂，光音天王在難思劫所受的天樂，徧淨天王在無盡劫所受的天樂，淨居天王在不可說劫所住的寂靜樂，都不能企及。

「善男子！譬如有人仁慈孝友，遭逢世間的變難，父母、妻子、兄弟、姊妹都同時散失，忽然在曠野道路之間而與自己的親人相遇，相對瞻視，擁抱撫慰，其情沒有滿足的時候。當時，那位大王看見前來求取布施者心中所產生的歡喜，也是如此。

「善男子！這位王那時憑藉善知識，對於佛之菩提的知解和欲望快速增長，諸根已經成就，其信心已經清淨，歡喜圓滿。為什麼這麼說呢？此菩薩勤修諸行，求取一切智，希望得以利益一切眾生，希望獲得菩提無量妙樂，捨棄遠離一切諸不善心，常常樂於積集一切善根，常常希望救護一切眾生，常常樂於觀察一切智之道，常常樂於修行一切智之法，滿足一切眾生的所願，進入一切佛功德大海，破除一切魔業惑障之山，隨順一切如來的教法與實踐，行一切智無障礙之道，已經能夠深入一切智之流，一切法流常常顯現在眼前，大願無盡，為大丈夫，住於大人法，積集一切普門善藏，遠離一切執著，不染一切世間境界，知曉諸法性猶如虛空。

「這位國王對於一切前來行乞的眾生，產生一子想，產生眾生如同父母的想法，產生眾生是福田的想法，產生眾生難得的想法，產生報答眾生恩情給予眾生利益的想法，產生堅固之想、如同對於師長之想、佛想。不選擇方位地方，不選擇族類，不選擇形貌，隨有來至，如其所欲，以大慈心，平等無礙地給予完全布施，都使其得到滿足：求取飲食者，施與飲食；求取衣服者，施與衣服；求取香、花者，施與香、花；求取鬘蓋者，施與鬘蓋；幢幡、瓔珞、宮殿、園苑、象馬、車乘、床座、被褥、金、銀、摩尼、諸珍寶物、一切庫藏，及諸眷屬、城邑、聚落，如此等等，都如此普施眾生。

「時，此會中有長者女，名寶光明，與六十童女俱，端正殊妙，人所喜見，皮膚金色，目髮紺青，身出妙香；口演梵音，上妙寶衣以為莊嚴，常懷慚愧，正念不亂，具足威儀，恭敬師長，常念順行、甚深妙行，所聞之法憶持不忘，宿世善根❶流潤其心，清淨廣大猶如虛空，等安眾生，常見諸佛，求一切智。

「時，寶光明女去王不遠，合掌頂禮，作如是念：『我獲善利！我獲善利！我今得見大善知識。』於彼王所，生大師想❷、善知識想、具慈悲想、能攝受想。其心正直，生大歡喜，脫身瓔珞，持奉彼王，作是願言：『今此大王為無量無邊無明眾生作所依處，願我未來亦復如是。如彼大王所知之法、所載之乘、所修之道、所具色相、所有財產、所攝眾會，無邊無盡，難勝難壞，願我未來悉得如是。隨所生處，皆隨往生❸。』

「爾時，大王知此童女發如是心，而告之言：『童女！隨汝所欲，我皆與汝。我今所有，一切皆捨；令諸眾生，普得滿足。』

【章　旨】此會中的「寶光明」長者女禮拜一切法音圓滿蓋王。

【注　釋】❶宿世善根　「宿」即「久」、「舊」、「古」之意。佛教從三世六道輪迴的教義出發，認為過去世即「前生」、「前世」之善根能夠對於現世的生存狀態產生影響。❷大師想　將其當作大師看待的想法。大師，阿羅漢初果以上，乃至諸佛、菩薩，堪為眾生之師範，故稱「大師」。❸往生　是指命終之時生於他方世界，通常又以「往生」為「死」之代用詞。此詞，佛教中通常指受生三界六道及諸佛淨土。

【語　譯】「當時，在此會中有一位名為『寶光明』的長者之女，與六十位童女一起來到這裡。此位童女端正美妙，為人所喜見，皮膚金色，目髮赤青色，身上發出美妙的香氣；口演梵音，身上穿著美妙的寶衣作為裝飾，心中經常懷有慚愧之心，正念不亂，具足威儀，恭敬師長，常常以順行、甚深妙行為念，對於所聞之法能夠憶持不忘，其宿世善根流潤其心，使其心清淨廣大猶如虛空，能夠安慰一切眾生，常常觀見諸佛，求取一切智。

「當時，這位『寶光明』女距離一切法音圓滿蓋國王不遠，便合掌頂禮，這樣想道：『我獲善利！我獲善利！我現在得以見到大善知識。』這位童女在那位國王的布施之所，產生了這位國王是大師的想法、國王是善知識的想法、國王具足慈悲的想法、國王能夠攝受眾生的想法。這位童女之心變得正直，產生大歡喜，她脫下身上的瓔珞，將其持奉給國王，這樣敘說自己的希望：『今此大王為無量無邊的無明眾生作所歸依之處，希望我未來也能夠如此。如同這位大王所知之法、所用來運載眾生的車乘、所修習之道、所具有的容貌、所具有的財產、所攝取的眾會，無邊無盡，難於勝過，也難於毀壞，希望我未來也能夠如此。跟隨眾生的受生之處，都去往生而救度他們。』

「這時，大王知曉這位童女發如此心，就對其說：『童女！隨你所欲，我都給予你。我現今所有的一切都可以捨棄，使現在的眾生，都能夠得到滿足。』

「時，寶光明女，信心清淨，生大歡喜，即以偈頌而讚王言：『往昔此城邑，大王未出時，一切不可樂，猶如餓鬼處。眾生相殺害，竊盜縱淫佚，兩舌不實語，無義粗惡言，貪愛他財物，瞋恚懷毒心，邪見不善行，命終墮惡道。以是等眾生，愚癡所覆蔽，住於顛倒見，天旱不降澤。以無時雨故，百穀悉不生，草木皆枯槁，泉流亦乾竭。大王未興世，津池悉枯涸，園苑多骸骨，望之如曠野。大王昇寶位，廣濟諸群生，油雲❶被八方，普雨皆充洽。大王臨庶品，普斷諸暴虐，刑獄皆止措，惸獨悉安隱。

『往昔諸眾生，各各相殘害，飲血而噉肉，今悉起慈心。往昔諸眾生，貧窮少衣服，以草自遮蔽，饑羸如餓鬼。大王既興世，粳米自然生，樹中出妙衣，男女皆嚴飾。昔日競微利，非法相陵奪；今時並豐足，如遊帝釋園。昔時人作惡，非分生貪染，他妻及童女，種種相侵逼。今見他婦人，端正妙嚴飾，而心無染著，猶如知足天。昔日諸眾生，妄言不真實，非法無利益，諂曲取人意。今日群生類，悉離諸惡言，其心既柔軟，發語亦調順。昔日諸眾生，種種行邪法，合掌恭敬禮，牛羊犬豚類。今聞王正法，悟解除邪見，了知苦樂報，悉從因緣起。

『大王演妙音，聞者皆欣樂；梵釋音聲等，一切無能及。大王眾寶蓋，迥處虛空中，擎以琉璃杆，覆以摩尼網。金鈴自然出，如來和雅音，宣揚微妙法，除滅眾生惑。次復廣演說，十方諸佛剎，一切諸劫中，如來並眷屬。又復次第說，過去十方剎，及彼國土中，一切諸如來。又出微妙音，普徧閻浮界，廣說人、天等，種種業差別。眾生聽聞已，自知諸業藏，離惡勤修行，迴向佛菩提。

『王父淨光明，王母蓮華光，五濁出現時，處位治天下。時有廣大園，園有五百池，一一千樹繞，各各華彌覆。於其池岸上，建立千柱堂，欄楯等莊嚴，一切無不備。末世惡法起，積年不降雨，池流悉乾竭，草樹皆枯槁。王生七日前，先現靈瑞相；見者咸心念：救世今當出。爾時於中夜，大地六種動；有一寶華池，光明猶日現。五百諸池內，功德水充滿，枯樹悉生枝，華葉皆榮茂。池水既盈滿，流演一切處，普及閻浮地，靡不皆沾洽。藥草及諸樹，百穀苗稼等，枝葉華果實，一切皆繁盛。溝坑及塠阜，種種高下處，如是一切地，莫不皆平坦。荊棘沙礫等，所有諸雜穢，皆於一念中，變成眾寶玉。眾生見是已，歡喜而讚嘆，咸言得善利，如渴飲美水。時彼光明王，眷屬無量眾，僉然備法駕，遊觀諸園苑。五百諸池內，有池名慶喜，池上有法堂❷，父王於此住。先王語夫人：「我念七夜前，中宵地震動，此中有光現。」時彼華池內，千葉蓮華出，光如千日照，上徹須彌頂。金剛以為莖，閻浮金為臺，眾寶為華葉，妙香作鬚蕊。王生彼華上，端身結跏坐，相好以莊嚴，天神所恭敬。先王大歡喜，入池自撫鞠，持以授夫人：「汝子應欣慶。」

『寶藏皆湧出，寶樹生妙衣，天樂奏美聲，充滿虛空中。一切諸眾生，皆生大歡喜，合掌稱希有：「善哉救護世！」王時放身光，普照於一切，能令四天下，闇盡病除滅。夜叉毗舍闍，毒蟲諸惡獸，所欲害人者，一切自藏匿。惡名失善利，橫事病所持，如是眾苦滅，一切皆歡喜。凡是眾生類，相視如父母，離惡起慈心，專求一切智。關閉諸惡趣，開示人天路，宣揚薩婆若，度脫諸群生。我等見大王，普獲於善利，無歸無導者，一切悉安樂。』

「爾時，寶光明童女，以偈讚嘆一切法音圓滿蓋王已，繞無量匝，合掌頂禮，曲躬恭敬，卻住一面。

【章　旨】此會中的寶光明長者女以偈頌的形式讚頌一切法音圓滿蓋王的功德，並且在偈頌中敘述了此位國王的本生故事。

【注　釋】❶油雲　可降至世間，可以供眾生食用的油脂之雲彩。油，是指從苣藤、蔓菁及木蜜等如法澄濾出的五種脂。苣藤，即「胡麻」。蔓菁，即「蕪菁」。其根莖葉，可為菜食，籽可壓油。❷法堂　演說大法的廳堂。

【語　譯】「這時，寶光明女的信仰之心清淨，產生大歡喜，隨即以偈頌而稱讚國王說：『過去當大王未出現之時，這座城市的一切都使人不可樂觀，猶如餓鬼道。眾生互相殺害，竊盜放縱淫佚，挑撥是非而撒謊成風，經常說些無意義和粗暴的惡言惡語，貪愛他人的財物，以瞋恚待人而心中常懷有歹毒之心，執持邪見而實踐不善之行，命終之後墮入惡道。以上這類眾生，被愚癡所遮蔽，住於顛倒之見，天大旱而不降雨。因為缺乏及時雨的緣故，百穀全都不生長，草木也都枯槁了，泉流也都枯竭了。大王未興世之前，池塘都乾涸了，園林中堆積著眾多的骸骨，遠望就如同曠野。大王昇上國王之寶位後，廣泛地救濟眾生，油雲澤披八方，處處降雨都很充沛。大王臨駕治理眾生之事，完全斷絕了世間的暴行虐待，對於刑訟之事也都處理得很恰當，使孤獨者都得到安穩。

「『過去那些眾生，各各互相殘害，飲血而噉肉，現今都生起慈心。過去那些眾生，貧窮而缺少衣服，以草遮蔽自己的身體，饑餓瘦弱如同餓鬼。大王興世之後，粳米自自然然而得以產生，樹中生長出美妙的衣服，男女都以之作為裝飾。過去競相為了微利，非法而互相陵奪；今日眾生一同豐收充足，如同在帝釋園遊賞。過去人作惡多端，非分地產生貪染，對於別人的妻子以及童女，以種種手段相侵逼。現今看見他人的妻子，即便是端正而裝飾美麗，但心中卻無有染著，就猶如兜率天王。過去的那些眾生，妄言不真實，幹些非法之事而得不到如何修行的利益，以諂曲之心投合別人的心意。現今的這些眾生，都遠離諸惡言，其心都變得柔軟，說話也都溫柔。過去的那些眾生，對於那些實行種種邪法的人卻合掌恭敬地禮拜，其做法就如同牛羊狗豬之類。現今這些眾生聽聞王的正法，悟解而除去了邪見，了知了苦樂之報，都是從因緣生起的。

『大王演說的美妙聲音，使聽到的人都感到欣慰快樂；這種聲音是梵天、帝釋的聲音所不能相比的。大王所有的由許多珍寶構成的寶蓋，高高地處在虛空之中，是以琉璃為杆的，再以摩尼網覆蓋其上。此網上的金鈴自然發出聲音，如來以雅音相和，宣揚微妙之法，除滅眾生之惑。又廣泛地演說十方諸佛土以及一切諸劫中的如來及其眷屬的美妙、高超。又接著演說過去十方土以及那些國土中的一切如來的所具的境界。又發出微妙音，在閻浮界到處傳播，廣說人、天等所具的種種不同的業。眾生聽說這些之後，知曉自己的諸業之藏，遠離諸惡而勤奮修行，迴向佛之菩提。

『此位國王的父親名叫「淨光明」，國王的母親叫「蓮華光」。在五濁出現之時，是這位「淨光明」王在治理天下。當時有一處廣大的園林，園林中有五百個池塘，每一個池塘都有一千棵樹環繞，各各有花在其上盛開。在這些池塘的岸上，建立了一座千柱堂，欄杆等裝飾，一切無不具備。當末世惡法生起之時，積年不降雨，池塘河流都全部乾竭了，草木都枯槁了。當一切法音圓滿蓋王出生七日之前，先顯現出靈瑞之相；見者都心中想到救世之主應該出現了。當時在中夜，大地出現六種震動；有一寶花池，放射出光明猶如太陽出來一樣。五百諸池之內，功德水都充滿池塘，枯樹也都生出新枝，其花、葉茂盛。池水都充滿，流到一切地方，並且到達閻浮地，無不非常洽當。藥草及諸樹，百穀苗稼等，枝葉花果實，一切都很繁盛。溝坑及高地，種種高處和低窪之處，如此一切地，無不都很平坦。荊棘沙礫等，所有諸雜穢之處，都在一念中，變成眾寶之玉。眾生看見這些之後，歡喜而讚嘆，都說獲得了善利，如同口渴之時得以飲用美水。這時的那位光明王以及無數的眷屬，整齊地準備好車馬，遊觀諸園林。五百諸池之內，有一處名為「慶喜」的池塘，池塘上建有法堂，父王在此居住。此位老國王對自己的妻子說：「我想起在七日之前的夜間，中夜大地震動，此中有光出現。」這時那花池之內，千葉蓮花生出，光如千日照耀，上徹須彌山頂。金剛以為莖，閻浮金為蓮臺，眾多珍寶以為花葉，以妙香作為鬚蕊。有王從這朵蓮花之上生出，端身而結跏趺坐，有相、好作為莊嚴，天神都恭敬地對待他。先王產生大歡喜，進入池中將其親自抱持出來，持以授給妻子說：「這是你的兒子，你應該感到榮幸。」

「『此時，寶藏都從地下湧出，寶樹上都產生妙衣，天樂演奏出美聲，充滿虛空之中。一切諸眾生，都產生大歡喜，合掌稱讚希有：「好啊，世間的救護者！」一切法音圓滿蓋國王這時放出身光，普照於一切，能使四天下的黑暗全部除掉，疾病也都除滅了。夜叉、羅剎鬼，毒蟲猛獸，這所有想害人的都自己藏匿起來。惡名以及失去善的利益，遭逢橫禍以及被疾病所控制，如此種種苦都得以除滅，一切眾生都得到歡喜。凡是眾生之類，都以對待父母之禮對待對方，遠離諸惡而生起慈心，專門求取一切智。關閉諸惡趣，開示受生人、天之路，宣揚一切智，度脫諸眾生。我等見到大王普徧都獲得了善利，沒有歸宿以及沒有導師的眾生，都得到安定快樂。』

「這時，寶光明童女，以偈讚嘆一切法音圓滿蓋王之後，在其周圍繞行無量圈，合掌頂禮國王。然後曲躬恭敬，在國王的面前站住。

「時，彼大王告童女言：『善哉！童女！汝能信知他人功德，是為希有。童女！一切眾生，不能信知他人功德。童女！一切眾生，不知報恩，無有智慧，其心濁亂，性不明瞭，本無志力，又退修行；如是之人，不信不知菩薩如來所有功德神通智慧。童女！汝今決定求趣菩提，能知菩薩如是功德。汝今生此閻浮提中，發勇猛心，普攝眾生，功不唐捐，亦當成就如是功德。』王讚女已，以無價寶衣，手自授與寶光童女並其眷屬，一一告言：『汝著此衣。』時，諸童女雙膝著地，兩手承捧，置於頂上，然後而著；既著衣已，右繞於王，諸寶衣中普出一切星宿光明。眾人見之，咸作是言：『此諸女等，皆悉端正，如淨夜天❶星宿莊嚴。』

「善男子！爾時一切法音圓滿蓋王者，豈異人乎？今毗盧遮那如來、應、正等覺是也。光明王者，淨飯王❷是。蓮華光夫人者，摩耶夫人❸是。寶光童女者，即我身是。其王爾時以四攝法所攝眾生，即此會中一切菩薩是，皆於阿耨多羅三藐三菩提得不退轉，或住初地乃至十地，具種種大願，集種種助道，修種種妙行，備種種莊嚴，得種種神通，住種種解脫，於此會中處於種種妙法宮殿。」

爾時，開敷一切樹華主夜神，為善財童子，欲重宣此解脫義而說頌言：「我有廣大眼，普見於十方，一切剎海中，五趣輪迴❹者。亦見彼諸佛，菩提樹下坐，神通徧十方，說法度眾生。我有清淨耳，普聞一切聲，亦聞佛說法，歡喜而信受。我有他心智，無二無所礙，能於一念中，悉了諸心海。我得宿命智❺，能知一切劫，自身及他人，分別悉明瞭。我於一念知，剎海微塵劫，諸佛及菩薩，五道眾生類。憶知彼諸佛，始發菩提願，乃至修諸行，一一悉圓滿。亦知彼諸佛，成就菩提道，以種種方便，為眾轉法輪。亦知彼諸佛，所有諸乘海，正法住久近，眾生度多少。我於無量劫，修習此法門；我今為汝說，佛子汝應學。

【章　旨】一切法音圓滿蓋大王稱讚寶光明童女能夠深信他人功德，並且以寶衣攝持寶光明童女及其眷屬。開敷一切樹華夜神告訴善財童子，當時的一切法音圓滿蓋大王就是現今的毗盧遮那佛，而光明王就是淨飯王，蓮華光夫人就是摩耶夫人，寶光明童女就是自己的前身。

【注釋】❶淨夜天　指明淨的夜晚的天空。❷淨飯王　即釋迦牟尼佛的父親。❸摩耶夫人　即釋迦牟尼佛的母親。❹五趣輪迴　有情眾生在五道之中依照自己的業力而往來受生。「五趣」是指地獄道、餓鬼道、畜生道、人道、天道。言「五趣」是將「六道」之中的「阿修羅道」歸結於「天道」或者歸結於「天道」與「鬼道」之中。❺宿命智　即能夠知曉眾生過去、現在、未來三世的果報的智慧。

【語譯】「這時，那位一切法音圓滿蓋大王告訴寶光明童女說：『好啊！童女！你能夠信知他人的功德，這確實是非常希有的。童女！這裡的所有眾生都不能信知他人的功德。童女！一切眾生，都不知曉報恩，無有智慧，其心濁亂，其性不明瞭，本來就無意志力，其修行也都退轉；如此之人，不相信也不知曉菩薩、如來的所有功德神通智慧。童女！你現今決定求取菩提，能夠知曉菩薩如此功德。你現今生在此閻浮提中，發勇猛心，普攝眾生，功不白白浪費，也應當成就如此功德。』這位大王稱讚童女之後，以無價的寶衣，親手授與寶光童女及其眷屬，並且一一告訴她們：『你穿上這件衣服。』這時，諸位童女雙膝著地，兩手承捧，置於頂上，然後就穿在身上；穿上這件衣服之後，在大王的周圍右繞，在諸寶衣中都發出如同一切星宿所具有的光明。眾人看見後，都這樣說：『此諸女等，都很端正，如淨夜天的星宿般莊嚴。』

「善男子！那時的一切法音圓滿蓋王難道是別人嗎？就是現今的毗盧遮那佛啊。光明王，就是淨飯王啊。蓮華光夫人就是摩耶夫人。寶光童女就是我的前身啊。這位國王那時以四攝法所攝的眾生，也就是此會中的一切菩薩，他們都於阿耨多羅三藐三菩提獲得不退轉，或者住於初地乃至十地，具備種種大願，積集種種助道，修行種種妙行，具備種種莊嚴，獲得種種神通，住於種種解脫，在此會中住於種種妙法宮殿。」

這時，開敷一切樹華主夜神為善財童子想再次講解這一解脫法門的涵義，就說出如下偈頌：

「我有廣大眼，普見於十方，一切剎海中，五趣輪迴者。亦見彼諸佛，菩提樹下坐，神通徧十方，說法度眾生。我有清淨耳，普聞一切聲，亦聞佛說法，歡喜而信受。我有他心智，無二無所礙，能於一念中，悉了諸心海。我得宿命智，能知一切劫，自身及他人，分別悉明瞭。我於一念知，剎海微塵劫，諸佛及菩薩，五道眾生類。憶知彼諸佛，始發菩提願，乃至修諸行，一一悉圓滿。亦知彼諸佛，成就菩提道，以種種方便，為眾轉法輪。亦知彼諸佛，所有諸乘海，正法住久近，眾生度多少。我於無量劫，修習此法門；我今為汝說，佛子汝應學。

「善男子！我唯知此菩薩出生廣大喜光明解脫門。如諸菩薩摩訶薩，親近供養一切諸佛，入一切智大願海，滿一切佛諸願海；得勇猛智，於一菩薩地，普入一切菩薩地海；得清淨願，於一菩薩行，普入一切菩薩行海；得自在力，於一菩薩解脫門，普入一切菩薩解脫門海。而我云何能知能說彼功德行？

「善男子！此道場中，有一夜神，名大願精進力救護一切眾生。汝詣彼問：菩薩云何教化眾生，令趣阿耨多羅三藐三菩提？云何嚴淨一切佛剎？云何承事一切如來？云何修行一切佛法？」

時，善財童子頂禮其足，繞無數匝，殷勤瞻仰，辭退而去。

【章　旨】開敷一切樹華夜神又向善財童子推薦此道場中的「大願精進力救護一切眾生」夜神，囑咐善財童子前去拜訪請教。善財童子告別開敷一切樹華夜神，繼續前行求法。

【語　譯】「善男子！我只是知曉這一菩薩出生廣大喜光明解脫門。如同諸位菩薩一樣，親近供養一切諸佛，進入一切智大願之海，滿足一切佛諸願之海；獲得勇猛智，以一菩薩地，完全進入一切菩薩地之海；獲得清淨願，以一菩薩行，完全進入一切菩薩行之海；獲得自在力，以一菩薩解脫門，完全進入一切菩薩解脫門海。而我為什麼能夠知曉、能夠宣說這一功德行呢？

「善男子！在此道場中，有一位名為『大願精進力救護一切眾生』的夜神。你可前往他那裡去向他請教：菩薩如何教化眾生，使其趣入阿耨多羅三藐三菩提？如何嚴淨一切佛土？如何承事一切如來？如何修行一切佛法？」

這時，善財童子頂禮夜神的雙足，在其周圍繞行無數圈，殷勤瞻仰夜神。然後，善財童子辭別開敷一切樹華夜神，繼續求法。

# 華嚴經　入法界品之十四

【題　解】本卷為〈入法界品〉「末會」中的第四十會，即善財童子「五十三參」中的第三十九參「大願精進力救護一切眾生夜神會」的內容。

善財童子遵從開敷一切樹華夜神的囑咐，前去拜訪「大願精進力救護一切眾生」夜神，向其請教修行菩薩行的方法、途徑。善財童子看到大願精進力救護一切眾生夜神之身油然而生十種心。善財童子因發十心而得以與夜神、無數位菩薩同「行」。下文所言八十四種「同」就是其具體化。善財童子以偈頌讚揚大願精進力救護一切眾生夜神，並且向其請教修得此法門的機緣以及時間久暫。善財童子所說十偈分三部分，前八偈各自與上述十種心對應，第九偈則言自己已經證得這一功德法門，第十偈則言荷恩深重。大願精進力救護一切眾生夜神告訴善財童子自己所獲得的是「菩薩教化眾生令生善根解脫門」，並且為其講說憑藉此法門所顯現出來的九十八種色身。

善財童子向大願精進力救護一切眾生夜神請問發菩提心、修菩薩行的機緣。這位夜神首先從正說、喻說兩方面為善財童子解說菩薩智慧之輪的境界。大願精進力救護一切眾生夜神給善財童子開始宣說自己證得菩提心的機緣。在往古世，過世界海微塵數劫的「善光劫」中，有一處名為「寶光」的世界，其出世的第一位佛號為「法輪音虛空燈王」。在那閻浮提有一處王都名叫「寶莊嚴」，在其東不遠的「妙光」大森林中有一處名為「寶華」的道場。此國的國王名為「勝光」，其太子名為「善伏」。此位太子願意以自身換取對於罪人的寬恕。善伏太子到王都城北的「日光」園林做布施。在半月的最後一日，法輪音虛空燈王如來與其眷屬一起前往日光園林為善伏太子及其會眾宣說《普照因輪經》，善伏太子因此而獲得菩薩教化眾生令生善根解脫法門。大願精進力救護一切眾生夜神告訴善財童子說，那位善伏太子就是自己的前身。善伏太子命終之後，又轉生於國王家中繼續做轉輪王，承事供養每一位出世的諸佛。大願精進力救護一切眾生夜神又告訴善財童子，自己在此後的「日光劫」之中同樣侍奉供養其中出世的六十億位如來。

大願精進力救護一切眾生夜神最後以偈頌形式總結自己所講，並且又向善財童子推薦此道場中的「嵐毗尼」園林中的「妙德圓滿」神，囑咐善財童子前去拜訪請教。善財童子告別大願精進力救護一切眾生夜神，繼續前行求法。大願精進力救護一切眾生夜神給善財童子宣講的菩薩教化眾生令生善根解脫法門，是進入「十地」之第八地——「不動地」的方法。菩薩至此「不動」位，無分別智已經相續任運，不被相、用、煩惱等所動，因此名為不動地。

## 善財童子第三十九參：大願精進力救護一切眾生夜神會

爾時，善財童子往大願精進力救護一切眾生夜神所，見彼夜神在大眾中，坐普現一切宮殿摩尼王藏師子之座，普現法界國土摩尼寶網彌覆其上，現日、月、星宿影像身，現隨眾生心普令得見身，現等一切眾生形相身，現無邊廣大色相海身，現普現一切威儀身，現普於十方示現身，現普調一切眾生身，現廣運速疾神通身，現利益眾生不絕身，現常遊虛空利益身❶；現一切佛所頂禮身，現修習一切善根身，現受持佛法不忘身，現成滿菩薩大願身，現光明充滿十方身，現法燈普滅世暗身❷；現了法如幻淨智身，現遠離塵暗法性身，現普智照法明瞭身，現究竟無患無熱身，現不可沮壞堅固身，現無所住佛力身，現無分別離染身，現本清淨法性身❸。

時，善財童子見如是等佛剎微塵數差別身，一一心頂禮，舉體投地，良久乃起，合掌瞻仰，於善知識生十種心。何等為十？所謂：於善知識生同己心，令我精勤辦一切智助道法故；於善知識生清淨自業果心，親近供養生善根故；於善知識生莊嚴菩薩行心，令我速能莊嚴一切菩薩行故；於善知識生成就一切佛法心，誘誨於我令修道故；於善知識生能生心，能生於我無上法故；於善知識生出離心，令我修行普賢菩薩所有行願而出離故；於善知識生具一切福智海心，令我積集諸白法故；於善知識生增長心，令我增長一切智故；於善知識生具一切善根心，令我志願得圓滿故；於善知識生能成辦大利益心，令我自在安住一切菩薩法故，成一切智道故，得一切佛法故。是為十。

【章　旨】這是善財童子「五十三參」的第三十九次參訪，也是〈入法界品〉「末會」中善財五十五會中的第四十會。善財童子遵從開敷一切樹華夜神的囑咐，前去拜訪「大願精進力救護一切眾生」夜神，向其請教修行菩薩行的方法、途徑。善財童子看到大願精進力救護一切眾生夜神之身油然而生十種心。

【注　釋】❶現日月星宿影像身十句　此十身為大願精進力救護一切眾生夜神所顯現的應機攝化眾生之身。❷現一切佛所頂禮身六句　此六身是大願精進力救護一切眾生夜神所顯現的應法成行身，即依照所修之法顯現出的相應的實踐之身。❸現了法如幻淨智身八句　此八身是大願精進力救護一切眾生夜神所顯現的離障契理身，即以「法性」、「真如」為本體之身。

【語　譯】當時，善財童子前往「大願精進力救護一切眾生」夜神的住所，看見這位夜神在大眾的圍繞中，坐於「普現一切宮殿摩尼王藏師子」之座上，「普現法界國土摩尼寶網」完全覆蓋其上，顯現出日、月、星宿的影像身，顯現出針對眾生之心使其完全得以看見之身，顯現出與一切眾生相同的形相身，顯現出無邊廣大的色相海之身，顯現出普現一切威儀之身，顯現出普於十方示現之身，顯現出完全調伏一切眾生之身，顯現出廣運速疾神通之身，顯現出利益眾生永遠不絕之身，顯現出常遊於虛空使眾生得到利益之身，顯現出在一切佛所頂禮之身，顯現出修習一切善根之身，顯現出受持佛法不忘之身，顯現出成滿菩薩大願之身，顯現出光明充滿十方之身，顯現出以法燈完全除滅世間黑暗之身，顯現出了法如幻清淨智慧之身，顯現出遠離塵暗法性身，顯現出普智照法使其明瞭之身，顯現出究竟無患無熱之身，顯現出不可沮壞堅固之身，顯現出無所住佛力之身，顯現出無分別離染之身，顯現出本來清淨法性身。

這時，善財童子看見如此與佛土微塵數相同的差別身，一心頂禮，舉體投地，良久乃起，合掌瞻仰夜神，在這位善知識面前產生十種心。這十種心是什麼呢？所謂：與善知識產生同己之心，因為我精勤實踐一切智的助道法的緣故；在善知識所在之處產生清淨自業果之心，因為我親近供養善知識而產生善根的緣故；在善知識所在之處產生莊嚴菩薩行之心，因為使我能夠迅速莊嚴一切菩薩行的緣故；在善知識所在之處產生成就一切佛法之心，因為善知識諄諄善誘使我修道的緣故；在善知識所在之處產生能生之心，因為能夠使我生起無上法的緣故；在善知識所在之處產生出離世間之心，因為善知識使我修行普賢菩薩所有行願而能夠出離世間的緣故；在善知識所在之處產生具備一切福智海之心，因為善知識使我積集諸善法的緣故；在善知識所在之處產生增長之心，因為善知識使我增長一切智的緣故；於善知識生具一切善根心，令我志願得圓滿的緣故；於善知識生能成辦大利益心，使我自在安住於一切菩薩法，成就一切智道，獲得一切佛法的緣故。這就是十種心。

發是心已，得彼夜神與諸菩薩佛剎微塵數同行。所謂：

同念，心常憶念十方三世一切佛故；同慧，分別決了一切法海差別門故；同趣，能轉一切諸佛如來妙法輪故；同覺，以等空智❶普入一切三世間故；同根，成就菩薩清淨光明智慧根故；同心，善能修習無礙功德，莊嚴一切菩薩道故；同境，普照諸佛所行境故；同證，得一切智照實相海❷淨光明故；同義，能以智慧了一切法真實性故；同勇猛，能壞一切障礙山故；同色身，隨眾生心示現身故；同力，求一切智不退轉故；同無畏，其心清淨如虛空故；同精進，於無量劫行菩薩行無懈倦故；同辯才，得法無礙智光明故；同無等❸，身相清淨超世間故。

同愛語，令一切眾生皆歡喜故；同妙音，普演一切法門海故；同滿音，一切眾生隨類解故；同淨德❹，修習如來淨功德故；同智地，一切佛所受法輪故；同梵行，安住一切佛境界故；同大慈，念念普覆一切國土眾生海故；同大悲，普雨法雨潤澤一切諸眾生故；同身業，以方便行教化一切諸眾生故；同語業，以隨類音演說一切諸法門故；同意業，普攝眾生置一切智境界中故；同莊嚴，嚴淨一切諸佛剎故；同親近，有佛出世皆親近故；同勸請，請一切佛轉法輪故；同供養，常樂供養一切佛故；同教化，調伏一切諸眾生故；同光明，照了一切諸法門故；同三昧，普知一切眾生心故；同充徧，以自在力充滿一切諸佛剎海修諸行故；同住處，住諸菩薩大神通故；同眷屬，一切菩薩共止住故；同入處，普入世界微細處故；同心慮，普知一切諸佛剎故；同往詣，普入一切佛剎海故；同方便，悉現一切諸佛剎故；同超勝，於諸佛剎皆無比故；同不退，普入十方無障礙故。

同破闇，得一切佛成菩提智大光明故；同無生忍，入一切佛眾會海故；同徧一切諸佛剎網，恭敬供養不可說剎諸如來故；同智證，了知彼彼法門海故；同修行，順行一切諸法門故；同希求，於清淨法深樂欲故；同清淨，集佛功德而以莊嚴身、口、意故；同妙意，於一切法智明瞭故；同精進，普集一切諸善根故；同淨行，成滿一切菩薩行故；同無礙，了一切法皆無相故；同善巧，於諸法中智自在故；同隨樂，隨眾生心現境界故；同方便，善習一切所應習故；同護念，得一切佛所護念故；同入地，得入一切菩薩地故；同所住，安住一切菩薩位故；同記別，一切諸佛授其記故；同三昧，一剎那中普入一切三昧門故；同建立，示現種種諸佛事故；同正念，正念一切境界門故；同修行，盡未來劫修行一切菩薩行故；同淨信，於諸如來無量智慧極欣樂故；同捨離，滅除一切諸障礙故；同不退智，與諸如來智慧等故；同受生，應現成熟諸眾生故。

同所住，住一切智方便門故；同境界，於法界境得自在故；同無依，永斷一切所依心故；同說法，已入諸法平等智故；同勤修，常蒙諸佛所護念故；同神通，開悟眾生令修一切菩薩行故；同神力，能入十方世界海故；同陀羅尼，普照一切總持海故；同秘密法❺，了知一切修多羅中妙法門故；同甚深法，解一切法如虛空故；同光明，普照一切諸世界故；同欣樂，隨眾生心而為開示令歡喜故；同震動，為諸眾生現神通力普動十方一切剎故；同不虛，見聞憶念皆悉令其心調伏故；同出離，滿足一切諸大願海，成就如來十力智故。

【章　旨】善財童子因發十心而得以與夜神、無數位菩薩同「行」。所謂「同」有四層涵義：「一，人、法無二，與一切法界同。二，因、果無二，與一切諸佛同。三，自、他無二，與一切菩薩同。四，染、淨無二，與一切眾生同。」因為在第八地證得無生之理，「自、他、相、作皆無礙故。」（參見澄觀《華嚴經疏》卷五十八，《大正藏》卷三十五，頁九四七中）下文所言八十四種「同」就是其具體化。

【注　釋】❶等空智　指與佛、菩薩所具有的「空智」相同之智慧。空智，指證得不思議空理之佛智，分為「生空智」、「法空智」。前者為觀察一切眾生都無實在的我體的智慧，後者為觀一切法都是緣起性空的智慧。❷實相

海　指一切法的真實相狀如同大海。❸無等　為佛之尊稱。諸佛如來之智慧，於一切法中無可譬類，亦無法超過，稱為「無等」。又指眾生、聲聞、菩薩等無法與諸佛齊等，故稱為「無等」。❹淨德　指大乘涅槃境界所具有的「四德」之「淨德」。因為涅槃之體，解脫一切垢染，非常清淨，所以名為「淨德」。❺秘密法　即秘密之法藏。此法藏甚深甚密奧，唯佛與佛乃能知之，不是一般人所能了知的法門；又因為如來善於護念深法，如果沒有遇到具有適當根機的眾生，則密而不說，因此稱為「秘密藏」。

【語　譯】善財童子發上述十種心之後，得以與那些夜神及諸菩薩佛土微塵數同行。所謂：

同念，因為心中常常憶念十方三世一切佛的緣故；同慧，因為分別決了一切法海差別門的緣故；同趣，因為能轉一切諸佛如來妙法輪的緣故；同覺，因為以等空智完全進入一切三世間的緣故；同根，因為成就菩薩清淨光明智慧根的緣故；同心，因為善於且能夠修習無礙功德，莊嚴一切菩薩道的緣故；同境，因為普照諸佛所行之境界的緣故；同證，因為獲得一切智照耀實相之海的清淨光明的緣故；同義，因為能夠以智慧了悟一切法的真實性的緣故；同勇猛，因為能毀壞一切障礙之山的緣故；同色身，因為隨眾生之心而示現身的緣故；同力，因為求一切智而不退轉的緣故；同無畏，因為其心清淨如同虛空的緣故；同精進，因為在無量劫行菩薩行無有懈倦的緣故；同辯才，因為獲得法無礙智光明的緣故；同佛，因為身相清淨超出世間的緣故。

同愛語，因為使一切眾生都產生歡喜心的緣故；同妙音，因為普演一切法門之海的緣故；同圓滿的聲音，因為一切眾生隨類而理解的緣故；同淨德，因為修習如來清淨功德的緣故；同智地，因為一切佛所受法輪的緣故；同梵行，因為安住於一切佛的境界的緣故；同大慈，因為念念完全覆蓋一切國土眾生之海的緣故；同大悲，因為普降法雨潤澤一切諸眾生的緣故；同身業，因為以方便行教化一切諸眾生的緣故；同語業，因為以隨類音演說一切諸法門的緣故；同意業，因為普攝眾生將其置於一切智境界中的緣故；同莊嚴，因為嚴淨一切諸佛土的緣故；同親近，因為有佛出世都去親近的緣故；同勸請，因為請一切佛轉法輪的緣故；同供養，因為常常樂於供養一切佛的緣故；同教化，因為調伏一切諸眾生的緣故；同光明，因為照了一切諸法門的緣故；同三昧，因為完全知曉一切眾生心的緣故；同充徧，因為以自在力充滿一切諸佛土海修諸行的緣故；同住處，因為住於諸菩薩大神通的緣故；同眷屬，因為一切菩薩共止住的緣故；同入處，因為完全進入世界微細處的緣故；同心慮，因為完全知曉一切諸佛土的緣故；同往詣，因為完全進入一切佛土海的緣故；同方便，因為全部顯現一切諸佛土的緣故；同超勝，因為在諸佛土都無與倫比的緣故；同不退，因為完全進入十方無障礙的緣故。

同破闇，因為獲得一切佛成菩提智大光明的緣故；同無生忍，因為進入一切佛眾會之海的緣故；同徧一切諸佛土網，因為恭敬供養不可說國土諸如來的緣故；同智證，因為了知這些那些法門之海的緣故；同修行，因為順行一切諸法門的緣故；同希求，因為對於清淨法深深地樂欲的緣故；同清淨，因為集佛功德而以之莊嚴身、口、意的緣故；同妙意，因為對於一切法之智都明瞭的緣故；同精進，因為完全積集一切諸善根的緣故；同淨行，因為成滿一切菩薩行的緣故；同無礙，因為了悟一切法皆無相的緣故；同善巧，因為於諸法中獲得智自在的緣故；同隨樂，因為隨眾生心顯現境界的緣故；同方便，因為善習一切所應修習的緣故；同護念，因為獲得一切佛所護念的緣故；同入地，因為得以進入一切菩薩地的緣故；同所住，因為安住於一切菩薩位的緣故；同記別，因為一切諸佛授其記的緣故；同三昧，因為一剎那中普入一切三昧門的緣故；同建立，因為示現種種諸佛事的緣故；同正念，因為正念一切境界門的緣故；同修行，因為盡未來劫修行一切菩薩行的緣故；同淨信，因為於諸如來無量智慧極欣樂的緣故；同捨棄遠離，因為滅除了一切諸障礙的緣故；同不退智，因為與諸如來智慧相等的緣故；同受生，因為應現成熟諸眾生的緣故。

同所住，因為住於一切智方便門的緣故；同境界，因為於法界境獲得自在的緣故；同無依，因為永斷一切所依之心的緣故；同說法，因為已進入諸法平等智的緣故；同勤修，因為常蒙諸佛所護念的緣故；同神通，因為開悟眾生使其修習一切菩薩行的緣故；同神力，因為能進入十方世界海的緣故；同陀羅尼，因為完全照耀一切總持海的緣故；同秘密法，因為了知一切修多羅中微妙法門的緣故；同甚深法，因為理解一切法如同虛空的緣故；同光明，因為完全照耀一切諸世界的緣故；同欣樂，因為隨眾生心而開示使眾生歡喜的緣故；同震動，因為為諸眾生顯現出神通力普動十方一切國土的緣故；同不虛，因為見聞憶念都使眾生心得到調伏的緣故；同出離，因為滿足一切諸大願海，成就如來十力智的緣故。

時，善財童子觀察大願精進力救護一切眾生夜神，起十種清淨心，獲如是等佛剎微塵數同菩薩行。既獲此已，心轉清淨，偏袒右肩，頂禮其足，一心合掌，以偈讚曰：

「我發堅固意，志求無上覺；今於善知識，而起自己心❶。以見善知識，集無盡白法，滅除眾罪垢，成就菩提果❷。我見善知識，功德莊嚴心，盡未來剎劫，勤修所行道❸。我念善知識，攝受饒益我，為我悉示現，正教真實法❹。關閉諸惡趣，顯示人天路，亦示諸如來，成一切智道❺。我念善知識，是佛功德藏，念念能出生，虛空功德海❻。與我波羅蜜，增我難思福，長我淨功德，今我冠佛繒❼。我念善知識，能滿佛智道；誓願常依止，圓滿白淨法❽。我以此等故，功德悉具足，普為諸眾生，說一切智道。聖者為我師，與我無上法，無量無數劫，不能報其恩。」

爾時，善財說此偈已，白言：「大聖！願為我說，此解脫門名為何等？發心已來為幾時耶？久如當得阿耨多羅三藐三菩提？」

【章 旨】善財童子以偈頌讚揚大願精進力救護一切眾生夜神，並且向其請教修得此法門的機緣以及時間久暫。善財童子所說十偈分三部分，前八偈各自與上述十種心對應，第九偈則言自己已經證得這一功德法門，第十偈則言荷恩深重。（澄觀《華嚴經疏》卷五十八，《大正藏》卷三十五，頁九四七下）

【注釋】❶我發堅固意四句　此偈對應於「十心」的第一心「於善知識生同己心，令我精勤辦一切智助道法故」。❷以見善知識四句　此偈對應於「十心」的第二心「於善知識生清淨自業果心，親近供養生善根故」。❸我見善知識四句　此偈對應於「十心」的第三心「於善知識生莊嚴菩薩行心，令我速能莊嚴一切菩薩行故」。❹我念善知識四句　此偈對應於「十心」的第四心「於善知識生成就一切佛法心，誘誨於我令修道故」。❺關閉諸惡趣四句　此偈對應於「十心」的第五心「於善知識生能生心，能生於我無上法故」。❻我念善知識四句　此偈對應於「十心」的第六心「於善知識生出離心，令我修行普賢菩薩所有行願而出離故」。❼與我波羅蜜四句　此偈前三句對應於「十心」的第七心「於善知識生具一切福智海心，令我積集諸白法故」，第四句對應於「十心」的第八心「於善知識生增長心，令我增長一切智故」。❽我念善知識四句　此偈的上半頌對應於「十心」的第九心「於善知識生具一切善根心，令我志願得圓滿故」，下半頌對應於「十心」的第十心「於善知識生能成辦大利益心，令我自在安住一切菩薩法故，成一切智道故，得一切佛法故」。

【語譯】這時，善財童子觀察大願精進力救護一切眾生夜神，生起十種清淨之心，獲得如此與佛土微塵數相同的同於菩薩之行。在獲得這些之後，心轉變成清淨的。善財童子偏袒右肩，頂禮夜神的雙足，一心合掌，以偈讚曰：

「我發堅固意，志求無上覺；今於善知識，而起自己心。以見善知識，集無盡白法，滅除眾罪垢，成就菩提果。我見善知識，功德莊嚴心，盡未來剎劫，勤修所行道。我念善知識，攝受饒益我，為我悉示現，正教真實法。關閉諸惡趣，顯示人天路，亦示諸如來，成一切智道。我念善知識，是佛功德藏，念念能出生，虛空功德海。與我波羅蜜，增我難思福，長我淨功德，令我冠佛繒。我念善知識，能滿佛智道；誓願常依止，圓滿白淨法。我以此等故，功德悉具足，普為諸眾生，說一切智道。聖者為我師，與我無上法，無量無數劫，不能報其恩。」

那時，善財童子說完此偈以後，又對夜神說：「大聖！希望您為我說說，此解脫門的名字是什麼？發心以來有多久了？多長的時間應當獲得阿耨多羅三藐三菩提？」

夜神告言：「善男子！此解脫門，名教化眾生令生善根。我以成就此解脫故，悟一切法自性平等，入於諸法真實之性，證無依法，捨離世間，悉知諸法色相差別，亦能了達青、黃、赤、白，性皆不實，無有差別，而恆示現無量色身。

「所謂：種種色身、非一色身、無邊色身、清淨色身、一切莊嚴色身、普見色身、等一切眾生色身、普現一切眾生前色身、光明普照色身、見無厭足色身、相好清淨色身、離眾惡光明色身、示現大勇猛色身、甚難得色身、一切世間無能映蔽色身、一切世間共稱嘆無盡色身、念念常觀察色身、示現種種雲色身、種種形顯色色身、現無量自在力色身、妙光明色身、一切淨妙莊嚴色身、隨順成熟一切眾生色身、隨其心樂現前調伏色身、無障礙普光明色身、清淨無濁穢色身、具足莊嚴不可壞色身、不思議法方便光明色身、無能映奪一切色身、無諸闇破一切闇色身、集一切白淨法色身、大勢力功德海色身、從過去恭敬因所生色身、如虛空清淨心所生色身、最勝廣大色身、無斷無盡色身、光明海色身、於一切世間無所依平等色身、徧十方無所礙色身、念念現種種色相海色身、增長一切眾生歡喜心色身、攝取一切眾生海色身、一一毛孔中說一切佛功德海色身、淨一切眾生欲解海色身、決了一切法義色身、無障礙普照耀色身、等虛空淨光明色身、放廣大淨光明色身、照現無垢法色身、無比色身、差別莊嚴色身、普照十方色身、隨時示現應眾生色身、寂靜色身、滅一切煩惱色身、一切眾生福田色身、一切眾生見不虛色身、大智慧勇猛力色身、無障礙普遍色身、妙身雲普現世間皆蒙益色身、具足大慈海色身、大福德寶山王色身、放光明普照世間一切趣色身、大智慧清淨色身、生眾生正念心色身、一切寶光明色身、普光藏色身、現世間種種清淨相色身、求一切智處色身、現微笑令眾生生淨信色身、一切寶莊嚴光明色身、不取不捨一切眾生色身、無決定無究竟色身、現自在加持力色身、現一切神通變化色身、生如來家色身、遠離眾惡徧法界海色身、普現一切如來道場眾會色身、具種種眾色海色身、從善行所流色身、隨所應化示現色身、一切世間見無厭足色身、種種淨光明色身、現一切三世海色身、放一切光明海色身、現無量差別光明海色身、超諸世間一切香光明色身、現不可說日輪雲色身、現廣大月輪雲色身、放無量須彌山妙華雲色身、出種種鬘雲色身、現一切寶蓮華雲色身、與一切燒香雲徧法界色身、散一切末香藏雲色身、現一切如來大願身色身、現一切語言音聲演法海色身、現普賢菩薩像色身。

「念念中，現如是等色相身充滿十方，令諸眾生或見、或念、或聞說法、或因親近、或得開悟、或見神通、或睹變化，悉隨心樂，應時調伏，捨不善業，住於善行。善男子！當知此由大願力故，一切智力故，菩薩解脫力故，大悲力故，大慈力故，作如是事。

「善男子！我入此解脫，了知法性無有差別，而能示現無量色身，一一身現無量色相海，一一相放無量光明雲，一一光現無量佛國土，一一土現無量佛興世，一一佛現無量神通力，開發眾生宿世善根，未種者令種，已種者令增長，已增長者令成熟；念念中，令無量眾生，於阿耨多羅三藐三菩提得不退轉。

【章　旨】大願精進力救護一切眾生夜神告訴善財童子自己所獲得的是「教化眾生令生善根解脫門」，並且為其講說憑藉此法門所顯現出來的九十八種色身。

【語　譯】大願精進力救護一切眾生夜神告訴善財童子說：「善男子！這一解脫法門名叫『教化眾生令生善根』。我因為成就這一解脫法門的緣故，悟得一切法自性平等，進入於諸法真實之性，證得無依之法，得以捨棄遠離世間，全部知曉諸法的色相差別，也能夠了達青、黃、赤、白等法其性都是不真實的，無有差別，但卻能夠永遠示現出無量色身。

「我所示現出來的色身是：種種色身、非一色身、無邊色身、清淨色身、一切莊嚴色身、普見色身、等一切眾生色身、普現一切眾生前色身、光明普照色身、見無厭足色身、相好清淨色身、離眾惡光明色身、示現大勇猛色身、甚難得色身、一切世間無能映蔽色身、一切世間共稱嘆無盡色身、念念常觀察色身、示現種種雲色身、種種形顯色色身、現無量自在力色身、妙光明色身、一切淨妙莊嚴色身、隨順成熟一切眾生色身、隨其心樂現前調伏色身、無障礙普光明色身、清淨無濁穢色身、具足莊嚴不可壞色身、不思議法方便光明色身、無能映奪一切色身、無諸闇破一切闇色身、集一切白淨法色身、大勢力功德海色身、從過去恭敬因所生色身、如虛空清淨心所生色身、最勝廣大色身、無斷無盡色身、光明海色身、於一切世間無所依平等色身、徧十方無所礙色身、念念現種種色相海色身、增長一切眾生歡喜心色身、攝取一切眾生海色身、一一毛孔中說一切佛功德海色身、淨一切眾生欲解海色身、決了一切法義色身、無障礙普照耀色身、等虛空淨光明色身、放廣大淨光明色身、照現無垢法色身、無比色身、差別莊嚴色身、普照十方色身、隨時示現應眾生色身、寂靜色身、滅一切煩惱色身、一切眾生福田色身、一切眾生見不虛色身、大智慧勇猛力色身、無障礙普週徧色身、妙身雲普現世間皆蒙益色身、具足大慈海色身、大福德寶山王色身、放光明普照世間一切趣色身、大智慧清淨色身、生眾生正念心色身、一切寶光明色身、普光藏色身、現世間種種清淨相色身、求一切智處色身、現微笑令眾生生淨信色身、一切寶莊嚴光明色身、不取不捨一切眾生色身、無決定無究竟色身、現自在加持力色身、現一切神通變化色身、生如來家色身、遠離眾惡徧法界海色身、普現一切如來道場眾會色身、具種種眾色海色身、從善行所流色身、隨所應化示現色身、一切世間見無厭足色身、種種淨光明色身、現一切三世海色身、放一切光明海色身、現無量差別光明海色身、超諸世間一切香光明色身、現不可說日輪雲色身、現廣大月輪雲色身、放無量須彌山妙華雲色身、出種種鬘雲色身、現一切寶蓮華雲色身、興一切燒香雲徧法界色身、散一切末香藏雲色身、現一切如來大願身色身、現一切語言音聲演法海色身、現普賢菩薩像色身。

「我在念念中，顯現出如此等色相身充滿十方，使諸眾生有的看見、有的思念、有的聽聞說法，有的得以親近，有的得以開悟、有的見到神通、有的看見變化，都隨眾生的心樂，應時調伏，使其捨棄不善之業，住於善行。善男子！應該知曉這些都是由於大願力的緣故，一切智力的緣故，菩薩解脫力的緣故，大悲力的緣故，大慈力的緣故，纔能夠呈現如此之事。

「善男子！我進入這一解脫境界，了知法性無有差別，並且能夠示現無量色身，一一身顯現出無量色相海，一一相放出無量光明雲，一一光顯現出無量佛國土，一一國土顯現出無量佛興世，一一佛顯現出無量神通之力，開發出眾生宿世的善根，未種植善根者使其種植，已經種植者使其增長，已經增長者使其成熟；在念念中，使無量眾生，對於阿耨多羅三藐三菩提獲得不退轉。

「善男子！如汝所問：『從幾時來，發菩提心，修菩薩行？』如是之義，承佛神力，當為汝說。

「善男子！菩薩智輪遠離一切分別境界，不可以生死中長短、染淨、廣狹、多少，如是諸劫分別顯示。何以故？菩薩智輪本性清淨，離一切分別網，超一切障礙山，隨所應化而普照故。

「善男子！譬如日輪，無有晝夜；但出時名晝，沒時名夜。菩薩智輪亦復如是，無有分別，亦無三世；但隨心現，教化眾生，言其止住前劫、後劫。

「善男子！譬如日輪，住閻浮空，其影悉現一切寶物及以河海諸淨水中，一切眾生莫不目見，而彼淨日不來至此。菩薩智輪亦復如是，出諸有海，住佛實法，寂靜空中無有所依，為欲化度諸眾生故，而於諸趣隨類受生；實不生死，無所染著，無長短劫諸想分別。何以故？菩薩究竟離心想，見一切顛倒，得真實見，見法實性，知一切世間如夢、如幻；無有眾生，但以大悲大願力故，現眾生前教化調伏。

「佛子！譬如船師，常以大船，於河流中不依此岸、不著彼岸、不住中流，而度眾生無有休息。菩薩摩訶薩亦復如是，以波羅蜜船，於生死流中不依此岸、不著彼岸、不住中流，而度眾生無有休息；雖無量劫修菩薩行，未曾分別劫數長短。

「佛子！如太虛空，一切世界於中成壞而無分別，本性清淨，無染無亂，無礙無厭，非長非短，盡未來劫持一切剎。菩薩摩訶薩亦復如是，以等虛空界廣大深心，起大願風輪，攝諸眾生，令離惡道，生諸善趣，悉令安住一切智地，滅諸煩惱生死苦縛，而無憂喜、疲厭之心。

「善男子！如幻化人❶，肢體雖具，而無入息及以出息、寒、熱、饑、渴、憂、喜、生、死十種之事。菩薩摩訶薩亦復如是，以如幻智平等法身❷現眾色相，於諸有趣住無量劫教化眾生，於生死中一切境界，無欣無厭，無愛無恚，無苦無樂，無取無捨，無安無怖。

「佛子！菩薩智慧雖復如是甚深難測，我當承佛威神之力為汝解說，令未來世諸菩薩等滿足大願、成就諸力。

【章　旨】善財童子向大願精進力救護一切眾生夜神請問發菩提心、修菩薩行的機緣。這位夜神首先從正說、喻說兩方面為善財童子解說菩薩智慧之輪的境界。

【注　釋】❶幻化人　指以幻術變現出的人形。❷平等法身　即「自性法身」。八地以上的菩薩已經證得平等寂滅之真如，雖任其自然，不執持功用，亦能一時徧於十方世界，示現種種教化，作種種佛事，而無往來之想，亦無造作之想，故稱「平等法身」。而七地以下之菩薩，雖證真如，然而仍然執持功用。

【語　譯】「善男子！如你所問：『從幾時以來，發菩提心，修菩薩行？』如此之義，承佛神力，我應該為你解說這一問題。

「善男子！菩薩智慧之輪遠離一切分別境界，不可用生死中的長與短、染與淨、廣與狹、多與少來顯示，也不在如此諸劫中分別顯示。為什麼這樣呢？菩薩智慧之輪本性清淨，遠離一切分別之網，超越一切障礙之山，這是隨著眾生的根機與欲求所應化而普照的緣故。

「善男子！譬如太陽，沒有晝夜之分；只是出現於世間時名為『晝』，落下之時名為『夜』。菩薩智慧之輪也是如此，沒有分別，也沒有三世；只是隨著眾生之心而顯現以教化眾生，從這個角度而言，其止住於前劫、後劫。

「善男子！譬如太陽，住於閻浮提空中，其影完全顯現在一切寶物以及河海諸淨水之中，一切眾生無不以目見，但是其清淨的太陽卻並不來到這裡。菩薩智慧之輪也是如此，其出於諸有之海，住於佛之真實法，在寂靜空中無有所依，只是為了化度諸眾生的緣故，纔在諸趣之中隨類受生；此菩薩智慧之輪實際上沒有生與死，也沒有染著，沒有長、短劫等諸想分別。為什麼如此呢？

菩薩究竟遠離心想，見到一切顛倒，獲得真實見，見到法實性，知曉一切世間如夢、如幻；無有眾生，只是以大悲大願之力的緣故，顯現於眾生之前教化調伏眾生。

「佛子！再譬如船師，常常以大船在河流之中不依於此岸、不著於彼岸、不住於中流，濟度眾生而無有休息。菩薩也是如此，以波羅蜜之船，在生死之流中不依於此岸、不著於彼岸、不住於中流，濟度眾生而無有休息；即使無量劫中修習菩薩行，卻未曾分別劫數的長短。

「佛子！再如太虛空，一切世界在其中成、壞而無有分別，本性清淨，無染無亂，無礙無厭，非長非短，盡未來劫持一切國土。菩薩也是如此，以與虛空界相等的廣大深心，生起大願之風輪，攝持諸眾生，使其遠離惡道，生於諸善趣，使其安住於一切智之地，滅除諸煩惱生死苦的繫縛，而無憂喜、疲厭之心。

「善男子！再如幻化之人，雖然具備肢體，卻沒有入息以及出息、寒、熱、饑、渴、憂、喜、生、死十種事情。菩薩也是如此，以如幻智平等法身顯現出許多色相，在諸有趣住無量劫以教化眾生，對生死中的一切境界，無欣無厭，無愛無恚，無苦無樂，無取無捨，無安定也無恐怖之感。

「佛子！菩薩智慧雖然是如此甚深難測，我應該秉承佛的威神之力為你解說，使未來世諸菩薩等滿足大願、成就諸力。

「佛子！乃往古世，過世界海微塵數劫，有劫名善光，世界名寶光。於其劫中，有一萬佛出興於世。其最初佛，號法輪音虛空燈王如來、應、正等覺，十號圓滿。彼閻浮提，有一王都，名寶莊嚴；其東不遠，有一大林，名曰妙光；中有道場，名為寶華。彼道場中，有普光明摩尼蓮華藏師子之座。時，彼如來於此座上，成阿耨多羅三藐三菩提，滿一百年坐於道場，為諸菩薩、諸天、世人及閻浮提宿植善根已成熟者演說正法。

「是時，國王名曰勝光。時世人民壽一萬歲，其中多有殺、盜、淫佚、妄語、綺語、兩舌、惡口、貪、瞋、邪見、不孝父母、不敬沙門婆羅門等。時，王為欲調伏彼故，造立囹圄，枷鎖禁閉，無量眾生於中受苦。

「王有太子，名為善伏，端正殊特，人所喜見，具二十八大人之相。在宮殿中，遙聞獄囚楚毒音聲，心懷傷愍。從宮殿出，入牢獄中，見諸罪人杻械、枷鎖遞相連繫，置幽闇處，或以火炙，或以煙熏，或被榜笞，或遭臏割，裸形亂髮，饑渴羸瘦，筋斷骨現，號叫苦劇。太子見已，心生悲愍，以無畏聲安慰之言：『汝莫憂惱！汝勿愁怖！我當令汝悉得解脫。』便詣王所而白王言：『獄中罪人苦毒難處，願垂寬宥，施以無畏❶。』

「時，王即集五百大臣而問之言：『是事云何？』諸臣答言：『彼罪人者，私竊官物，謀奪王位，盜入宮闈，罪應刑戮。有哀救者，罪亦至死。』

「時，彼太子悲心轉切，語大臣言：『如汝所說，但放此人；隨其所應，可以治我。我為彼故，一切苦事悉皆能受，粉身殁命，無所顧惜，要令罪人皆得免苦。何以故？我若不救此眾生者，云何能救三界牢獄諸苦眾生？一切眾生在三界中，貪愛所縛，愚癡所蔽，貧無功德，墮諸惡趣，身形鄙陋，諸根放逸，其心迷惑，不求出道，失智慧光，樂著三有，斷諸福德，滅諸智慧，種種煩惱濁亂其心，住苦牢獄，入魔罥網，生老病死憂悲惱害，如是諸苦常所逼迫。我當云何令彼解脫？應捨身命而拔濟之！』

「時，諸大臣共詣王所，悉舉其手高聲唱言：『大王當知，如太子意，毀壞王法，禍及萬人。若王愛念不責治者，王之寶祚亦不久立。』王聞此言，赫然大怒，令誅太子及諸罪人。

「王后聞之，愁憂號哭，毀形降服，與千采女馳詣王所，舉身投地頂禮王足，俱作是言：『唯願大王，赦太子命！』王即回顧，語太子言：『莫救罪人；若救罪人，必當殺汝！』爾時，太子為欲專求一切智故，為欲利益諸眾生故，為以大悲普救攝故，其心堅固無有退怯，復白王言：『願恕彼罪，身當受戮！』王言：『隨意！』爾時，王后白言：『大王！願聽太子，半月行施，恣意修福，然後治罪。』王即聽許。

【章 旨】大願精進力救護一切眾生夜神給善財童子開始宣說自己證得菩提心的機緣。在往古世，過世界海微塵數劫的「善光劫」中，有一處名為「寶光」的世界，其出世的第一位佛號為「法輪音虛空燈王」。在那閻浮提有一處王都名叫「寶莊嚴」，在其東不遠的「妙光」大森林中有一處名為「寶華」的道場。此國的國王名為「勝光」，其太子名為「善伏」。此位太子願意以自身換取對於罪人的寬恕。

【注釋】❶施以無畏　即「施無畏」、「無畏施」，救度眾生，為其祛除種種怖畏。

【語譯】「佛子！從往古世過世界海微塵數劫中有一處名為『善光』的劫，世界名為『寶光』。在其劫中，有一萬佛出興於世。其最初佛，號為『法輪音虛空燈王』如來，十號圓滿。那閻浮提，有一名為『寶莊嚴』的王都；在其王都東邊不遠，有一處名為『妙光』的大林；大林中有一處名為『寶華』的道場。在這處道場中，有普光明摩尼蓮華藏師子之座。當時，這位如來坐在此座之上，成就了阿耨多羅三藐三菩提後滿一百年坐於道場，為諸菩薩、諸天、世人及閻浮提宿植善根已成熟的眾生演說正法。

「這時，有名為『勝光』的國王。當時世間的人民壽一萬歲，其中多有殺、盜、淫佚、妄語、綺語、兩舌、惡口、貪、瞋、邪見、不孝父母、不敬沙門的婆羅門等等。當時，國王為欲調伏這些眾生的緣故，造立監獄，枷鎖禁閉眾生，使無量眾生在其中受苦。

「國王有一位名為『善伏』的太子，端正殊特，為人所喜見，具備二十八種大人之相。這位太子在宮殿中，遠遠聽見獄中的囚徒被捶打的音聲，心中產生傷心與悲愍。這位太子從宮殿中走出，進入牢獄中，看見諸罪人被杻械、枷鎖遞相連繫，置於幽闇之處，有的被火炙烤，有的被煙熏，有的遭到榜笞，有的遭到臏割，他們都裸形亂髮，饑渴羸瘦，筋斷骨現，號叫苦劇。太子看見之後，心中產生悲愍，以無畏的聲音發出安慰之言：『你們不要憂惱！你們不要愁怖！我應當使你們全都得到解脫。』這位太子便前往國王的住所而對國王說：『獄中的罪人苦毒難處，希望您能夠垂愛寬宥他們，以無畏布施給他們使其無有恐懼。』

「這時，國王隨即召集五百名大臣而問其臣下說：『這事情怎麼辦呢？』諸臣答言：『那些罪人，私竊官物，謀奪王位，盜入宮闈，罪應刑戮。有哀求救助的，其罪也達到死刑的程度。』

「這時，那位太子悲心更加悲切，對諸位大臣說：『如你們所說，只管將這些人放掉；凡是他們所應該給予的懲罰，都可以用來治我。我為他們的緣故，一切苦事都能夠承受，粉身殁命，也無所顧惜，要使罪人都得以免除苦難。為什麼如此呢？我如果不救此眾生，為何說能夠救三界牢獄中的諸位受苦的眾生呢？一切眾生在三界中，被貪愛所繫縛，被愚癡所遮蔽，貧窮而無有功德，墮入諸惡趣，身形鄙陋，諸根放逸，其心迷惑，不追求出道，失去智慧之光，樂著三有，斷絕諸福德，滅除了智慧，種種煩惱擾亂其心，住於苦難的牢獄，陷入魔的繩網，為生老病死憂悲所惱害，如此諸苦常常逼迫他們。我當如何使其得到解脫呢？我應該捨棄自己的身命而拔濟他們！』

「這時，諸位大臣一起前往大王的住所，都舉起自己的手高聲說道：『大王應當知道，如果讓太子如意，就會毀壞王法，禍及萬人。如果國王因為愛念太子而不責治太子，國王王運也不會太長久。』國王聽說這一說法，勃然大怒，下令誅殺太子以及諸罪人。

「王后聽說這些事情之後，愁憂號哭，毀形降服，與一千位采女奔至國王的所在，舉身投地頂禮王足，一起對國王說：『希望大王，赦免太子的生命！』國王隨即回頭對太子說：『不要再想著拯救罪人；如果拯救罪人，一定會將你殺死！』這時，太子因為想專心求得一切智的緣故，因為想利益諸眾生的緣故，因為想以大悲完全救攝眾生的緣故，其心堅固無有退怯，太子再次對國王說：『希望寬恕這些人的罪過，我情願以自己之身承受殺戮！』國王說：『隨你的意！』這時，王后又說：『大王！希望能夠允許太子在半月之內行施修福，然後治罪。』國王隨即答應了。

「時，都城北有一大園，名曰日光，是昔施場。太子往彼，設大施會；飲食、衣服、華鬘、瓔珞、塗香、末香、幢幡、寶蓋諸莊嚴具，隨有所求，靡不周給。經半月已，於最後日，國王、大臣、長者、居士、城邑人民及諸外道，悉來集會。

「時，法輪音虛空燈王如來，知諸眾生調伏時至，與大眾俱，天王圍繞，龍王供養，夜叉王守護，乾闥婆王讚嘆，阿修羅王曲躬頂禮，迦樓羅王以清淨心散諸寶華，緊那羅王歡喜勸請，摩睺羅伽王一心瞻仰，來入彼會。

「爾時，太子及諸大眾，遙見佛來，端嚴殊特，諸根寂定如調順象，心無垢濁如清淨池，現大神通，示大自在，顯大威德，種種相好莊嚴其身，放大光明普照世界，一切毛孔出香燄雲，震動十方無量佛剎，隨所至處普雨一切諸莊嚴具；以佛威儀，以佛功德，眾生見者，心淨歡喜，煩惱消滅。

「爾時，太子及諸大眾五體投地，頂禮其足，安施床座，合掌白言：『善來世尊！善來善逝！唯願哀愍，攝受於我，處於此座！』以佛神力，淨居諸天即變此座為香摩尼蓮華之座。佛坐其上，諸菩薩眾亦皆就座周匝圍繞。時，彼會中一切眾生，因見如來，苦滅障除，堪受聖法。

「爾時，如來知其可化，以圓滿音，說修多羅，名《普照因輪》，令諸眾生隨類各解。時，彼會中有八十那由他眾生，遠塵離垢，得淨法眼；無量那由他眾生，得無學❶地；十千眾生，住大乘道，入普賢行；成滿大願。當爾之時，十方各百佛剎微塵數眾生，於大乘中，心得調伏；無量世界一切眾生，免離惡趣，生於天上。善伏太子即於此時，得菩薩教化眾生令生善根解脫門。

【章　旨】善伏太子到王都城北的「日光」園林做布施。在半月的最後一日，法輪音虛空燈王如來與其眷屬一起前往日光園林為善伏太子及其會眾宣說《普照因輪經》，善伏太子因此而獲得菩薩教化眾生令生善根解脫法門。

【注　釋】❶無學　為「有學」的對稱。雖然已知佛教之真理，但未斷迷惑，尚有所學者，稱為「有學」。相對於此，「無學」指已達佛教真理之極致，無迷惑可斷，亦無可學者。聲聞乘四果中之前三果「預流果」、「一來果」、「不還果」為「有學」，第四「阿羅漢果」為「無學」。

【語　譯】「當時，在寶莊嚴城北有一處名為『日光』的園林，這是昔日布施的場所。太子前往那裡，設立布施大會；飲食、衣服、花鬘、瓔珞、塗香、末香、幢幡、寶蓋諸莊嚴具，隨有所求，無不周到地供給。布施半月之後，在最後一天，國王、大臣、長者、居士、市民以及諸外道，都前來集會。

「這時，法輪音虛空燈王如來知曉調伏諸位眾生的時機成熟了，便與這些大眾一起前來此會。當時，法輪音虛空燈王如來被天王所圍繞，被龍王所供養，被夜叉王所守護，乾闥婆王讚嘆，阿修羅王曲躬頂禮，迦樓羅王以清淨心撒播諸寶花供養，緊那羅王歡喜勸請，摩睺羅伽王一心瞻仰，都來到法會會場。

「這時，太子以及諸位大眾，遠遠看見佛來，端嚴殊特，諸根寂定如調順的大象，心無垢濁如清淨池，顯現出大神通，顯示出大自在，顯現出大威德，以種種相、好莊嚴其身，放出大光明普照世界，在一切毛孔中發出香燄雲，震動十方無量佛土，隨所至處普雨一切諸莊嚴具；以佛的威儀，以佛的功德，使得看見這一切的眾生都心淨歡喜，消滅煩惱。

「這時，太子以及諸位大眾五體投地，頂禮佛的雙足，安施床座，合掌稟告佛說：『歡迎您，世尊！善來善逝！但願您哀憫我們，攝受我們，安坐在這法座上為我們說法！』憑藉佛的神力，淨居諸天立即將此座變化為香摩尼蓮華之座。佛坐於其上，諸菩薩眾也都就座於周圍圍繞。這時，這一布施會中的所有眾生，因為看見如來而滅除眾苦和障礙，可堪接受聖法。

「這時，如來知曉這些眾生可以化度，便以圓滿音演說修多羅，名為《普照因輪》，使諸位眾生隨類各解。這時，這一會中有八十那由他眾生，遠塵離垢，獲得清淨法眼；無量那由他眾生，獲得無學地；一萬名眾生，住於大乘道，進入普賢行，圓滿成就大願。當此之時，十方各百佛土微塵數的眾生，在大乘中，其心得以調伏；無量世界的一切眾生，得以脫離惡趣，生於天上。善伏太子就在此時，獲得菩薩教化眾生令生善根解脫門。

「善男子！爾時太子豈異人乎？我身是也。我因往昔起大悲心，捨身、命、財救苦眾生，開門大施供養於佛，得此解脫。佛子當知，我於爾時，但為利益一切眾生，不著三界，不求果報，不貪名稱，不欲自讚輕毀於他，於諸境界無所貪染、無所怖畏，但莊嚴大乘出要之道，常樂觀察一切智門，修行苦行，得此解脫。

「佛子！於汝意云何，彼時五百大臣，欲害我者，豈異人乎？今提婆達多❶等五百徒黨是也。是諸人等，蒙佛教化，皆當得阿耨多羅三藐三菩提，於未來世，過須彌山微塵數劫，爾時有劫，名善光，世界名寶光，於中成佛。其五百佛次第興世，最初如來，名曰大悲；第二，名饒益世間；第三，名大悲師子；第四，名救護眾生；乃至最後，名曰醫王。雖彼諸佛大悲平等，然其國土、種族、父母、受生、誕生、出家、學道、往詣道場、轉正法輪、說修多羅、語言、音聲、光明、眾會、壽命、法住及其名號，各各差別。

「佛子！彼諸罪人，我所救者，即拘留孫等賢劫千佛，及百萬阿僧祇諸大菩薩——於無量精進力名稱功德慧如來所，發阿耨多羅三藐三菩提心，今於十方國土，行菩薩道，修習增長此菩提，教化眾生，今生善根解脫者是。時勝光王，今薩遮尼乾子大論師是。時王宮人及諸眷屬，即彼尼乾六萬弟子——與師俱來，建大論幢，共佛論議，悉降伏之，授阿耨多羅三藐三菩提記者是。此諸人等，皆當作佛，國土、莊嚴、劫數、名號，各各有異。

「佛子！我於爾時救罪人已，父母聽我捨離國土、妻子、財寶，於法輪音虛空燈王佛所出家學道。五百歲中，淨修梵行，即得成就百萬陀羅尼、百萬神通、百萬法藏、百萬求一切智勇猛精進，淨治百萬堪忍門❷，增長百萬思惟心，成就百萬菩薩力，入百萬菩薩智門，得百萬般若波羅蜜門，見十方百萬諸佛，生百萬菩薩大願；念念中，十方各照百萬佛剎；念念中，憶念十方世界前後際劫百萬諸佛；念念中，知十方世界百萬諸佛變化海；念念中，見十方百萬世界所有眾生種種諸趣，隨業所受生時、死時、善趣、惡趣、好色、惡色，其諸眾生種種心行、種種欲樂、種種根性、種種業習、種種成就，皆悉明瞭。

【章　旨】大願精進力救護一切眾生夜神告訴善財童子說，那位善伏太子就是自己的前身。

【注　釋】❶提婆達多　又作「調達」，是淨飯王之弟斛飯王之子，阿難的兄長，與佛陀是堂兄弟。傳說他曾經修行十二年，誦八萬法，得五神通，在阿闍世王的支持下，欲得到教權，因而與佛陀產生衝突。佛教經典都說其以破壞佛法為能事。實際上，調達與佛陀持有不同見解，後來另立教團，其性質與當時的外道相同。❷忍門　指忍受違逆之境，對於他人之損惱而不起瞋恨、報復心的法門，為佛教修行之門中的第三門。

【語　譯】「善男子！那時的那位太子難道是別人嗎？他就是我的前身。我因為在往昔發起大悲之心，捨棄身、命、財而救度苦難中的眾生，開門大施供養於佛，獲得這一解脫法門。佛子，你應當知道，我在那時，只是為了利益一切眾生，不執著三界，不追求果報，不貪圖名譽，不欲自讚輕毀別人，對於諸境界無所貪染、無所怖畏，只是莊嚴大乘出離苦難之道的要點，常樂觀察一切智門，修行苦行，獲得這一解脫法門。

「佛子！你以為如何呢？那時的五百位大臣以及想害我的，難道是別人嗎？就是現今的提婆達多等五百徒黨啊。這些人等，承蒙佛的教化，都應該獲得阿耨多羅三藐三菩提，在未來世過須彌山微塵數劫，那時有一名為『善光』的劫，世界名為『寶光』，這五百徒眾於此世界成佛。其五百佛次第興世，最初如來的名為『大悲』；第二位名為『饒益世間』；第三位名為『大悲師子』；第四位名為『救護眾生』；乃至最後一位佛名為『醫王』。雖然諸佛大悲平等，然而其國土、種族、父母、受生、誕生、出家、學道、往詣道場、轉正法輪、說修多羅、語言、音聲、光明、眾會、壽命、法住及其名號，各各不同。

「佛子！那些被我所救的罪人也就是拘留孫等賢劫千佛以及百萬阿僧祇諸大菩薩——他們在『無量精進力名稱功德慧』如來的所在，發阿耨多羅三藐三菩提心，在當今的十方國土修行菩薩道，修習增長此菩提，教化眾生，使其產生善根解脫。當時的勝光王，就是現今的『薩遮尼乾子』大論師。當時王宮中的人及諸眷屬，也就是那些尼乾六萬名弟子——他們與其師一起來，建大論幢，與佛一起論議，最後被佛全部降伏，佛授給他們阿耨多羅三藐三菩提記。此諸人等，都應當作佛，國土、莊嚴、劫數、名號各不相同。

「佛子！我在那時拯救罪人之後，父母允許我捨棄、遠離國土、妻子、財寶，在法輪音虛空燈王佛所出家學道。五百歲中，淨修梵行，就獲得了成就百萬陀羅尼、百萬神通、百萬法藏、百萬求一切智勇猛精進，淨治百萬堪忍門，增長百萬思惟心，成就百萬菩薩力，進入百萬菩薩智門，獲得百萬般若波羅蜜門，看見十方百萬諸佛，產生百萬菩薩大願；在念念中，十方各照百萬佛土；在念念中，憶念十方世界前後際劫百萬諸佛；在念念中，知曉十方世界百萬諸佛變化海；在念念中，看見十方百萬世界所有眾生種種諸趣，隨業所受生時、死時、善趣、惡趣、好色、惡色，其諸眾生種種心行、種種欲樂、種種根性、種種業習、種種成就，都完全明瞭。

「佛子！我於爾時命終之後，還復於彼王家受生，作轉輪王，彼法輪音虛空燈王如來滅後，次即於此值法空王如來，承事供養；次為帝釋，即此道場值天王藏如來，親近供養；次為夜摩天王，即於此世界值大地威力山如來，親近供養；次為兜率天王，即於此世界值法輪光音聲王如來，親近供養；次為化樂天王，即於此世界值虛空智王如來，親近供養；次為他化自在天王，即於此世界值無能壞幢如來，親近供養；次為阿修羅王，即於此世界值一切法雷音王如來，親近供養；次為梵王，即於此世界值普現化演法音如來，親近供養。佛子！此寶光世界善光劫中，有一萬佛出興於世，我皆親近承事供養。

「次復有劫，名曰日光，有六十億佛出興於世，最初如來，名妙相山，我時為王，名曰大慧，於彼佛所承事供養；次有佛出，名圓滿肩，我為居士，親近供養；次有佛出，名離垢童子，我為大臣，親近供養；次有佛出，名勇猛持，我為阿修羅王，親近供養；次有佛出，名須彌相，我為樹神，親近供養；次有佛出，名離垢臂，我為商主，親近供養；次有佛出，名師子遊步，我為城神，親近供養；次有佛出，名為寶髻，我為毗沙門天王，親近供養；次有佛出，名最上法稱，我為乾闥婆王，親近供養；次有佛出，名光明冠，我為鳩槃荼王，親近供養。

「於彼劫中，如是次第有六十億如來出興於世。我常於此受種種身，一一佛所親近供養，教化成就無量眾生；於一一佛所，得種種三昧門、種種陀羅尼門、種種神通門、種種辯才門、種種一切智門、種種法明門、種種智慧門，照種種十方海，入種種佛剎海，見種種諸佛海，清淨成就，增長廣大。如於此劫中親近供養爾所諸佛，於一切處、一切世界海微塵數劫，所有諸佛出興於世，親近供養，聽聞說法，信受護持，亦復如是。如是，一切諸如來所，皆悉修習此解脫門，復得無量解脫方便。」

【章旨】善伏太子命終之後，又轉生於國王家中繼續做轉輪王，承事供養每一位出世的諸佛。大願精進力救護一切眾生夜神又告訴善財童子，自己在此後的「日光劫」之中同樣侍奉供養於其中出世的六十億位如來。

【語譯】「佛子！我在那時命終之後，又還生於那國王家受生，作轉輪王，在那位法輪音虛空燈王如來寂滅之後，我就在此遇到『法空王』如來，承事供養；再次為帝釋，也就是在此道場中所遇到的『天王藏』如來，我親近供養；再次為夜摩天王，也就是在此世界遇到的『大地威力山』如來，我親近供養；再次為兜率天王，也就是此世界中遇到的『法輪光音聲王』如來，我親近供養；再次為化樂天王，也就是此世界中遇到的『虛空智王』如來，我親近供養；再次為他化自在天王，也就是此世界中遇到的『無能壞幢』如來，我親近供養；再次為阿修羅王，也就是此世界中遇到的『一切法雷音王』如來，我親近供養；再次為梵王，也就是在此世界中遇到的『普現化演法音』如來，我親近供養。佛子！此寶光世界善光劫中，有一萬佛出興於世，我都親近承事供養。

「再次又有名為『日光』的劫，有六十億佛出興於世，最初的如來名為『妙相山』，我在當時為王，名為『大慧』，在這位佛所承事供養；再次有佛出世，名為『圓滿肩』，我為居士，親近供養；再次有佛出世，名為『離垢童子』，我為大臣，親近供養；再次有佛出世，名為『勇猛持』，我為阿修羅王，親近供養；再次有佛出世，名為『須彌相』，我為樹神，親近供養；再次有佛出世，名為『離垢臂』，我為商主，親近供養；再次有佛出世，名為『師子遊步』，我為城神，親近供養；再次有佛出世，名為『寶髻』，我為毗沙門天王，親近供養；再次有佛出世，名為『最上法稱』，我為乾闥婆王，親近供養；再次有佛出世，名為『光明冠』，我為鳩槃荼王，親近供養。

「在日光劫之中，如此次第有六十億如來出興於世。我常於此受種種身，在一一佛所親近供養，教化成就無量眾生；在一一佛所，獲得種種三昧門、種種陀羅尼門、種種神通門、種種辯才門、種種一切智門、種種法明門、種種智慧門，照耀種種十方海，進入種種佛土海，看見種種諸佛海，清淨成就，增長廣大。如在此劫中親近供養那裡的諸佛，我在一切處、一切世界海微塵數劫，所有諸佛出興於世，我都親近供養，聽聞說法，信受護持，也是如此。如此，我在一切諸如來的所在，都完全修習這一解脫法門，又獲得無量解脫方便。」

爾時，救護一切眾生主夜神，欲重宣此解脫義，即為善財而說頌言：

「汝以歡喜信樂心，問此難思解脫法；我承如來護念力，為汝宣說應聽受。過去無邊廣大劫，過於刹海微塵數，時有世界名寶光，其中有劫號善光。於此善光大劫中，一萬如來出興世，我皆親近而供養，從其修學此解脫。時有王都名喜嚴，縱廣寬平極殊麗，雜業眾生所居住，或心清淨或作惡。爾時有王名勝光，恆以正法御群生；其王太子名善伏，形體端正備眾相。時有無量諸罪人，繫身牢獄當受戮；太子見已生悲愍，上啟於王請寬宥。爾時諸臣共白王：『今此太子危王國，如是罪人應受戮，如何悉救令除免？』時勝光王語太子：『汝救彼罪自當受！』太子哀念情轉深，誓救眾生無退怯。時王夫人采女等，俱來王所白王言：『願放太子半月中，布施眾生作功德。』時王聞已即聽許，設大施會濟貧乏，一切眾生靡不臻，隨有所求咸給與。如是半月日雲滿，太子就戮時將至，大眾百千萬億人，同時瞻仰俱號泣。彼佛知眾根將熟，而來此會化群生，顯現神變大莊嚴，靡不親近而恭敬。佛以一音方便說，法燈普照修多羅，無量眾生意柔軟，悉蒙與授菩提記。善伏太子生歡喜，發興無上正覺心，誓願承事於如來，普為眾生作依處。便即出家依佛住，修行一切種智道，爾時便得此解脫，大悲廣濟諸群生。於中止住經劫海，諦觀諸法真實性，常於苦海救眾生，如是修習菩提道。劫中所有諸佛現，悉皆承事無有餘，咸以清淨信解心，聽聞持護所說法。次於佛剎微塵數，無量無邊諸劫海，所有諸佛現世間，一一供養皆如是。我念往昔為太子，見諸眾生在牢獄，誓願捨身而救護，因其證此解脫門。經於佛剎微塵數，廣大劫海常修習，念念令其得增長，復獲無邊巧方便。彼中所有諸如來，我悉得見蒙開悟，令我增明此解脫，及以種種方便力。我於無量千億劫，學此難思解脫門；
諸佛法海無有邊，我悉一時能普飲。十方所有一切剎，其身普入無所礙；
三世種種國土名，念念了知皆悉盡。三世所有諸佛海，一一明見盡無餘；
亦能示現其身相，普詣於彼如來所。又於十方一切剎，一切諸佛導師前，
普雨一切莊嚴雲，供養一切無上覺。又以無邊大問海，啟請一切諸世尊；
彼佛所雨妙法雲，皆悉受持無忘失。又於十方無量剎，一切如來眾會前，
坐於眾妙莊嚴座，示現種種神通力。又於十方無量剎，示現種種諸神變，
一身示現無量身，無量身中現一身。又於一一毛孔中，悉放無數大光明，
各以種種巧方便，除滅眾生煩惱火。又於一一毛孔中，出現無量化身雲，
充滿十方諸世界，普雨法雨濟群品❶。十方一切諸佛子，入此難思解脫
門，悉盡未來無量劫，安住修行菩薩行。隨其心樂為說法，令彼皆除邪
見網，示以天道及二乘，乃至如來一切智。一切眾生受生處，示現無邊
種種身，悉同其類現眾像，普應其心而說法。若有得此解脫門，則住無

邊功德海，譬如剎海微塵數，不可思議無有量。

「善男子！我唯知此教化眾生令生善根解脫門。如諸菩薩摩訶薩，超諸世間，現諸趣身，不住攀緣，無有障礙，了達一切諸法自性，善能觀察一切諸法，得無我智，證無我法，教化調伏一切眾生恆無休息，心常安住無二法門，普入一切諸言辭海；我今云何能知能說彼功德海、彼勇猛智、彼心行處、彼三昧境、彼解脫力？

「善男子！此閻浮提，有一園林，名嵐毗尼❷；彼園有神，名妙德圓滿❸。汝詣彼問：菩薩云何修菩薩行、生如來家、為世光明，盡未來劫而無厭倦？」

時，善財童子頂禮其足，繞無量匝，合掌瞻仰，辭退而去。

【章　旨】大願精進力救護一切眾生夜神最後以偈頌形式總結自己所講，並且又向善財童子推薦「嵐毗尼」園林中的「妙德圓滿」神，囑咐善財童子前去拜訪請教。善財童子於是告別大願精進力救護一切眾生夜神，繼續前行求法。

【注　釋】❶群品　即六道之中的所有各類眾生。❷嵐毗尼　關於此地，澄觀說：「嵐尼林，此云『樂勝圓光』。昔有天女下生此處，因以為名。表九地總持光明無不照故。然此園在迦毗羅城東二十里，是摩耶生佛之處。」（澄觀《華嚴經疏》卷五十八，《大正藏》卷三十五，頁九四八中）此地位於今尼泊爾境內靠近印度邊境的小鎮魯明迪旁，傳為釋迦牟尼佛的誕生地，是善覺王為其夫人藍毗尼建造的一座花園。據說迦毗羅衛國淨飯王夫人摩耶產期將臨，按當地習俗回母家分娩，途經藍毗尼時，在一棵娑羅樹下生下了釋迦牟尼。孔雀王朝的阿育王曾來此朝拜並建石柱留念。❸妙德圓滿　關於此善知識之名，澄觀說：「友名『妙德圓滿』者，善慧無缺故。」（澄觀《華嚴經疏》卷五十八，《大正藏》卷三十五，頁九四八中）

【語　譯】這時，大願精進力救護一切眾生夜神，想再次宣說這一解脫法門之義，隨即為善財而說頌：

「汝以歡喜信樂心，問此難思解脫法；我承如來護念力，為汝宣說應聽受。過去無邊廣大劫，過於剎海微塵數，時有世界名寶光，其中有劫號善光。於此善光大劫中，一萬如來出興世，我皆親近而供養，從其修學此解脫。時有王都名『喜嚴』，縱廣寬平極殊麗，雜業眾生所居住，或心清淨或作惡。爾時有王名勝光，恆以正法御群生；其王太子名善伏，形體端正備眾相。時有無量諸罪人，繫身牢獄當受戮；太子見已生悲愍，上啟於王請寬宥。爾時諸臣共白王：『今此太子危王國，如是罪人應受戮，如何悉救令除免？』時勝光王語太子：『汝救彼罪自當受！』太子哀念情轉深，誓救眾生無退怯。時王夫人采女等，俱來王所白王言：『願放太子半月中，布施眾生作功德。』時王聞已即聽許，設大施會濟貧乏，一切眾生靡不臻，隨有所求咸給與。如是半月日雲滿，太子就戮時將至，大眾百千萬億人，同時瞻仰俱號泣。彼佛知眾根將熟，而來此會化群生，顯現神變大莊嚴，靡不親近而恭敬。佛以一音方便說，法燈普照修多羅，無量眾生意柔軟，悉蒙與授菩提記。善伏太子生歡喜，發興無上正覺心，誓願承事於如來，普為眾生作依處。便即出家依佛住，修行一切種智道，爾時便得此解脫，大悲廣濟諸群生。於中止住經劫海，諦觀諸法真實性，常於苦海救眾生，如是修習菩提道。劫中所有諸佛現，悉皆承事無有餘，咸以清淨信解心，聽聞持護所說法。次於佛剎微塵數，無量無邊諸劫海，所有諸佛現世間，一一供養皆如是。我念往昔為太子，見諸眾生在牢獄，誓願捨身而救護，因其證此解脫門。經於佛剎微塵數，廣大劫海常修習，念念令其得增長，復獲無邊巧方便。彼中所有諸如來，我悉得見蒙開悟，令我增明此解脫，及以種種方便力。我於無量千億劫，學此難思解脫門；諸佛法海無有邊，我悉一時能普飲。十方所有一切剎，其身普入無所礙；三世種種國土名，念念了知皆悉盡。三世所有諸佛海，一一明見盡無餘；亦能示現其身相，普詣於彼如來所。又於十方一切剎，一切諸佛導師前，普雨一切莊嚴雲，供養一切無上覺。又以無邊大問海，啟請一切諸世尊；彼佛所雨妙法雲，皆悉受持無忘失。又於十方無量剎，一切如來眾會前，坐於眾妙莊嚴座，示現種種神通力。又於十方無量剎，示現種種諸神變，一身示現無量身，無量身中現一身。又於一一毛孔中，悉放無數大光明，各以種種巧方便，除滅眾生煩惱火。又於一一毛孔中，出現無量化身雲，充滿十方諸世界，普雨法雨濟群品。十方一切諸佛子，入此難思解脫門，悉盡未來無量劫，安住修行菩薩行。隨其心樂為說法，令彼皆除邪見網，示以天道及二乘，乃至如來一切智。一切眾生受生處，示現無邊種種身，悉同其類現眾像，普應其心而說法。若有得此解脫門，則住無邊功德海，譬如剎海微塵數，不可思議無有量。

「善男子！我只是知曉這一菩薩教化眾生令生善根解脫門。如同諸位菩薩一樣，超越諸世間，顯現出諸趣之身，不住於攀緣之心，無有任何障礙，了達一切諸法的自性，善於並且能夠觀察一切諸法，獲得無我的智慧，證得無我之法，教化調伏一切眾生永遠無休息之時，心常常安住於無二法門，完全進入一切諸言辭之海。我現今為何能夠知曉並且宣說這一功德海、那一勇猛智、那一心行之處、那一三昧的境界、那一解脫之力呢？

「善男子！在這一閻浮提，有一處名叫『嵐毗尼』的園林；那園中有一位名為『妙德圓滿』的神。你可以前往他那裡向他請教：菩薩如何修菩薩行、生於如來家、為世間眾生之光明，並且盡未來劫而永無厭倦之時？」

這時，善財童子頂禮這位夜神的雙足，在其周圍繞行無量圈，合掌瞻仰夜神。然後，善財童子辭別大願精進力救護一切眾生夜神，踏上繼續求法的歷程。

# 華嚴經　入法界品之十五

【題　解】本卷為〈入法界品〉「末會」的第四十一會，即善財童子「五十三參」中的第四十參「妙德圓滿神會」的內容。

善財童子遵從大願精進力救護一切眾生夜神的囑咐，前去拜訪「妙德圓滿」神，向其請教修行菩薩行的方法、途徑。妙德圓滿神告訴善財童子，菩薩有十種「受生藏」。第一藏相應於「十信」，第二藏相應於「十住」，第三藏相應於「十行」、「十迴向」，第四藏相應於初地，第五藏相應於第二地至第七地。第六藏、第七藏相應於第八地，第八藏相應於第九地，第九藏相應於第十地，第十藏相應於等覺入如來地。妙德圓滿神對善財童子總結說，菩薩具足此十種受生藏即可生於如來家。

善財童子又向妙德圓滿神詢問「自在受生解脫門」的境界。妙德圓滿神對善財童子講解了自己因發一切菩薩受生之時皆得目睹的大願而得以於此嵐毗尼園林中目睹釋迦牟尼佛誕生的整個過程。在摩耶夫人未至嵐毗尼園林中時，此園林中就出現了十種瑞相。而當摩耶夫人從迦毗羅城出發到達嵐毗尼園林之時，此嵐毗尼園林中發出十種光明瑞相，而當摩耶夫人坐在「畢洛叉」樹下之時，此園林又出現菩薩將欲誕生的十種神變。然後妙德圓滿神給善財童子講說世尊降生時的情景。

善財童子又向妙德圓滿神請教證得自在受生解脫門的時間久暫。妙德圓滿神回答說：在往古世過億佛剎微塵數劫有名為「普寶」的世界，在「悅樂」大劫中有八十那由他佛於中出現。其第一佛「自在功德幢」所在的世界中的「妙光莊嚴」四天下的「須彌莊嚴幢」王都中，有一名為「寶燄眼」的國王，其王夫人名為「喜光」。當喜光夫人將欲誕生菩薩之時旁邊有一位名為「淨光」的乳母。而這位乳母就是妙德圓滿神的前身。

最後，妙德圓滿神以偈頌形式總結自己所講，並且又向善財童子推薦迦毗羅城中的「瞿波」釋種女，囑咐善財童子前去拜訪請教。善財童子告別妙德圓滿神，繼續前行求法。妙德圓滿神給善財童子宣講的菩薩自在受生解脫法門，是進入「十地」之第九地——「善慧地」的方法。善慧地，又作「善意地」、「善根地」。菩薩至此位，成就微妙四無礙辯，普徧十方，善說法門，因此名為善慧地。

## 善財童子第四十參：妙德圓滿神會

爾時，善財童子於大願精進力救護一切眾生夜神所，得菩薩解脫已，憶念修習，了達增長。

漸次遊行，至嵐毗尼林，週徧尋覓彼妙德神，見在一切寶樹莊嚴樓閣中，坐寶蓮華師子之座，二十億那由他諸天恭敬圍繞，為說《菩薩受生海經》，令其皆得生如來家，增長菩薩大功德海。善財見已，頂禮其足，合掌前立，白言：「大聖！我已先發阿耨多羅三藐三菩提心，而未能知菩薩云何修菩薩行、生如來家、為世大明？」

【章　旨】這是善財童子「五十三參」的第四十次參訪，也是〈入法界品〉「末會」中善財五十五會中的第四十一會。善財童子遵從大願精進力救護一切眾生夜神的囑咐，前去拜訪「妙德圓滿」神，向其請教修行菩薩行的方法、途徑。

【語　譯】這時，善財童子在大願精進力救護一切眾生夜神的所在，獲得菩薩解脫法門之後，憶念修習，了達增長。

善財童子逐漸地前進，到達嵐毗尼園林，在此園林到處尋找妙德圓滿神。後來，善財童子看見這位神在由一切寶樹莊嚴的樓閣中坐在寶蓮華師子之座上，有二十億那由他諸天在其周圍恭敬圍繞。妙德圓滿神在宣說《菩薩受生海經》，使眾生都能夠得以生於如來家，增長菩薩大功德海。善財童子看見之後，便頂禮其足，合掌前立，對妙德圓滿神說：「大聖！我早先已經發阿耨多羅三藐三菩提心，但卻不知曉菩薩如何修菩薩行、如何纔能生於如來家、如何纔能為世間放出大光明？」

彼神答言：「善男子！菩薩有十種受生藏❶，若菩薩成就此法，則生如來家，念念增長菩薩善根，不疲不懈，不厭不退，無斷無失，離諸迷惑，不生怯劣、惱悔之心，趣一切智，入法界門，發廣大心，增長諸度，成就諸佛無上菩提，捨世間趣，入如來地，獲勝神通，諸佛之法常現在前，順一切智真實義境。

「何等為十？一者，願常供養一切諸佛受生藏；二者，發菩提心受生藏；三者，觀諸法門勤修行受生藏；四者，以深淨心普照三世受生藏；五者，平等光明受生藏；六者，生如來家受生藏；七者，佛力光明受生藏；八者，觀普智門受生藏；九者，普現莊嚴受生藏；十者，入如來地受生藏。

【章旨】妙德圓滿神告訴善財童子，菩薩有十種受生藏。這十種受生藏通於菩薩修行的六位。

【注釋】❶受生藏　指菩薩生於如來之家，成就佛果的最重要的法門。受生，意為生於如來家。藏，意為含藏所修所證之理。

【語譯】妙德圓滿神這樣回答善財童子：「善男子！菩薩有十種受生的寶藏。如果菩薩能夠成就此法，就可以生於如來家，念念增長菩薩的善根，從不疲倦不懈怠，從不厭惡不退縮，沒有中斷也沒有遺失，遠離諸迷惑，不產生怯劣、惱悔之心，趣向一切智，進入法界門，發廣大心，增長『十度』，成就諸佛無上菩提，捨棄世間趣，進入如來地，獲得殊勝的神通，諸佛之法常常顯現在前，順從一切智的真實境界。

「十種受生之藏是什麼呢？第一，希望常常供養一切諸佛受生藏；第二，發菩提心受生藏；第三，觀諸法門勤奮修行受生藏；第四，以深切純淨之心普照三世受生藏；第五，平等光明之受生藏；第六，生於如來家受生藏；第七，佛力光明受生藏；第八，觀見一切智慧法門受生藏；第九，完全顯現出一切莊嚴之受生藏；第十，證入如來地受生藏。

「善男子！云何名願常供養一切佛受生藏？善男子！菩薩初發心時，作如是願：『我當尊重、恭敬、供養一切諸佛，見佛無厭，於諸佛所，常生愛樂，常起深信，修諸功德，恆無休息。』是為菩薩為一切智始集善根受生藏。

「云何名發菩提心受生藏？善男子！此菩薩發阿耨多羅三藐三菩提心。所謂：起大悲心，救護一切眾生故；起供養佛心，究竟承事故；起普求正法心，一切無悋故；起廣大趣向心，求一切智故；起慈無量心❶，普攝眾生故；起不捨一切眾生心，被求一切智堅誓甲❷故；起無諂誑心，得如實智故；起如說行心❸，修菩薩道故；起不誑諸佛心，守護一切佛大誓願故；起一切智願心，盡未來化眾生不休息故。菩薩以如是等佛剎微塵數菩提心功德故，得生如來家。是為菩薩第二受生藏。

「云何名觀諸法門勤修行受生藏？善男子！此菩薩摩訶薩，起觀一切法門海心，起迴向一切智圓滿道心，起正念無過失業心❹，起一切菩薩三昧海清淨心，起修成一切菩薩功德心，起莊嚴一切菩薩道心，起求一切智大精進行、修諸功德如劫火熾然無休息心，起修普賢行教化一切眾生心，起善學一切威儀、修菩薩功德、捨離一切所有、住無所有真實心。是為菩薩第三受生藏。

「云何名以深淨心普照三世受生藏？善男子！此菩薩具清淨增上心，得如來菩提光，入菩薩方便海，其心堅固猶若金剛，背捨一切諸有趣生，成就一切佛自在力，修殊勝行，具菩薩根，其心明潔，願力不動，常為諸佛之所護念，破壞一切諸障礙山，普為眾生作所依處。是為菩薩第四受生藏。

「云何名平等光明受生藏？善男子！此菩薩具足眾行，普化眾生；一切所有，悉皆能捨；住佛究竟淨戒境界；具足忍法，成就諸佛法忍光明；以大精進，趣一切智，到於彼岸；修習諸禪，得普門定；淨智圓滿，以智慧日，明照諸法；得無礙眼，見諸佛海，悟入一切真實法性；一切世間，見者歡喜，善能修習如實法門。是為菩薩第五受生藏。

【章旨】妙德圓滿神為善財童子解說前五種菩薩受生藏。第一藏相應於「十信」，第二藏相應於「十住」，第三藏相應於「十行」、「十迴向」，第四藏相應於初地，第五藏相應於第二地至第七地。

【注　釋】❶慈無量心　「四無量心」之一。「四無量心」即四種廣大的利他心，為使無量眾生離苦得樂而生起的「慈」、「悲」、「喜」、「捨」四種心。所謂「慈」，即友愛之心。所謂「悲」，即同情他人的受苦。所謂「喜」，即喜悅他人之享有幸福。所謂「捨」，即捨棄一切冤親之差別相，而平等視之。❷求一切智堅誓甲　此處是以鎧甲為比喻說明，「堅誓」即堅強的誓言為成就一切智的堅固堡壘。❸如說行心　指如同自己的話語而發起言行一致的行為之心。❹無過失業心　即無過失業之心。

【語　譯】「善男子！如何名為『願常供養一切佛受生藏』呢？善男子！菩薩初發心之時，會發如此願：『我應當尊重、恭敬、供養一切諸佛，觀佛無厭，對於諸佛的所在，常常生起愛樂，常常發起深深的信仰，修習諸功德，永遠不再休息。』這就是菩薩為一切智所開始積集善根之受生藏。

「如何名為『發菩提心受生藏』呢？善男子！菩薩發阿耨多羅三藐三菩提心，即所謂：起大悲心，以之救護一切眾生；生起供養佛之心，以之窮盡一切諸劫、一切世間去承奉侍奉諸佛；發起普求正法之心，對於一切都沒有吝嗇之心；發起廣大趣向之心，求取一切智；發起慈無量心，以之普攝一切眾生；生起不捨棄一切眾生之心，由此而能夠堅固求證佛之智慧的道心；發起無諂誑之心，以之纔能獲得如實之智；發起如說行之心，由此修習菩薩之道；發起不誑諸佛之心，由此守護一切佛的弘大誓願；發起一切智願之心，盡未來而化度眾生永不休息。菩薩以如此與佛土微塵數相同的菩提心的功德，纔有可能生於如來家。這就是菩薩第二受生之藏。

「如何名為『觀諸法門勤修行受生藏』？善男子！菩薩生起觀想一切法門海之心，生起迴向一切智圓滿道之心，生起正念無過失業之心，生起一切菩薩三昧海清淨之心，生起修成一切菩薩功德之心，生起莊嚴一切菩薩道之心，生起求一切智大精進之行、修習諸功德如劫火熾然而無休息之心，生起修普賢行教化一切眾生之心，生起善學一切威儀、修習菩薩功德、捨棄遠離一切所有、住於無所有的真實之心。這就是菩薩第三受生之藏。

「如何名為『以深淨心普照三世受生藏』？善男子！此菩薩具有清淨增上之心，獲得如來菩提之光，進入菩薩方便之海，其心堅固猶如金剛，背捨一切可能受生於六道之中的有為萬法，成就一切佛之自在力，修習殊勝之行，具備菩薩根，其心明潔，願力不動，常被諸佛之所護念，破壞一切如同大山的諸障礙，由此完全作為眾生的所依之處。這就是菩薩第四受生之藏。

「如何名為『平等光明受生藏』？善男子！此菩薩具足眾行，完全全面教化眾生；世間一切所有的東西，都能夠捨棄；住於佛的究竟淨戒境界；具足忍法，成就諸佛所具的究竟根本的法忍光明；以廣大的精進之力而趣向一切智，到達解脫的彼岸；修習種種禪定，證得普門定；圓滿成就清淨佛智，以智慧之日，明照諸法；獲得無礙之眼，見到諸佛之海，悟入一切真實的法性；對於一切世間，只要是見到的都會歡喜，善於並且能夠修習如實法門。這就是菩薩第五受生之藏。

「云何名生如來家受生藏？善男子！此菩薩生如來家，隨諸佛住，成就一切甚深法門，具三世佛清淨大願，得一切佛同一善根，與諸如來共一體性，具出世行白淨善法，安住廣大功德法門；入諸三昧，見佛神力；隨所應化，淨諸眾生；如問而對，辯才無盡。是為菩薩第六受生藏。

「云何名佛力光明受生藏？善男子！此菩薩深入佛力，遊諸佛剎心無退轉，供養承事菩薩眾會無有疲厭，了一切法皆如幻起，知諸世間如夢所見，一切色相猶如光影，神通所作皆如變化，一切受生悉皆如影，諸佛說法皆如谷響，開示法界咸令究竟。是為菩薩第七受生藏。

「云何名觀普智門受生藏？善男子！此菩薩住童真位，觀一切智一一智門，盡無量劫開演一切菩薩所行，於諸菩薩甚深三昧心得自在，念念生於十方世界諸如來所，於有差別境入無差別定，於無差別法現有差別智，於無量境知無境界，於少境界入無量境，通達法性廣大無際，知諸世間悉假施設，一切皆是識心❶所起。是為菩薩第八受生藏。

「云何名普現莊嚴受生藏？善男子！此菩薩能種種莊嚴無量佛剎，普能化現一切眾生及諸佛身，得無所畏❷，演清淨法，周流法界，無所障礙；隨其心樂，普使知見，示現種種成菩提行，令生無礙一切智道；如是所作不失其時，而常在三昧毗盧遮那智慧之藏。是為菩薩第九受生藏。

「云何名入如來地受生藏？善男子！此菩薩悉於三世諸如來所受灌頂法❸，普知一切境界次第。所謂：知一切眾生前際後際歿生次第、一切菩薩修行次第、一切眾生心念次第、三世如來成佛次第、善巧方便說法次第，亦知一切初、中、後際所有諸劫若成若壞名號次第。隨諸眾生所應化度，為現成道功德莊嚴，神通說法，方便調伏。是為菩薩第十受生藏。

【章旨】第六藏、第七藏相應於第八地，第八藏相應於第九地，第九藏相應於第十地，第十藏相應於等覺入如來地。

【注釋】❶識心　即「心王」。佛教認為，眼、耳、鼻、舌、身、意、末那識、阿賴耶識等八識各有「心王」與「心所」，識之本體為心王，與之相應而起之作意、觸、受等分別作用為「心所有法」，略稱「心所」。❷無所

畏　指佛、菩薩在說法作師子吼時所具有的四種智力，又稱「四無畏」。佛的四無所畏與菩薩的四無所畏不同。菩薩具諸智慧，於眾中說法，無恐畏之相，故名「無所畏」。菩薩的「四無所畏」為：第一「能持無所畏」，即菩薩聞持、憶念一切法不忘失，於眾中說法時無所怖畏。第二「知根無所畏」，即菩薩知一切眾生根機之利鈍，隨其所應說法無所畏。第三「決疑無所畏」，即菩薩抉擇一切眾生疑難，如法應答無所怯懼。第四「答報無所畏」，即菩薩對一切所問，如法自在於應答酬報無所怖畏。❸灌頂法　此指菩薩從第九地進入第十「法雲地」時，諸佛以智水灌其頂，以為受法王職之證明，此稱「受職灌頂」，或稱「授職灌頂」。

【語　譯】「如何名為『生如來家受生藏』？善男子！此菩薩生於如來家，跟隨諸佛所住的境界，成就了一切最深邃的法門，具有三世佛的清淨大願，獲得了與一切佛相同的善根，與諸如來擁有相同的體性，具足出離世間的行為所擁有的清淨善法，安住於廣大的功德法門；證入了諸三昧，看見了諸佛的神力；隨所應化，使諸位眾生清淨；隨應一切問難而回答，具有無盡的辯才。這就是菩薩第六受生之藏。

「如何名為『佛力光明受生藏』？善男子！此菩薩深入佛的業用之力，周遊諸佛土而心無退轉，供養承事菩薩眾會而無有疲倦厭惡，了知一切法都如同幻覺而生起，知曉諸世間如同夢中所見，一切色相猶如光影，神通所製造出來的都是化生的，一切受生都如同影子，諸佛說法都如同山谷中的回響，由此而開示法界使眾生都獲得對諸法的最究竟理解。這就是菩薩第七受生之藏。

「如何名為『觀普智門受生藏』？善男子！這些菩薩都已經到達童真位，觀一切智的每一智門，盡無量劫開演一切菩薩所行，對於諸菩薩所證得的甚深三昧都在心中達到自在的境地，於念念中生於十方世界諸如來之所，能夠在種種差別的境界中進入無差別的定境，在無差別之法中顯現出有差別的智慧，在無量境界中知曉『無』的境界，在很少的境界中得以進入無量的境界，通達法性的廣大無際，知曉諸世間都是虛假的施設，所有一切都是識心所生起的。這就是菩薩第八受生之藏。

「如何名為『普現莊嚴受生藏』？善男子！此菩薩能夠以種種裝飾去莊嚴無量的佛土，完全能化現一切眾生及諸佛身，獲得無所畏法門，演清淨法，周流法界，無所障礙；隨其心樂，普使知見，示現種種成菩提行，使其生出無礙一切智道；如此所作不失其時，而常常在三昧毗盧遮那智慧之藏。這就是菩薩第九受生之藏。

「如何名為『入如來地受生藏』？善男子！此菩薩都在過去、現在、未來一切如來的道場領受了灌頂法，完全知曉一切境界的次第。菩薩由此知曉一切眾生前世、後世出生、死歿轉生的次序，知曉一切菩薩的修行次序，知曉一切眾生心念的次序，知曉三世如來成佛的次序，知曉如來善巧方便說法的次序，也知曉一切初、中、後際所有諸劫之中成、住、壞劫中諸佛的名號次序。菩薩能夠隨順眾生應化而救度眾生，為眾生示現莊嚴的功德法門，菩薩以神通說法，方便調伏眾生。這就是菩薩第十受生之藏。

「佛子！若菩薩摩訶薩，於此十法修習增長圓滿成就，則能於一莊嚴中，現種種莊嚴；如是莊嚴一切國土，開導示悟一切眾生，盡未來劫無有休息；演說一切諸佛法海種種境界、種種成熟，展轉傳來無量諸法；現不思議佛自在力，充滿一切虛空法界；於諸眾生心行海中而轉法輪，於一切世界示現成佛，恆無間斷；以不可說清淨言音說一切法，住無量處通達無礙；以一切法莊嚴道場，隨諸眾生欲解差別而現成佛，開示無量甚深法藏，教化成就一切世間。」

爾時，嵐毗尼林神，欲重明其義，以佛神力，普觀十方而說頌言：

「最上離垢清淨心，見一切佛無厭足，願盡未來常供養，此明慧者受生藏。一切三世國土中，所有眾生及諸佛，悉願度脫恆瞻奉，此難思者受生藏。聞法無厭樂觀察，普於三世無所礙，身心清淨如虛空，此名稱者受生藏。其心恆住大悲海，堅如金剛及寶山，了達一切種智門，此最勝者受生藏。大慈普覆於一切，妙行常增諸度海，以法光明照群品，此雄猛者受生藏。了達法性心無礙，生於三世諸佛家，普入十方法界海，此明智者受生藏。法身清淨心無礙，普詣十方諸國土，一切佛力靡不成，

此不思議受生藏。入深智慧已自在，於諸三昧亦究竟，觀一切智如實門，
此真身者受生藏。淨治一切諸佛土，勤修普化眾生法，顯現如來自在力，
此大名者受生藏。久已修行薩婆若，疾能趣入如來位，了知法界皆無礙，
此諸佛子受生藏。

「善男子！菩薩具此十法，生如來家，為一切世間清淨光明。善男子！我從無量劫來，得是自在受生解脫門。」

【章　旨】妙德圓滿神對善財童子總結說，菩薩具足此十種受生藏即可生於如來家。妙德圓滿神又以偈語重新演說此十法。

【語　譯】「佛子！菩薩如果在此十法中修習增長圓滿成就，則能夠在一莊嚴之中，顯現出種種莊嚴；以如此莊嚴一切國土，開導示現使一切眾生都能得悟，盡未來劫無有休息；演說一切諸佛法海種種境界、種種成熟，展轉傳來無量諸法；顯現出不思議佛自在之力，充滿一切虛空法界；在諸眾生心行海之中旋轉法輪，在一切世界示現成佛，永遠沒有間斷；以不可說清淨言音演說一切法，住於無量處而通達無礙；以一切法莊嚴道場，針對諸眾生得欲解差別而顯現成佛，開示無量甚深法藏，教化成就一切世間之眾生。」

這時，嵐毗尼園林中的妙德圓滿神，想重新演說其義，便以佛之神力，普觀十方而說頌：

「最上離垢清淨心，見一切佛無厭足，願盡未來常供養，此明慧者受生藏。一切三世國土中，所有眾生及諸佛，悉願度脫恆瞻奉，此難思者受生藏。聞法無厭樂觀察，普於三世無所礙，身心清淨如虛空，此名稱者受生藏。其心恆住大悲海，堅如金剛及寶山，了達一切種智門，此最勝者受生藏。大慈普覆於一切，妙行常增諸度海，以法光明照羣品，此雄猛者受生藏。了達法性心無礙，生於三世諸佛家，普入十方法界海，此明智者受生藏。法身清淨心無礙，普詣十方諸國土，一切佛力靡不成，此不思議受生藏。入深智慧已自在，於諸三昧亦究竟，觀一切智如實門，此真身者受生藏。淨治一切諸佛土，勤修普化眾生法，顯現如來自在力，此大名者受生藏。久已修行薩婆若，疾能趣入如來位，了知法界皆無礙，此諸佛子受生藏。

「善男子！菩薩具備這十法，生於如來家，為一切世間的清淨光明。善男子！我是從無量劫來而獲得這種自在受生解脫之門的。」

善財白言：「聖者！此解脫門境界云何？」

答言：「善男子！我先發願❶：『願一切菩薩示受生時皆得親近；願入毗盧遮那如來無量受生海。』以昔願力，生此世界閻浮提中嵐毗尼園，專念菩薩何時下生；經於百年，世尊果從兜率陀天而來生此。

「時，此林中現十種相。何等為十？一者，此園中地忽自平坦，坑坎、塠阜❷悉皆不現。二者，金剛為地，眾寶莊嚴，無有瓦礫、荊棘、株杌❸。三者，寶多羅樹周匝行列，其根深植至於水際❹。四者，生眾香芽，現眾香藏，寶香為樹，扶疏蔭映，其諸香氣皆逾天香。五者，諸妙華鬘寶莊嚴具，行列分佈，處處充滿。六者，園中所有一切諸樹，皆自然開摩尼寶華。七者，諸池沼中，皆自生華，從地湧出，周佈水上。八者，時此林中，娑婆世界欲、色所住天、龍、夜叉、乾闥婆、阿修羅、迦樓羅、緊那羅、摩睺羅伽，一切諸王，莫不來集，合掌而住。九者，此世界中所有天女，乃至摩睺羅伽女皆生歡喜，各各捧持諸供養具，向畢洛叉樹❺前，恭敬而立。十者，十方一切諸佛臍中，皆放光明，名菩薩受生自在燈，普照此林；一一光中，悉現諸佛受生，誕生所有神變，及一切菩薩受生功德，又出諸佛種種言音。是為林中十種瑞相。此相現時，諸天王等即知當有菩薩下生；我見此瑞，歡喜無量。

【章　旨】善財童子又向妙德圓滿神詢問「自在受生解脫門」的境界。妙德圓滿神對善財童子講解了自己因發一切菩薩受生之時都可以目睹到的大願，而得以於此嵐毗尼園林中目睹釋迦牟尼佛誕生的整個過程。此章先言嵐毗尼園林中出現的十種瑞相。

【注　釋】❶發願　發起誓願之意，又作「發大願」、「發願心」、「發志願」、「發無上願」，指發求佛果菩提心之願與發度化有情之願。❷塠阜　小山丘。❸株杌　指樹木斫伐後剩下的樁子。❹水際　即「水輪」，三輪之一。佛教之宇宙觀中，謂器世界成立之初，由下至上，依次由風、水、金等三輪固持之。水輪即居於風輪之上、金輪之下。經典說其深十一億二萬由旬，廣十二億三千四百五十由旬，周圍三十六億一萬三百五十由旬。❺畢洛叉樹　又作「畢剌叉」，樹名，「阿輸迦樹」之異名。產地分佈於喜馬拉雅山、錫蘭（斯里蘭卡）、馬來半島。樹幹直立，其葉似槐，為羽狀複葉，長約九至二十公分，花開約六至十公分，其色鮮紅，引人注目。果實橢圓，長約二十餘公分。據傳悉達多太子於藍毗尼園阿輸迦樹下出生，由於母子均甚平安，因而此樹被稱為「無憂樹」。

【語　譯】善財童子又向妙德圓滿神問道：「聖者！這一『自在受生解脫門』的境界如何？」

妙德圓滿神回答說：「善男子！我早先曾經發過願：『希望一切菩薩示顯受生時，我都得以親近菩薩；希望進入毗盧遮那如來無量受生之海。』我以昔日的願力，生於此世界閻浮提中的嵐毗尼園林，專心憶念菩薩何時下生；經過一百年之後，世尊果然從兜率天而下生於此。

「當時，嵐毗尼園林中顯現出十種相狀。十種相狀是什麼呢？第一，此園中的地面忽然自己變得平坦了，坑窪、小山丘都完全不見了。第二，以金剛為地，以眾寶為莊嚴，沒有瓦礫、荊棘、株杌。第三，寶多羅樹在周圍圍繞，其根深植至於水際。第四，生出許多香芽，顯現出許多香藏，以寶香為樹，扶疏蔭映，其諸香氣都超過天上的香。第五，許多美妙的花鬘製作的寶莊嚴具行列分佈，處處充滿。第六，園中所有的一切諸樹，都自然開出摩尼寶華。第七，諸池沼之中都自發地長出花朵，這些花從地湧出，周佈水上。第八，當時此園林中，娑婆世界欲界、色界所住的天、龍、夜叉、乾闥婆、阿修羅、迦樓羅、緊那羅、摩睺羅伽等一切諸王，無不前來集合，都合掌而住。第九，此世界中所有天女，乃至摩睺羅伽女都產生歡喜，各各捧持諸供養具站在畢洛叉樹前，恭敬而立。第十，十方一切諸佛的臍中，都放出光明，名為『菩薩受生自在燈』，普照此林；每一光中，都顯現出諸佛受生、誕生的所有神變以及一切菩薩的受生功德，又發出諸佛種種的言音。這就是園林中的十種瑞相。此相顯現時，諸天王等立即知曉應當有菩薩下生；我看見這些瑞相，歡喜無量。

「善男子！摩耶夫人出迦毗羅城❶，入此林時，復現十種光明瑞相，令諸眾生得法光明。何等為十？所謂：一切寶華藏光、寶香藏光、寶蓮華開演出真實妙音聲光、十方菩薩初發心光、一切菩薩得入諸地現神變光、一切菩薩修波羅蜜圓滿智光、一切菩薩大願智光、一切菩薩教化眾生方便智光、一切菩薩證於法界真實智光、一切菩薩得佛自在受生出家成正覺光。此十光明，普照無量諸眾生心。

「善男子！摩耶夫人於畢洛叉樹下坐時，復現菩薩將欲誕生十種神變。何等為十？

「善男子！菩薩將欲誕生之時，欲界諸天天子、天女，及以色界一切諸天、諸龍、夜叉、乾闥婆、阿修羅、迦樓羅、緊那羅、摩睺羅伽並其眷屬，為供養故，悉皆雲集。摩耶夫人威德殊勝，身諸毛孔咸放光明，普照三千大千世界無所障礙，一切光明悉皆不現，除滅一切眾生煩惱及惡道苦。是為菩薩將欲誕生第一神變。

「又，善男子！當爾之時，摩耶夫人腹中悉現三千世界一切形像，其百億閻浮提內，各有都邑，各有園林，名號不同，皆有摩耶夫人於中止住，天眾圍繞，悉為顯現菩薩將生不可思議神變之相。是為菩薩將欲誕生第二神變。

「又，善男子！摩耶夫人一切毛孔，皆現如來往昔修行菩薩道時，恭敬供養一切諸佛，及聞諸佛說法音聲。譬如明鏡及以水中，能現虛空日月、星宿、雲雷等像；摩耶夫人身諸毛孔亦復如是，能現如來往昔因緣。是為菩薩將欲誕生第三神變。

「又，善男子！摩耶夫人身諸毛孔，一一皆現如來往修菩薩行時，所住世界，城邑聚落，山林河海，眾生劫數，值佛出世，入淨國土，隨所受生，壽命長短，依善知識修行善法，於一切剎在在生處，摩耶夫人常為其母；如是一切，於毛孔中靡不皆現。是為菩薩將欲誕生第四神變。

「又，善男子！摩耶夫人一一毛孔，顯現如來往昔修行菩薩行時，隨所生處，色相形貌，衣服飲食，苦樂等事，一一普現，分明辨了。是為菩薩將欲誕生第五神變。

【章　旨】摩耶夫人從迦毗羅城出發到達嵐毗尼園林之時，此嵐毗尼園林中發出十種光明瑞相，而當摩耶夫人坐在畢洛叉樹下之時，此園林又出現菩薩將欲誕生的十種神變。此章先言前五種神變。

【注　釋】❶迦毗羅城　又作「迦毗羅衛」、「劫比羅伐窣堵國」等等，意譯為「蒼城」、「黃赤城」、「妙德城」

等等。此城為釋迦牟尼佛的故國。傳說迦毗羅衛國是日族英雄喬達摩所建立。在西元前六世紀前後，為迦毗羅衛國的強盛時期，釋迦族人口日益興旺，幾達百萬，分居十城，佛陀的故鄉劫比羅城位居諸城之首。阿育王曾經至此地瞻禮，並且樹立石柱作紀念。此後該城日益衰落。關於此城的地理位置，現今仍未能取得完全一致，有兩種意見可以考慮：其一，迦毗羅衛城位於尼泊爾南部的提勞拉柯特，此地距塔賴首府陶裡伐以北兩英里。其二，迦毗羅衛城位於現今印度北方邦東北部巴斯提區北部的比普拉瓦。兩種看法都有考古發掘的成果作依據。

**【語　譯】**「善男子！當摩耶夫人從迦毗羅城出發，進入嵐毗尼園林時，園林中又顯現出十種光明瑞相，使諸位眾生獲得法光明。十種法光明是什麼呢？它們是：一切寶華藏之光、寶香藏之光、寶蓮華開演出真實妙音聲之光、十方菩薩初發心之光、一切菩薩得入諸地顯現神變之光、一切菩薩修波羅蜜圓滿智之光、一切菩薩大願智之光、一切菩薩教化眾生方便智之光、一切菩薩證於法界真實智之光、一切菩薩獲得佛自在受生出家成正覺之光。這十種光明，普照無量諸眾生之心。

「善男子！當摩耶夫人坐在『畢洛叉』樹下之時，此園林中又顯現出菩薩將欲誕生的十種神變。這十種神變是什麼呢？

「善男子！菩薩將欲誕生之時，欲界的諸天天子、天女以及色界的一切諸天、諸龍、夜叉、乾闥婆、阿修羅、迦樓羅、緊那羅、摩睺羅伽並其眷屬，為了供養菩薩的緣故，都來雲集。摩耶夫人威德殊勝，身體上的諸毛孔都放出光明，普照三千大千世界而無所障礙，一切其他光明都完全不再顯現，除滅一切眾生煩惱及惡道之苦。這就是菩薩將欲誕生時的第一神變。

「又，善男子！當此之時，摩耶夫人腹中完全顯現出三千世界的一切形像，其百億閻浮提內各有都邑，各有園林，其名號雖然不同，但摩耶夫人都在其中止住、被天眾所圍繞，也都顯現出菩薩將生時的不可思議的神變之相。這就是菩薩將欲誕生時的第二神變。

「又，善男子！摩耶夫人的一切毛孔都顯現出如來往昔修行菩薩道時所恭敬供養的一切諸佛，也聽聞到諸佛說法的音聲。正如明鏡以及水中能夠顯現出虛空日月、星宿、雲雷等像一樣；摩耶夫人身中的諸毛孔也是如此，能夠顯現出如來往昔的因緣。這就是菩薩將欲誕生時的第三神變。

「又，善男子！摩耶夫人身中的諸毛孔，一一都顯現出如來往昔修菩薩行之時所住的世界。這些世界中的城邑聚落、山林河海以及眾生劫數，遇到佛出世，進入清淨國土，隨所受生，壽命的長短，依善知識修行善法，在一切國土再生之處，摩耶夫人常常為其母；如此一切，在摩耶夫人的毛孔中無不顯現出來。這就是菩薩將欲誕生時的第四神變。

「又，善男子！摩耶夫人的一一毛孔，都顯現出如來往昔修行菩薩行之時，隨所生之處顯現出的色相形貌、衣服飲食、苦樂等事都一一在其中完全顯現出來，歷歷分明。這就是菩薩將欲誕生時的第五神變。

「又，善男子！摩耶夫人身諸毛孔，一一皆現世尊往昔修施行時，捨所難捨——頭目耳鼻，脣舌牙齒，身體手足，血肉筋骨，男女妻妾，城邑宮殿，衣服瓔珞，金銀寶貨，如是一切內外諸物。亦見受者形貌、音聲及其處所。是為菩薩將欲誕生第六神變。

「又，善男子！摩耶夫人入此園時，其林普現過去所有一切諸佛入母胎時國土、園林、衣服、華鬘、塗香、末香、幡繒、幢蓋一切眾寶莊嚴之事，伎樂歌詠上妙音聲，令諸眾生普得見聞。是為菩薩將誕生時第七神變。

「又，善男子！摩耶夫人入此園時，從其身出菩薩所住摩尼寶王宮殿、樓閣，超過一切天、龍、夜叉、乾闥婆、阿修羅、迦樓羅、緊那羅、摩睺羅伽及諸人王之所住者，寶網覆上，妙香普熏，眾寶莊嚴，內外清淨，各各差別，不相雜亂，周匝偏滿嵐毗尼園。是為菩薩將誕生時第八神變。

「又，善男子！摩耶夫人入此園時，從其身出十不可說百千億那由他佛剎微塵數菩薩，其諸菩薩身形容貌、相好光明、進止威儀、神通眷屬，皆與毗盧遮那菩薩等無有異，悉共同時讚嘆如來。是為菩薩將誕生時第九神變。

「又，善男子！摩耶夫人將欲誕生菩薩之時，忽於其前，從金剛際出大蓮華，名為：一切寶莊嚴藏。金剛為莖，眾寶為鬚，如意寶王以為其臺，有十佛剎微塵數葉，一切皆以摩尼所成寶網、寶蓋以覆其上。一切天王所共執持；一切龍王降注香雨；一切夜叉王恭敬圍繞，散諸天華；一切乾闥婆王出微妙音，歌讚菩薩往昔供養諸佛功德；一切阿修羅王捨憍慢心，稽首❶敬禮；一切迦樓羅王垂寶繒幡，偏滿虛空；一切緊那羅王歡喜瞻仰，歌詠讚嘆菩薩功德；一切摩睺羅伽王皆生歡喜，歌詠讚嘆，普雨一切寶莊嚴雲。是為菩薩將誕生時第十神變。

【章　旨】妙德圓滿神繼續對善財童子講說當摩耶夫人坐在畢洛叉樹下之時，此園林出現的菩薩將欲誕生的十種神變中的後五種神變。

【注　釋】❶稽首　又稱「接足禮」，即以頭著地之禮，為佛教禮法之一。佛教之稽首，彎背曲躬，頭面著地，以兩掌伸向被禮拜者之雙足，故又稱為接足禮（接著對方之足）。此種以頭額觸地之禮拜，為印度之最高禮節。所謂接足作禮、頭面禮足、五體投地等即指此而言。在佛教中，「稽首」與「歸命」同義，若區別之，則「稽首」屬身，「歸命」屬意。

【語　譯】「又，善男子！摩耶夫人身中的諸毛孔，一一都顯現出世尊往昔修布施之行時，捨棄最難捨棄的──頭目耳鼻、脣舌牙齒、身體手足、血肉筋骨、男女妻妾、城邑宮殿、衣服瓔珞、金銀寶貨，如此一切身內身外諸物。也看見接受者的形貌、音聲以及處所。這就是菩薩將欲誕生時的第六神變。

「又，善男子！當摩耶夫人進入此園林時，其林中到處都顯現出過去所有一切諸佛進入母胎時的國土、園林、衣服、華鬘、塗香、末香、幡繒、幢蓋等等一切眾寶莊嚴之事，以及伎樂歌詠上等美妙的音聲，使諸眾生都能夠完全得以看見聽聞。這就是菩薩將誕生時的第七神變。

「又，善男子！當摩耶夫人進入此園中時，從其身上出現菩薩所住的摩尼寶王宮殿、樓閣，這宮殿、樓閣超過一切天、龍、夜叉、乾闥婆、阿修羅、迦樓羅、緊那羅、摩睺羅伽及諸人王所住的，其上有寶網覆蓋，妙香普熏，眾寶莊嚴，內外清淨，各各差別，不相雜亂，在嵐毗尼園周圍佈滿。這就是菩薩將誕生時的第八神變。

「又，善男子！當摩耶夫人進入此園中時，從其身上發出十不可說百千億那由他佛土微塵數菩薩，其諸菩薩身形容貌、相好光明、進止威儀、神通眷屬，都與毗盧遮那菩薩等沒有任何差異，都共同讚嘆如來。這就是菩薩將誕生時的第九神變。

「又，善男子！當摩耶夫人將欲誕生菩薩之時，忽然在其前，從金剛際生長出大蓮花，名為『一切寶莊嚴藏』。此花以金剛為莖，眾寶為鬚，以如意寶王作為其臺，有十佛土微塵數葉，一切都以摩尼所成寶網、寶蓋覆蓋其上。這朵花由一切天王共同執持；一切龍王降注香雨；一切夜叉王恭敬圍繞，散諸天花；一切乾闥婆王發出微妙聲音，歌讚菩薩往昔供養諸佛的功德；一切阿修羅王捨棄憍慢之心，稽首敬禮；一切迦樓羅王垂寶繒幡，徧滿虛空；一切緊那羅王歡喜瞻仰，歌詠讚嘆菩薩的功德；一切摩睺羅伽王都產生歡喜，歌詠讚嘆，普降一切寶莊嚴雲。這就是菩薩將誕生時的第十神變。

「善男子！嵐毗尼園示現如是十種相已，然後菩薩其身誕生。如虛空中現淨日輪，如高山頂出於慶雲，如密雲中而耀電光，如夜闇中而然大炬；爾時，菩薩從母脇生，身相光明亦復如是。善男子！菩薩爾時，雖現初生，悉已了達一切諸法，如夢如幻，如影如像，無來無去，不生不滅。

「善男子！當我見佛於此四天下閻浮提內嵐毗尼園示現初生種種神變時，亦見如來於三千大千世界百億四天下閻浮提內嵐毗尼園中示現初生種種神變；亦見三千大千世界一一塵中無量佛剎，亦見百佛世界、千佛世界乃至十方一切世界一一塵中無量佛剎，如是一切諸佛剎中，皆有如來示現受生種種神變。如是念念，常無間斷。」

【章　旨】妙德圓滿神繼續給善財童子講說世尊降生時的情景。

【語　譯】「善男子！嵐毗尼園示現出如此十種相之後，菩薩其身就誕生了。如虛空中顯現出清淨日輪，如高山頂上漂浮出吉祥的雲彩，如同密雲中而閃耀電光，如同暗夜中點燃的大火炬；這時，菩薩從母脇生，身相光明也是如此。善男子！當時菩薩，雖然顯現出初生，完全已經了達一切諸法，如夢如幻，如影如像，無來無去，不生不滅。

「善男子！當我看見佛在此四天下閻浮提內的嵐毗尼園林示現出初生的種種神變之時，也看見如來在三千大千世界的百億四天下閻浮提內嵐毗尼園中示現初生種種神變；也看見三千大千世界中的一一塵中無量佛土，也看見百佛世界、千佛世界甚至十方一切世界一一塵中無量佛土，如此一切諸佛土之中，都有如來示現出受生種種神變。如此念念，常無間斷。」

時，善財童子白彼神言：「大天❶得此解脫，其已久如？」

答言：「善男子！乃往古世，過億佛剎微塵數劫，復過是數。時，有世界名為普寶，劫名悅樂，八十那由他佛於中出現；其第一佛，名自在功德幢，十號具足。彼世界中，有四天下，名妙光莊嚴；其四天下閻浮提中，有一王都，名須彌莊嚴幢；其中有王，名寶燄眼；其王夫人，名曰喜光。善男子！如此世界摩耶夫人，為毗盧遮那如來之母；彼世界中喜光夫人，為初佛母，亦復如是。

「善男子！其喜光夫人將欲誕生菩薩之時，與二十億那由他采女詣金華園；園中有樓，名妙寶峰；其邊有樹，名一切施。喜光夫人攀彼樹枝而生菩薩，諸天王眾各持香水共以洗沐。時，有乳母名為淨光，侍立其側。既洗沐已，諸天王眾授與乳母。乳母敬受，生大歡喜，即得菩薩普眼三昧；得此三昧已，普見十方無量諸佛，復得菩薩於一切處示現受生自在解脫。如初受胎識，速疾無礙；得此解脫故，見一切佛乘本願力受生自在，亦復如是。善男子！於汝意云何？彼乳母者，豈異人乎？我身是也。我從是來，念念常見毗盧遮那佛示現菩薩受生海調伏眾生自在神力。如見毗盧遮那佛乘本願力，念念於此三千大千，乃至十方一切世界微塵之內，皆現菩薩受生神變；見一切佛悉亦如是，我皆恭敬承事供養，聽所說法，如說修行。」

【章　旨】善財童子又向妙德圓滿神請教證得自在受生解脫門的時間久暫。妙德圓滿神回答說：在往古世過億佛剎微塵數劫有名為「普寶」的世界，在「悅樂」大劫中有八十那由他佛於中出現。其第一佛「自在功德幢」所在的世界中的「妙光莊嚴」四天下的「須彌莊嚴幢」王都中，有一名為「寶餤眼」的國王，其王夫人名為「喜光」。當喜光夫人將欲誕生菩薩之時旁邊有一位名為「淨光」的乳母。而這位乳母就是妙德圓滿神的前身。

【注　釋】❶大天　即妙德圓滿神。

【語　譯】這時，善財童子又對妙德圓滿神說：「大天，您獲得這一解脫法門有多久了？」

妙德圓滿神回答說：「善男子！乃往古世過億佛剎微塵數劫，再過此數。當時，有一處名為『普寶』的世界，劫名為『悅樂』，此時有八十那由他佛於中出現；其第一佛名為『自在功德幢』，十號具足。這一世界中，有一名為『妙光莊嚴』的四天下；其四天下的閻浮提中有一處名為『須彌莊嚴幢』的王都；其中有一位名為『寶餤眼』的國王；其王夫人名為『喜光』。善男子！如同此世界的摩耶夫人為毗盧遮那如來之母一樣，那一世界中的喜光夫人，也是初佛之母。

「善男子！當那位喜光夫人將欲誕生菩薩之時，便與二十億那由他采女前往金華園中；園中有一處名為『妙寶峰』的樓；其邊有一棵名為『一切施』的樹。喜光夫人攀著那樹枝而生菩薩之時，諸天王眾各持香水共同以之洗沐。當時，有乳母名為『淨光』，侍立在夫人的身邊。在洗沐之後，諸位天王眾將初生的嬰兒授與乳母。乳母敬受，產生大歡喜，隨即獲得菩薩普眼三昧；獲得這一種三昧之後，完全看見十方無量諸佛，又得菩薩在一切處示現受生自在解脫。如同初受胎識，迅速無礙；由於獲得這一解脫的緣故，看見一切佛乘著本願力受生自在，也是如此。善男子！你是如何想這件事呢？那位乳母，難道是別人嗎？她就是我的前身啊！我從那時以來，念念常見毗盧遮那佛示現出菩薩受生海調伏眾生自在神力。如見毗盧遮那佛乘著本願之力，念念在此三千大千世界，甚至十方一切世界微塵之內，都顯現出菩薩受生的神變；看見一切佛都是如此，我都恭敬承事供養，聽其說法，如其說而實踐。」

時，嵐毗尼林神，欲重宣此解脫義，承佛神力，普觀十方而說頌言：

「佛子汝所問，諸佛甚深境；汝今應聽受，我說其因緣。過億剎塵劫，有劫名悅樂；八十那由他，如來出興世。最初如來號，自在功德幢；我在金華園，見彼初生日。我時為乳母，智慧極聰利；諸天授與我，菩薩金色身。我時疾捧持，諦觀不見頂，身相皆圓滿，一一無邊際。離垢清淨身，相好以莊嚴，譬如妙寶像，見已自欣慶。思惟彼功德，疾增眾福海；見此神通事，發大菩提心。專求佛功德，增廣諸大願，嚴淨一切剎，滅除三惡道。普於十方土，供養無數佛，修行本誓願，救脫眾生苦。我於彼佛所，聞法得解脫，億剎微塵數，無量劫修行。劫中所有佛，我悉曾供養，護持其正法，淨此解脫海。億剎微塵數，過去十力尊，盡持其法輪，增明此解脫。我於一念頃，見此剎塵中，一一有如來，所淨諸剎海。剎內悉有佛，園中示誕生，各現不思議，廣大神通力。或見不思議，億剎諸菩薩，住於天宮上，將證佛菩提。無量剎海中，諸佛現受生，說法眾圍繞，於此我皆見。一念見億剎，微塵數菩薩，出家趣道場，示現佛境界。我見剎塵內，無量佛成道，各現諸方便，度脫苦眾生。一一微塵中，諸佛轉法輪，悉以無盡音，普雨甘露法。億剎微塵數，一一剎塵內，悉見於如來，示現般涅槃。如是無量剎，如來示誕生；而我悉分身，現前興供養。不思議剎海，無量趣差別；我悉現其前，雨於大法雨。佛子我知此，難思解脫門，無量億劫中，稱揚不可盡。

「善男子！我唯知此菩薩於無量劫徧一切處示現受生自在解脫。如諸菩薩摩訶薩，能以一念為諸劫藏，觀一切法，以善方便而現受生；周徧供養一切諸佛，究竟通達一切佛法；於一切趣皆現受生，一切佛前坐蓮華座；知諸眾生應可度時，為現受生方便調伏；於一切剎現諸神變，猶如影像悉現其前。我當云何能知能說彼功德行？

「善男子！此迦毗羅城，有釋種女，名曰瞿波❶。汝詣彼問：菩薩云何於生死中教化眾生？」

時，善財童子頂禮其足，繞無數匝，殷勤瞻仰，辭退而去。

【章　旨】妙德圓滿神最後以偈頌形式總結自己所講，並且又向善財童子推薦迦毗羅城中的「瞿波」釋種女，囑咐善財童子前去拜訪請教。善財童子告別妙德圓滿神，繼續前行求法。

【注　釋】❶瞿波　關於此釋種女的名號，澄觀解釋說：「言『瞿波』者，此云『守護大地』，在家為父母守護太子，儲備守護國地。既為其妃，依主得名。表十地既圓，故無地不護。然太子有三夫人，一名『瞿波』，次名『耶輸陀羅』，三名『摩奴舍』。今因位之極故取其第一，法喜已滿故，寄之昔妃。此位親能得佛，故在生佛之城矣！」（澄觀《華嚴經疏》卷五十九，《大正藏》卷三十五，頁九四九中）這是說，「瞿波」為釋迦太子之妃，以其象徵「法雲地」是因為其能夠接近佛的緣故。

【語　譯】這時，嵐毗尼園妙德圓滿神想重新宣說這一自在受生解脫法門，秉承佛的神力，普觀十方而說頌：

「佛子汝所問，諸佛甚深境；汝今應聽受，我說其因緣。過億剎塵劫，有劫名悅樂；八十那由他，如來出興世。最初如來號，自在功德幢；我在金華園，見彼初生日。我時為乳母，智慧極聰利；諸天授與我，菩薩金色身。我時疾捧持，諦觀不見頂，身相皆圓滿，一一無邊際。離垢清淨身，相好以莊嚴，譬如妙寶像，見已自欣慶。思惟彼功德，疾增眾福海；見此神通事，發大菩提心。專求佛功德，增廣諸大願，嚴淨一切剎，滅除三惡道。普於十方土，供養無數佛，修行本誓願，救脫眾生苦。我於彼佛所，聞法得解脫，億剎微塵數，無量劫修行。劫中所有佛，我悉曾供養，護持其正法，淨此解脫海。億剎微塵數，過去十力尊，盡持其法輪，增明此解脫。我於一念頃，見此剎塵中，一一有如來，所淨諸剎海。剎內悉有佛，園中示誕生，各現不思議，廣大神通力。或見不思議，億剎諸菩薩，住於天宮上，將證佛菩提。無量剎海中，諸佛現受生，說法眾圍繞，於此我皆見。一念見億剎，微塵數菩薩，出家趣道場，示現佛境界。我見剎塵內，無量佛成道，各現諸方便，度脫苦眾生。一一微塵中，諸佛轉法輪，悉以無盡音，普雨甘露法。億剎微塵數，一一剎塵內，悉見於如來，示現般涅槃。如是無量剎，如來示誕生；而我悉分身，現前興供養。不思議剎海，無量趣差別；我悉現其前，雨於大法雨。佛子我知此，難思解脫門，無量億劫中，稱揚不可盡。

「善男子！我只是知曉這一『菩薩於無量劫徧一切處示現受生自在解脫』法門。如同諸位菩薩一樣，我能夠以一念作為諸劫的寶藏，觀一切法，以善方便而顯現受生；周徧供養一切諸佛，究竟通達一切佛法；對於一切趣都能夠受生，在一切佛前坐於蓮華座上；當知曉諸眾生應可度之時，前往為其顯現受生方便使其得到調伏；在一切國土顯現出諸神變，猶如影像都全部顯現在前。我如何能夠知曉、能夠演說這一功德行呢？

「善男子！在此迦毗羅城有釋迦族的女子名叫『瞿波』。你可以前往那裡向其請教：菩薩如何在生死中教化眾生？」

當時，善財童子頂禮其足，在其周圍繞行無數圈，殷勤瞻仰。然後，善財童子告別妙德圓滿神，踏上繼續求法的歷程。

# 華嚴經　入法界品之十六

**【題解】**本卷為〈入法界品〉「末會」中第四十二會，即善財童子「五十三參」中的第四十一參「瞿波釋種女會」的內容。

善財童子遵從妙德圓滿神的囑咐，前去拜訪「瞿波」釋種女，向其請教修行菩薩行的方法、途徑。善財童子來到菩薩集會的「普現法界光明講堂」，受到「無憂德」神與一萬名主宮殿神的迎接。無憂德神對善財童子大加稱讚。善財童子向無憂德神說明自己所證與所作。無憂德神以及其他神眾以偈頌讚頌善財童子，而無憂德神從此追隨善財童子而永不捨棄遠離。

善財童子進入普現法界光明講堂，看到坐在寶蓮華師子座上的瞿波釋種女，向其請教修行菩薩行的方法、途徑。瞿波釋種女首先對於善財童子發菩提心並且不懈求法的精神表示讚許，接著瞿波釋種女為善財童子講述「因陀羅網普智光明菩薩之行」，以及承事善知識的十種方法。後又以偈頌重新闡述了這一因陀羅網普智光明菩薩之行。瞿波釋種女應善財童子的請求，為其宣說「觀察一切菩薩三昧海解脫門」的境界。瞿波釋種女說，進入觀察一切菩薩三昧海解脫門就可以完全知曉娑婆世界、各類國土之海以及往昔諸佛之因緣。

瞿波釋種女應善財童子的請求，為其宣說自己獲得的觀察一切菩薩三昧海解脫門的機緣與時間久暫。瞿波釋種女回答說：在往古世過億佛剎微塵數劫有一名為「勝行」的劫，此劫中有一處名叫「無畏」的世界，此世界中有處名叫「安隱」的四天下。這一四天下的閻浮提中，有一座名為「高勝樹」的王城，此城中的國王名叫「財主」，其王有一位名叫「威德主」的太子。城中又有一位名為「善現」的母親，帶一名叫「具足妙德」的童女。城中「法雲光明」道場中有一位名為「勝日身」的如來出世。妙德童女因為夢中目睹如來而得以前往拜見太子。童女之母親向太子介紹妙德童女的出生以及成長經歷，激勵太子迎娶這位童女。太子進入香牙園告訴童女及童女之母自己修行佛法的志向，而妙德童女願意與太子一起修行並供養勝日身如來。妙德童女與其母親善現以及太子一起前往勝日身佛的住所拜見這位佛，並且聽聞勝日身佛說法。太子回宮將勝日身佛出世的消息告訴給國王。國王便捨棄王位，將其讓與太子，自己與一萬名眷屬一起去拜見勝日身佛。那位父王因為聽聞佛說法而發心出家，而那位太子則因七寶自然具足而成為轉輪聖王。

瞿波釋種女告訴善財童子，那位供養勝日身如來的妙德女，就是其前身，其因供養此劫中的最後一位佛，並且聽聞其說「出生一切如來燈」法門，立即獲得觀察一切菩薩三昧海境界解脫境界。瞿波釋種女給善財童子說，儘管自己獲得了觀察一切菩薩三昧海境界解脫，並且多劫修證，但卻未能知曉「普賢解脫」境界。因為此普賢解脫境界事理之無邊，與諸佛之境界相同。

瞿波釋種女又向善財童子推薦佛母「摩耶」，囑咐善財童子前去拜訪請教。瞿波釋種女最後以偈頌形式總結自己所講。善財童子於是告別瞿波釋種女，繼續前行求法。瞿波釋種女給善財童子宣講的觀察菩薩三昧海解脫法門，是進入「十地」之第十地——「法雲地」的方法。法雲地，又作「法雨地」。菩薩至此位，大法智雲含眾德水，如虛空覆隱無邊二障，使無量功德充滿法身，故名法雲。「寄位修行相」部分至此全部結束。

## 善財童子第四十一參：瞿波釋種女會

爾時，善財童子向迦毗羅城，思惟修習受生解脫，增長廣大，憶念不捨。

漸次遊行，至菩薩集會普現法界光明講堂，其中有神，號無憂德，與一萬主宮殿神俱，來迎善財，作如是言：「善來丈夫！有大智慧，有大勇猛，能修菩薩不可思議自在解脫，心恆不捨廣大誓願，善能觀察諸法境界；安住法城，入於無量諸方便門，成就如來功德大海；得妙辯才，善調眾生，獲聖智身，恆順修行，知諸眾生心行差別，令其歡喜趣向佛道。

「我觀仁者修諸妙行心無暫懈，威儀所行悉皆清淨，汝當不久得諸如來清淨莊嚴無上三業❶，以諸相、好莊嚴其身，以十力智瑩飾其心，遊諸世間。我觀仁者勇猛精進而無有比，不久當得普見三世一切諸佛，聽受其法，不久當得一切菩薩禪定解脫諸三昧樂，不久當入諸佛如來甚深解脫。何以故？見善知識親近供養，聽受其教，憶念修行，不懈不退，無憂無悔，無有障礙，魔及魔民不能為難，不久當成無上果故。」

【章　旨】這是善財童子「五十三參」的第四十一次參訪，也是〈入法界品〉「末會」中善財五十五會中的第四十二會。善財童子遵從妙德圓滿神的囑咐，前去拜訪「瞿波」釋種女，向其請教修行菩薩行的方法、途徑。在路上，善財童子來到菩薩集會的「普現法界光明講堂」，受到「無憂德」神與一萬名主宮殿神的迎接。無憂德神對善財童子大加稱讚。

【注　釋】❶如來清淨莊嚴無上三業　即「清淨三業」。據《菩薩瓔珞經》卷十一載，須菩提請問佛之色身如何，佛以三業清淨作答：第一，身業清淨，是指身之所行能防塞一切不善之法。第二，口業清淨，是指凡所言說的，都為真實誠信而永離邪妄之語。第三，意業清淨，是指收攝身心，常居寂定而別無異念。

【語　譯】這時，善財童子向迦毗羅城進發，思惟修習受生解脫法門，增長廣大，對於這一法門憶念不捨。

善財童子逐漸前進，到達菩薩集會的普現法界光明講堂。這一講堂中有一位號為「無憂德」的神，與一萬主宮殿神一起前來迎接善財童子，並且這樣說道：「歡迎你，大丈夫！你有大智慧，有大勇猛之力，能夠修習菩薩不可思議自在解脫法門，心永遠不捨棄廣大誓願，善於並且能夠觀察諸法境界；安住於法城，進入於無量諸方便門，成就如來功德大海；獲得美妙的辯才，善於調伏眾生，獲得聖智之身，永遠順修行，知曉諸眾生心行的差別，使其歡喜而趣向佛道。

「我看到你修諸妙行而心無暫懈，威儀所行也全部都很清淨，你當在不久獲得諸如來清淨莊嚴的無上三業，以諸相、好莊嚴其身，以十力之智瑩飾其心，在諸世間周遊。我看到你勇猛精進無有人可比，不久當得普見三世一切諸佛並且聽受諸佛法，不久當得一切菩薩禪定解脫諸三昧樂，不久當進入諸佛如來甚深解脫境界。為什麼這麼說呢？因為你看見善知識親近供養，聽受其教，憶念修行，不懈不退，無憂無悔，無有障礙，魔及魔民不能為難，不久當成無上果。」

善財童子言：「聖者！如向所說，願我皆得。聖者！我願一切眾生，息諸熱惱，離諸惡業，生諸安樂，修諸淨行。聖者！一切眾生，起諸煩惱，造諸惡業，墮諸惡趣，若身若心恆受楚毒，菩薩見已，心生憂惱。聖者！譬如有人，唯有一子，愛念情至，忽見被人割截肢體，其心痛切不能自安。菩薩摩訶薩亦復如是，見諸眾生以煩惱業墮三惡趣受種種苦，心大憂惱。若見眾生起身、語、意三種善業，生天人趣受身心樂，菩薩爾時生大歡喜。何以故？菩薩不自為故求一切智，不貪生死諸欲快樂，不隨想倒❶、見倒❷、心倒❸、諸結、隨眠、愛見力轉，不起眾生種種樂想，亦不味著諸禪定樂，非有障礙、疲厭、退轉住於生死。但見眾生於諸有中，具受無量種種諸苦，起大悲心，以大願力而普攝取。悲願力故，修菩薩行，為斷一切眾生煩惱，為求如來一切智智，為供養一切諸佛如來，為嚴淨一切廣大國土，為淨治一切眾生樂欲及其所有身心諸行，於生死中無有疲厭。

「聖者！菩薩摩訶薩於諸眾生，為莊嚴，令生人天富貴樂故；為父母，為其安立菩提心故；為養育，令其成就菩薩道故；為衛護，令其遠離三惡道故；為船師，令其得度生死海故；為歸依，令捨諸魔煩惱怖故；為究竟，令其永得清涼樂故；為津濟，令入一切諸佛海故；為導師，令至一切法寶洲故；為妙華，開敷諸佛功德心故；為嚴具，常放福德智慧光故；為可樂，凡有所作悉端嚴故；為可尊，遠離一切諸惡業故；為普賢，具足一切端嚴身故；為大明，常放智慧淨光明故；為大雲，常雨一切甘露法故。聖者！菩薩如是修諸行時，令一切眾生皆生愛樂、具足法樂。」

【章　旨】善財童子向無憂德神說明自己所證與所作。

【注　釋】❶想倒　顛倒之想。❷見倒　即「倒見」，顛倒事理真相之妄見。眾生以無常為常，以苦為樂，以無我為我，以不淨為淨，都屬於倒見。❸心倒　顛倒之心。

【語　譯】善財童子對無憂德神說：「聖者！如各位善知識所說，希望我都能夠證得。聖者！我希望一切眾生息滅諸煩惱，遠離諸惡業，產生諸安樂，修習諸淨行。聖者！一切眾生生起諸煩惱，造作諸惡業，墮於諸惡趣，無論是身還是心永遠受到毒害，菩薩看到這種情形心中產生憂慮煩惱。聖者！譬如有人，只有一子，愛念情至，忽然看見自己的兒子被人割截肢體，其心痛切不能自安。菩薩也是如此，看見諸眾生以煩惱業墮於三惡趣受到種種痛苦的折磨，心中產生大憂慮煩惱。如果看見眾生起身、語、意三種善業，生於天、人趣享受身心之樂，菩薩當時就產生大歡喜。為什麼這樣呢？菩薩不是為自己的緣故去追求一切智，不貪戀生死諸欲的快樂，不隨從想倒、見倒、心倒、諸結、隨眠、愛見之力的轉持，不生起眾生種種快樂之想，也不回味執著諸禪定之樂，並沒有障礙、疲倦厭惡、退轉之心而住於生死。只是看見眾生在諸有之中，具受無量種種諸苦，便生起大悲心，以大願力而完全攝取。因為悲願之力的緣故，修習菩薩行，為了斷絕一切眾生的煩惱，為了求取如來一切智智，為了供養一切諸佛如來，為了嚴淨一切廣大國土，為了淨治一切眾生樂欲及其所有身心的諸行，菩薩在生死之中沒有疲倦厭惡。

「聖者！菩薩為眾生的莊嚴，使其生於人、天而享受富貴之樂的緣故；為眾生的父母，因為菩薩為其安立菩提心的緣故；為眾生的養育者，因為菩薩使其成就菩薩之道的緣故；為眾生的衛護，因為菩薩使其遠離三惡道的緣故；為眾生的船師，因為菩薩使其得以度過生死之海的緣故；為眾生的歸依，因為菩薩使其捨棄諸魔的煩惱恐怖的緣故；為眾生指明究竟之處，因為菩薩使其永遠獲得清涼之樂的緣故；為眾生的渡口，因為菩薩使其得以進入一切諸佛之海的緣故；為眾生的導師，因為菩薩使其至一切法寶洲的緣故；為妙花，因為菩薩開敷諸佛功德心的緣故；為眾生的莊嚴具，因為菩薩常常放出福德智慧之光的緣故；眾生可以憑藉其獲得快樂，因為菩薩的所有作為都完全端莊美觀的緣故；為眾生可以尊重的對象，因為菩薩遠離一切諸惡業的緣故；為普賢，因為菩薩具足一切端嚴身的緣故；為眾生的大光明，因為菩薩常常放出智慧清淨光明的緣故；為宏大的雲彩，因為菩薩常常降下一切甘露法的緣故。聖者！菩薩如此修習諸行時，使一切眾生都產生喜愛快樂、具足法樂。」

爾時，善財童子將昇法堂。其無憂德及諸神眾，以出過諸天上妙華鬘、塗香、末香，及以種種寶莊嚴具，散善財上，而說頌言：

「汝今出世間，為世大明燈，普為諸眾生，勤求無上覺。無量億千劫，難可得見汝；功德日今出，滅除諸世闇。汝見諸眾生，顛倒惑所覆，而興大悲意，求證無師道❶。汝以清淨心，尋求佛菩提，承事善知識，不自惜身命。汝於諸世間，無依無所著，其心普無礙，清淨如虛空。汝修菩提行，功德悉圓滿，放大智慧光，普照一切世。汝不離世間，亦不著於世，行世無障礙，如風遊虛空。譬如火災起，一切無能滅；汝修菩提行，精進火亦然。勇猛大精進，堅固不可動，金剛慧師子，遊行無所畏。一切法界中，所有諸剎海，汝悉能往詣，親近善知識。」

爾時，無憂德神說此頌已，為愛樂法故，隨逐善財，恆不捨離。

【章旨】無憂德神以及其他神眾以偈頌讚頌善財童子，而無憂德神從此追隨善財童子而永不捨棄遠離。

【注釋】❶無師道　指求取「無師智」之道。「無師智」指非藉他力、不待他人教而自然成就之智慧，一般是指無師而獨自覺悟的佛智。

【語譯】這時，善財童子要登上法堂。無憂德及諸神眾以出產於諸天上的美妙的花鬘、塗香、末香以及種種珍寶製作的莊嚴具，撒播在善財童子的身上，並且說頌道：

「汝今出世間，為世大明燈，普為諸眾生，勤求無上覺。無量億千劫，難可得見汝；功德日今出，滅除諸世闇。汝見諸眾生，顛倒惑所覆，而興大悲意，求證無師道。汝以清淨心，尋求佛菩提，承事善知識，不自惜身命。汝於諸世間，無依無所著，其心普無礙，清淨如虛空。汝修菩提行，功德悉圓滿，放大智慧光，普照一切世。汝不離世間，亦不著於世，行世無障礙，如風遊虛空。譬如火災起，一切無能滅；汝修菩提行，精進火亦然。勇猛大精進，堅固不可動，金剛慧師子，遊行無所畏。一切法界中，所有諸剎海，汝悉能往詣，親近善知識。」

這時，無憂德神等說完此偈頌之後，因為喜愛法的緣故，跟隨善財童子，永遠不捨棄遠離善財童子。

爾時，善財童子入普現法界光明講堂，週徧推求彼釋氏女，見在堂內，坐寶蓮華師子之座，八萬四千采女所共圍繞。是諸采女，靡不皆從王種中生，悉於過去修菩薩行同種善根，布施、愛語普攝眾生；已能明見一切智境，已共修集佛菩提行；恆住正定，常遊大悲，普攝眾生猶如一子；慈心具足，眷屬清淨；已於過去成就菩薩不可思議善巧方便，皆於阿耨多羅三藐三菩提得不退轉，具足菩薩諸波羅蜜；離諸取著，不樂生死；雖行諸有，心常清淨，恆勤觀察一切智道；離障蓋網，超諸著處，從於法身而示化形；生普賢行，長菩薩力，智日慧燈悉已圓滿。

爾時，善財童子詣彼釋女瞿波之所，頂禮其足，合掌而住，作如是言：「聖者！我已先發阿耨多羅三藐三菩提心，而未知菩薩云何於生死中，而不為生死過患❶所染？了法自性，而不住聲聞、辟支佛地？具足佛法，而修菩薩行？住菩薩地，而入佛境界？超過世間，而於世受生？成就法身，而示現無邊種種色身？證無相法❷，而為眾生示現諸相？知法無說，而廣為眾生演說諸法？知眾生空，而恆不捨化眾生事？雖知諸佛不生不滅，而勤供養無有退轉？雖知諸法無業無報，而修諸善行恆不止息？」

【章　旨】善財童子進入普現法界光明講堂，看到坐在寶蓮華師子座上的瞿波釋種女，向其請教修行菩薩行的方法、途徑。

【注　釋】❶過患　過咎與災患。❷無相法　一指涅槃，二指「三解脫門」的「無相門」。無相門，又作「無想門」，由知曉一切法空而觀男女一異等相實際上是不可得；如果能夠如此通達諸法無相，即離差別相而獲得自在。

【語　譯】這時，善財童子進入普現法界光明講堂，到處尋找那位釋種女。善財童子終於在堂內看見坐在寶蓮華師子座上並且被八萬四千名采女共同圍繞的瞿波釋種女。這些采女無不都從國王的種姓中出生，也都在過去修習菩薩行且同時種植下善根，以布施、愛語普攝眾生；已經能夠明見一切智的境界，已經一起修習聚集佛的菩提之行；恆住於正定，常遊於大悲門，普攝眾生猶如一子；慈心具足，眷屬清淨；已經於過去成就菩薩不可思議善巧的方便，都對於阿耨多羅三藐三菩提獲得不退轉，具足菩薩諸波羅蜜；遠離諸取著，不樂生死之形；即使行於諸有，而心卻經常清淨，一直勤於觀察一切智之道；遠離障蓋之網，超越諸著之處，跟從於法身而示現出化身之形；產生普賢行，增長菩薩之力，智日慧燈都已經圓滿。

這時，善財童子前往那位釋女瞿波的所在處，頂禮其足，合掌站立，對瞿波釋種女這樣說道：「聖者！我早先已經發阿耨多羅三藐三菩提心，但卻不知曉菩薩如何處於生死之中卻不被生死過咎與災患所污染？如何纔能了達法的自性，而不住於聲聞、辟支佛之地？然後纔能具足佛法而修習菩薩行？如何纔能住於菩薩地，從而進入佛的境界？如何纔能超過世間但卻在世間受生？如何纔能在成就法身的情形下卻為眾生示現出無邊的種種色身？如何纔能在證得無相之法的情形下卻為眾生示現出世間的諸相？如何纔能在知曉法是無法以語言表達的情形下卻能夠廣為眾生演說諸法？如何纔能在知曉眾生本來就是空的情形下卻永遠不捨棄化度眾生之事？如何纔能在即使知曉諸佛不生不滅的情形下卻一直勤於供養諸佛而無有退轉？如何纔能在即使知曉諸法無業無報的情形下卻修習諸善行而永遠不停止？」

時，瞿波女告善財言：「善哉善哉！善男子！汝今能問菩薩摩訶薩如是行法，修習普賢諸行願者能如是問。諦聽諦聽！善思念之！我當承佛神力，為汝宣說。

「善男子！若諸菩薩成就十法，則能圓滿因陀羅網普智光明菩薩之行❶。何等為十？所謂：依善知識故，得廣大勝解故，得清淨欲樂故，集一切福智故，於諸佛所聽聞法故，心恆不捨三世佛❷故，同於一切菩薩行故，一切如來所護念故，大悲妙願皆清淨故，能以智力普斷一切諸生死故。是為十。若諸菩薩成就此法，則能圓滿因陀羅網普智光明菩薩之行。

「佛子！若菩薩親近善知識，則能精進不退修習出生無盡佛法。佛子！菩薩以十種法，承事善知識。何等為十？所謂：於自身命無所顧惜，於世樂具心不貪求，知一切法性皆平等，永不退捨一切智願，觀察一切法界實相，心恆捨離一切有海，知法如空心無所依，成就一切菩薩大願，常能示現一切剎海，淨修菩薩無礙智輪。佛子！應以此法承事一切諸善知識，無所違逆。」

爾時，釋迦瞿波女，欲重明此義，承佛神力，觀察十方，而說頌❸言：

「菩薩為利諸群生，正念親承善知識，敬之如佛心無怠，此行於世帝網行。勝解廣大如虛空，一切三世悉入中，國土眾生佛皆爾，此是普智光明行。志樂如空無有際，永斷煩惱離諸垢，一切佛所修功德，此行於世身雲行。菩薩修習一切智，不可思議功德海，淨諸福德智慧身，此

行於世不染行。一切諸佛如來所，聽受其法無厭足，能生實相智慧燈，
此行於世普照行。十方諸佛無有量，一念一切悉能入，心恆不捨諸如來，
此向菩提大願行。能入諸佛大眾會，一切菩薩三昧海，願海及以方便海，
此行於世帝網行。一切諸佛所加持，盡未來際無邊劫，處處修行普賢道，
此是菩薩分身❹行。見諸眾生受大苦，起大慈悲現世間，演法光明除闇
冥，此是菩薩智日行。見諸眾生在諸趣，為集無邊妙法輪，令其永斷生
死流，此是修行普賢行。菩薩修行此方便，隨眾生心而現身，普於一切
諸趣中，化度無量諸含識。以大慈悲方便力，普遍世間而現身，隨其解
欲為說法，皆令趣向菩提道。」

時，釋迦瞿波說此頌已，告善財童子言：「善男子！我已成就觀察一切菩薩三昧海解脫門❺。」

【章旨】瞿波釋種女首先對於善財童子發菩提心並且不懈求法的精神表示讚許，接著瞿波

釋種女為善財童子講述「因陀羅網普智光明菩薩之行」，以及承事善知識的十種方法。後又以偈頌重新闡述了這一因陀羅網普智光明菩薩之行。

【注 釋】❶因陀羅網普智光明菩薩之行　依此十法可以照重重無盡之法，因此名為「因陀羅網普智光明菩薩之行」。❷三世佛　指過去佛迦葉諸佛、現在佛釋迦牟尼佛、未來佛彌勒諸佛。❸頌　此中有十二偈分二，前十偈頌前十種「帝網行」。前面的長行只名「帝網光明行」，為十法的通稱，此偈中第一、第二偈取前面的總名，後之八行各別立稱。之所以如此，是因為八名一一通其十行，重重無礙方受帝網之名，又須得斯偈意方了前名。後二偈頌前事友十法（參見澄觀《華嚴經疏》卷五十九，《大正藏》卷三十五，頁九五〇上）。❹分身　指諸佛、菩薩由於慈悲，用種種方便法門，化身至各處教化眾生。分身是為了教化、攝取眾生而起，因此又稱之為「分身攝化」、「分身度化」或「分身遣化」。❺觀察一切菩薩三昧海解脫門　關於此法門，澄觀解釋說：「謂一切菩薩，普賢三昧深廣如海。如法界故『深』，如眾生名故『廣』，以殊妙智念念觀察故立此名。」（澄觀《華嚴經疏》卷五十九，《大正藏》卷三十五，頁九五〇上）

【語 譯】這時，瞿波釋種女對善財童子說：「好啊！好啊！善男子！你今天能夠問菩薩如此行法，修習普賢諸行願者纔能如此問。仔細聽！仔細聽！好好地思念這些！我應當秉承佛神之力，為你宣說。

「善男子！如果諸菩薩能夠成就這十種法，就能夠圓滿『因陀羅網普智光明菩薩之行』。這十種法是什麼呢？它們是：依善知識的緣故，獲得廣大殊勝之悟解的緣故，獲得清淨欲樂的緣故，積集一切福智的緣故，在諸佛的住所聽聞佛說法的緣故，心永遠不捨棄三世佛的緣故，與一切菩薩行相同的緣故，被一切如來所護念的緣故，大悲美妙的願望都清淨的緣故，能夠以智力完全斷絕一切諸生死的緣故。這就是十種法。如果諸菩薩能夠成就此法，就能夠圓滿因陀羅網普智光明菩薩之行。

「佛子！如果菩薩能夠親近善知識，就能夠精進不退轉地修習並且出生無盡佛法。佛子！菩薩以上述十種法，親近承事各位善知識。這十種方法是什麼呢？所謂：對於自己的身體生命無所顧惜，對於世間的快樂能夠具有不貪求之心，知曉一切法性都是平等的，永遠不退轉不捨棄一切智之大願，觀察一切法界的實相，心永遠不捨棄遠離一切有之海，知曉法就是空從而心無所依，成就一切菩薩大願，常常能夠示現一切國土之海，清淨修行菩薩無礙智慧之輪。佛子！應該以此法承事一切諸善知識，沒有任何違逆。」

這時，釋迦瞿波女想重新闡述此義，承佛之神力，觀察十方，而說頌言：

「菩薩為利諸群生，正念親承善知識，敬之如佛心無怠，此行於世『帝網行』。勝解廣大如虛空，一切三世悉入中，國土眾生佛皆爾，此是『普智光明行』。志樂如空無有際，永斷煩惱離諸垢，一切佛所修功德，此行於世『身雲行』。菩薩修習一切智，不可思議功德海，淨諸福德智慧身，此行於世『不染行』。一切諸佛如來所，聽受其法無厭足，能生實相智慧燈，此行於世『普照行』。十方諸佛無有量，一念一切悉能入，心恒不捨諸如來，此向菩提『大願行』。能入諸佛大眾會，一切菩薩三昧海，願海及以方便海，此行於世帝網行。一切諸佛所加持，盡未來際無邊劫，處處修行普賢道，此是菩薩『分身行』。見諸眾生受大苦，起大慈悲現世間，演法光明除闇冥，此是『菩薩智日行』。見諸眾生在諸趣，為集無邊妙法輪，令其永斷生死流，此是『修行普賢行』。菩薩修行此方便，隨眾生心而現身，普於一切諸趣中，化度無量諸含識。以大慈悲方便力，普徧世間而現身，隨其解欲為說法，皆令趣向菩提道。」

當時，釋迦瞿波女說完此頌之後，就告訴善財童子說：「善男子！我已經成就觀察一切菩薩三昧海解脫門。」

善財言：「大聖！此解脫門境界云何？」

答言：「善男子！我入此解脫，知此娑婆世界佛剎微塵數劫，所有眾生於諸趣中，死此生彼，作善作惡，受諸果報，有求出離、不求出離，正定❶、邪定❷及以不定❸，有煩惱善根，無煩惱善根，具足善根，不具足善根，不善根所攝善根，善根所攝不善根；如是所集善、不善法，我皆知見。又彼劫中所有諸佛名號、次第，我悉了知。彼佛世尊從初發心，及以方便求一切智，出生一切諸大願海，供養諸佛，修菩薩行，成等正覺，轉妙法輪，現大神通，化度眾生，我悉了知。亦知彼佛眾會差別，其眾會中有諸眾生依聲聞乘而得出離，其聲聞眾過去修習一切善根，及其所得種種智慧，我悉了知。有諸眾生依獨覺乘而得出離，其諸獨覺所有善根、所得菩提、寂滅解脫、神通變化、成熟眾生、入於涅槃，我悉了知。亦知彼佛諸菩薩眾，其諸菩薩從初發心，修習善根，出生無量諸大願行，成就滿足諸波羅蜜種種莊嚴菩薩之道，以自在力，入菩薩地，住菩薩地，觀菩薩地，淨菩薩地，菩薩地相、菩薩地智、菩薩攝智、菩薩教化眾生智、菩薩建立智、菩薩廣大行境界、菩薩神通行、菩薩三昧海、菩薩方便，菩薩於念念中所入三昧海、所得一切智光明、所獲一切智電光雲、所得實相忍❹、所通達一切智、所住剎海、所入法海、所知眾生海、所住方便、所發誓願、所現神通，我悉了知。

「善男子！此娑婆世界，盡未來際，所有劫海，展轉不斷，我皆了知。如知娑婆世界，亦知娑婆世界內微塵數世界，亦知娑婆世界內一切世界，亦知娑婆世界微塵內所有世界，亦知娑婆世界外十方無間所住世界，亦知娑婆世界世界種所攝世界，亦知毗盧遮那世尊此華藏世界海中十方無量諸世界種所攝世界，所謂：世界廣博、世界安立、世界輪、世界場、世界差別、世界轉、世界蓮華、世界須彌、世界名號。盡此世界海一切世界，由毗盧遮那世尊本願力故，我悉能知，亦能憶念。

「亦念如來往昔所有諸因緣海。所謂：修集一切諸乘方便，無量劫中，住菩薩行，淨佛國土，教化眾生，承事諸佛，造立住處，聽受說法，獲諸三昧，得諸自在；修檀波羅蜜入佛功德海，持戒苦行，具足諸忍❺，勇猛精進，成就諸禪，圓滿淨慧；於一切處示現受生，普賢行願悉皆清淨，普入諸剎，普淨佛土，普入一切如來智海，普攝一切諸佛菩提，得於如來大智光明，證於諸佛一切智性，成等正覺，轉妙法輪；及其所有道場眾會，其眾會中一切眾生，往世已來所種善根，從初發心，成熟眾生，修行方便，念念增長，獲諸三昧神通解脫。如是一切，我悉了知。何以故？我此解脫，能知一切眾生心行、一切眾生修行善根、一切眾生雜染清淨、一切眾生種種差別、一切聲聞諸三昧門、一切緣覺寂靜三昧神通解脫、一切菩薩一切如來解脫光明，皆了知故。」

【章　旨】瞿波釋種女應善財童子的請求，為其宣說「觀察一切菩薩三昧海解脫門」的境界。瞿波釋種女說，進入觀察一切菩薩三昧海解脫門就可以完全知曉娑婆世界、各類國土之海以及往昔諸佛之因緣。

【注　釋】❶正定　即「正定聚」，又作「正性定聚」、「等聚」、「善聚」，「三定聚」之一。指眾生中一定可以證悟佛法者。依《俱舍論》卷十載，「正定聚」是指「見道」以上的聖者。一般是指菩薩階位在十信以上者。❷邪定　即「邪定聚」，又作「邪性定聚」、「必邪聚」、「邪見際」，為「三定聚」之一。指一定必然進入邪法類聚的眾生。具體是指造作五無間業的眾生，此等之人，由於不具備成佛之素質，亦無法證悟，因此，佛典說「邪定聚」者必然不能進入涅槃境界。❸不定　即「不定聚」，又作「不定性聚」、「亦不在邪亦不在正見際」，「三定聚」之一。此類眾生或進入「正定」，或進入「邪定」，因為其性正、邪未屬，遇善緣則成「正定（聚）」，得惡緣則成「邪定（聚）」。❹實相忍　即「忍」、「忍辱」、「堪忍」、「安忍」等，指菩薩之「六度」的「忍辱波羅蜜」。即受他人之侮辱惱害等而不生瞋心，或自身遇苦而不動心，證悟真理，心安住於理即「實相」上。如淨影慧遠《大乘義章》卷十一說：「於法實相安住為『忍』。」❺諸忍　「忍」即「忍耐」，有「二忍」、「三忍」、「四忍」、「五忍」、「六忍」、「十忍」等不同分類。「二忍」有「生忍」與「法忍」、「世間忍」與「出世間忍」、「安受苦忍」與「觀察法忍」三種不同說法。「三忍」有「耐怨害忍」、「安受苦忍」、「諦察法忍」等。「四忍」即「無生法忍」、「無滅忍」、「因緣忍」、「無住忍」。「五忍」包括「伏忍」、「信忍」、「順忍」、「無生忍」、「寂滅忍」。「六忍」即「信忍」、「法忍」、「修忍」、「正忍」、「無垢忍」、「一切智忍」。「十忍」則分別指菩薩忍受真理而獲得的十種安住心以及菩薩所具的十種忍受行兩種不同說法。

【語　譯】善財童子向瞿波釋種女請教說：「大聖！這一『觀察一切菩薩三昧海解脫門』的境界如何呢？」

瞿波釋種女回答說：「善男子！我進入這一解脫門，知曉此娑婆世界佛土微塵數劫的所有眾生，在諸趣之中，死於此而生於彼，作善作惡，受諸果報；有追求出離的眾生，也有不追求出離的眾生，有正定、邪定及不定三類眾生，有煩惱中種植了善根的眾生，也有煩惱中沒有種植善根的眾生，有具足善根的眾生，也有未具足善根的眾生，有不善之根攝入善根的眾生，也有善根攝入不善根的眾生；眾生如此所集的善、不善法，我都可以知見。又彼劫中所有諸佛的名號、出世次第，我都全部了知。那位佛世尊從初發心到以方便求取一切智，出生一切諸大願之海，供養諸佛，修習菩薩行，成就等正覺，旋轉微妙法輪，顯現大神通，化度眾生，我都全部了知。我也知曉那些佛眾會的差別，其眾會中有諸眾生依靠聲聞乘而得以出離，其聲聞眾過去修習的一切善根以及其所得的種種智慧，我都全部了知。有諸眾生依靠獨覺乘而得以出離，其諸獨覺所有的善根、所獲得的菩提、寂滅解脫、神通變化、成熟眾生、進入涅槃，我都全部了知。我也知曉那圍繞著佛的諸菩薩眾，其諸菩薩從初發心到修習善根，出生無量諸大願行，成就滿足諸波羅蜜種種莊嚴菩薩之道，以自在之力，進入菩薩地，住於菩薩地，觀想菩薩地，清淨菩薩地，菩薩地之相、菩薩地之智、菩薩所攝之智、菩薩教化眾生之智、菩薩建立智、菩薩廣大行之境界、菩薩神通行、菩薩三昧海、菩薩的方便，菩薩在念念中所入的三昧海、所得的一切智之光明、所獲得的一切智之雷光雲、所獲得的實相忍、所通達的一切智、所住的國土海、所進入的法海、所知曉的眾生海、所住的方便、所發的誓願、所顯現的神通，我全部都了知。

「善男子！此娑婆世界，盡未來際的所有劫之海，展轉不斷，我都能夠了知。譬如，我知曉娑婆世界，也知曉娑婆世界之內的微塵數世界，也知曉娑婆世界內的一切世界，也知曉娑婆世界微塵內的所有世界，也知曉娑婆世界外十方無間所住世界，也知曉娑婆世界世界種所攝的世界，也知曉毗盧遮那世尊此華藏世界海中的十方無量諸世界種所攝世界，所謂：世界廣博、世界安立、世界輪、世界場、世界差別、世界流轉、世界中的蓮花、世界須彌山、世界的名號。盡此世界海的一切世界，憑藉毗盧遮那世尊本願之力的緣故，我都能夠知曉，也能夠憶念。

「我也念如來往昔所有諸因緣之海。所謂：修集一切諸乘方便，在無量劫中，住於菩薩行，清淨佛的國土，教化眾生，承事諸佛，造立住處，聽受諸佛說法，獲得諸三昧，獲得諸自在；修習檀波羅蜜進入佛之功德海，持戒苦行，具足諸忍，勇猛精進，成就諸禪，圓滿清淨智慧；於一切處示現受生，對於普賢行願都能夠全部清淨，完全進入諸國土，完全清淨佛土，完全進入一切如來智之海，完全攝入一切諸佛菩提，獲得如來的大智光明，證得諸佛的一切智之性，成就等正覺，旋轉微妙法輪。我也知曉所有道場眾會以及眾會中得一切眾生在往世已來所種植的善根，從初發心到成熟眾生，修行方便，念念增長，獲得諸三昧神通解脫。如此一切，我都完全了知。為什麼呢？我這一解脫法門，能夠知曉一切眾生的心行、一切眾生所修行的善根、一切眾生雜染清淨、一切眾生的種種差別、一切聲聞的諸三昧門、一切緣覺的寂靜三昧神通解脫法門、一切菩薩以及一切如來的解脫光明，我都能夠了知。」

爾時，善財童子白瞿波言：「聖者得此解脫，其已久如？」

答言：「善男子！我於往世，過佛剎微塵數劫，有劫名勝行，世界名無畏。彼世界中，有四天下，名為安隱。其四天下閻浮提中，有一王城，名高勝樹，於八十王城中最為上首。彼時，有王名曰財主，其王具有六萬采女、五百大臣、五百王子；其諸王子皆悉勇健，能伏怨敵。其王太子，名威德主，端正殊特，人所樂見，足下平滿❶，輪相備具❷，足趺隆起❸，手足指間皆有網縵❹，足跟齊正❺，手足柔軟❻，伊尼耶鹿王腨❼，七處圓滿❽，陰藏隱密❾，其身上分如師子王❿，兩肩平滿⓫，雙臂傭長⓬，身相端直⓭，頸文三道，頰如師子⓮，具四十齒⓯悉皆齊密⓰，四牙鮮白⓱，其舌長廣⓲出梵音聲⓳，眼目紺青⓴，睫如牛王㉑，眉間毫相㉒，頂上肉髻㉓，皮膚細軟如真金色㉔，身毛上靡㉕，髮帝青色㉖，其身洪滿如尼拘陀樹㉗。

「爾時，太子受父王教，與十千采女詣香牙園遊觀戲樂。太子是時，乘妙寶車，其車具有種種嚴飾，置大摩尼師子之座而坐其上；五百采女各執寶繩牽馭而行，進止有度，不遲不速；百千萬人持諸寶蓋，百千萬人持諸寶幢，百千萬人持諸寶幡，百千萬人作諸伎樂，百千萬人燒諸名香，百千萬人散諸妙華，前後圍繞而為翊從。道路平正，無有高下，眾寶雜華散佈其上；寶樹行列，寶網彌覆，種種樓閣延袤其間。其樓閣中，或有積聚種種珍寶，或有陳列諸莊嚴具，或有供設種種飲食，或有懸佈種種衣服，或有備擬諸資生物，或復安置端正女人，及以無量僮僕侍從；隨有所須，悉皆施與。

「時，有母人名為善現，將一童女名具足妙德，顏容端正，色相嚴潔，洪纖得所，修短合度，目髮紺青，聲如梵音，善達工巧，精通辯論，恭勤匪懈，慈愍不害，具足慚愧，柔和質直，離癡寡欲，無諸諂誑，乘妙寶車，采女圍繞，及與其母從王城出，先太子行。見其太子言辭諷詠，心生愛染，而白母言：『我心願得敬事此人，若不遂情，當自殞滅。』

母告女言：『莫生此念。何以故？此甚難得。此人具足輪王諸相，後當嗣位作轉輪王，有寶女出，騰空自在。我等卑賤，非其匹偶。此處難得，勿生是念。』

「彼香牙園側，有一道場，名法雲光明。時，有如來名勝日身，十號具足，於中出現已經七日。時，彼童女暫時假寐，夢見其佛；從夢覺已，空中有天而告之言：『勝日身如來，於法雲光明道場成等正覺已經七日，諸菩薩眾前後圍繞。天、龍、夜叉、乾闥婆、阿修羅、迦樓羅、緊那羅、摩睺羅伽、梵天乃至色究竟天，諸地神、風神、火神、水神、河神、海神、山神、樹神、園神、藥神、主城神等，為見佛故，皆來集會。』」

【章旨】瞿波釋種女應善財童子的請求，為其宣說自己獲得觀察一切菩薩三昧海解脫門的機緣與時間久暫。瞿波釋種女回答說：在往古世過億佛剎微塵數劫有一名為「勝行」的劫，此劫中有一處名叫「無畏」的世界，此世界中有處名叫「安隱」的四天下。這一四天下的閻浮提中，有一座名為「高勝樹」的王城，此城中的國王名叫「財主」，其王有一位名叫「威德主」的太子。城中又有一位名為「善現」的母親，帶一名叫「具足妙德」的童女。城中的「法雲光明」道場中有一位名為「勝日身」的如來出世。

【注釋】❶足下平滿　即「足下安平立相」、「兩足掌下皆悉平滿相」，佛三十二相之一。指佛的足底平直柔軟，安住密著於地面。❷輪相備具　即「足下二輪相」、「千輻輪相」，佛的三十二相之一。指佛足心所顯現的一千輻輪寶之肉紋相。❸足趺隆起　即「足趺高滿相」、「足趺隆起相」、「足趺端厚相」、「足趺高平相」，佛的三十二相之一。指佛的足背高起圓滿之相。❹手足指間皆有網縵　即「手足指縵網相」、「指間雁王相」、「俱有網鞔相」、「指網縵相」，佛的三十二相之一。指佛的手足的每一指間，都有縵網交互連絡之紋樣，如雁王張指則現，不張則不現。❺足跟齊正　即「足跟廣平相」、「足跟圓滿相」、「足跟長相」、「腳跟長相」，佛的三十二相之一。指佛的足踵圓滿廣平之相。❻手足柔軟　即「手足柔軟相」、「手足如兜羅綿相」、「手足細軟相」，佛的三十二相之一。指佛的手足極柔軟，如細劫波毳之相。❼伊尼耶鹿王腨　即「伊泥延腨相」、「腨如鹿王相」、「鹿王腨相」、「兩腨鹿王相」，佛的三十二相之一。指佛的股骨如鹿王般纖圓之相。❽七處圓滿　即「七處隆滿相」、「七處滿肩相」、「七處隆相」，指佛的三十二相之一。指佛的兩手、兩足下、兩肩、頸項等七處之肉都隆滿、柔軟。❾陰藏隱密　即「陰藏相」、「馬陰藏相」、「陰馬藏相」、「象馬藏相」，佛的三十二相之一。指佛的男根密隱於體內如馬陰（或象陰）之相。❿其身上分如師子王　即「上身如獅子相」、「上身相」、「師子身相」、「身如師子相」，佛的三十二相之一。指佛之上半身如同獅子王般廣大，行住坐臥威容端嚴。⓫兩肩平滿　即「肩圓好相」、「肩圓大相」、「兩肩平整相」，佛的三十二相之一。指佛的兩肩圓滿豐腴，殊勝微妙之相。⓬雙臂傭長　即「正立手摩膝相」、「垂手過膝相」、「手過膝相」、「平住手過膝相」，佛的三十二相之一。指佛立正時，兩手垂下，長可越膝。⓭身相端直　即「大直身相」、「身廣洪直相」、「廣洪直相」、「大人直身相」，佛的三十二相之一。指在一切人中，佛身最大而直。⓮頰如師子 即「獅子頰相」、「頰車相」、「頰車如獅子相」，佛的三十二相之一。指佛的兩頰隆滿如同獅子頰。⓯具四十齒 即「四十齒相」、「口四十齒相」，佛的三十二相之一。指佛具有四十齒，一一皆齊等、平滿如白雪。⓰悉皆齊密 即「齒齊相」、「齒密齊平相」、「諸齒齊密相」，佛的三十二相之一。指佛的諸齒都不粗不細，齒間密接而不容一毫。⓱四牙鮮白 即「牙白相」、「四牙白淨相」、「齒白如雪相」，佛的三十二相之一。指佛在四十齒之外，上、下也各有二齒，其色鮮白光潔，銳利如鋒，堅固如金剛。⓲其舌長廣 即「大舌相」、「廣長舌相」、「舌廣博相」、「舌軟薄相」，佛的三十二相之一。指佛的舌頭廣長薄軟，伸展則可覆至髮際。⓳出梵音聲 即「梵聲相」、「梵音相」、「聲如梵王相」，佛的三十二相之一。指佛清淨之梵音，洪聲圓滿，悅耳動聽。⓴眼目紺青 即「真青眼相」、「目紺青色相」、「目紺青相」、「紺眼相」、「紺青眼相」，佛的三十二相之一。指佛的眼睛呈紺青色，如同青蓮花。㉑睫如牛王 即「牛眼睫相」、「眼睫如牛王相」、「眼如牛王相」、「牛王睫相」，佛的三十二相之一。指佛的睫毛整齊而不雜亂。㉒眉間毫相 即「白毛相」、「白毫相」、「眉間毫相」，佛的三十二相之一。指佛的兩眉之間有白毫，柔軟如兜羅綿，長一丈五尺，右旋而卷收，以其常放光，故稱毫光、眉間光。㉓頂上肉髻 即「頂髻相」、「肉髻相」、「烏瑟膩沙相」，佛的三十二相之一。指佛的頭頂上有肉，隆起如髻形之相。㉔皮膚細軟如真金色 即「金色相」、「真妙金色相」、「金色身相」、「身皮金色相」，佛的三十二相之一。指佛身及手足全部為真金色。㉕身毛上靡 即「毛上向相」、「身毛上靡相」、「毛上向右旋相」、「身毛右旋相」、「髮毛端皆上靡右旋宛轉相」等，佛的三十二相之一。指佛之髮毛，由頭至手足一切毛端皆上靡，右旋，其色紺青柔潤。㉖髮帝青色 佛的「八十隨形好」之一，即佛的頭髮之色如同青珠。㉗其身洪滿如尼拘陀樹 即「身廣長等相」、「身縱廣等如尼拘樹相」、「圓身相」、「尼俱盧陀身相」，佛的三十二相之一。指佛身縱廣左右上下，其量全等，周匝圓滿，如尼拘律樹。

【語　譯】這時，善財童子又向瞿波請教說：「聖者獲得這一解脫法門，已經多長時間了？」

瞿波釋種女回答說：「善男子！我在往世，過佛土微塵數劫，有一劫名為『勝行』，世界名為『無畏』。那一世界中，有一處名為『安隱』的四天下。這一四天下的閻浮提中，有一座名為『高勝樹』的王城，是八十座王城之中最為上等的。那時，有一位名為『財主』的國王，這位國王有六萬名采女、五百名大臣、五百位王子。他的諸位王子都非常勇敢健壯，能夠使怨敵屈服。這位國王的太子名叫『威德主』，端正殊特，為人所樂見，他足下平滿，輪相備具，足趺隆起，手與足的指間都有網縵，足跟齊正，手足柔軟，如同伊尼耶鹿王，七處圓滿，陰藏隱密，他的上身如同師子王，兩肩平滿，雙臂修長，身相端直，頸上有三道紋，面頰如同師子，口中具有四十顆牙齒且都很整齊細密，四顆門牙鮮白，他的舌頭長廣且發出清淨的音聲，眼目紺青，眼睫毛如同牛王，眉間有白毫相，頂上長有肉髻，皮膚細軟如同真金色，身上的毛髮上靡，頭髮為帝青色，他的身體結實如同尼拘陀樹。

「這時，太子接受父王的教誨，與一萬名采女一起前往香牙園遊賞觀看表演取樂。太子當時乘著美妙的珍寶裝飾的車子，這輛車具有種種美麗的裝飾，車上放置著大摩尼師子之座，太子就坐在這大摩尼師子之座上；五百名采女每人都執寶繩牽馭而行，車子進止有限度，不遲不速；百千萬人手持諸寶蓋，百千萬人手持諸寶幢，百千萬人手持諸寶幡，百千萬人扮作伎樂歌舞，百千萬人點燒諸名香，百千萬人散播諸美妙的花朵，前後圍繞而作為太子的侍從。道路平坦筆直，無有高下坑凹，許多珍寶以及花朵都散佈在道路上；寶樹在路旁行列，寶網覆蓋在寶樹之上，種種樓閣在路旁排成數條無限的行列。在這些樓閣中，有的積聚了種種珍寶，有的陳列著諸莊嚴具，有的供設種種飲食，有的懸掛種種衣服，有的備擬諸資生之物，有的安置著端正的女人以及無量僮僕侍從。總之，隨有所須，都可以從這些樓閣中拿出施與。

「當時的城中，有一位名為『善現』的母親，帶一位名為『具足妙德』的童女。這位童女顏容端正，顏色潔白，該寬大處寬大，該纖細處就纖細，身高合度，眼睛頭髮都是青赤色，聲如梵音，精通工巧明，精通辯論，勤勞而待人恭敬毫不懈怠，對於眾生懷有慈愍不害之心，具足慚愧之心，說話柔和質直，遠離無明而少欲，沒有諂誑之心，乘著美妙的珍寶裝飾的車子，有采女圍繞。這位童女與其母親一起從王城出行，在太子前面行進。這位童女看到這位太子的言辭歌詠，心裡產生愛染，童女稟告其母說：『我心裡願意得以恭敬地事奉此人，如果不能實現我的情感，我就自殺。』其母告訴童女說：『不要這樣想。為什麼呢？這是非常難以得到的。此人具足輪王的諸相，以後一定會嗣位作轉輪王的，有貴家小姐出現，優遊自在。我們出身卑賤，是不能匹配的。這確實難於實現，不要產生這一想法。』

「那城中香牙園的一側，有一處名為『法雲光明』的道場。當時，有一位名為『勝日身』的如來，十號具足，在此劫此世界出現已經七日。這時，那位童女暫時假寐，夢見了這位佛；童女從夢中醒來之後，空中有天神告訴童女說：『勝日身如來在法雲光明道場成等正覺已經七日了，諸位菩薩眾在其前後圍繞。天、龍、夜叉、乾闥婆、阿修羅、迦樓羅、緊那羅、摩睺羅伽、梵天乃至色究竟天，諸地神、風神、火神、水神、河神、海神、山神、樹神、園神、藥神、主城神等，因為想見到佛的緣故，都來集會。』

「時，妙德童女夢睹如來故，聞佛功德故，其心安隱，無有怖畏，於太子前而說頌言：『我身最端正，名聞徧十方，智慧無等倫，善達諸工巧。無量百千眾，見我皆貪染；我心不於彼，而生少愛欲。無瞋亦無恨，無嫌亦無喜，但發廣大心，利益諸眾生。我今見太子，具諸功德相，其心大欣慶，諸根咸悅樂。色如光明寶，發美而右旋，額廣眉纖曲，我心願事汝。我觀太子身，譬若真金像，亦如大寶山，相好有光明。目廣紺青色，月面師子頰，喜顏美妙音，願垂哀納我！舌相廣長妙，猶如赤銅色；梵音緊那聲，聞者皆歡喜。口方不褰縮，齒白悉齊密，發言現笑時，見者心歡喜。離垢清淨身，具相三十二，必當於此界，而作轉輪位。』

「爾時，太子告彼女言：『汝是誰女？為誰守護？若先屬人，我則不應起愛染心。』

「爾時，太子以頌問言：『汝身極清淨，功德相具足；我今問於汝，汝於誰所住？誰為汝父母？汝今系屬誰？若已屬於人，彼人攝受汝。汝不盜他物，汝不有害心，汝不作邪淫，汝依何語住？不說他人惡，不壞他所親，不侵他境界，不於他恚怒。不生邪險見，不作相違業，不以諂曲力，方便誑世間。尊重父母不？敬善知識不？見諸貧窮人，能生攝心不？若有善知識，誨示於汝法，能生堅固心，究竟尊重不？愛樂於佛不？了知菩薩不？眾僧功德海，汝能恭敬不？汝能知法不？能淨眾生不？為住於法中，為住於非法？見諸孤獨者，能起慈心不？見惡道眾生，能生大悲不？見他得榮樂，能生歡喜不？他來逼迫汝，汝無瞋惱不？汝發菩提意，開悟眾生不？無邊劫修行，能無疲倦不？』

「爾時，女母為其太子而說頌言：『太子汝應聽，我今說此女，初生及成長，一切諸因緣。太子始生日，即從蓮華生，其目淨修廣，肢節悉具足。我曾於春月，遊觀娑羅園❶，普見諸藥草，種種皆榮茂。奇樹發妙華，望之如慶雲；好鳥相和鳴，林間共歡樂。同遊八百女，端正奪人心，被服皆嚴麗，歌詠悉殊美。彼園有浴池，名曰蓮華幢；我於池岸坐，采女眾圍繞。於彼蓮池內，忽生千葉華，寶葉琉璃莖，閻浮金❷為臺。爾時夜分盡，日光初出現，其蓮正開剖，放大清淨光。其光極熾盛，譬如日初出，普照閻浮提，眾嘆未曾有。時見此玉女，從彼蓮華生，其身甚清淨，肢分皆圓滿。此是人間寶，從於淨業生，宿因無失壞，今受此果報。紺髮青蓮眼，梵聲金色光，華鬘眾寶髻，清淨無諸垢。肢節悉具足，其身無缺減，譬如真金像，安處寶華中。毛孔栴檀香，普熏於一切；口出青蓮香，常演梵音聲。此女所住處，常有天音樂；不應下劣人，而當如是偶。世間無有人，堪與此為夫，唯汝相嚴身，願垂見納受！非長亦非短，非粗亦非細，種種悉端嚴，願垂見納受！文字算數法，工巧諸技藝，一切皆通達，願垂見納受！善了諸兵法，巧斷眾諍訟，能調難可調，願垂見納受！其身甚清淨，見者無厭足，功德自莊嚴，汝應垂納受！眾生所有患，善達彼緣起，應病而與藥，一切能消滅。閻浮語言法，差別無量種，乃至伎樂音，靡不皆通達。婦人之所能，此女一切知，而無女人過，願垂速納受！不嫉亦不慳，無貪亦無恚，質直性柔軟，離諸粗獷惡。恭敬於尊者，奉事無違逆，樂修諸善行，此能隨順汝。若見於老病，貧窮在苦難，無救無所依，常生大慈愍。常觀第一義❸，不求自利樂，但願益眾生，以此莊嚴心。行住與坐臥，一切無放逸；言說及默然，見者咸欣樂。雖於一切處，皆無染著心；見有功德人，樂觀無厭足。尊重善知識，樂見離惡人；其心不躁動，先思後作業。福智所莊嚴，一切無怨恨，女人中最上，宜應事太子。』

【章　旨】瞿波釋種女繼續應善財童子的請求，為其宣說自己獲得觀察一切菩薩三昧海解脫門的機緣與時間久暫。妙德童女因為夢中目睹如來而得以前往拜見太子。童女之母親向太子介紹妙德童女的出生以及成長經歷，激勵太子迎娶這位童女。

【注　釋】❶娑羅園　即「娑羅樹」之園。娑羅樹，因釋尊在拘尸那揭羅城外的娑羅樹下涅槃，此樹在佛教中有特殊的意義。「娑羅」為「堅固」、「高遠」之義。❷閻浮金　即「閻浮檀」，在香醉山與雪山之間，有流經閻浮樹林之河流，從此河流採出之金即稱「閻浮檀金」。此金色澤赤黃，帶有紫焰氣，為金中之最高貴者。在印度神話中，閻浮河為恆河七支流之一，似非本有此河之存在，故閻浮檀金可能與閻浮大樹王同是附和須彌四洲之說而為想像之物。❸第一義　指佛教所說的出離世間法中的最究竟深義。因為佛教最究竟的真理為最上，故名「第一」；深有理由，故云「義」。

**【語　譯】**「當時，妙德童女因為在夢中看見如來的緣故，因為聽聞佛說法之功德的緣故，其心安隱，無有怖畏，童女向前而對太子說頌：『我身最端正，名聞徧十方，智慧無等倫，善達諸工巧。無量百千眾，見我皆貪染；我心不於彼，而生少愛欲。無瞋亦無恨，無嫌亦無喜，但發廣大心，利益諸眾生。我今見太子，具諸功德相，其心大欣慶，諸根咸悅樂。色如光明寶，發美而右旋，額廣眉纖曲，我心願事汝。我觀太子身，譬若真金像，亦如大寶山，相好有光明。目廣紺青色，月面師子頰，喜顏美妙音，願垂哀納我！舌相廣長妙，猶如赤銅色；梵音緊那聲，聞者皆歡喜。口方不褰縮，齒白悉齊密，發言現笑時，見者心歡喜。離垢清淨身，具相三十二，必當於此界，而作轉輪位。』」

「這時，太子告訴那位童女說：『你是誰的女兒？被誰所守護？如果已經屬於別人，我就不應該再生起愛染之心。』」

「這時，太子以頌體而問童女說：『你的身體極其清淨，功德相都具足；我現今問你，你與誰住在一起？誰是你的父母？你現今屬於誰？如果已經屬於別人，那人將迎娶你。你不偷盜別人的物品，你不產生害人之心，你不作邪淫之事，你依靠什麼信念而生活？你不說他人的壞話，不破壞他人之間的親密關係，不侵害他人的境界，不對別人產生恚怒。不產生邪惡危險的見解，不作相違之業，不以諂曲之力欺騙世間的眾生。你尊重父母嗎？尊敬善知識嗎？你看見諸貧窮之人，是否能夠產生幫助之心？如果有善知識給你教授諸法，你能夠產生堅固之心以及究竟尊重諸法之心嗎？你熱愛佛嗎？你了知菩薩嗎？對於眾僧的功德海，你能夠產生恭敬心嗎？你能夠知曉各種法嗎？你能夠使眾生清淨嗎？你住於法之中，還是住於非法之中？看見諸位孤獨者，你能夠產生慈心嗎？看見惡道的眾生，你能夠產生大悲嗎？看見別人獲得榮譽快樂，能夠產生歡喜否？別人來逼迫你，你無有瞋恨和苦惱嗎？你發了菩提意，開悟過眾生嗎？在無邊劫中修行，能夠沒有疲倦嗎？』

「這時，童女的母親替童女以頌體回答太子：『太子你應該聽一聽，我現今為你說一說此女初生以及成長的所有因緣。這位女子是太子誕生之日，從蓮花中出生的，其目清淨而修廣，肢節都完全具備。我曾經在春月，遊觀娑羅園，看見種種藥草都很茂盛。奇樹開出美妙的花朵，望之就如同喜慶的雲彩；好鳥互相和鳴，在林間共同嬉樂。同遊的八百位女子，都端正美麗，非常吸引人，她們所穿的衣服都很整齊美麗，唱著非常美妙動聽的歌。那園林中有一處名叫「蓮華幢」的浴池；我在浴池的岸邊坐著，許多采女眾圍繞著我。在那蓮池之內，忽然產生千葉蓮花，其寶葉以琉璃為莖，蓮花以閻浮金為臺。當時夜分已經盡，太陽剛剛昇起，那朵蓮花盛開，放射出弘大的清淨之光。其光極為熾盛，如同初昇的太陽完全照耀著閻浮提，眾人都感嘆未曾見過。這時就看見這位玉女，從那朵蓮花中出生，她的身體非常清淨，肢體都非常圓滿。這是人間的寶貝，從淨業之中出生，過去的業因沒有失去，現今纔受此果報。青色頭髮青蓮眼睛，發出梵聲，放射出金色光，頭戴花鬘髮髻以珍寶裝飾，清淨沒有任何污垢。肢節完全具足，其身體沒有任何缺減，如同真金像安處於寶花之中。毛孔發出栴檀香，普熏於一切；口中發出青蓮之香，常常演奏出梵音聲。此女所住之處，常常有天上的音樂；不應該是下劣人成為這位女子的配偶。世間沒有人，可以匹配此女為其丈夫，唯獨你的相、好嚴整，希望你能夠接受她！她非長也非短，非粗也非細，種種都很端莊，希望你能夠接受她！文字算數法以及工巧等等技藝，她都很通達，希望你能夠接受她！她善於瞭解諸兵法，巧於判斷許多諍訟，能夠調和難於調理的事情，希望你能夠接受她！她的身體很清淨，使看見的人沒有感到滿足的，以自己的功德莊嚴自身，你應該接受她！眾生所有的禍患，她都善於瞭解其緣起，能夠針對其病而給予藥品，一切禍患都能夠消滅。閻浮提有無數種種不同的語言，甚至藝伎所發出的聲音，她無不通達。婦人所能學會的一切技能，此女都能夠知曉，並且她沒有一般女人所犯的過錯，希望你能夠接受她！她不嫉妒也不吝嗇，不貪婪也不忿恨，性格質直而溫柔，遠離諸粗獷之惡。對於尊貴者非常尊敬，奉事沒有違逆，樂於修習諸善行，她能夠隨順你。如果看見老人、病人以及貧窮受苦受難之人，無救無所依靠之人，她常常產生大慈愍之心。她常常觀想第一義，不求自己的利樂，只是希望有益於眾生，並且以此莊嚴自己的心。她的行住與坐臥，都沒有任何放逸；她的言說以及沉默的樣子，使看見的人都產生快樂。對於一切處都沒有染著之心，看見有功德之人，樂於觀想而沒有滿足。她尊重善知識，樂於看見遠離惡法之人；她的心不躁動，先思考而後纔行動。她被福智所莊嚴，對於一切都沒有怨恨，是女人中最上等的，應該而適宜侍奉太子。』

「爾時，太子入香牙園已，告其妙德及善現言：『善女！我趣求阿耨多羅三藐三菩提，當於盡未來際無量劫，集一切智助道之法，修無邊菩薩行，淨一切波羅蜜，供養一切諸如來，護持一切諸佛教，嚴淨一切佛國土，當令一切如來種性不斷，當隨一切眾生種性而普成熟，當滅一切眾生生死苦置於究竟安樂處，當淨治一切眾生智慧眼，當修習一切菩薩所修行，當安住一切菩薩平等心，當成就一切菩薩所行地，當令一切眾生普歡喜；當捨一切物，盡未來際行檀波羅蜜，令一切眾生普得滿足，衣服飲食、妻妾男女、頭目手足，如是一切內外所有，悉當捨施，無所吝惜。當於爾時，汝或於我而作障難：施財物時，汝心吝惜；施男女時，汝心痛惱；割肢體時，汝心憂悶；捨汝出家，汝心悔恨。』

「爾時，太子即為妙德而說頌言：『哀愍眾生故，我發菩提心，當於無量劫，習行一切智。無量大劫中，淨修諸願海，入地及治障，悉經無量劫。三世諸佛所，學六波羅蜜，具足方便行，成就菩提道。十方垢穢剎，我當悉嚴淨；一切惡道難，我當令永出。我當以方便，廣度諸群生，令滅愚癡暗，住於佛智道。當供一切佛，當淨一切地，起大慈悲心，悉捨內外物。汝見來乞者，或生慳吝心；我心常樂施，汝勿違於我。若見我施頭，慎勿生憂惱；我今先語汝，令汝心堅固。乃至截手足，汝勿嫌乞者；汝今聞我語，應可諦思惟。男女所愛物，一切我皆捨；汝能順我心，我當成汝意。』

「爾時，童女白太子言：『敬奉來教。』即說頌言：『無量劫海中，地獄火焚身；若能眷納我，甘心受此苦。無量受生處，碎身如微塵；若能眷納我，甘心受此苦。無量劫頂戴，廣大金剛山；若能眷納我，甘心受此苦。無量生死海，以我身肉施；汝得法王處，願令我亦然！若能眷納我，與我為主者，生生行施處，願常以我施！為愍眾生苦，而發菩提心；既已攝眾生，亦當攝受我。我不求豪富，不貪五欲樂，但為共行法，願以仁為主！紺青修廣眼，慈愍觀世間，不起染著心，必成菩薩道。太子所行處，地出眾寶華，必作轉輪王，願能眷納我！我曾夢見此，妙法菩提場，如來樹下坐，無量眾圍繞。我夢彼如來，身如真金山，以手摩我頂，寤已心歡喜。往昔眷屬天，名曰喜光明；彼天為我說，道場佛與世。我曾生是念：願見太子身。彼天報我言：汝今當得見。我昔所志願，於今悉成滿；唯願俱往詣，供養彼如來！』

「爾時，太子聞勝日身如來名，生大歡喜，願見彼佛，以五百摩尼寶散其女上，冠以妙藏光明寶冠，被以火燄摩尼寶衣。其女爾時，心不動搖，亦無喜相；但合掌恭敬，瞻仰太子，目不暫捨。

【章旨】瞿波釋種女繼續應善財童子的請求，為其宣說自己獲得觀察一切菩薩三昧海解脫門的機緣與時間久暫。太子進入香牙園告訴童女及其童女之母自己修行佛法的志向，而妙德童女願意與太子一起修行並供養勝日身如來。

【語譯】「這時，太子進入香牙園之後，告訴妙德童女以及善現：『善女！我追求阿耨多羅三藐三菩提，會在盡未來際無量劫集積一切智助道之法，修習無邊菩薩行，清淨一切波羅蜜，供養一切諸如來，護持一切諸佛的教誨，嚴淨一切佛的國土，當使一切如來種性不致斷絕，應當針對一切眾生種性而完全成熟，應當滅除一切眾生生死之苦而將其置於究竟安樂之處，應當淨治一切眾生智慧之眼，應當修習一切菩薩所修行的法門，應當安住於一切菩薩平等之心，應當成就一切菩薩所行之地，應當使一切眾生都完全歡喜；應當捨棄一切物品，盡未來際行布施波羅蜜，使一切眾生完全獲得滿足，衣服、飲食、妻妾男女、頭目手足，如此一切身內身外我所有的東西，都當做施捨的東西，無所吝惜。在這種情況下，你有可能為我製造障礙：當我施財物時，你心中吝惜；當我施男女時，你心痛惱；當我割肢體時，你心憂悶；當捨離你而出家時，你心悔恨。』

「這時，太子隨即為妙德童女而說頌言：『哀愍眾生故，我發菩提心，當於無量劫，習行一切智。無量大劫中，淨修諸願海，入地及治障，悉經無量劫。三世諸佛所，學六波羅蜜，具足方便行，成就菩提道。十方垢穢剎，我當悉嚴淨；一切惡道難，我當令永出。我當以方便，廣度諸群生，令滅愚癡暗，住於佛智道。當供一切佛，當淨一切地，起大慈悲心，悉捨內外物。汝見來乞者，或生慳吝心；我心常樂施，汝勿違於我。若見我施頭，慎勿生憂惱；我今先語汝，令汝心堅固。乃至截手足，汝勿嫌乞者；汝今聞我語，應可諦思惟。男女所愛物，一切我皆捨；汝能順我心，我當成汝意。』

「這時，妙德童女對太子說：『我恭敬地遵奉你的教誨。』童女隨即說頌言：『無量劫海中，在地獄被火焚身之苦；如果你能夠眷納我，我甘心受此苦。無量受生處，碎身就如同微塵；如果你能夠眷納我，我甘心受此苦。無量劫中頂戴廣大金剛山，你如果能夠眷納我，我甘心受此苦。無量生死海，我都以自己的身肉施捨；你獲得法王之位，希望我也如此！如果你能眷納我，與我一起生活，我願意生生做布施之事，願意讓你一直以我為布施物！為哀愍眾生之苦，你發菩提心；在已經攝受眾生之後，也應當攝受我。我不求得豪富，不圖五欲之樂，只是希望一起修法，願意以道義為重！青色的修廣的眼睛，慈愍地觀看世間，不生起染著心，必定成就菩薩道。太子所行之處，地上生出許多寶花，以後必然作轉輪王，希望你能夠眷納我！我曾夢見這一場景，在妙法菩提道場，如來在樹下坐，有無量眾生圍繞。我夢見那位如來，身如同真金山，他以手撫摩著我的頭頂，我醒來後心中非常歡喜。過去有一位名為「喜光明」的眷屬天；那位天對我說，佛在道場興世。我曾產生這樣的念頭：希望看到太子身。那位天回答說：你會見到的。我昔日的理想，今日已經全部完滿地成就；只希望我們一起去拜訪供養那位如來！』

「這時，太子聽聞勝日身如來之名，產生大歡喜，希望看見那位佛，便以五百摩尼寶散播在其女身上，為其戴上妙藏光明寶冠，為其披上火燄摩尼寶衣。這時，那位童女心並不動搖，也沒有喜相；只是合掌恭敬，瞻仰太子，目光沒有片刻捨離。

「其母善現，於太子前而說頌言：『此女極端正，功德莊嚴身；昔願奉太子，今意已滿足。持戒有智慧，具足諸功德；普於一切世，最勝無倫匹。此女蓮華生，種姓無譏醜，太子同行業，遠離一切過。此女身柔軟，猶如天繒纊；其手所觸摩，眾患悉除滅。毛孔出妙香，芬馨最無比；眾生若聞者，悉住於淨戒。身色如真金，端坐華臺上；眾生若見者，離害具慈心。言音極柔軟，聽之無不喜；眾生若得聞，悉離諸惡業。心淨無瑕垢，遠離諸諂曲，稱心而發言，聞者皆歡喜。調柔具慚愧，恭敬於尊宿，無貪亦無誑，憐愍諸眾生。此女心不恃，色相及眷屬；但以清淨心，恭敬一切佛。』

「爾時，太子與妙德女及十千采女並其眷屬，出香牙園，詣法雲光明道場。至已下車，步進詣如來所。見佛身相端嚴寂靜，諸根調順，內外清淨，如大龍池無諸垢濁；皆生淨信，踴躍歡喜，頂禮佛足，繞無數匝。於時，太子及妙德女，各持五百妙寶蓮華供散彼佛。太子為佛造五百精舍，一一皆以香木所成，眾寶莊嚴，五百摩尼以為間錯。時，佛為說《普眼燈門修多羅》；聞是經已，於一切法中得三昧海，所謂：得普照一切佛願海三昧、普照三世藏三昧、現見一切佛道場三昧、普照一切眾生三昧、普照一切世間智燈三昧、普照一切眾生根智燈三昧、救護一切眾生光明雲三昧、普照一切眾生大明燈三昧、演一切佛法輪三昧、具足普賢清淨行三昧。時，妙德女得三昧，名難勝海藏，於阿耨多羅三藐三菩提永不退轉。

「時，彼太子與妙德女並其眷屬，頂禮佛足，繞無數匝，辭退還宮；詣父王所，拜跪畢已，奉白王言：『大王當知，勝日身如來出興於世，於此國內法雲光明菩提場中成等正覺，於今未久。』爾時，大王語太子言：『是誰為汝說如是事？天耶？人耶？』太子白言：『是此具足妙德女說。』時，王聞已，歡喜無量，譬如貧人得大伏藏，作如是念：『佛無上寶難可值遇，若得見佛，永斷一切惡道怖畏。佛如醫王，能治一切諸煩惱病，能救一切生死大苦；佛如導師，能令眾生至於究竟安隱住處。』作是念已，集諸小王、群臣、眷屬，及以剎利、婆羅門等一切大眾，便捨王位，授與太子；灌頂訖已，與萬人俱，往詣佛所；到已禮足，繞無數匝，並其眷屬悉皆退坐。

【章　旨】妙德童女與其母親善現以及太子一起前往勝日身佛的住所拜見這位佛，並且聽聞勝日身佛說法。太子回宮將勝日身佛出世的消息告訴給國王。國王便捨棄王位，將其讓與太子，自己與一萬名眷屬一起去拜見勝日身佛。

【語　譯】「童女的母親善現站在太子前以頌體對太子說：『此女長相極其美麗，以功德莊嚴其身；她過去一直希望侍奉太子，現今終於實現了這一願望。她持戒而有智慧，具足諸功德；即使在一切世中，她也是最好而無與倫比的。此女是從蓮花中出生的，種姓高尚，太子與其在一起生活，可以遠離指責。此女的身體極其柔軟，猶如天然的錦緞；凡是其手所觸摩過的，許多禍患都會除滅。她的毛孔中發出妙香，芬馨最無比；眾生如果能夠聞到，都可以住於淨戒。她的身體的顏色如同真金之色，她端坐在花臺上；眾生如果看見她，都遠離害人之心而且具有慈心。她說話的聲音極其溫柔，凡是聽到的人無不喜歡；眾生如果能夠聽見她的聲音，就可全部遠離諸惡業。她心淨而沒有瑕垢，遠離諸諂曲，她說話表裡如一，聽到的人都很歡喜。她調和柔順懷有慚愧之心，對於尊宿大德懷有尊敬之心，她無貪也無誑，憐愍諸眾生。此女心中並不依恃其色相及眷屬；只是以清淨心，恭敬供養一切佛。』

「這時，太子與妙德女以及一萬名采女及其眷屬，走出香牙園，前往法雲光明道場。到了道場後，下車步行前往如來的住所。他們看見佛的身相端嚴寂靜，諸根調順，內外清淨，如大龍池沒有任何垢濁，便都產生了清淨的信仰，踴躍歡喜，頂禮佛足，在佛的周圍繞行無數圈。當時，太子及妙德女各持五百美妙的寶蓮花散在佛身上做為供養。太子為佛建造了五百精舍，每一精舍都是以香木製成，以許多珍寶莊嚴，有五百摩尼寶在其中交錯分佈。這時，佛為這些眾生演說《普眼燈門修多羅》。聽完這部經之後，這些聽眾在一切法中獲得三昧海，所謂：獲得了普照一切佛願海三昧、普照三世藏三昧、現見一切佛道場三昧、普照一切眾生三昧、普照一切世間智燈三昧、普照一切眾生根智燈三昧、救護一切眾生光明雲三昧、普照一切眾生大明燈三昧、演一切佛法輪三昧、具足普賢清淨行三昧。這時，妙德女所獲得的三昧名叫『難勝海藏』，對於阿耨多羅三藐三菩提永不退轉。

「這時，那位太子與妙德女及其眷屬，頂禮佛足，在佛周圍繞行無數圈，然後告別辭退勝日身佛回到宮中。太子前往父王的住所，拜跪完畢之後，稟告父王說：『大王應當知道，勝日身如來出興於世，在此國內的法雲光明菩提場中成就等正覺，時間還不算太長。』這時，大王對太子說：『這是誰給你說的？是天神說的嗎？是人說的嗎？』太子回答說：『這是此具足妙德女說的。』當時，大王聽到這話之後，歡喜無量，就如窮人獲得了埋於地下的寶藏一樣。國王這樣想道：『佛是無上寶，難於遇到，如果得以拜見佛，就會永遠斷絕一切惡道怖畏。佛就如同醫王，能夠醫治一切諸煩惱病，能夠拯救眾生的一切生死大苦；佛就如同導師，能使眾生達到究竟安隱的住處。』這樣想後，國王就召集諸小王、群臣、眷屬以及剎利、婆羅門等一切大眾，便捨去王位，將其授與太子；作完灌頂之後，國王就與萬人一起前往佛的住所；到了佛所在的道場禮拜了佛之後，在佛的周圍繞行無數圈，然後與其眷屬都退到一邊坐了下來。

「爾時，如來觀察彼王及諸大眾，白毫相中放大光明，名一切世間心燈，普照十方無量世界，住於一切世主之前，示現如來不可思議大神通力，普令一切應受化者心得清淨。爾時，如來以不思議自在神力，現身超出一切世間，以圓滿音普為大眾說陀羅尼，名一切法義離闇燈，佛剎微塵數陀羅尼而為眷屬。彼王聞已，即時獲得大智光明；其眾會中，有閻浮提微塵數菩薩，俱時證得此陀羅尼；六十萬那由他人，盡諸有漏❶，心得解脫；十千眾生，遠塵離垢，得法眼淨；無量眾生，發菩提心。時，佛又以不思議力廣現神變，普於十方無量世界演三乘法化度眾生。

「時，彼父王作如是念：『我若在家，不能證得如是妙法；若於佛所出家學道，即當成就。』作是念已，前白佛言：『願得從佛出家修學！』佛言：『隨意，宜自知時。』時，財主王與十千人，皆於佛所同時出家。未久之間，悉得成就一切法義離闇燈陀羅尼，亦得如上諸三昧門，又得菩薩十神通門，又得菩薩無邊辯才，又得菩薩無礙淨身，往詣十方諸如來所聽受其法，為大法師演說妙法；復以神力徧十方剎，隨眾生心而為現身，讚佛出現，說佛本行，示佛本緣，稱揚如來自在神力，護持於佛所說教法。

「爾時，太子於十五日在正殿上，采女圍繞，七寶自至。一者，輪寶，名無礙行；二者，象寶，名金剛身；三者，馬寶，名迅疾風；四者，珠寶，名日光藏；五者，女寶，名具妙德；六，藏臣寶，名為大財；七，主兵寶，名離垢眼。七寶具足，為轉輪王，王閻浮提，正法治世，人民快樂。王有千子，端正勇健，能伏怨敵。其閻浮提中有八十王城，一一城中有五百僧坊❷，一一僧坊立佛支提❸，皆悉高廣，以眾妙寶而為校飾；一一王城皆請如來，以不思議眾妙供具而為供養。佛入城時，現大神力，令無量眾生種諸善根，無量眾生心得清淨，見佛歡喜，發菩提意，起大悲心，利益眾生，勤修佛法，入真實義，住於法性，了法平等，獲三世智，等觀三世，知一切佛出興次第，說種種法攝取眾生，發菩薩願，入菩薩道，知如來法，成就法海，能普現身徧一切剎，知眾生根及其性欲❹，令其發起一切智願。

【章旨】財主王因為聽聞佛的說法而發心出家，而威德主太子則因七寶自然具足而成為轉輪聖王。

【注釋】❶有漏　與「無漏」一起構成一組概念。「漏」為「流失」、「漏泄」之意，為「煩惱」的異名。人類由於煩惱所產生之過失、苦果，使人在迷妄的世界中流轉不停，難以脫離生死苦海，故稱為「有漏」；若達到斷滅煩惱之境界，則稱為「無漏」。❷僧坊　又作「僧房」，指僧尼所住之坊舍，一般多指弘揚戒律的專門之道場為僧坊，其制度與其他寺院不同。❸佛支提　又作「支帝」、「枝提」、「制多」、「制底」、「制底耶」，為積集之義。釋尊荼毗時，曾積聚香柴而成大積，此為「支提」一名之起因，其後在佛陀靈跡等上堆積磚土而營造的建築就叫「支提」。又言世尊無量之福德積集於此，故舉凡塔廟、靈廟、廟、方墳等，皆稱「支提」。依《摩訶僧祇律》之說，有舍利者為「塔」，無舍利者為「支提」。❹性欲　指個人由其本身的素質、本性而產生的各種想法與意志。性，指過去之習性。欲，指現在之樂欲。

【語譯】「這時，如來觀察那位國王以及諸大眾，其白毫相中放出大光明，名『一切世間心燈』，普照十方無量世界，住在一切世主之前，示現出如來不可思議的大神通力，完全使一切應受化者之心得到清淨。這時，如來以不思議的自在神力，顯現出超出一切世間眾生的身體，以圓滿的聲音完全為大眾說名為『一切法義離闇燈』的陀羅尼，佛土微塵數陀羅尼為其眷屬。那位王聽聞之後，立即獲得大智光明；其眾會中，有閻浮提微塵數菩薩，也同時證得這一陀羅尼；六十萬那由他的人，都遠離諸有漏法，心中獲得解脫；一萬名眾生，遠塵離垢，獲得法眼的清淨；無量眾生，發菩提心。當時，佛又以不思議力廣現神變，完全在十方無量世界演說三乘法而化度眾生。

「這時，那位父王又這樣想：『我如果在家，就不能證得如此妙法；如果在佛所出家學道，立即就可成就。』這樣想著，他上前對佛說：『希望得以跟從佛而出家修學！』佛說：『可以隨你的意，應該知道這就是時機。』當時，國王與一萬人，都在佛的所在同時出家。沒有多長時間，都獲得成就一切法義遠離闇燈陀羅尼，也獲得了如上諸三昧門，又獲得了菩薩十神通門，又獲得了菩薩無邊辯才，又獲得了菩薩無礙淨身，前往十方諸如來所聽受其法，為大法師演說妙法；又以神力徧十方國土，隨眾生之心而為其現身，稱讚佛的出現，演說佛的本行，顯示佛的本緣，稱揚如來的自在神力，護持佛所說的教法。

「這時，太子於十五日在正殿上，由采女圍繞，七寶自然出現。第一為名叫『無礙行』的輪寶；第二為名叫『金剛身』的象寶；第三為名叫『迅疾風』的馬寶；第四為名叫『日光藏』的珠寶；第五為名叫『具妙德』的女寶；第六為名叫『大財』的藏臣寶；第七為名叫『離垢眼』的主兵寶。凡是七寶具足的就是轉輪王，在閻浮提稱王，以正法治世，人民快樂。王有一千名兒子，都端正勇健，能伏怨敵。其閻浮提中有八十座王城，每一城中都有五百僧坊，每一僧坊都建立起佛支提，都很高廣，以許多珍貴的寶物作為裝飾；每一王城都來邀請如來，以不思議眾妙供具作為佛的供養。佛進入城時，顯現出大神力，使無量眾生種植下善根，無量眾生之心由此獲得清淨，看見佛很歡喜，發菩提意，生起大悲心，利益眾生，勤修佛法，進入真實義，住於法性，了知諸法平等，獲得三世智慧，等觀三世，知曉一切佛的出興次第，演說種種法而攝取眾生，發菩薩願，進入菩薩道，知曉如來法，成就法海，能夠完全顯現出身體而偏一切國土，知曉眾生之根及其本來之欲想，使其發起一切智願。

「佛子！於汝意云何？彼時太子得輪王位供養佛者，豈異人乎？今釋迦牟尼佛是也。財主王者，寶華佛是。其寶華佛，現在東方過世界海微塵數佛剎有世界海，名現法界虛空影像雲，中有世界種，名普現三世影摩尼王，彼世界種中有世界，名圓滿光，中有道場，名現一切世主身，寶華如來於此成阿耨多羅三藐三菩提，不可說佛剎微塵數諸菩薩眾前後圍繞而為說法。寶華如來往昔修行菩薩道時，淨此世界海；其世界海中去、來、今佛出興世者，皆是寶華如來為菩薩時教化令發阿耨多羅三藐三菩提心。彼時女母善現者，今我母善目是。其王眷屬，今如來所眾會是也，皆具修行普賢諸行成滿大願，雖恆在此眾會道場而能普現一切世聞，住諸菩薩平等三昧，常得現見一切諸佛，一切如來以等虛空妙音聲雲演正法輪悉能聽受，於一切法悉得自在，名稱普聞諸佛國土，普詣一切道場之所，普現一切眾生之前，隨其所應教化調伏，盡未來劫修菩薩道恆無間斷，成滿普賢廣大誓願。

「佛子！其妙德女與威德主轉輪聖王以四事供養❶勝日身如來者，我身是也。彼佛滅後，其世界中，六十億百千那由他佛出興於世，我皆與王承事供養。其第一佛名清淨身，次名一切智月光明身，次名閻浮檀金光明王，次名諸相莊嚴身，次名妙月光，次名智觀幢，次名大智光，次名金剛那羅延精進，次名智力無能勝，次名普安詳智，次名離垢勝智雲，次名師子智光明，次名光明髻，次名功德光明幢，次名智日幢，次名寶蓮華開敷身，次名福德嚴淨光，次名智燄雲，次名普照月，次名莊嚴蓋妙音聲，次名師子勇猛智光明，次名法界月，次名現虛空影像開悟眾生心，次名恆嗅寂滅香，次名普震寂靜音，次名甘露山，次名法海音，次名堅固網，次名佛影髻，次名月光毫，次名辯才口，次名覺華智，次名寶燄山，次名功德星，次名寶月幢，次名三昧身，次名寶光王，次名普智行，次名燄海燈，次名離垢法音王，次名無比德名稱幢，次名修臂，次名本願清淨月，次名照義燈，次名深遠音，次名毗盧遮那勝藏王，次名諸乘幢；次名法海妙蓮華。佛子！彼劫中，有如是等六十億百千那由他佛出興於世，我皆親近承事供養。

「其最後佛，名廣大解，於彼佛所，得淨智眼。爾時，彼佛入城教化。我為王妃，與王禮覲，以眾妙物而為供養，於其佛所聞說出生一切如來燈法門，即時獲得觀察一切菩薩三昧海境界解脫。佛子！我得此解脫已，與菩薩於佛剎微塵數劫勤加修習，於佛剎微塵數劫中承事供養無量諸佛；或於一劫承事一佛，或二、或三、或不可說，或值佛剎微塵數佛，悉皆親近承事供養，而未能知菩薩之身形量色貌及其身業心行智慧三昧境界。

【章　旨】瞿波釋種女告訴善財童子，那位供養勝日身如來的妙德女，就是其前身，其因供養此劫中的最後一位佛，並且聽聞其說「出生一切如來燈」法門，立即獲得「觀察一切菩薩三昧海境界解脫」境界。

【注　釋】❶四事供養　指供給資養佛、僧等日常生活所需的四種物品。四事，指衣服、飲食、臥具、醫藥，或指衣服、飲食、湯藥、房舍等。

【語　譯】「佛子！你如何看待這一過程呢？那時獲得輪王位並且供養佛的太子難道是別人嗎？他就是現今的釋迦牟尼佛啊！財主國王就是現今的『寶華』佛。這位寶華佛在現在東方過世界海微塵數佛土有一處名為『現法界虛空影像雲』的世界海中，此世界海中有名為『普現三世影摩尼王』的世界種，此世界種中有一處名為『圓滿光』的世界，此世界中有一處名為『現一切世主身』的道場，寶華如來就在此成就阿耨多羅三藐三菩提，有不可說佛土微塵數的諸菩薩眾在其前後圍繞，寶華佛就為其說法。寶華如來往昔修行菩薩道時，清淨了此世界海；在此世界海中過去、未來、現在而出興於世的佛，都是寶華如來為菩薩時教化使其發阿耨多羅三藐三菩提心的結果。那時善現的母親，就是我現時的母親善目。其國王的眷屬，就是現今如來的眾會，都具修行普賢諸行成滿大願，即使恆常在此眾會道場而能普現一切世間，住於諸菩薩平等三昧，常得拜見一切諸佛，一切如來以等虛空妙音聲雲演說的正法輪，他們都能夠聽受，對於一切法都獲得自在，名稱普聞諸佛國土，普徧前往一切道場之所，普徧顯現在一切眾生之前，隨其所應而教化調伏眾生，盡未來劫而修菩薩道永遠沒有間斷，成滿普賢廣大誓願。

「佛子！那位與威德主轉輪聖王一起以四事供養勝日身如來的妙德女，就是我的前身。那位佛寂滅之後，那世界之中，有六十億百千那由他佛出興於世，我都與國王承事供養。其第一佛名為『清淨身』，第二位佛名為『一切智月光明身』，第三位佛名為『閻浮檀金光明王』，第四位佛名為『諸相莊嚴身』，第五位佛名為『妙月光』，第六位佛名為『智觀幢』，第七位佛名為『大智光』，第八位佛名為『金剛那羅延精進』，第九位佛名為『智力無能勝』，第十位佛名為『普安詳智』，第十一位佛名為『離垢勝智雲』，第十二位佛名為『師子智光明』，第十三位佛名為『光明髻』，第十四位佛名為『功德光明幢』，第十五位佛名為『智日幢』，第十六位佛名為『寶蓮華開敷身』，第十七位佛名為『福德嚴淨光』，第十八位佛名為『智燄雲』，第十九位佛名為『普照月』，第二十位佛名為『莊嚴蓋妙音聲』，第二十一位佛名為『師子勇猛智光明』，第二十二位佛名為『法界月』，第二十三位佛名為『現虛空影像開悟眾生心』，第二十四位佛名為『恆嗅寂滅香』，第二十五位佛名為『普震寂靜音』，第二十六位佛名為『甘露山』，第二十七位佛名為『法海音』，第二十八位佛名為『堅固網』，第二十九位佛名為『佛影髻』，第三十位佛名為『月光毫』，第三十一位佛名為『辯才口』，第三十二位佛名為『覺華智』，第三十三位佛名為『寶燄山』，第三十四位佛名為『功德星』，第三十五位佛名為『寶月幢』，第三十六位佛名為『三昧身』，第三十七位佛名為『寶光王』，第三十八位佛名為『普智行』，第三十九位佛名為『燄海燈』，第四十位佛名為『離垢法音王』，第四十一位佛名為『無比德名稱幢』，第四十二位佛名為『修臂』，第四十三位佛名為『本願清淨月』，第四十四位佛名為『照義燈』，第四十五位佛名為『深遠音』，第四十六位佛名為『毗盧遮那勝藏王』，第四十七位佛名為『諸乘幢』；第四十八位佛名為『法海妙蓮華』。佛子！在那劫中，有如此等六十億百千那由他佛出興於世，我都親近承事供養。

「那一劫中的最後一位佛名為『廣大解』。我在那位佛的住所，獲得淨智之眼。那時，廣大解佛入城教化。我當時為王妃，與王一起禮觀這位佛，以許多美妙的物品作為供養，在其佛的住所聽聞其說『出生一切如來燈』法門，立即獲得『觀察一切菩薩三昧海境界解脫』。佛子！我獲得此解脫之後，與菩薩在佛土微塵數劫勤加修習，在佛土微塵數劫中承事供養無量諸佛；或在一劫承事一佛，或二、或三、或不可說數佛，或遇到佛土微塵數佛，都全部親近承事供養，但我卻未能知曉『菩薩之身形量色貌及其身業心行智慧三昧境界』。

「佛子！若有眾生，得見菩薩修菩提行，若疑若信；菩薩皆以世、出世間種種方便而攝取之，以為眷屬，令於阿耨多羅三藐三菩提得不退轉。佛子！我見彼佛得此解脫已，與菩薩於百佛剎微塵數劫而共修習；於其劫中，所有諸佛出興於世，我皆親近承事供養，聽所說法讀誦受持。於彼一切諸如來所，得此解脫種種法門，知種種三世，入種種剎海，見種種成正覺，入種種佛眾會，發菩薩種種大願，修菩薩種種妙行，得菩薩種種解脫，然未能知菩薩所得普賢解脫門。何以故？菩薩普賢解脫門，如太虛空，如眾生名，如三世海，如十方海，如法界海，無量無邊。佛子！菩薩普賢解脫門，與如來境界等。

「佛子！我於佛剎微塵數劫，觀菩薩身無有厭足。如多欲人男女集會，遞相愛染，起於無量妄想思覺。我亦如是，觀菩薩身一一毛孔，念念見無量無邊廣大世界種種安住、種種莊嚴、種種形狀，有種種山、種種地、種種雲、種種名、種種佛興、種種道場、種種眾會，演種種修多羅，說種種灌頂、種種諸乘、種種方便、種種清淨。又於菩薩一一毛孔，念念常見無邊佛海，坐種種道場，現種種神變，轉種種法輪，說種種修多羅，恆不斷絕。又於菩薩一一毛孔，見無邊眾生海種種住處、種種形貌、種種作業、種種諸根。又於菩薩一一毛孔，見三世諸菩薩無邊行門，所謂：無邊廣大願、無邊差別地、無邊波羅蜜、無邊往昔事、無邊大慈門、無邊大悲雲、無邊大喜心、無邊攝取眾生方便。

「佛子！我於佛剎微塵數劫，念念如是觀於菩薩一一毛孔，已所至處而不重至，已所見處而不重見，求其邊際竟不可得，乃至見彼悉達太子住於宮中、采女圍繞。我以解脫力，觀於菩薩一一毛孔，悉見三世法界中事。

【章　旨】瞿波釋種女給善財童子說，儘管自己獲得了觀察一切菩薩三昧海境界解脫法門，並且多劫修證，但卻未知「普賢解脫」境界。因為此普賢解脫境界事理無邊，與諸佛境界相同。

【語　譯】「佛子！如果有眾生得以看見菩薩修習菩薩行，有時懷疑有時相信；菩薩都以世間、出世間的種種方便而攝取這些眾生，作為自己的眷屬，使其於阿耨多羅三藐三菩提獲得不退轉。佛子！我因為看見廣大解佛而獲得此解脫境界之後，與菩薩在百佛土微塵數劫一起修習；在其劫之中，所有出興於世的諸佛，我都親近承事供養，聽其所說法並且讀誦受持。在彼一切諸如來的住所，獲得解脫的種種法門，知曉種種三世，進入種種剎海，看見種種成正覺的佛，進入種種佛的眾會，發菩薩種種大願，修習菩薩種種妙行，獲得菩薩種種解脫，但我仍然未能知曉菩薩所獲得的普賢解脫門。為什麼這樣呢？菩薩普賢解脫門，如同太虛空，如同眾生名，如同三世之海，如同十方海，如同法界海，無量無邊。佛子！菩薩普賢解脫門，與如來的境界相同。

「佛子！我在佛土微塵數劫，觀想菩薩之身從來沒有滿足。如同多欲男女的集會，遞相愛染，生起無量妄想的思覺。我也如此，觀菩薩身一一毛孔，念念見無量無邊廣大世界的種種安住、種種莊嚴、種種形狀，有種種山、種種地、種種雲、種種名、種種佛出世、種種道場、種種眾會，演說種種修多羅，演說種種灌頂、種種諸乘、種種方便、種種清淨。又在菩薩一一毛孔中，念念常見無邊佛海，坐於種種道場，顯現種種神變，旋轉種種法輪，演說種種修多羅，永遠不會斷絕。又從菩薩的每一毛孔之中，看見無邊眾生海種種住處、種種形貌、種種作業、種種諸根。又從菩薩一一毛孔，看見三世諸菩薩無邊行門。這些行門有：無邊廣大願、無邊差別地、無邊波羅蜜、無邊往昔事、無邊大慈門、無邊大悲雲、無邊大喜心、無邊攝取眾生方便。

「佛子！我在佛土微塵數劫，念念如此觀於菩薩一一毛孔，已經到達過的不再重來，已經看見之處而不再重見，追求其邊際竟然不可得，甚至看見那位悉達太子住於宮中、有采女圍繞。我以解脫力，觀於菩薩一一毛孔，完全看見三世法界中的事。

「佛子！我唯得此觀察菩薩三昧海解脫。如諸菩薩摩訶薩，究竟無量諸方便海，為一切眾生現隨類身❶，為一切眾生說隨樂行，於一一毛孔現無邊色相海；知諸法性無性為性，知眾生性同虛空相無有分別，知佛神力同於如如❷，徧一切處示現無邊解脫境界；於一念中，能自在入廣大法界，遊戲一切諸地法門。而我云何能知能說彼功德行？

「善男子！此世界中，有佛母摩耶❸。汝詣彼問：菩薩云何修菩薩行，於諸世間無所染著，供養諸佛恆無休息，作菩薩業永不退轉，離一切障礙、入菩薩解脫不由於他，住一切菩薩道，詣一切如來所，攝一切眾生界，盡未來劫修菩薩行、發大乘願，增長一切眾生善根常無休息？」

爾時，釋迦瞿波女，欲重明此解脫義，承佛神力即說頌言：

「若有見菩薩，修行種種行，起善不善心，菩薩皆攝取。乃往久遠世，過百剎塵劫，有劫名清淨，世界名光明。此劫佛興世，六十千萬億；最後天人主，號曰法幢燈。彼佛涅槃後，有王名智山，統領閻浮提，一切無怨敵。王有五百子，端正能勇健，其身悉清淨，見者皆歡喜。彼王及王子，信心供養佛，護持其法藏，亦樂勤修法。太子名善光，離垢多方便，諸相皆圓滿，見者無厭足。五百億人俱，出家行學道，勇猛堅精進，護持其佛法。王都名智樹，千億城圍繞；有林名靜德，眾寶所莊嚴。善光住彼林，廣宣佛正法，辯才智慧力，令眾悉清淨。有時因乞食，入彼王都城，行止極安詳，正知心不亂。城中有居士，號曰善名稱；我時為彼女，名為淨日光。時我於城中，遇見善光明，諸相極端嚴，其心生染著。次乞至我門，我心增愛染，即解身瓔珞，並珠置鉢中。雖以愛染心，供養彼佛子；二百五十劫，不墮三惡趣。或生天王家，或作人王女，恆見善光明，妙相莊嚴身。此後所經劫，二百有五十，生於善現家，名為具妙德。時我見太子，而生尊重心，願得備瞻侍，幸蒙哀納受。我時與太子，覲佛勝日身，恭敬供養畢，即發菩提意。於彼一劫中，六十億如來，最後佛世尊，名為廣大解。於彼得淨眼，了知諸法相，普見受生處，永除顛倒心。我得觀菩薩，三昧境解脫，一念入十方，不思議剎海。我見諸世界，淨穢種種別，於淨不貪樂，於穢不憎惡。普見諸世界，如來坐道場，皆於一念中，悉放無量光。一念能普入，不可說眾會；亦知彼一切，所得三昧門。一念能悉知，彼諸廣大行，無量地方便，及以諸願海。我觀菩薩身，無邊劫修行，一一毛孔量，求之不可得。一一毛孔剎，無數不可說，地水火風輪，靡不在其中。種種諸建立，種種諸形狀，種種體名號，無邊種莊嚴。我見諸剎海，不可說世界；及見其中佛，說法化眾生。不了菩薩身，及彼身諸業；亦不知心智❹，諸劫所行道。」

爾時，善財童子頂禮其足，繞無數匝，辭退而去。

【章　旨】瞿波釋種女又向善財童子推薦佛母「摩耶」，囑咐善財童子前去拜訪請教。瞿波釋種女最後以偈頌形式總結自己所講。善財童子於是告別瞿波釋種女，繼續前行求法。

【注　釋】❶隨類身　指佛、菩薩為救度眾生而針對眾生的界別、類別而示現出的不同應身和化身。❷如如　指佛教的最高真理「真如」。因為法性之理體不二平等，故云「如」，諸法的本性都是「如」，因此叫「如如」，是正智所契之理體。❸佛母摩耶　指釋迦牟尼佛的生身母親。摩耶，又作「摩訶摩耶」、「摩訶摩邪」，意譯「大幻化」、「大術」、「妙」。摩耶夫人為古印度迦毗羅衛城淨飯王的妃子。臨產前依時俗返回娘家待產，途中於其父天臂城主須菩提之別宮藍毗尼園休息時，生下釋尊。七日後逝世。據傳其死後生於欲界六天的第二天——忉利天中，釋尊曾於某夏，昇至忉利天，為其母說法。❹心智　即「心」與「智」。心為體，智為用，體用二者並舉，故稱「心智」。

【語　譯】「佛子！我只是獲得此觀察菩薩三昧海解脫法門。如同諸菩薩，究竟無量諸方便海，為一切眾生顯現出隨類之身，為一切眾生演說隨樂行，從一一毛孔中顯現出無邊色相海；知曉諸法性是以無性為性，知曉眾生的本性如同虛空相而無有分別，知曉佛神力與如如相同，徧一切處而示現出無邊解脫境界；在一念中，能夠自在進入廣大法界，在一切諸地法門周遊。而我如何能夠知曉、能夠演說這一功德行？

「善男子！此世界之中，有佛母『摩耶』。你可以前往她那裡向其請教：菩薩如何修菩薩行，在諸世間如何纔能無所染著，供養諸佛而永遠不休息，如何纔能作菩薩業而永不退轉，如何纔能不通過他力而遠離一切障礙、進入菩薩解脫，住於一切菩薩道，前往一切如來之所在拜訪諸佛，攝入一切眾生界，盡未來劫而修習菩薩行、發大乘願，增長一切眾生善根而常無休息？」

這時，釋迦瞿波女想重新演說明晰這一解脫法門，便秉承佛的神力隨即說頌：

「若有見菩薩，修行種種行，起善不善心，菩薩皆攝取。乃往久遠世，過百剎塵劫，有劫名『清淨』，世界名『光明』。此劫佛興世，六十千萬億；最後天人主，號曰『法幢燈』。彼佛涅槃後，有王名『智山』，統領閻浮提，一切無怨敵。王有五百子，端正能勇健，其身悉清淨，見者皆歡喜。彼王及王子，信心供養佛，護持其法藏，亦樂勤修法。太子名『善光』，離垢多方便，諸相皆圓滿，見者無厭足。五百億人俱，出家行學道，勇猛堅精進，護持其佛法。王都名『智樹』，千億城圍繞；有林名『靜德』，眾寶所莊嚴。善光住彼林，廣宣佛正法，辯才智慧力，令眾悉清淨。有時因乞食，入彼王都城，行止極安詳，正知心不亂。城中有居士，號曰『善名稱』；我時為彼女，名為『淨日光』。時我於城中，遇見善光明，諸相極端嚴，其心生染著。次乞至我門，我心增愛染，即解身瓔珞，並珠置缽中。雖以愛染心，供養彼佛子；二百五十劫，不墮三惡趣。或生天王家，或作人王女，恆見善光明，妙相莊嚴身。此後所經劫，二百有五十，生於善現家，名為具妙德。時我見太子，而生尊重心，願得備瞻侍，幸蒙哀納受。我時與太子，覲佛勝日身，恭敬供養畢，即發菩提意。於彼一劫中，六十億如來，最後佛世尊，名為廣大解。於彼得淨眼，了知諸法相，普見受生處，永除顛倒心。我得觀菩薩，三昧境解脫，一念入十方，不思議剎海。我見諸世界，淨穢種種別，於淨不貪樂，於穢不憎惡。普見諸世界，如來坐道場，皆於一念中，悉放無量光。一念能普入，不可說眾會；亦知彼一切，所得三昧門。一念能悉知，彼諸廣大行，無量地方便，及以諸願海。我觀菩薩身，無邊劫修行，一一毛孔量，求之不可得。一一毛孔剎，無數不可說，地水火風輪，靡不在其中。種種諸建立，種種諸形狀，種種體名號，無邊種莊嚴。我見諸剎海，不可說世界；及見其中佛，說法化眾生。不了菩薩身，及彼身諸業；亦不知心智，諸劫所行道。」

這時，善財童子頂禮瞿波釋種女的雙足，在其周圍繞行無數圈，然後，善財童子辭別瞿波釋種女，繼續前行求法。

# 華嚴經　入法界品之十七

【題　解】本卷包括〈入法界品〉「末會」中的第四十三會至五十一會，即包含善財童子「五十三參」中的第四十二參至四十九參的內容以及〈入法界品〉「末會」第四十五會「偏友童子師會」的內容。從此以下十一人都為善財童子說明依照本人的因緣證入實相的方法。

第四十二參為「摩耶夫人會」：善財童子遵從瞿波釋種女的囑咐，前去拜訪「摩耶」夫人，向其請教修行菩薩行的方法、途徑。善財童子剛剛發心尋求摩耶夫人，就有「寶眼」主城神前來為善財童子說明「修心」的重要性與方法。「蓮華法德及妙華光明」身眾神從其耳下放光加被善財童子，使善財童子獲得「十眼」。名叫「善眼」的法堂羅剎鬼王，則教給善財童子尋找拜訪善知識的方法，先教其「十法」增長其智，後示三昧息滅其亂心。在寶眼主城神、蓮華法德及妙華光明身眾神、善眼法堂羅剎鬼王的教導之下，善財童子得以目睹摩耶夫人的依報、正報。善財童子拜見摩耶夫人，向其請教修行菩薩行的方法、途徑。摩耶夫人則告訴善財童子，自己證得了「菩薩大願智幻解脫門」，因而能夠成為諸佛之母。摩耶夫人並且向善財童子講述了自己做悉達多太子及其他佛、菩薩之母的經歷。善財童子又向摩耶夫人請教其獲得這一菩薩大願智幻解脫門的久暫，摩耶夫人則告訴善財童子說：在往古世，過不可思議非最後身菩薩神通道眼所知曉的劫數，那時有一處名為「淨光」的劫，此劫有一處名為「須彌德」的世界，這一世界有一處名為「師子幢」的四天下，此四天下中有一處名為「自在幢」的王城，此王城之中有一位名為「大威德」的轉輪王。在這一王城的北邊，有一處名為「滿月光明」的道場，其道場神名為「慈德」，當時有一位名為「離垢幢」的菩薩在此道場中成佛。那位道場神就是摩耶夫人的前身，那位轉輪王也就是現今的世尊毗盧遮那佛。摩耶夫人又向善財童子薦舉「三十三天」中的「正念王」與其王之女「天主光」，囑咐善財童子前往請教菩薩如何修行菩薩行。善財童子於是告別摩耶夫人，繼續前行求法。

第四十三參為「天主光女會」：善財童子遵從摩耶夫人的囑咐，前去拜訪天主光女，向其請教修行菩薩行的方法、途徑。天主光女告訴善財童子自己證得了「無礙念清淨莊嚴」解脫法門，以此法門能夠記憶無數的菩薩修行成佛的全過程。天主光女又向善財童子薦舉「迦毗羅」城的「徧友」童子師，囑咐善財童子前往請教菩薩如何修行菩薩行。善財童子於是告別天主光女，繼續前行求法。

〈入法界品〉「末會」第四十五會——「友童子師會」：善財童子遵從天主光女的囑咐，前去拜訪迦毗羅城的徧友童子師，向其請教修行菩薩行的方法、途徑。徧友童子師向善財童子又推薦「善知眾藝」童子師，囑咐善財童子前去請教念誦「菩薩字智」法門。

第四十四參為「善知眾藝童子師會」：善財童子遵從徧友童子師的囑咐，前往拜見處於同城的善知眾藝童子師，向其請教念誦「菩薩字智」法門。「字」為法門之義，四十二字分別象徵菩薩行的四十二階位。善知眾藝童子師又向善財童子薦舉「摩竭提」國「婆呾那」城中的「賢勝」優婆夷，囑咐善財童子前往請教菩薩如何修行菩薩行。

第四十五參為「賢勝優婆夷會」：善財童子遵從善知眾藝童子師的囑咐，前去拜訪賢勝優婆夷，向其請教修行菩薩行的方法、途徑。賢勝優婆夷向善財童子講解了「無依處道場」解脫法門，獲得此法門即出生勝德不可窮盡、轉依究竟顯德無盡。賢勝優婆夷又向善財童子薦舉「沃田」城中的「堅固解脫」長者，囑咐善財童子前往請教菩薩如何修行菩薩行。善財童子於是告別賢勝優婆夷，繼續前行求法。

第四十六參為「堅固解脫長者會」：善財童子遵從賢勝優婆夷的囑咐，前去拜訪堅固解脫長者，向其請教修行菩薩行的方法、途徑。堅固解脫長者向善財童子講解了「無著念清淨莊嚴」解脫法門，獲得此法門即勤求正法無有休息。堅固解脫長者又向善財童子薦舉沃田城中的「妙月」長者，囑咐善財童子前往請教菩薩如何修行菩薩行。善財童子於是告別堅固解脫長者，繼續前行求法。

第四十七參為「妙月長者會」：善財童子遵從堅固解脫長者的囑咐，前去拜訪妙月長者，向其請教修行菩薩行的方法、途徑。妙月長者向善財童子講解了「淨智光明」解脫法門。妙月長者又向善財童子薦舉「出生」城中的「無勝軍」長者，囑咐善財童子前往請教菩薩如何修行菩薩行。善財童子於是告別妙月長者，繼續前行求法。

第四十八參為「無勝軍長者會」：善財童子遵從妙月長者的囑咐，前去拜訪無勝軍長者，向其請教修行菩薩行的方法、途徑。無勝軍長者向善財童子講解了「無盡相」解脫法門，得以見無量佛，獲得無盡藏。無勝軍長者又向善財童子薦舉出生城中的「法」村落中的「最寂靜」婆羅門，囑咐善財童子前往請教菩薩如何修行菩薩行。善財童子於是告別無勝軍長者，繼續前行求法。

第四十九參為「最寂靜婆羅門會」：善財童子遵從無勝軍長者的囑咐，前去拜訪最寂靜婆羅門，向其請教修行菩薩行的方法、途徑。最寂靜婆羅門向善財童子講解了「誠願語」解脫法門，並且說明其以住於誠願語的緣故，隨意所作，莫不成功滿足。最寂靜婆羅門又向善財童子薦舉「妙意華門」城中的「德生」童子與「有德」童女，囑咐善財童子前往請教菩薩如何修行菩薩行。善財童子於是告別最寂靜婆羅門，繼續前行求法。

## 善財童子第四十二參：摩耶夫人會

爾時，善財童子一心欲詣摩耶夫人所，即時獲得觀佛境界智，作如是念：「是善知識，遠離世間，住無所住，超過六處❶，離一切著，知無礙道，具淨法身，以如幻業而現化身，以如幻智而觀世間，以如幻願而持佛身、隨意生身、無生滅身、無來去身、非虛實身、不變壞身、無起盡身、所有諸相皆一相身❷、離二邊❸身、無依處身、無窮盡身、離諸分別如影現身、知如夢❹身、了如像❺身、如淨日身❻、普於十方而化現身、住於三世無變異身、非身心身，猶如虛空，所行無礙，超諸世眼，唯是普賢淨日所見。如是之人，我今云何而得親近承事供養、與其同住、觀其狀貌、聽其音聲、思其語言、受其教誨？」

作是念已，有主城神，名曰寶眼，眷屬圍繞，於虛空中而現其身，種種妙物以為嚴飾，手持無量眾色寶華以散善財，作如是言：

「善男子！應守護心城⑦，謂不貪一切生死境界；應莊嚴心城，謂專意趣求如來十力；應淨治心城，謂畢究斷除慳嫉諂誑；應清涼心城，謂思惟一切諸法實性；應增長心城，謂成辦一切助道之法；應嚴飾心城，謂造立諸禪解脫宮殿；應照耀心城，謂普入一切諸佛道場聽受般若波羅蜜法；應增益心城，謂普攝一切佛方便道；應堅固心城，謂恆勤修習普賢行願；應防護心城，謂常專御扞惡友、魔軍；應廓徹心城，謂開引一切佛智光明；應善補心城，謂聽受一切佛所說法；應扶助心城，謂深信一切佛功德海；應廣大心城，謂大慈普及一切世間；應善覆心城，謂集眾善法以覆其上；應寬廣心城，謂大悲哀愍一切眾生；應開心城門，謂悉捨所有隨應給施；應密護心城，謂防諸惡欲不令得入；應嚴肅心城，謂逐諸惡法不令其住；應決定心城，謂集一切智助道之法恆無退轉；應安立心城，謂正念三世一切如來所有境界；應瑩徹心城，謂明達一切佛正法輪修多羅中所有法門種種緣起；應部分心城，謂普曉示一切眾生皆令得見薩婆若道；應住持心城，謂發一切三世如來諸大願海；應富實心城，謂集一切週徧法界大福德聚；應令心城明瞭，謂普知眾生根欲等法；應令心城自在，謂普攝一切十方法界；應令心城清淨，謂正念一切諸佛如來；應知心城自性，謂知一切法皆無有性；應知心城如幻，謂以一切智了諸法性。

「佛子！菩薩摩訶薩若能如是淨修心城，則能積集一切善法。何以故？蠲除一切諸障難故，所謂：見佛障、聞法障、供養如來障、攝諸眾生障、淨佛國土障。善男子！菩薩摩訶薩以離如是諸障難故，若發希求善知識心，不用功力則便得見，乃至究竟必當成佛。」

【章　旨】這是善財童子「五十三參」的第四十二次參訪，也是〈入法界品〉「末會」中善財五十五會中的第四十三會。善財童子遵從瞿波釋種女的囑咐，前去拜訪「摩耶」夫人，向其請教修行菩薩行的方法、途徑。善財童子剛剛發心尋求摩耶夫人，就有「寶眼」主城神前來為善財童子說明「修心」的重要性與方法。——從此以下十一人都為善財童子說明依照本人的因緣證入實相的方法。

【注　釋】❶六處　「六根」的別名，「處」是出生之義，意思為出生六識之處，六根緣六塵而生起六識。六根，眼根、耳根、鼻根、舌根、身根、意根。❷所有諸相皆一相身　指世間萬象從本質上言，都是實相的體現。身，為「存在」之義。❸離二邊　指遠離偏離中道的兩種極端。二邊，即相對立的兩種立場而與佛法之中道立場相違者，例如苦樂二邊、有無二邊、斷常二邊、增損二邊等。❹知如夢　知曉世間的一切都如同夢幻一樣。❺了如像　指了知世間的一切都如同鏡中的影像一樣虛幻不實。❻如淨日身　指同太陽一樣光明四射之身。❼心城　指「心」。以身為城廓，因此以「城」比喻「心」。

【語　譯】這時，善財童子一心想前往「摩耶」夫人的住所，隨即就獲得觀佛境界的智慧。他這樣想道：「這位善知識，遠離世間，住於無所住之處，超越六處，遠離一切執著，知曉無礙之道，具備清淨法身，以如幻之業而顯現化身，以如幻之智而觀看世間，以如幻之願而持佛身、隨意生身、無生滅身、無來去身、非虛實身、不變壞身、無起無盡之身、所有諸相都是一實相之身、遠離二邊身、無依處身、無窮盡身、遠離諸分別如影而顯現之身、知曉如夢之身、了知如像之身、如同淨日之身、普於十方而化現身、住於三世而無變異身、非身心之身，猶如虛空，所行無礙，超越諸世眼，只是普賢淨目所見。如此之人，我今如何而得以親近承事供養、與其同住、觀其狀貌、聽其音聲、思考其語言、受其教誨呢？」

善財童子這樣想之後，有一位名叫「寶眼」的主城神，在眷屬的圍繞下，在虛空中顯現出身體，以種種妙物作為嚴飾，手持無量眾色的寶花散在善財童子的身上。寶眼主城神這樣說：

「善男子！應該守護心城，不貪戀一切生死的境界；應該莊嚴心城，專意趣求如來十力；應該淨治心城，畢竟斷除慳嫉諂誑；應該使心城清涼，思惟一切諸法的實性；應該使心城得到增長，成辦一切助道之法；應該嚴飾心城，造立諸禪解脫宮殿；應該照耀心城，完全進入一切諸佛道場聽受般若波羅蜜法；應該增益心城，普攝一切佛的方便道；應該使心城變得堅固，永遠勤於修習普賢行願；應該防護心城，常專門抵禦不好的惡友、魔軍；應該使心城廓徹，開引一切佛的智慧光明；應該善補心城，聽受一切佛所說之法；應該扶助心城，深信一切佛功德海；應該廣大心城，使大慈普及一切世間；應該善於覆蓋心城，積集眾善法以覆蓋其上；應該寬廣心城，以大悲哀愍一切眾生；應該大開心城門，全部捨棄所有針對眾生的要求給施；應該密護心城，防止諸惡欲使其不得進入；應該嚴肅心城，驅逐諸惡法不使其住；應該決定心城，積集一切智助道之法永遠沒有退轉；應該安立心城，正念三世一切如來所有境界；應該使心城瑩徹，明達一切佛正法輪修多羅中所有法門之種種緣起；應該部署心城，完全曉示一切眾生使其得以見薩婆若道；應住持心城，發一切三世如來諸大願海；應使心城富實，聚集一切週徧法界大福德聚；應使心城明瞭，謂普知眾生根欲等法；應使心城自在，完全攝一切十方法界；應使心城清淨，正念一切諸佛如來；應知心城自性，知曉一切法皆無有性；應知心城如幻，以一切智了諸法性。

「佛子！菩薩如果能夠如此淨修心城，就能夠積集一切善法。為什麼緣故呢？要清除一切諸障是非常難的。這些障礙有：見佛障、聞法障、供養如來障、攝諸眾生障、淨佛國土障。善男子！菩薩以遠離如此諸障非常難的緣故，如果發希求善知識之心，不用功力就可以見到，甚至究竟必當成佛。」

爾時，有身眾神，名蓮華法德及妙華光明，無量諸神前後圍繞，從道場出，住虛空中，於善財前，以妙音聲，種種稱嘆摩耶夫人，從其耳璫放無量色相光明網，普照無邊諸佛世界，令善財見十方國土一切諸佛。其光明網，右繞世間，經一匝已，然後還來，入善財頂，乃至遍入身諸毛孔。善財即得淨光明眼，永離一切愚癡闇故；得離翳眼，能了一切眾生性故；得離垢眼，能觀一切法性門故；得淨慧眼，能觀一切佛國性故；得毗盧遮那眼，見佛法身故；得普光明眼，見佛平等不思議身故；得無礙光眼，觀察一切剎海成壞故；得普照眼，見十方佛起大方便轉正法輪故；得普境界眼，見無量佛以自在力調伏眾生故；得普見眼，睹一切剎諸佛出興故。

時，有守護菩薩法堂羅剎鬼王，名曰善眼，與其眷屬萬羅剎俱，於虛空中，以眾妙華，散善財上，作如是言：「善男子！菩薩成就十法，則得親近諸善知識。何等為十？所謂：其心清淨離諸諂誑；大悲平等普攝眾生，知諸眾生無有真實；趣一切智，心不退轉；以信解力普入一切諸佛道場；得淨慧眼了諸法性；大慈平等普覆眾生；以智光明廓諸妄境；以甘露雨滌生死熱；以廣大眼徹鑒諸法；心常隨順諸善知識。是為十。

「復次，佛子！菩薩成就十種三昧門，則常現見諸善知識。何等為十？所謂：法空清淨輪三昧、觀察十方海三昧、於一切境界不捨離不缺減三昧、普見一切佛出興三昧、集一切功德藏三昧、心恆不捨善知識三昧、常見一切善知識生諸佛功德三昧、常不離一切善知識三昧、常供養一切善知識三昧、常於一切善知識所無過失三昧。佛子！菩薩成就此十三昧門，常得親近諸善知識，又得善知識轉一切佛法輪三昧；得此三昧已，悉知諸佛體性平等，處處值遇諸善知識。」

說是語時，善財童子仰視空中而答之言：「善哉！善哉！汝為哀愍攝受我故，方便教我見善知識。願為我說：云何往詣善知識所？於何方處城邑聚落求善知識？」

羅剎答言：「善男子！汝應普禮十方，求善知識；正念思惟一切境界，求善知識；勇猛自在徧遊十方，求善知識；觀身觀心如夢如影，求善知識。」

【章旨】「蓮華法德及妙華光明」身眾神從其耳下放光加被善財童子，使善財童子獲得「十眼」。名叫「善眼」的法堂羅剎鬼王，則教善財童子尋找拜訪善知識的方法，先教其「十法」增長其智，後示三昧息滅其亂心。

【語譯】這時，有位名為「蓮華法德及妙華光明」的身眾神，在無量諸神前後圍繞下，從道場出來，停住於虛空中，在善財前以美妙的聲音，種種稱揚讚嘆摩耶夫人，從其耳璫中放出無量色相光明網，完全照耀無邊的諸佛世界，使善財看見十方國土中的一切諸佛。其光明網，從右繞行世間，經過一圈之後，然後回來，進入善財童子的頭頂，甚至徧及進入善財童子的諸毛孔之中。善財童子隨即獲得淨光明眼，永遠遠離一切愚癡黑暗的緣故；獲得離翳眼，能夠了知一切眾生本性的緣故；獲得離垢眼，能夠觀想一切法性之門的緣故；獲得淨慧眼，能夠觀察一切佛國之性質的緣故；獲得毗盧遮那眼，能夠看見佛之法身的緣故；獲得普光明眼，能夠看見佛平等不思議之身的緣故；獲得無礙光眼，觀察一切國土海的存在與壞滅的緣故；獲得普照眼，看見十方佛生起大方便而旋轉正法輪的緣故；獲得普境界眼，看見無量佛以自在力調伏眾生的緣故；獲得普見眼，目睹一切國土諸佛出興的緣故。

這時，有位守護菩薩法堂的名叫「善眼」的羅剎鬼王，與其眷屬數萬羅剎一起，在虛空中，以許多美妙的花朵，撒在善財童子的身上。這羅剎鬼王這樣說道：「善男子！菩薩成就十法，就可以親近諸善知識。這十種法是什麼呢？它們是：其心清淨遠離諸諂誑；大悲平等而普攝眾生，知曉諸眾生並非真實的存在；趣一切智，心不退轉；以信解力完全進入一切諸佛的道場；獲得淨慧眼而了諸法性；大慈平等完全覆蓋保護一切眾生；以智光明照耀諸妄境；以甘露雨滌除生死之熱；以廣大眼徹底地鑑別諸法；心常隨順諸善知識。以上就是十種法。

「此外，佛子！菩薩成就十種三昧門，就可以常常現見諸善知識。這十種三昧門是什麼呢？它們是：法空清淨輪三昧、觀察十方海三昧、於一切境界不捨離不缺減三昧、普見一切佛出興三昧、集一切功德藏三昧、心恆不捨善知識三昧、常見一切善知識而產生諸佛功德三昧、常不離一切善知識三昧、常供養一切善知識三昧、常於一切善知識所無過失三昧。佛子！菩薩成就此十種三昧門，就可以常常得以親近諸善知識，又可獲得善知識轉一切佛法輪三昧；獲得這一三昧之後，完全知曉諸佛體性平等，處處遇到諸善知識。」

說完這些話語之時，善財童子仰視空中而這樣回答說：「好啊！好啊！您為哀愍攝受我的緣故，以方便教我拜見善知識。希望您能夠為我說明：如何前往善知識的所在之處？在何方城市村落尋找善知識？」

羅剎回答說：「善男子！你應該到處禮拜十方，尋找善知識；以正念思惟一切境界，尋找善知識；勇猛自在而徧遊十方，尋找善知識；觀身觀心而知曉身、心都如同夢境如同鏡中之影，尋找善知識。」

爾時，善財受行其教，即時睹見大寶蓮華從地湧出❶，金剛為莖，妙寶為藏，摩尼為葉，光明寶王以為其臺，眾寶色香以為其鬚，無數寶網彌覆其上。於其臺上，有一樓觀，名普納十方法界藏❷，奇妙嚴飾，金剛為地，千柱行列，一切皆以摩尼寶成，閻浮檀金以為其壁，眾寶瓔珞四面垂下，階陛、欄楯周匝莊嚴。其樓觀中❸，有如意寶蓮華之座，種種眾寶以為嚴飾，妙寶欄楯，寶衣間列，寶帳、寶網以覆其上，眾寶繒幡周匝垂下，微風徐動，光流響發；寶華幢中雨眾妙華，寶鈴鐸中出美音聲，寶戶牖間垂諸瓔珞，摩尼身中流出香水，寶象口中出蓮華網，寶師子口吐妙香雲，梵形寶輪出隨樂音，金剛寶鈴出諸菩薩大願之音，寶月幢中出佛化形，淨藏寶王現三世佛受生次第，日藏摩尼放大光明徧照十方一切佛剎，摩尼寶王放一切佛圓滿光明，毗盧遮那摩尼寶王興供養雲供養一切諸佛如來，如意珠王念念示現普賢神變充滿法界，須彌寶王出天宮殿，天諸采女種種妙音歌讚如來不可思議微妙功德。

爾時，善財見如是座，復有無量眾座圍繞，摩耶夫人在彼座上，於一切眾生前，現淨色身。所謂：超三界色身，已出一切諸有趣故；隨心樂色身，於一切世間無所著故；普週徧色身，等於一切眾生數故；無等比色身，令一切眾生滅倒見故；無量種色身，隨眾生心種種現故；無邊相色身，普現種種諸形相故；普對現色身，以大自在而示現故；化一切色身，隨其所應而現前故；恒示現色身，盡眾生界而無盡故；無去色身，於一切趣無所滅故；無來色身，於諸世間無所出故；不生色身，無生起故；不滅色身，離語言故；非實色身，得如實故；非虛色身，隨世現故；無動色身，生滅永離故；不壞色身，法性不壞故；無相色身，言語道斷❹故；一相色身，無相為相故；如像色身，隨心應現故；如幻色身，幻智所生故；如燄色身，但想所持故；如影色身，隨願現生故；如夢色身，隨心而現故；法界色身，性淨如空故；大悲色身，常護眾生故；無礙色身，念念遍法界故；無邊色身，普淨一切眾生故；無量色身，超出一切語言故；無住色身，願度一切世間故；無處色身，恆化眾生不斷故；無生色身，幻願所成故；無勝色身，超諸世間故；如實色身，定心❺所現故；不生色身，隨眾生業而出現故；如意珠色身，普滿一切眾生願故；無分別色身，但隨眾生分別起故；離分別色身，一切眾生不能知故；無盡色身，盡諸眾生生死際故；清淨色身，同於如來無分別故。如是身者，非色，所有色相如影像故；非受，世間苦受究竟滅故；非想，但隨眾生想所現故；非行，依如幻業而成就故；離識，菩薩願智❻空無性故，一切眾生語言斷❼故，已得成就寂滅身故。

爾時，善財童子又見摩耶夫人，隨諸眾生心之所樂，現超過一切世間色身。所謂：或現超過他化自在天女身乃至超過四大天王天女身，或現超過龍女身乃至超過人女身。現如是等無量色身，饒益眾生。集一切智助道之法，行於平等檀波羅蜜，大悲普覆一切世間。出生如來無量功德，修習增長一切智心，觀察思惟諸法實性；獲深忍海，具眾定門，住於平等三昧境界，得如來定圓滿光明，銷竭眾生煩惱巨海；心常正定，未嘗動亂，恆轉清淨不退法輪，善能了知一切佛法，恆以智慧觀法實相；見諸如來心無厭足，知三世佛出興次第，見佛三昧常現在前，了達如來出現於世無量無數諸清淨道，行於諸佛虛空境界；普攝眾生，各隨其心，教化成就；入佛無量清淨法身，成就大願，淨諸佛剎，究竟調伏一切眾生，心恆徧入諸佛境界；出生菩薩自在神力，已得法身清淨無染，而恆示現無量色身；摧一切魔力，成大善根力，出生正法力，具足諸佛力，得諸菩薩自在之力，速疾增長一切智力；得佛智光，普照一切，悉知無量眾生心海，根、性、欲、解種種差別；其身普徧十方剎海，悉知諸剎成壞之相，以廣大眼見十方海，以週徧智知三世海，身普承事一切佛海，心恆納受一切法海；修習一切如來功德，出生一切菩薩智慧，常樂觀察一切菩薩從初發心乃至成就所行之道，常勤守護一切眾生，常樂稱揚諸佛功德，願為一切菩薩之母。

【章　旨】在「寶眼」主城神、「蓮華法德及妙華光明」身眾神、「善眼」法堂羅剎鬼王的教導之下，善財童子得以目睹摩耶夫人的依報、正報。以「蓮華所證法界」、「臺上樓觀」以及「樓中寶座」三層以象徵手法說明依報。正報為摩耶夫人所顯現出來的「身相」與「身業」。

【注　釋】❶大寶蓮華從地湧出　此句以下所敘述具有象徵意義。據澄觀的解釋，此表徵「蓮華所證法界」，「自性無染故曰『蓮華』，無明既開不離心內，如從地湧，亦表性淨萬行，從法性地而出現故。此即十定中普賢之華也。」（澄觀《華嚴經疏》卷五十九，《大正藏》卷三十五，頁九五一下）❷普納十方法界藏　此句以下所描述具有象徵意義。據澄觀的解釋，「謂能證權、實二智，依於所證而重現故。智包無外，云『普納十方』；總攝五位，自分勝進，故云『千柱行列』。」（澄觀《華嚴經疏》卷五十九，《大正藏》卷三十五，頁九五一至九五二上）❸其樓觀中　此句以下的描述具有象徵意義。據澄觀的解釋，「樓中寶座即智體自空，故云『樓中有座』，空具性德故廣顯莊嚴。」（澄觀《華嚴經疏》卷五十九，《大正藏》卷三十五，頁九五二上）❹言語道斷　又作「語言道斷」、「言語道過」、「名言道斷」，是指言語之道斷絕，即「言語思想所不能及」之意。此語常與「心行處滅」一詞連用，意思為心行之處滅絕，遠離概念思惟之情境。❺定心　指修習禪行而遠離亂意的心理狀態。❻願智　指如願知悉一切之智慧，為佛、菩薩的共德之一，僅不動羅漢（六種阿羅漢中最高位者）所能起。乃先發誠願求知彼境，而以世俗智為自性，復依第四靜慮為其所依，由此加行而引發之妙智。❼語言斷　即「言語道斷」。

**【語　譯】**這時，善財童子在「寶眼」主城神、「蓮華法德及妙華光明」身眾神以及名叫「善眼」的法堂羅剎鬼王的教誨之下，立即看見一朵碩大的寶蓮花從地下湧現出來。這朵寶蓮花以金剛為其莖，以美妙的珍寶為藏，以摩尼為葉，以光明寶王作為其臺，以許多珍寶的顏色和香作為其鬚，有無數寶網完全覆蓋於其上。在寶蓮花的花臺上，有一處名為「普納十方法界藏」的樓觀，奇妙嚴飾，以金剛為地，有千柱行列，一切都以摩尼寶組成，以閻浮檀金作為其壁，許多珍寶瓔珞從四面垂下，臺階、欄杆在其周圍作為裝飾。在此樓觀中，有如意寶蓮華之座，以種種眾寶以為嚴飾，以美妙的珍寶製成欄杆，寶衣交錯排列，以寶帳、寶網覆蓋在其上，以許多珍寶製作的繒幡在樓觀的周圍垂下，在微風徐徐吹動之下，流光溢彩，發出美妙的聲音；從寶華幢中降下許多美妙的花朵，從寶鈴鐸中發出美妙動聽的聲音，從以珍寶裝飾的門窗中間垂下諸瓔珞，從摩尼身中流出香水，從寶象口中長出蓮華之網，從寶師子口中吐出美妙的香雲，從梵形寶輪中發出各種音樂，從金剛寶鈴中發出諸菩薩大願之音，從寶月幢中顯現出佛的化形，從淨藏寶王身上顯現出三世佛的受生次第，從日藏摩尼中放出的大光明徧照十方一切佛土，從摩尼寶王中放出一切佛的圓滿光明，從毗盧遮那摩尼寶王中興起供養雲供養一切諸佛如來，從如意珠王中念念示現出普賢神變充滿法界，從須彌寶王中生出天宮殿，天眾的諸位采女以種種美妙的歌聲讚頌如來不可思議的微妙功德。

這時，善財童子看見了如此寶座，又有無量眾在此座周圍圍繞，摩耶夫人坐在這個座位上，在一切眾生的面前，顯現出清淨的色身。這些色身有：超越三界之色身，因為其已經超越了一切諸有趣的緣故；隨順眾生之心樂色身，因為其在一切世間無所執著的緣故；普週徧之色身，因為其與一切眾生的數量相等的緣故；無等比之色身，因為其可以使一切眾生除滅顛倒之見的緣故；無量種之色身，因為其隨順眾生之心而顯現出種種不同的相狀的緣故；無邊相之色身，因為其完全顯現出種種諸形相的緣故；完全針對世間而顯現出的色身，因為其以大自在而示現的緣故；化一切之色身，因為其隨順眾生的心意而現前的緣故；永遠示現的色身，因為其盡眾生界而無盡的緣故；無去之色身，因為在一切趣都無所滅的緣故；無來之色身，因為其在諸世間無所出的緣故；不生之色身，因為其無生起的緣故；不滅之色身，因為其遠離語言的緣故；非實之色身，因為其已經證得如實之智的緣故；非虛之色身，因為其隨應世間而顯現的緣故；無動之色身，因為其永遠遠離生滅的緣故；不壞之色身，因為其法性不壞的緣故；無相之色身，因為其言語道斷的緣故；一相之色身，因為其以無相為相的緣故；如像之色身，因為其隨心所應而顯現的緣故；如幻之色身，因為其為幻智所生的緣故；如燄之色身，只是想所持的緣故；如影之色身，因為其隨順眾生的願望而顯現生起的緣故；如夢之色身，因為其隨心而顯現的緣故；法界之色身，因為其性淨如空的緣故；大悲之色身，因為其常常護念眾生的緣故；無礙之色身，因為其念念週徧法界的緣故；無邊之色身，因為其普淨一切眾生的緣故；無量之色身，因為其超出一切語言的緣故；無住之色身，願意度一切世間之眾生的緣故；無處之色身，因為其永遠化度眾生而不斷絕的緣故；無生之色身，因為其是幻願所成的緣故；無勝之色身，因為其超越諸世間的緣故；如實之色身，因為其是定心所顯現的緣故；不生之色身，因為其是隨順眾生之業而出現的緣故；如意珠之色身，因為其普滿一切眾生所願的緣故；無分別之色身，因為其只是隨順眾生之分別而生起的緣故；離分別之色身，因為其是一切眾生所不能知曉的緣故；無盡之色身，因為其盡諸眾生生死之際的緣故；清淨之色身，因為其同於如來無分別的緣故。如此之身，都並非物質性的存在，因為其所有色相都如同影像的緣故；沒有任何感受，因為其已經究竟滅除了世間苦、受的緣故；沒有任何思想，因為其只是隨順眾生之想所顯現的緣故；其並非行，因為其是依照如幻之業而成就的緣故；其遠離識，因為其是菩薩願智空無性的緣故，一切眾生語言斷絕的緣故，已經獲得成就而寂滅身的緣故。

這時，善財童子又看見摩耶夫人，隨諸眾生的心意所樂，顯示出超過一切世間的色身。這些色身是：或顯現出超過他化自在天女身甚至超過四大天王天女之身，或顯現出超過龍女身甚至超過人女之身，摩耶夫人顯現出如此與眾生數量相等的無數色身來饒益眾生。積集一切智助道之法，實踐平等的布施波羅蜜，以大悲完全覆蓋一切世間。出生如來無量功德，修習增長一切智之心，觀察思惟諸法的實性；獲得深深的忍海，具備許多禪定門，住於平等三昧境界，獲得如來定的圓滿光明，銷解乾淨眾生煩惱的巨海；心常常處於正定，未嘗動亂，永遠旋轉清淨不退的法輪，善於並且能夠了知一切佛法，永遠以智慧觀察法的實相；看見諸如來而心無滿足，知曉三世佛的出興次第，見佛三昧常常顯現於眼前，了達如來出現於世的無量無數的諸清淨道，實踐諸佛之虛空境界；完全攝取眾生，各隨其心，教化眾生使其成就；進入佛的無量清淨法身，成就大願，清淨諸佛土，究竟調伏一切眾生，心永遠徧入諸佛境界；出生菩薩自在神力，已經獲得法身清淨無染，而永遠示現無量色身；摧毀一切魔力，成就大善根之力，出生正確的法力，具足諸佛力，獲得諸菩薩自在之力，迅速增長一切智力；獲得佛智之光，完全照耀一切，完全知曉無量眾生心海及其根、性、欲、解的種種差別；其身完全徧在於十方國土海，完全知曉諸國土成壞之相，以廣大眼看見十方海，以週徧智慧知曉三世海，身完全承事一切佛海，心永遠納受一切法海；修習一切如來功德，出生一切菩薩智慧，常常樂於觀察一切菩薩從初發心甚至成就所行之道的過程，常常勤於守護一切眾生，常常樂於稱揚諸佛功德，願意作為一切菩薩之母。

爾時，善財童子見摩耶夫人現如是等閻浮提微塵數諸方便門。既見是已，如摩耶夫人所現身數，善財亦現作爾許身，於一切處摩耶之前恭敬禮拜，即時證得無量無數諸三昧門，分別觀察，修行證入。從三昧起，右繞摩耶並其眷屬，合掌而立，白言：「大聖！文殊師利菩薩教我發阿耨多羅三藐三菩提心，求善知識，親近供養。我於一一善知識所，皆往承事，無空過者；漸來至此，願為我說：菩薩云何學菩薩行而得成就？」

答言：「佛子！我已成就菩薩大願智幻解脫門❶，是故常為諸菩薩母。佛子！如我於此閻浮提中迦毗羅城淨飯王家，右脇而生悉達太子，現不思議自在神變；如是，乃至盡此世界海，所有一切毗盧遮那如來，皆入我身，示現誕生自在神變。

「又，善男子！我於淨飯王宮，菩薩將欲下生之時，見菩薩身一一毛孔咸放光明，名一切如來受生功德輪，一一毛孔皆現不可說不可說佛剎微塵數菩薩受生莊嚴。彼諸光明，皆悉普照一切世界；照世界已，來入我頂乃至一切諸毛孔中。又，彼光中普現一切菩薩名號、受生神變、宮殿眷屬、五欲自娛；又見出家、往詣道場、成等正覺、坐師子座、菩薩圍繞、諸王供養、為諸大眾轉正法輪；又見如來往昔修行菩薩道時，於諸佛所恭敬供養，發菩提心，淨佛國土，念念示現無量化身，充徧十方一切世界，乃至最後入般涅槃。如是等事，靡不皆見。

「又，善男子！彼妙光明入我身時，我身形量雖不踰本，然其實已超諸世間。所以者何？我身爾時量同虛空，悉能容受十方菩薩受生莊嚴諸宮殿故。爾時，菩薩從兜率天將降神時，有十佛剎微塵數諸菩薩，皆與菩薩同願、同行、同善根、同莊嚴、同解脫、同智慧，諸地、諸力、法身、色身，乃至普賢神通行願，悉皆同等，如是菩薩前後圍繞；又有八萬諸龍王等、一切世主，乘其宮殿，俱來供養。菩薩爾時，以神通力，與諸菩薩普現一切兜率天宮；一一宮中，悉現十方一切世界閻浮提內受生影像，方便教化無量眾生，令諸菩薩離諸懈怠無所執著。又以神力，放大光明，普照世間，破諸黑闇，滅諸苦惱；令諸眾生，皆識宿世所有業行，永出惡道。又為救護一切眾生，普現其前，作諸神變。現如是等諸奇特事，與眷屬俱，來入我身。彼諸菩薩於我腹中，遊行自在，或以三千大千世界而為一步，或以不可說不可說佛剎微塵數世界而為一步。

又，念念中，十方不可說不可說一切世界諸如來所、菩薩眾會，及四天王天、三十三天，乃至色界諸梵天王，欲見菩薩處胎神變，恭敬供養，聽受正法，皆入我身。雖我腹中悉能容受如是眾會，而身不廣大亦不迫窄；其諸菩薩各見自處眾會道場，清淨嚴飾。

「善男子！如此四天下閻浮提中，菩薩受生，我為其母；三千大千世界百億四天下閻浮提中，悉亦如是。然我此身本來無二，非一處住，非多處住。何以故？以修菩薩大願智幻莊嚴解脫門故。善男子！如今世尊，我為其母；往昔所有無量諸佛，悉亦如是而為其母。

「善男子！我昔曾作蓮華池神，時有菩薩於蓮華藏忽然化生，我即捧持瞻侍養育，一切世間皆共號我為：菩薩母。又，我昔為菩提場神，時有菩薩於我懷中忽然化生，世亦號我為：菩薩母。善男子！有無量最後身菩薩，於此世界種種方便示現受生，我皆為母。

「善男子！如此世界賢劫之中，過去世時，拘留孫佛、拘那含牟尼佛、迦葉佛及今世尊釋迦牟尼佛現受生時，我為其母。未來世中，彌勒菩薩從兜率天將降神時，放大光明普照法界，示現一切諸菩薩眾受生神變，乃於人間生大族家，調伏眾生；我於彼時，亦為其母。如是次第，有師子佛、法幢佛、善眼佛、淨華佛、華德佛、提舍佛、弗沙佛、善意佛、金剛佛、離垢佛、月光佛、持明佛、名稱佛、金剛楯佛、清淨義佛、紺身佛、到彼岸佛、寶燄山佛、持炬佛、蓮華德佛、名稱佛、無量功德佛、最勝燈佛、莊嚴身佛、善威儀佛、慈德佛、無住佛、大威光佛、無邊音佛、勝怨敵佛、離疑惑佛、清淨佛、大光佛、淨心佛、雲德佛、莊嚴頂髻佛、樹王佛、寶璫佛、海慧佛、妙寶佛、華冠佛、滿願佛、大自在佛、妙德王佛、最尊勝佛、栴檀雲佛、紺眼佛、勝慧佛、觀察慧佛、熾盛王佛、堅固慧佛、自在名佛、師子王佛、自在佛、最勝頂佛、金剛智山佛、妙德藏佛、寶網嚴身佛、善慧佛、自在天佛、大天王佛、無依德佛、善施佛、燄慧佛、水天佛、得上味佛、出生無上功德佛、仙人侍衛佛、隨世語言佛、功德自在幢佛、光幢佛、觀身佛、妙身佛、香燄佛、金剛寶嚴佛、喜眼佛、離欲佛、高大身佛、財天佛、無上天佛、順寂滅佛、智覺佛、滅貪佛、大燄王佛、寂諸有佛、毗舍佉天佛、金剛山佛、智燄德佛、安隱佛、師子出現佛、圓滿清淨佛、清淨賢佛、第一義佛、百光明佛、最增上佛、深自在佛、大地王佛、莊嚴王佛、解脫佛、妙音佛、殊勝佛、自在佛、無上醫王佛、功德月佛、無礙光佛、功德聚佛、月現佛、日天佛、出諸有佛、勇猛名稱佛、光明門佛、娑羅王佛、最勝佛、藥王佛、寶勝佛、金剛慧佛、無能勝佛、無能映蔽佛、眾會王佛、大名稱佛、敏持佛、無量光佛、大願光佛、法自在不虛佛、不退地佛、淨天佛、善天佛、堅固苦行佛、一切善友佛、解脫音佛、遊戲王佛、滅邪曲佛、薝蔔淨光佛、具眾德佛、最勝月佛、執明炬佛、殊妙身佛、不可說佛、最清淨佛、友安眾生佛、無量光佛、無畏音佛、水天德佛、不動慧光佛、華勝佛、月燄佛、不退慧佛、離愛佛、無著慧佛、集功德蘊佛、滅惡趣佛、普散華佛、師子吼佛、第一義佛、無礙見佛、破他軍佛、不著相佛、離分別海佛、端嚴海佛、須彌山佛、無著智佛、無邊座佛、清淨住佛、隨師行佛、最上施佛、常月佛、饒益王佛、不動聚佛、普攝受佛、饒益慧佛、持壽佛、無滅佛、具足名稱佛、大威力佛、種種色相佛、無相慧佛、不動天佛、妙德難思佛、滿月佛、解脫月佛、無上王佛、希有身佛、梵供養佛、不瞬佛、順先古佛、最上業佛、順法智佛、無勝天佛、不思議功德光佛、隨法行佛、無量賢佛、普隨順自在佛、最尊天佛，如是乃至樓至如來，在賢劫中，於此三千大千世界，當成佛者，悉為其母。如於此三千大千世界，如是於此世界海十方無量諸世界一切劫中，諸有修行普賢行願，為化一切諸眾生者，我自見身悉為其母。」

【章旨】善財童子拜見摩耶夫人，向其請教修行菩薩行的方法、途徑。摩耶夫人則告訴善財童子，自己證得了「菩薩大願智幻解脫門」，因而能夠成為諸佛之母。摩耶夫人並且向善財童子講述了自己為悉達多太子及其他佛、菩薩之母的經歷。

【注　釋】❶菩薩大願智幻解脫門　關於此法門，澄觀解釋說：「一願大，願為一切諸佛母故。二智大，智亦二義，一『權智』即能起大願，能成幻事；二『實智』即是般若，生佛真身。幻亦二義，一願智體虛，當相名幻故。上文云，幻智即是菩薩，菩薩即是幻智，故能無不為。二者即智所作生佛之義，謂於己身不壞小而廣容，若於佛身無生起而現起；又願收普賢，智收文殊，皆入大幻同為般若，亦名佛母。」（澄觀《華嚴經疏》卷五十九，《大正藏》卷三十五，頁九五二中）

【語　譯】當時，善財童子看見摩耶夫人顯現出如此與閻浮提微塵數相等的方便法門。看見這些法門之後，善財童子也顯現出與摩耶夫人所現身數相同的身相，在一切處的摩耶之前恭敬禮拜，立即獲證無量無數諸三昧門。善財童子分別觀察，修行證入這些三昧門。善財童子又從這些三昧出來，在摩耶夫人及其眷屬右側繞行向其致敬。然後，善財童子合掌而立，對摩耶夫人說：「大聖！文殊師利菩薩教我發阿耨多羅三藐三菩提心，尋求善知識，親近供養。我在每一位善知識的所在處，都前往承事，從來沒有空過。我就這樣逐漸來到這裡，希望您為我說：菩薩如何學菩薩行而獲得成就？」

摩耶夫人回答說：「佛子！我已經成就『菩薩大願智幻』解脫法門，因此緣故我常常為諸菩薩之母。佛子！譬如我在此閻浮提中的迦毗羅城淨飯王家，從右脇而生出悉達多太子，顯現出不可思議自在神變；如此，甚至盡此世界海，所有一切毗盧遮那如來，都進入了我身，示現出誕生自在神變。

「又，善男子！我在淨飯王宮，菩薩將欲下生之時，看見菩薩身一一毛孔都放出光明。這些光明，名為『一切如來受生功德輪』，每一毛孔都顯現出不可說不可說佛土微塵數菩薩受生莊嚴。

這些光明，都完全照耀一切世界；照耀世界之後，來入我頂甚至一切諸毛孔之中。又，在這些光明中普現一切菩薩的名號、受生神變、宮殿眷屬、五欲自娛；又看見出家、往詣道場、成等正覺、坐於師子座、菩薩圍繞、諸王供養、為諸大眾旋轉正法輪；又看見如來往昔修行菩薩道之時，在諸佛所恭敬供養，發菩提心，清淨佛之國土，念念示現出無量化身，充徧十方一切世界，甚至最後進入涅槃。如此等事，我無不都見。

「又，善男子！這一美妙光明進入我身時，我身形量雖不踰越我的本體，然而其實已經超越諸世間。為什麼這樣說呢？我身那時量同虛空，因為都能夠容受十方菩薩受生莊嚴諸宮殿的緣故。那時，菩薩從兜率天將降神時，有十處佛土微塵數的菩薩，都與菩薩具有相同的願望、相同的修行、相同的善根、相同的莊嚴、相同的解脫、相同的智慧，諸地、諸力、法身、色身，甚至普賢神通行願，都完全相同，如此菩薩前後圍繞；又有八萬諸龍王等、一切世主，乘坐其宮殿，一起前來供養。菩薩那時，以神通力，與諸菩薩一起完全在一切兜率天宮中顯現；每一宮中，都完全顯現出在十方一切世界閻浮提內受生的影像，以方便教化無量眾生，使諸菩薩遠離諸懈怠無所執著。又以神力，放出大光明，完全照耀世間，破除諸黑闇，滅除諸苦惱；使諸眾生，都知曉宿世所有業行，永遠出離惡道。又為了救護一切眾生，完全顯現於眾生的面前，作諸神變。顯現如此等諸奇特事，與眷屬一起，來入我身。那些菩薩在我的腹中，遊行自在，有的以三千大千世界而為一步，有的以不可說不可說佛土微塵數世界而為一步。又，念念中，十方不可說不可說一切世界諸如來所、菩薩眾會以及四天王天、三十三天，甚至色界諸梵天王，想看見菩薩處胎神變，恭敬供養，聽受正法，都進入我身。即便我腹中完全能夠容受如此多的眾會，但我的身體卻不擴大也不顯得窄迫；這些菩薩各自可以看見自己所處的眾會道場，都清淨而有莊嚴的裝飾。

「善男子！在如此四天下閻浮提中，菩薩受生，我為其母；三千大千世界百億四天下閻浮提中，也是如此。不過，我此身本來無二，非一處住處，也非多處住處。為什麼能夠如此呢？因為修習菩薩大願智幻莊嚴解脫法門的緣故。善男子！如今的世尊，我為其母；往昔所有無量諸佛，我也是如此而為其母。

「善男子！我昔日曾經作為蓮華池之神，當時有菩薩在蓮華藏中忽然化生，我即捧持瞻侍養育，一切世間都共同稱我為菩薩母。又，我昔日為菩提場之神，當時有菩薩在我的懷中忽然化生，世間也稱我為菩薩母。善男子！有無量最後身菩薩，在此世界以種種方便示現受生，我都是其母。

「善男子！譬如此世界賢劫之中，在過去世時，拘留孫佛、拘那含牟尼佛、迦葉佛及今世尊釋迦牟尼佛現受生之時，我都是其母。在未來世中，彌勒菩薩從兜率天將降神之時，放出大光明普照法界，示現一切諸菩薩眾受生神變，甚至在人間生於大族家，調伏眾生；我在那時，也為其母。如此次第，有師子佛、法幢佛、善眼佛、淨華佛、華德佛、提舍佛、弗沙佛、善意佛、金剛佛、離垢佛、月光佛、持明佛、名稱佛、金剛楯佛、清淨義佛、紺身佛、到彼岸佛、寶燄山佛、持炬佛、蓮華德佛、名稱佛、無量功德佛、最勝燈佛、莊嚴身佛、善威儀佛、慈德佛、無住佛、大威光佛、無邊音佛、勝怨敵佛、離疑惑佛、清淨佛、大光佛、淨心佛、雲德佛、莊嚴頂髻佛、樹王佛、寶璫佛、海慧佛、妙寶佛、華冠佛、滿願佛、大自在佛、妙德王佛、最尊勝佛、栴檀雲佛、紺眼佛、勝慧佛、觀察慧佛、熾盛王佛、堅固慧佛、自在名佛、師子王佛、自在佛、最勝頂佛、金剛智山佛、妙德藏佛、寶網嚴身佛、善慧佛、自在天佛、大天王佛、無依德佛、善施佛、燄慧佛、水天佛、得上味佛、出生無上功德佛、仙人侍衛佛、隨世語言佛、功德自在幢佛、光幢佛、觀身佛、妙身佛、香燄佛、金剛寶嚴佛、喜眼佛、離欲佛、高大身佛、財天佛、無上天佛、順寂滅佛、智覺佛、滅貪佛、大燄王佛、寂諸有佛、毗舍佉天佛、金剛山佛、智燄德佛、安隱佛、師子出現佛、圓滿清淨佛、清淨賢佛、第一義佛、百光明佛、最增上佛、深自在佛、大地王佛、莊嚴王佛、解脫佛、妙音佛、殊勝佛、自在佛、無上醫王佛、功德月佛、無礙光佛、功德聚佛、月現佛、日天佛、出諸有佛、勇猛名稱佛、光明門佛、娑羅王佛、最勝佛、藥王佛、寶勝佛、金剛慧佛、無能勝佛、無能映蔽佛、眾會王佛、大名稱佛、敏持佛、無量光佛、大願光佛、法自在不虛佛、不退地佛、淨天佛、善天佛、堅固苦行佛、一切善友佛、解脫音佛、遊戲王佛、滅邪曲佛、薝蔔淨光佛、具眾德佛、最勝月佛、執明炬佛、殊妙身佛、不可說佛、最清淨佛、友安眾生佛、無量光佛、無畏音佛、水天德佛、不動慧光佛、華勝佛、月燄佛、不退慧佛、離愛佛、無著慧佛、集功德蘊佛、滅惡趣佛、普散華佛、師子吼佛、第一義佛、無礙見佛、破他軍佛、不著相佛、離分別海佛、端嚴海佛、須彌山佛、無著智佛、無邊座佛、清淨住佛、隨師行佛、最上施佛、常月佛、饒益王佛、不動聚佛、普攝受佛、饒益慧佛、持壽佛、無滅佛、具足名稱佛、大威力佛、種種色相佛、無相慧佛、不動天佛、妙德難思佛、滿月佛、解脫月佛、無上王佛、希有身佛、梵供養佛、不瞬佛、順先古佛、最上業佛、順法智佛、無勝天佛、不思議功德光佛、隨法行佛、無量賢佛、普隨順自在佛、最尊天佛，如此乃至樓至如來，在賢劫中，在此三千大千世界，當成佛者，我都為其母。譬如在此三千大千世界，如此在此世界海十方無量諸世界一切劫中，有修行普賢行願而化度一切諸眾生的，我自己都現身作為其母。」

爾時，善財童子白摩耶夫人言：「大聖得此解脫，經今幾時？」

答言：「善男子！乃往古世，過不可思議非最後身菩薩神通道眼所知劫數，爾時有劫名淨光，世界名須彌德，雖有諸山五趣雜居❶，然其國土眾寶所成，清淨莊嚴無諸穢惡。有千億四天下，有一四天下，名師子幢，於中有八十億王城。有一王城，名自在幢；有轉輪王，名大威德。彼王城北，有一道場，名滿月光明；其道場神，名曰慈德。時，有菩薩，名離垢幢，坐於道場，將成正覺。有一惡魔，名金色光，與其眷屬無量眾俱，至菩薩所。彼大威德轉輪聖王已得菩薩神通自在，化作兵眾，其數倍多，圍繞道場；諸魔惶怖，悉自奔散；故彼菩薩得成阿耨多羅三藐三菩提。時，道場神見是事已，歡喜無量，便於彼王而生子想，頂禮佛足，作是願言：『此轉輪王，在在生處，乃至成佛，願我常得與其為母。』作是願已，於此道場，復曾供養十那由他佛。

「善男子！於汝意云何，彼道場神豈異人乎？我身是也。轉輪王者，今世尊毗盧遮那是。我從於彼發願已來，此佛世尊，於十方剎一切諸趣，處處受生，種諸善根，修菩薩行，教化成就一切眾生，乃至示現住最後身，念念普於一切世界，示現菩薩受生神變，常為我子，我常為母。善男子！過去、現在十方世界無量諸佛將成佛時，皆於臍中放大光明，來照我身及我所住宮殿屋宅；彼最後生，我悉為母。

【章　旨】善財童子又向摩耶夫人請教其獲得這一菩薩大願智幻解脫門的久暫，摩耶夫人則告訴善財童子說：在往古世，過不可思議非最後身菩薩神通道眼所知曉的劫數，那時有一處名為「淨光」的劫，此劫有一處名為「須彌德」的世界，這一世界有一名為「師子幢」的四天下，此四天下中有一處名為「自在幢」的王城，此王城之中有一位名為「大威德」的轉輪王。在這一王城的北邊，有一處名為「滿月光明」的道場，其道場神名為「慈德」，當時有一位名為「離垢幢」的菩薩在此道場中成佛。那位道場神就是摩耶夫人的前身，那位轉輪王也就是現今的世尊毗盧遮那佛。

【注　釋】❶五趣雜居　即「五趣雜居地」、「欲界五趣地」，五趣即欲界六天、人、餓鬼、畜生及地獄，五者都為散地且果報苦樂不同，合而為一故稱「五趣雜居地」。

【語譯】這時，善財童子又問摩耶夫人說：「大聖獲得這一解脫法門，經歷了多長的時間呢？」

摩耶夫人回答說：「善男子！在往古世，過不可思議非最後身菩薩神通道眼所知曉的劫數，那時有一處名為『淨光』的劫，有一處名為『須彌德』的世界。這一世界，雖然有諸山而五趣雜居，然而其國土為眾寶所構成，清淨莊嚴而沒有諸穢惡。這一世界有一千億的四天下，有一名為『師子幢』的四天下，此四天下中有八十億王城。其中有一處名為『自在幢』的王城；此王城之中有一位名為『大威德』的轉輪王。在這一王城的北邊，有一處名為『滿月光明』的道場；這一處的道場神名為『慈德』。當時，有一位名為『離垢幢』的菩薩，坐在道場，即將成正覺。這時，有一位名為『金色光』的惡魔，與其無數眷屬一起前來菩薩的住所。那位大威德轉輪聖王已經獲得了菩薩神通自在，便化作兵眾，其數量非常多，這些兵眾圍繞著道場；諸魔便非常惶恐畏懼，都各自逃散了。因此，那位菩薩得以成就阿耨多羅三藐三菩提。這時，道場神看見此事之後，歡喜無量，便對那位王產生了將其作為兒子的想法，於是頂禮佛足，作如此大願：『這位轉輪王，在每一個轉生之處，直至成佛，希望我常常得以作為其母。』發這一大願之後，在此道場，又曾經供養十那由他數量的佛。

「善男子！你如何看待這些事情呢？那位道場神難道是別人嗎？是我的前身啊。那位轉輪王也就是現今的世尊毗盧遮那佛。我從那時發願已來，此佛世尊，在十方剎一切諸趣，處處受生，種植諸善根，修習菩薩行，教化成就一切眾生，直至示現住最後身，念念普於一切世界，示現菩薩受生神變，他常常為我子，我常常為其母。善男子！過去、現在十方世界無量諸佛即將成佛時，都從臍中放出大光明，來照耀我身以及我所住的宮殿屋宅；那最後出生的，我也是其母。

「善男子！我唯知此菩薩大願智幻解脫門。如諸菩薩摩訶薩，具大悲藏，教化眾生常無厭足，以自在力，一一毛孔示現無量諸佛神變；我今云何能知能說彼功德行？

「善男子！於此世界三十三天，有王名正念❶，其王有女名天主光❷。汝詣彼問：菩薩云何學菩薩行、修菩薩道？」

時，善財童子敬受其教，頭面作禮，繞無數匝，戀慕瞻仰，卻行而退。

【章旨】摩耶夫人又向善財童子薦舉「三十三天」中的「正念王」與其王之女「天主光」，囑咐善財童子前往請教菩薩如何修行菩薩行。善財童子於是告別摩耶夫人，繼續前行求法。

【注釋】❶王名正念　關於此王的名號的涵義，澄觀解釋說：「父名『正念』者，此由定發故，故法門名『無礙清淨念』。」（澄觀《華嚴經疏》卷五十九，《大正藏》卷三十五，頁九五二下）❷天主光　關於此名號的涵義，澄觀解釋說：「『天主光』即幻智念力，善友言『天主光』者，謂悲智勝用，光淨自在，破闇義故。」（澄觀《華嚴經疏》卷五十九，《大正藏》卷三十五，頁九五二下）

【語譯】「善男子！我只是知曉這一菩薩大願智幻解脫門。如同諸菩薩一樣，具備大悲藏，教化眾生而常常沒有滿足，以自在力，從一一毛孔示現出無量諸佛神變。我現今如何能夠知曉、能夠演說這一功德行呢？

「善男子！在此世界的『三十三天』，有一位名為『正念』的王，其王有一位名為『天主光』的女兒。你可以前往他們那裡向其請教：菩薩如何學菩薩行、修菩薩道？」

這時，善財童子恭敬地接受摩耶夫人的教誨，頭面作禮，在其周圍繞行無數圈，戀慕瞻仰摩耶夫人。然後，善財童子辭別摩耶夫人，繼續其求法歷程。

## 善財童子第四十三參：天主光女會

遂往天宮，見彼天女，禮足圍繞，合掌前住，白言：「聖者！我已先發阿耨多羅三藐三菩提心，而未知菩薩云何學菩薩行？云何修菩薩道？我聞聖者善能誘誨，願為我說！」

天女答言：「善男子！我得菩薩解脫，名無礙念清淨莊嚴❶。善男子！我以此解脫力，憶念過去，有最勝劫，名青蓮華。我於彼劫中，供養恆河沙數諸佛如來。彼諸如來，從初出家，我皆瞻奉，守護供養，造僧伽藍，營辦什物。又，彼諸佛從為菩薩住母胎時，誕生之時，行七步時，大師子吼時，住童子位在宮中時，向菩提樹成正覺時，轉正法輪現佛神變教化調伏眾生之時；如是一切諸所作事，從初發心乃至法盡，我皆明憶，無有遺餘，常現在前，念持不忘。又，憶過去劫，名善地，我於彼供養十恆河沙數諸佛如來；又，過去劫名為妙德，我於彼供養一佛世界微塵數諸佛如來；又，劫名無所得，我於彼供養八十四億百千那由他諸佛如來；又，劫名善光，我於彼供養閻浮提微塵數諸佛如來；又，劫名無量光，我於彼供養二十恆河沙數諸佛如來；又，劫名最勝德，我於彼供養一恆河沙數諸佛如來；又，劫名善悲，我於彼供養八十恆河沙數諸佛如來；又，劫名勝遊，我於彼供養六十恆河沙數諸佛如來；又，劫名妙月，我於彼供養七十恆河沙數諸佛如來。

「善男子！如是憶念恆河沙劫，我常不捨諸佛如來、應、正等覺，從彼一切諸如來所，聞此無礙念清淨莊嚴菩薩解脫，受持修行恆不忘失。

如是，先劫所有如來，從初菩薩，乃至法盡，一切所作，我以淨嚴解脫之力，皆隨憶念，明瞭現前，持而順行，曾無懈廢。

【章　旨】這是善財童子五十三參的第四十三次參訪，也是〈入法界品〉「末會」中善財五十五會中的第四十四會。善財童子遵從摩耶夫人的囑咐，前去拜訪天主光女，向其請教修行菩薩行的方法、途徑。天主光女告訴善財童子自己證得了「無礙念清淨莊嚴」解脫法門，以此法門能夠記憶無數的菩薩修行成佛的全過程。

【注　釋】❶無礙念清淨莊嚴　關於此法門，澄觀解釋說：「謂以一念無礙智普觀三世，無不明現而無去來今；為無礙念，不雜異念，為清淨念，念佛功德有益悲智，故曰『莊嚴』。」（《華嚴經疏》卷五十九，《大正藏》卷三十五，頁九五二下）

【語　譯】善財童子於是前往天宮去拜見天主光女。在天宮中，善財童子頂禮天女的雙足，在其周圍圍繞致敬，然後合掌前往而對天女說：「聖者！我早先已經發阿耨多羅三藐三菩提心，但卻未能知曉菩薩如何學菩薩行？如何修菩薩道？我聽說聖者諄諄善誘教化眾生，希望您能夠為我解說這些問題！」

天主光女回答說：「善男子！我獲得菩薩解脫，其法門名為『無礙念清淨莊嚴』。善男子！我以此解脫之力，憶念過去，有名為『青蓮華』的最勝劫。我在這一劫中，供養恆河沙數諸佛如來。

那些如來，從初出家以來，我都瞻仰侍奉，守護供養，為其修造僧伽藍，營辦各種物品。又，那些諸佛從作為菩薩住於母胎時，誕生之時，行走七步時，作大師子吼時，住於童子位在宮中時，向菩提樹成正覺時，旋轉正法輪顯現出佛的神變以教化調伏眾生之時；如此一切諸所作事，從初發心直至法盡，我都能夠鮮明地記憶，沒有任何遺漏，常常顯現在眼前，念持不忘。又，我憶起在名為『善地』的過去劫中，我在那時供養十恆河沙數的諸佛如來；又，在名為『妙德』的過去劫，我在那時供養一佛世界微塵數的諸佛如來；又，在名為『無所得』的劫中，我在那時供養八十四億百千那由他數量的諸佛如來；又，在名為『善光』的劫中，我在那時供養閻浮提微塵數的諸佛如來；又，在名為『無量光』的劫中，我在那時供養二十恆河沙數的諸佛如來；又，在名為『最勝德』的劫中，我在那時供養一恆河沙數的諸佛如來；又，在名為『善悲』的劫中，我在那時供養八十恆河沙數的諸佛如來；又，在名為『勝遊』的劫中，我在那時供養六十恆河沙數的諸佛如來；又，在名為『妙月』的劫中，我在那時供養七十恆河沙數的諸佛如來。

「善男子！如此憶念恆河沙劫，我常常不捨棄諸佛如來、應、正等覺，從那一切諸如來的所在，聽聞此無礙念清淨莊嚴菩薩解脫，受持修行而永遠不忘失。如此，先劫所有如來，從初菩薩，乃至法盡，一切所作，我都以淨嚴解脫之力，都隨順諸佛而憶念，使其明瞭顯現出來，持而順行，未曾懈怠而荒廢。

「善男子！我唯知此無礙念清淨解脫。如諸菩薩摩訶薩，出生死夜朗然明徹，永離癡冥未嘗惛寐，心無諸蓋、身行輕安，於諸法性清淨覺了，成就十力開悟群生；而我云何能知能說彼功德行？

「善男子！迦毗羅城有童子師，名曰偏友❶。汝詣彼問：菩薩云何學菩薩行、修菩薩道？」

時，善財童子以聞法故，歡喜踴躍，不思議善根自然增廣；頂禮其足，繞無數匝，辭退而去。

【章 旨】天主光女又向善財童子薦舉「迦毗羅」城的「偏友」童子師，囑咐善財童子前往請教菩薩如何修行菩薩行。善財童子於是告別天主光女，繼續前行求法。

【注 釋】❶偏友 關於此位善知識，澄觀解釋說：「童子師偏友，幻智師範。善知識謂為童蒙師，偏與眾生為善友故。居迦毗羅黃色城者，中道軌物故。」（澄觀《華嚴經疏》卷五十九，《大正藏》卷三十五，頁九五二下）

【語 譯】「善男子！我只是知曉這一無礙念清淨解脫法門。如同諸菩薩一樣，出離生死夜而朗然明徹，永遠遠離癡暗而未嘗昏睡，心沒有諸蓋、身行輕安，關於諸法性清淨覺悟明瞭，成就了十力並且以之開悟群生；而我為什麼能夠知曉、能夠宣說這一功德行呢？

「善男子！在『迦毗羅』城有一位名為『偏友』童子師。你可以前往那裡向其請教：菩薩如何學菩薩行、修菩薩道？」

這時，善財童子以聽聞法的緣故，歡喜踴躍，不可思議善根自然增長而擴充。善財童子頂禮天主光女的雙足，在其周圍繞行無數圈向其致敬。然後，善財童子辭別天主光女，踏上繼續求法的歷程。

## 末會五十五會第四十五會：偏友童子師會

從天宮下，漸向彼城。至偏友所，禮足圍繞，合掌恭敬，於一面立，白言：「聖者！我已先發阿耨多羅三藐三菩提心，而未知菩薩云何學菩薩行？云何修菩薩道？我聞聖者善能誘誨，願為我說！」

偏友答言：「善男子！此有童子，名善知眾藝❶，學菩薩字智。汝可問之，當為汝說。」❷

【章　旨】這是〈入法界品〉「末會」中善財五十五會中的第四十五會。善財童子遵從天主光女的囑咐，前去拜訪迦毗羅城的偏友童子師，向其請教修行菩薩行的方法、途徑。偏友童子師向善財童子又推薦「善知眾藝」童子師，囑咐善財童子前去請教念誦「菩薩字智」法門。

【注釋】❶善知眾藝　此童子師之名中的「眾藝」是指「幻智字母」，因此，此童子師之名的涵義就是「以無礙智窮世間之伎藝故」，「字母為眾藝之勝」，「從字入於無相智故，字義為門故」（澄觀《華嚴經疏》卷六十，《大正藏》卷三十五，頁九五三上）。❷徧友答言七句　關於徧友童子師未曾向善財童子講法的問題，澄觀解釋說：「不得法者略有四義：一、與『眾藝』法門同故，二、法有所付顯流通故，三、表一切法門體無二故，四、表無所得方為得故。」（澄觀《華嚴經疏》卷五十九，《大正藏》卷三十五，頁九五二下）

【語譯】善財童子從天宮下來，慢慢地向迦毗羅城走去。到達徧友的住所，善財童子頂禮徧友的雙足，在其周圍圍繞致敬，合掌恭敬，後在一面站立，對徧友說：「聖者！我早先已經發阿耨多羅三藐三菩提心，但卻未能知曉菩薩如何學菩薩行？如何修菩薩道？我聽說聖者諄諄善誘，希望您能夠為我解答這些問題！」

徧友回答說：「善男子！這裡有一位名叫『善知眾藝』的童子，修學『菩薩字智』。你可以前去問他，他應當會為你解答這些問題。」

## 善財童子第四十四參：善知眾藝童子師會

爾時，善財即至其所，頭頂禮敬，於一面立，白言：「聖者！我已先發阿耨多羅三藐三菩提心，而未知菩薩云何學菩薩行？云何修菩薩道？我聞聖者善能誘誨，願為我說！」

時，彼童子告善財言：「善男子！我得菩薩解脫，名善知眾藝。我恆唱持此之字母：唱『阿』❶字時，入般若波羅蜜門，名以菩薩威力入無差別境界；唱『多』❷字時，入般若波羅蜜門，名無邊差別門；唱『波』❸字時，入般若波羅蜜門，名普照法界；唱『者』❹字時，入般若波羅蜜門，名普輪斷差別；唱『那』❺字時，入般若波羅蜜門，名得無依無上；唱『邏』❻字時，入般若波羅蜜門，名離依止無垢；唱『柁』❼字時，入般若波羅蜜門，名不退轉方便；唱『婆』❽字時，入般若波羅蜜門，名金剛場；唱『荼』❾字時，入般若波羅蜜門，名曰普輪；唱『沙』❿字時，入般若波羅蜜門，名為海藏；唱『縛』⓫字時，入般若波羅蜜門，名普生安住；唱『哆』⓬字時，入般若波羅蜜門，名圓滿光；唱『也』⓭字時，入般若波羅蜜門，名差別積聚；唱『瑟吒』⓮字時，入般若波羅蜜門，名普光明息煩惱；唱『迦』⓯字時，入般若波羅蜜門，名無差別雲；唱『娑』⑯字時，入般若波羅蜜門，名降霪大雨；唱『麼』⑰字時，入般若波羅蜜門，名大流湍激眾峰齊峙；唱『伽』⑱字時，入般若波羅蜜門，名普安立；唱『他』⑲字時，入般若波羅蜜門，名真如平等藏；唱『社』⑳字時，入般若波羅蜜門，名入世間海清淨；唱『鎖』㉑字時，入般若波羅蜜門，名念一切佛莊嚴；唱『柂』㉒字時，入般若波羅蜜門，名觀察揀擇一切法聚；唱『奢』㉓字時，入般若波羅蜜門，名隨順一切佛教輪光明；唱『佉』㉔字時，入般若波羅蜜門，名修因地智慧藏；唱『叉』㉕字時，入般若波羅蜜門，名息諸業海藏；唱『娑多』㉖字時，入般若波羅蜜門，名蠲諸惑障開淨光明；唱『壤』㉗字時，入般若波羅蜜門，名作世間智慧門；唱『曷攞多』㉘字時，入般若波羅蜜門，名生死境界智慧輪；唱『婆』㉙字時，入般若波羅蜜門，名一切智宮殿圓滿莊嚴；唱『車』㉚字時，入般若波羅蜜門，名修行方便藏各別圓滿；唱『娑麼』㉛字時，入般若波羅蜜門，名隨十方現見諸佛；唱『訶婆』㉜

字時，入般若波羅蜜門，名觀察一切無緣眾生方便攝受令出生無礙力；唱『縒』㉝字時，入般若波羅蜜門，名修行趣入一切功德海；唱『伽』㉞字時，入般若波羅蜜門，名持一切法雲堅固海藏；唱『吒』㉟字時，入般若波羅蜜門，名隨願普見十方諸佛；唱『拏』㊱字時，入般若波羅蜜門，名觀察字輪有無盡諸億字；唱『娑頗』㊲字時，入般若波羅蜜門，名化眾生究竟處；唱『娑迦』㊳字時，入般若波羅蜜門，名廣大藏無礙辯光明輪偏照；唱『也娑』㊴字時，入般若波羅蜜門，名宣說一切佛法境界；唱『室者』㊵字時，入般若波羅蜜門，名於一切眾生界法雷偏吼；唱『侘』㊶字時，入般若波羅蜜門，名以無我法開曉眾生；唱『陀』㊷字時，入般若波羅蜜門，名一切法輪差別藏。善男子！我唱如是字母時，此四十二般若波羅蜜門為首，入無量無數般若波羅蜜門。

【章　旨】這是善財童子五十三參的第四十四次參訪，也是〈入法界品〉「末會」中善財五十五會中的第四十六會。善財童子遵從徧友童子師的囑咐，前去拜訪同一城中的「善知眾藝」童子師，向其請教念誦菩薩字智法門。「字」為法門之義，四十二字分別象徵菩薩行的四十二階位。

【注釋】❶阿　據澄觀的解釋，「『阿』者是無生義，以無生之理統該萬法故。經云『無差別境』，而菩薩得此無生，則能達諸法空，斷一切障，故云『威力』。」（澄觀《華嚴經疏》卷五十九，《大正藏》卷三十五，頁九五三上）❷多　據澄觀解釋，「『多』者，彼經第二當『囉』字，是清淨無染離塵垢義，今云『多』者，《毗盧遮那經》釋『多』云『如如解脫』。《金剛頂》云『如如不可得故』，謂『如』即無邊差別故，如不可得。此順『多』字義，應是譯人之誤。『囉』、『多』二字字形相近，聲相濫故。若順無塵垢釋，以無邊之門，方淨塵垢。」（澄觀《華嚴經疏》卷五十九，《大正藏》卷三十五，頁九五三上）澄觀根據《毗盧遮那經》、《文殊五字經》認為，此中的「多」字為「囉」字的誤譯，並且據「囉」字解釋為「清淨無染離塵垢」之義。❸波　澄觀據《文殊五字經》解釋此「波」的涵義是：「亦無第一義諦，諸法平等，謂真俗雙亡是真法界，諸法皆等即是『普照』。」（澄觀《華嚴經疏》卷五十九，《大正藏》卷三十五，頁九五三上）❹者　據澄觀的解釋，「者」字的涵義是：「諸法無有諸行，謂諸行既空故，偏摧『差別』。」（澄觀《華嚴經疏》卷五十九，《大正藏》卷三十五，頁九五三上）❺那　據澄觀的解釋，「那」字的涵義是：「諸法無有性相，言說文字皆不可得，謂性相雙亡故『無所依』，能所詮亡是謂『無上』。」（澄觀《華嚴經疏》卷五十九，《大正藏》卷三十五，頁九五三上）❻邏　據澄觀的解釋，「邏」字的涵義是：「悟一切法離世間故，愛支因緣永不現故，離世故『無依』，不現故『無垢』。」（澄觀《華嚴經疏》卷五十九，《大正藏》卷三十五，頁九五三中）❼柁　據澄觀的解釋，「柁」字的涵義是：「悟一切法調伏寂靜，真如平等無分別故，方為『不退轉方便』。」（澄觀《華嚴經疏》卷五十九，《大正藏》卷三十五，頁九五三中）❽婆　據澄觀的解釋，「婆」的涵義是：「悟一切法離縛解故。方入『金剛場』。」（澄觀《華嚴經疏》卷五十九，《大正藏》卷三十五，頁九五三中）❾荼　據澄觀的解釋，「荼」的涵義是：「悟一切法離熱矯穢得清涼故，是『普摧』義。」（澄觀《華嚴經疏》卷五十九，《大正藏》卷三十五，頁九五三中）❿沙　據澄觀的解釋，「沙」字的涵義是：「悟一切法無罣礙故，如海含像。」（澄觀《華嚴經疏》卷五十九，《大正藏》卷三十五，頁九五三中）⓫縛　據澄觀的解釋，「縛」字的涵義是：「悟一切法言語道斷故，能徧『安住』。」（澄觀《華嚴經疏》卷五十九，《大正藏》卷三十五，頁九五三中）⓬哆　據澄觀的解釋，「哆」字的涵義是：「悟一切法真不動故，不動則『圓滿發光』。」（澄觀《華嚴經疏》卷五十九，《大正藏》卷三十五，頁九五三中）⓭也　據澄觀的解釋，「也」字的涵義是：「悟如實不生故，則諸乘『差別積聚』皆不可得。」（澄觀《華嚴經疏》卷五十九，《大正藏》卷三十五，頁九五三中）⓮瑟吒　據澄觀的解釋，「瑟吒」的涵義是：「悟一切法制伏任持相不可得故，『普光明』即能制伏，任持『煩惱』即所制伏，『息』即『伏』義。」（澄觀《華嚴經疏》卷五十九，《大正藏》卷三十五，頁九五三中）⓯迦　據澄觀的解釋，「迦」字的涵義是：「悟作者不可得，則作業如云皆『無差別』。」（澄觀《華嚴經疏》卷五十九，《大正藏》卷三十五，頁九五三中）⓰娑　據澄觀的解釋，「娑」字的涵義是：「平等性。」（澄觀《華嚴經疏》卷五十九，《大正藏》卷三十五，頁九五三中）⓱麼　據澄觀的解釋，「麼」字的涵義是：「即我所執性，我慢高舉若『眾峰齊峙』，我慢則生死長『流湍』馳奔激。」（澄觀《華嚴經疏》卷五十九，《大正藏》卷三十五，頁九五三中）⓲伽　據澄觀的解釋，「伽」字的涵義是：「即一切法行取性。」（澄觀《華嚴經疏》卷五十九，《大正藏》卷三十五，頁九五三中）⓳他　據澄觀的解釋，「他」字的涵義是：「即是處所性。」（澄觀《華嚴經疏》卷五十九，《大正藏》卷三十五，頁九五三中）⓴社　據澄觀的解釋，「社」字的涵義是：「即能所生起。」（澄觀《華嚴經疏》卷五十九，《大正藏》卷三十五，頁九五三中）㉑鎖　據澄觀的解釋，「鎖」字的涵義是：「即安隱性。」（澄觀《華嚴經疏》卷五十九，《大正藏》卷三十五，頁九五三中）㉒柂　據澄觀的解釋，「柂」字的涵義是：「即能持界性。」（澄觀《華嚴經疏》卷五十九，《大正藏》卷三十五，頁九五三中）㉓奢　據澄觀的解釋，「奢」字的涵義是：「即寂靜性。」（澄觀《華嚴經疏》卷五十九，《大正藏》卷三十五，頁九五三中）㉔佉　據澄觀的解釋，「佉」字的涵義是：「即如虛空性。」（澄觀《華嚴經疏》卷五十九，《大正藏》卷三十五，頁九五三中）㉕叉　據澄觀的解釋，「叉」字的涵義是：「即盡性。」（澄觀《華嚴經疏》卷五十九，《大正藏》卷三十五，頁九五三中）㉖娑多　據澄觀的解釋，「娑多」的涵義是：「即任持處非處令不動性，惑障為『非處』，開淨光明為其『處』。」（澄觀《華嚴經疏》卷五十九，《大正藏》卷三十五，頁九五三中）㉗壤　據澄觀的解釋，「壤」字的涵義是：「即能所知性。」（澄觀《華嚴經疏》卷五十九，《大正藏》卷三十五，頁九五三中）㉘曷攞多　據澄觀的解釋，「曷攞多」的涵義是：「即執著義性。執著為『生死境』，義即『智慧輪』。」（澄觀《華嚴經疏》卷五十九，《大正藏》卷三十五，頁九五三中）㉙婆　據澄觀的解釋，「婆」字的涵義是：「即可破壞性，圓滿之言。」（澄觀《華嚴經疏》卷五十九，《大正藏》卷三十五，頁九五三中）㉚車　據澄觀的解釋，「車」字的涵義是：「即欲樂覆性。」（澄觀《華嚴經疏》卷五十九，《大正藏》卷三十五，頁九五三下）㉛娑麼　據澄觀的解釋，「娑麼」的涵義是：「即可憶念性。」（澄觀《華嚴經疏》卷五十九，《大正藏》卷三十五，頁九五三下）㉜訶婆　據澄觀的解釋，「訶婆」的涵義是：「即可呼召性，無緣召令有緣故。」（澄觀《華嚴經疏》卷五十九，《大正藏》卷三十五，頁九五三下）㉝縒　據澄觀的解釋，「縒」字的涵義是：「即勇健性。」（澄觀《華嚴經疏》卷五十九，《大正藏》卷三十五，頁九五三下）㉞伽　據澄觀的解釋，「伽」字的涵義是：「即厚平等性。」（澄觀《華嚴經疏》卷五十九，《大正藏》卷三十五，頁九五三下）㉟吒　據澄觀的解釋，「吒」字的涵義是：「即積集性。」（澄觀《華嚴經疏》卷五十九，《大正藏》卷三十五，頁九五三下）㊱拏　據澄觀的解釋，「拏」字的涵義是：「即離諸諠諍，無往無來行住坐臥，謂以常觀字輪故。」（澄觀《華嚴經疏》卷五十九，《大正藏》卷三十五，頁九五三下）㊲娑頗　據澄觀的解釋，「娑頗」字的涵義是：「即徧滿果報。」（澄觀《華嚴經疏》卷五十九，《大正藏》卷三十五，頁九五三下）㊳娑迦　據澄觀的解釋，「娑迦」字的涵義是：「即積聚蘊性。」（澄觀《華嚴經疏》卷五十九，《大正藏》卷三十五，頁九五三下）㊴也娑　據澄觀的解釋，「也娑」的涵義是：「即衰老性相。」（澄觀《華嚴經疏》卷五十九，《大正藏》

卷三十五，頁九五三下）㊵室者　據澄觀的解釋，「室者」的涵義是：「即聚集足迹，謂『聚集』即一切眾生，『法雷』即是足迹。」（澄觀《華嚴經疏》卷五十九，《大正藏》卷三十五，頁九五三下）㊶侘　據澄觀的解釋，「侘」字的涵義是：「即相驅迫性，謂無我曉之，即為『驅迫』。」（澄觀《華嚴經疏》卷五十九，《大正藏》卷三十五，頁九五三下）㊷陀　據澄觀的解釋，「陀」字的涵義是：「即究竟處，所謂此究竟處含藏一切法輪。」（澄觀《華嚴經疏》卷五十九，《大正藏》卷三十五，頁九五三下）

【語譯】這時，善財童子便到達了善知眾藝童子師的住所，善財童子頂禮這位童子的雙足，在其周圍圍繞致敬，合掌恭敬，後在一面站立，對善知眾藝童子說：「聖者！我早先已經發阿耨多羅三藐三菩提心，但卻未能知曉菩薩如何學菩薩行？如何修菩薩道？我聽說聖者諄諄善誘，希望您能夠為我回答這些問題！」

這時，善知眾藝童子告訴善財童子說：「善男子！我獲得了菩薩解脫，名為善知眾藝。我一直唱持這些字母：當唱『阿』字時，進入般若波羅蜜門，名為『以菩薩威力入無差別境界』；當唱『多』字時，進入般若波羅蜜門，名為『無邊差別門』；當唱『波』字時，進入般若波羅蜜門，名為『普照法界』；當唱『者』字時，進入般若波羅蜜門，名為『普輪斷差別』；當唱『那』字時，進入般若波羅蜜門，名為『得無依無上』；當唱『邏』字時，進入般若波羅蜜門，名為『離依止無垢』；當唱『柁』字時，進入般若波羅蜜門，名為『不退轉方便』；當唱『婆』字時，進入般若波羅蜜門，名為『金剛場』；當唱『荼』字時，進入般若波羅蜜門，名為『普輪』；當唱『沙』字時，進入般若波羅蜜門，名為『海藏』；當唱『縛』字時，進入般若波羅蜜門，名為『普生安住』；當唱『哆』字時，進入般若波羅蜜門，名為『圓滿光』；當唱『也』字時，進入般若波羅蜜門，名為『差別積聚』；當唱『瑟吒』字時，進入般若波羅蜜門，名為『普光明息煩惱』；當唱『迦』字時，進入般若波羅蜜門，名為『無差別雲』；當唱『娑』字時，進入般若波羅蜜門，名為『降霔大雨』；當唱『麼』字時，進入般若波羅蜜門，名為『大流湍激眾峰齊峙』；當唱『伽』字時，進入般若波羅蜜門，名為『普安立』；當唱『他』字時，進入般若波羅蜜門，名為『真如平等藏』；當唱『社』字時，進入般若波羅蜜門，名為『入世間海清淨』；當唱『鎖』字時，進入般若波羅蜜門，名為『念一切佛莊嚴』；當唱『柂』字時，進入般若波羅蜜門，名為『觀察揀擇一切法聚』；當唱『奢』字時，進入般若波羅蜜門，名為『隨順一切佛教輪光明』；當唱『佉』字時，進入般若波羅蜜門，名為『修因地智慧藏』；當唱『叉』字時，進入般若波羅蜜門，名為『息諸業海藏』；當唱『娑多』字時，進入般若波羅蜜門，名為『蠲諸惑障開淨光明』；當唱『壤』字時，進入般若波羅蜜門，名為『作世間智慧門』；當唱『曷攞多』字時，進入般若波羅蜜門，名為『生死境界智慧輪』；當唱『婆』字時，進入般若波羅蜜門，名為『一切智宮殿圓滿莊嚴』；當唱『車』字時，進入般若波羅蜜門，名為『修行方便藏各別圓滿』；當唱『娑麼』字時，進入般若波羅蜜門，名為『隨十方現見諸佛』；當唱『訶婆』字時，進入般若波羅蜜門，名為『觀察一切無緣眾生方便攝受令出生無礙力』；當唱『縒』字時，進入般若波羅蜜門，名為『修行趣入一切功德海』；當唱『伽』字時，進入般若波羅蜜門，名為『持一切法雲堅固海藏』；當唱『吒』字時，進入般若波羅蜜門，名為『隨願普見十方諸佛』；當唱『拏』字時，進入般若波羅蜜門，名為『觀察字輪有無盡諸億字』；當唱『娑頗』字時，進入般若波羅蜜門，名為『化眾生究竟處』；當唱『娑迦』字時，進入般若波羅蜜門，名為『廣大藏無礙辯光明輪徧照』；當唱『也娑』字時，進入般若波羅蜜門，名為『宣說一切佛法境界』；當唱『室者』字時，進入般若波羅蜜門，名為『於一切眾生界法雷偏吼』；當唱『侘』字時，進入般若波羅蜜門，名為『以無我法開曉眾生』；當唱『陀』字時，進入般若波羅蜜門，名為『一切法輪差別藏』。善男子！我唱這些字母時，以此四十二般若波羅蜜門為首，進入無量無數般若波羅蜜門。

「善男子！我唯知此善知眾藝菩薩解脫。如諸菩薩摩訶薩，能於一切世、出世間善巧之法，以智通達到於彼岸；殊方異藝，咸綜無遺；文字、算數，蘊其深解；醫方、呪術，善療眾病；有諸眾生，鬼魅所持，怨憎呪詛，惡星變怪，死屍奔逐，癲癎、羸瘦，種種諸疾，咸能救之，使得痊愈；又善別知金玉、珠貝、珊瑚、琉璃、摩尼、硨磲、雞薩羅❶等一切寶藏，出生之處，品類不同，價直多少；村營鄉邑、大小都城、宮殿苑園、巖泉藪澤，凡是一切人眾所居，菩薩咸能隨方攝護；又善觀察天文地理、人相吉凶、鳥獸音聲、雲霞氣候、年穀豐儉、國土安危，如是世間所有技藝，莫不該練，盡其源本；又能分別出世之法，正名辨義，觀察體相，隨順修行，智入其中，無疑、無礙、無愚暗、無頑鈍、無憂惱、無沉沒、無不現證。而我云何能知能說彼功德行？

「善男子！此摩竭提國，有一聚落，彼中有城，名婆呾那❷；有優婆夷，號曰賢勝❸。汝詣彼問：菩薩云何學菩薩行、修菩薩道？」

時，善財童子頭面敬禮知藝之足，繞無數匝，戀仰辭去。

【章　旨】善知眾藝童子師又向善財童子薦舉「摩竭提」國「婆呾那」城中的「賢勝」優婆夷，囑咐善財童子前往請教菩薩如何修行菩薩行。

【注　釋】❶雞薩羅　寶物之名。據《慧苑音義》卷下說：「師子身毛旋文，呼為『雞薩羅』。西域有寶，旋文恰如師子毛旋形，從其為名耳也。」這是說，「雞薩羅」的本意是獅子身上螺旋形的身毛，而因有一寶物之紋飾恰如同此，因而便以「雞薩羅」稱呼之。❷婆呾那　關於此城之名，澄觀解釋說：「云『增益』，以無盡三昧能出生故。」（澄觀《華嚴經疏》卷五十九，《大正藏》卷三十五，頁九五三下）❸賢勝　關於此善知識姓名的涵義，澄觀解釋說：「友名『賢勝』者，『賢』猶『直善』，依道場直善之最故。」（澄觀《華嚴經疏》卷五十九，《大正藏》卷三十五，頁九五三下）

【語　譯】「善男子！我只是知曉這一善知眾藝菩薩解脫法門。如同諸菩薩一樣，能夠以一切世、出世間的善巧之法，以智慧通達到達彼岸；對於殊方的特殊技藝，都完全學習沒有遺漏；文字、算數，能深入了解其蘊義；醫方、咒術，善於治療許多病，有些被鬼魅所持的眾生，被怨憎之人所咒詛的眾生，被惡星精靈怪物所侵入的眾生，被死屍奔逐的眾生，癲癇、羸瘦等等諸疾，都能夠救之，使其獲得痊癒；又善於區別知曉金玉、珠貝、珊瑚、琉璃、摩尼、硨磲、雞薩羅等一切寶藏的出生之處，品類的不同，價值的多少；村莊民居、大小城市、宮殿苑園、巖泉藪澤，凡是一切人眾所居住的地方，菩薩都能夠隨方攝護；又善於觀察天文地理、人相的吉凶、鳥獸的音聲、雲霞氣候、年穀豐儉、國土安危，世間的所有如此的技藝，我莫不熟練，盡其源本；又能分別出世之法，正名辨義，觀察體相，隨順修行，智入其中，無疑、無礙、無愚暗、無頑鈍、無憂惱、無沉沒、無不現證。而我為什麼能夠知曉、能夠演說這一功德行呢？

「善男子！在『摩竭提』國有一處聚落，那裡有座名叫『婆咀那』的城市，此城中有一位號為『賢勝』優婆夷。你可以前往她那裡去向其請教：菩薩如何學菩薩行、修菩薩道？」

這時，善財童子以頭面敬禮知藝童子師之足，在其周圍繞行無數圈，懷著戀戀不捨的心情辭別童子師，踏上繼續求法的歷程。

## 善財童子第四十五參：賢勝優婆夷會

向聚落城，至賢勝所，禮足圍繞，合掌恭敬，於一面立，白言：「聖者！我已先發阿耨多羅三藐三菩提心，而未知菩薩云何學菩薩行？云何修菩薩道？我聞聖者善能誘誨，願為我說！」

賢勝答言：「善男子！我得菩薩解脫，名無依處道場❶；既自開解，復為人說。又得無盡三昧，非彼三昧法有盡、無盡，以能出生一切智性眼無盡故，又能出生一切智性耳無盡故，又能出生一切智性鼻無盡故，又能出生一切智性舌無盡故，又能出生一切智性身無盡故，又能出生一切智性意無盡故，又能出生一切智性功德波濤無盡故，又能出生一切智性智慧光明無盡故，又能出生一切智性速疾神通無盡故。

「善男子！我唯知此無依處道場解脫。如諸菩薩摩訶薩一切無著功德行，而我云何盡能知說？

「善男子！南方有城，名為沃田❷；彼有長者，名堅固解脫❸。汝可往問：菩薩云何學菩薩行、修菩薩道？」

爾時，善財禮賢勝足，繞無數匝，戀慕瞻仰，辭退南行。

【章　旨】這是善財童子五十三參的第四十五次參訪，也是〈入法界品〉「末會」中善財五十五會中的第四十七會。善財童子遵從善知眾藝童子師的囑咐，前去拜訪賢勝優婆夷，向其請教修行菩薩行的方法、途徑。賢勝優婆夷向善財童子講解了「無依處道場」解脫法門，獲得此法門即出生勝德不可窮盡、轉依究竟顯德無盡。賢勝優婆夷又向善財童子薦舉「沃田」城中的「堅固解脫」長者，囑咐善財童子前往請教菩薩如何修行菩薩行。善財童子於是告別賢勝優婆夷，繼續前行求法。

【注　釋】❶無依處道場　據澄觀的解釋，梵名為「那阿賴耶曼荼羅」，是說「無阿賴耶染分依處，而有淨分圓場，出生勝德不可窮盡，即轉依究竟顯德無盡故也。」（澄觀《華嚴經疏》卷五十九，《大正藏》卷三十五，頁九五四上）❷沃田　據澄觀的解釋，「沃田者，是南天竺近水沃潤故，顯無念定水能滋長故。」（澄觀《華嚴經疏》卷五十九，《大正藏》卷三十五，頁九五四上）❸堅固解脫　據澄觀的解釋，「長者名『堅固解脫』者，無著清淨，惑不能壞，即解脫故。」（澄觀《華嚴經疏》卷五十九，《大正藏》卷三十五，頁九五四上）

【語　譯】善財童子遵從善知眾藝童子師的囑咐前往城市中，到達了賢勝的住所。善財童子禮拜此位優婆夷的雙足，在其周圍繞行致敬，然後合掌恭敬，在一面站立，對賢勝優婆夷說：「聖者！我早先已經發阿耨多羅三藐三菩提心，但卻未能知曉菩薩如何學菩薩行？如何修菩薩道？我聽說聖者諄諄善誘，希望您能夠為我回答這些問題！」

賢勝優婆夷回答說：「善男子！我獲得了菩薩解脫，名為『無依處道場』。我自己開解之後，又為別人解說，又獲得了無盡三昧，這不是說那種三昧法有盡與無盡的區分，而是因為從此法門能夠出生一切智性之眼而且使其無窮無盡的緣故，也能夠出生一切智性之耳而且使其無窮無盡的緣故，也能夠出生一切智性之鼻而且使其無窮無盡的緣故，也能夠出生一切智性之舌而且使其無窮無盡的緣故，也能夠出生一切智性之身而且使其無窮無盡的緣故，也能夠出生一切智性之意而且使其無窮無盡的緣故，也能夠出生一切智性之功德而且使其如同波濤無窮無盡的緣故，也能夠出生一切智性之智慧光明而且使其無窮無盡的緣故，又能出生一切智性使其迅速獲得神通而且使其無窮無盡的緣故。

「善男子！我只是知曉此無依處道場解脫法門，獲得如同諸菩薩一樣的一切無著功德行。而我為什麼能夠全部知曉且能夠演說這一法門呢？

「善男子！在南方有一座名為『沃田』的城市，那裡有一位名為『堅固解脫』的長者。你可以前往他那裡向其請教：菩薩如何學菩薩行、修菩薩道？」

這時，善財童子頂禮賢勝優婆夷的雙足，在其周圍繞行無數圈，戀慕瞻仰優婆夷。然後，善財童子辭別賢勝優婆夷，繼續南下，踏上了繼續求法的歷程。

## 善財童子第四十六參：堅固解脫長者會

到於彼城，詣長者所，禮足圍繞，合掌恭敬，於一面立，白言：「聖者！我已先發阿耨多羅三藐三菩提心，而未知菩薩云何學菩薩行？云何修菩薩道？我聞聖者善能誘誨，願為我說！」

長者答言：「善男子！我得菩薩解脫，名無著念清淨莊嚴❶。我自得是解脫已來，於十方佛所勤求正法無有休息。

「善男子！我唯知此無著念淨莊嚴解脫。如諸菩薩摩訶薩，獲無所畏大師子吼，安住廣大福智之聚；而我云何能知能說彼功德行？

「善男子！即此城中，有一長者，名為妙月❷；其長者宅，常有光明。汝詣彼問：菩薩云何學菩薩行、修菩薩道？」

時，善財童子禮堅固足，繞無數帀，辭退而行。

【章旨】這是善財童子五十三參的第四十六次參訪，也是〈入法界品〉「末會」中善財五十五會中的第四十八會。善財童子遵從賢勝優婆夷的囑咐，前去拜訪堅固解脫長者，向其請教修行菩薩行的方法、途徑。堅固解脫長者向善財童子講解了「無著念清淨莊嚴」解脫法門，獲得此法門即勤求正法無有休息。堅固解脫長者又向善財童子薦舉同城即沃田城中的「妙月」長者，囑咐善財童子前往請教菩薩如何修行菩薩行。善財童子於是告別堅固解脫長者，繼續前行求法。

【注 釋】❶無著念清淨莊嚴　此法門據澄觀的解釋：「『無著』約境，離所知故；無念約心，心體離念故無煩惱，二障永盡是曰『清淨』，淨則能嚴法身。」（澄觀《華嚴經疏》卷五十九，《大正藏》卷三十五，頁九五四上）❷妙月　關於此長者之名的涵義，澄觀解釋說：「真智廓妄名為『淨智』，後智照法名為『智光』。能淨能光若秋空滿月，故名『妙月』。」（澄觀《華嚴經疏》卷五十九，《大正藏》卷三十五，頁九五四上）

【語 譯】善財童子到達沃田城，前往堅固解脫長者的住所，禮拜長者的雙足，在其周圍繞行致敬，然後合掌恭敬，在一面站立，對長者說：「聖者！我早先已經發阿耨多羅三藐三菩提心，但卻未能知曉菩薩如何學菩薩行？如何修菩薩道？我聽說聖者諄諄善誘，希望您能夠為我講解這些問題！」

長者答言：「善男子！我已經證得名為『無著念清淨莊嚴』菩薩解脫。我自從獲得這一解脫法門以來，在十方佛所勤求正法無有休息。

「善男子！我只是知曉這一無著念淨莊嚴解脫法門。如同諸菩薩一樣，獲得無所畏大師子吼，安住於廣大福智之聚。而我為什麼能夠知曉、能夠演說這一功德行呢？

「善男子！在此沃田城中，有一位名為『妙月』的長者。在這位長者的住宅，常常有光明放射出。你可以前往他那裡向其請教：菩薩如何學菩薩行、修菩薩道？」

這時，善財童子頂禮堅固解脫長者的雙足，在其周圍繞行無數圈向其致敬。然後，善財童子辭別堅固解脫長者，踏上了繼續求法的歷程。

## 善財童子第四十七參：妙月長者會

向妙月所，禮足圍繞，合掌恭敬，於一面立，白言：「聖者！我已先發阿耨多羅三藐三菩提心，而未知菩薩云何學菩薩行？云何修菩薩道？我聞聖者善能誘誨，願為我說！」

妙月答言：「善男子！我得菩薩解脫，名淨智光明。

「善男子！我唯知此智光解脫。如諸菩薩摩訶薩證得無量解脫法門，而我云何能知能說彼功德行？

「善男子！於此南方，有城名出生❶；彼有長者，名無勝軍❷。汝詣彼問：菩薩云何學菩薩行、修菩薩道？」

是時，善財禮妙月足，繞無數匝，戀仰辭去。

【章旨】這是善財童子五十三參的第四十七次參訪，也是〈入法界品〉「末會」中善財五十五會中的第四十九會。善財童子遵從堅固解脫長者的囑咐，前去拜訪妙月長者，向其請教修行菩薩行的方法、途徑。妙月長者向善財童子講解了「淨智光明」解脫法門。最後，妙月長者又向善財童子薦舉「出生」城中的「無勝軍」長者，囑咐善財童子前往請教菩薩如何修行菩薩行。善財童子於是告別妙月長者，繼續前行求法。

【注　釋】❶出生　關於此城之名稱的涵義，澄觀解釋說：「皆從體出，故城名『出生』。」（澄觀《華嚴經疏》卷五十九，《大正藏》卷三十五，頁九五四上）❷無勝軍　關於此長者之名的涵義，澄觀的解釋為：「無能勝，眾德所聚，從喻如軍，亦能普勝諸魔軍故。」（澄觀《華嚴經疏》卷五十九，《大正藏》卷三十五，頁九五四上）這是說，「無勝」即「無能勝」為眾德所聚集，以比喻說其為「軍」。

【語　譯】善財童子向妙月長者的住所走去。到達其住所，善財童子頂禮長者的雙足，在其周圍繞行向其致敬，然後合掌恭敬，在一面站立，對長者說：「聖者！我早先已經發阿耨多羅三藐三菩提心，但是卻未能知曉菩薩如何學菩薩行？如何修菩薩道？我聽說聖者諄諄善誘，希望您能夠為我回答這些問題！」

妙月長者回答說：「善男子！我已經獲得了名為『淨智光明』的菩薩解脫法門。

「善男子！我只是知曉這一智光解脫法門。如同諸菩薩一樣證得無量解脫法門，而我為什麼能夠知曉、能夠演說這一功德行呢？

「善男子！在此南方，有一座名為『出生』的城市。那裡有一位名為『無勝軍』的長者。你可以前往他那裡向其請教：菩薩如何學菩薩行、修菩薩道？」

這時，善財童子頂禮妙月的雙足，在其周圍繞行無數圈，然後懷著戀戀不捨的心情告別妙月長者，踏上了繼續求法的歷程。

## 善財童子第四十八參：無勝軍長者會

漸向彼城，至長者所，禮足圍繞，合掌恭敬，於一面立，白言：「聖者！我已先發阿耨多羅三藐三菩提心，而未知菩薩云何學菩薩行？云何修菩薩道？我聞聖者善能誘誨，願為我說！」

長者答言：「善男子！我得菩薩解脫，名無盡相❶。我以證此菩薩解脫，見無量佛，得無盡藏。

「善男子！我唯知此無盡相解脫。如諸菩薩摩訶薩得無限智無礙辯才，而我云何能知能說彼功德行？

「善男子！於此城南，有一聚落，名之為法❷；彼聚落中，有婆羅門，名最寂靜❸。汝詣彼問：菩薩云何學菩薩行、修菩薩道？」

時，善財童子禮無勝軍足，繞無數匝，戀仰辭去。

【章　旨】這是善財童子五十三參的第四十八次參訪，也是〈入法界品〉「末會」中善財五十五會中的第五十會。善財童子遵從妙月長者的囑咐，前去拜訪無勝軍長者，向其請教修行菩薩行的方法、途徑。無勝軍長者向善財童子講解了「無盡相」解脫法門，得以見無量佛，獲得無盡藏。無勝軍長者又向善財童子薦舉同城中「法」村落中的「最寂靜」婆羅門，囑咐善財童子前往請教菩薩如何修行菩薩行。善財童子於是告別無勝軍長者，繼續前行求法。

【注　釋】❶無盡相　關於此法門，據澄觀的解釋，其涵義為：「即所成德相無窮盡故」，「得無盡藏謂聞諸妙法，又諸心境無非佛法故，若佛若法皆無有盡，既見佛得法無盡故。」（澄觀《華嚴經疏》卷五十九，《大正藏》卷三十五，頁九五四上）❷法　關於此城之名的涵義，澄觀解釋說：「言行，君子之樞機。苟能誠實斯則可法，故城名為『法』。」（澄觀《華嚴經疏》卷五十九，《大正藏》卷三十五，頁九五四中）❸最寂靜　關於此婆羅門之名的涵義，澄觀解釋說：「虛誑言息故云『寂靜』，寂靜即為淨行。」（澄觀《華嚴經疏》卷五十九，《大正藏》卷三十五，頁九五四上）

【語　譯】善財童子慢慢地向名為出生的城市走去，到達了無勝軍長者的住所，頂禮長者的雙足，在其周圍繞行向其致敬。善財童子合掌恭敬，在一面站立，對長者說：「聖者！我早先已經發阿耨多羅三藐三菩提心，但是卻未能知曉菩薩如何學菩薩行？如何修菩薩道？我聽說聖者諄諄善誘，希望您能夠為我回答這些問題！」

無勝軍長者回答說：「善男子！我獲得了名為『無盡相』的菩薩解脫法門。我因為證此菩薩解脫法門的緣故，看見無量佛，獲得無盡藏。

「善男子！我只是知曉這一無盡相解脫法門。如同諸菩薩一樣獲得無限智無礙辯才，而我為什麼能夠知曉、能夠演說這一功德行呢？

「善男子！在這座出生城南，有一處名為『法』的村落。這一村落中，有一位名為『最寂靜』的婆羅門。你可以前往他那裡向其請教：菩薩如何學菩薩行、修菩薩道？」

這時，善財童子頂禮無勝軍長者的雙足，在其周圍繞行無數圈，懷著戀戀不捨的心情辭別了長者，踏上了繼續求法的歷程。

## 善財童子第四十九參：最寂靜婆羅門會

漸次南行，詣彼聚落，見最寂靜，禮足圍繞，合掌恭敬，於一面立，白言：「聖者！我已先發阿耨多羅三藐三菩提心，而未知菩薩云何學菩薩行？云何修菩薩道？我聞聖者善能誘誨，願為我說！」

婆羅門答言：「善男子！我得菩薩解脫，名誠願語❶；過去、現在、未來菩薩，以是語故，乃至於阿耨多羅三藐三菩提，無有退轉，無已退、無現退、無當退。善男子！我以住於誠願語故，隨意所作，莫不成滿。

「善男子！我唯知此誠語解脫。如諸菩薩摩訶薩，與誠願語，行止無違，言必以誠，未曾虛妄，無量功德因之出生；而我云何能知能說？

「善男子！於此南方，有城名妙意華門❷；彼有童子，名曰德生❸；復有童女，名為有德❹。汝詣彼問：菩薩云何學菩薩行、修菩薩道？」

時，善財童子於法尊重，禮婆羅門足，繞無數匝，戀仰而去。

【章　旨】這是善財童子五十三參的第四十九次參訪，也是〈入法界品〉「末會」中善財五十五會中的第五十一會。善財童子遵從無勝軍長者的囑咐，前去拜訪最寂靜婆羅門，向其請教修行菩薩行的方法、途徑。最寂靜婆羅門向善財童子講解了「誠願語」解脫法門，並且說明其以住於誠願語的緣故，隨意所作，莫不成功滿足。最寂靜婆羅門又向善財童子薦舉「妙意華門」城中的「德生」童子與「有德」童女，囑咐善財童子前往請教菩薩如何修行菩薩行。

善財童子於是告別最寂靜婆羅門，繼續前行求法。

【注　釋】❶誠願語　關於此法門，據澄觀的解釋，其涵義為：「一始終無妄故，如從初發心立弘誓言，必如言行不乖先語故。二者隨行不虛故。」（澄觀《華嚴經疏》卷五十九，《大正藏》卷三十五，頁九五四上）❷妙

意華門 關於此城之名的涵義，澄觀解釋說：「云『妙意華門』者，『妙意華』者即『蘇滿那華』，其城門側有之故。」（澄觀《華嚴經疏》卷五十九，《大正藏》卷三十五，頁九五四中）❸德生 關於此童子之名的涵義，澄觀解釋說：「童子表於淨智，智則萬德由生。」（澄觀《華嚴經疏》卷五十九，《大正藏》卷三十五，頁九五四中）❹有德 關於此童女之名的涵義，澄觀解釋說：「童女表於淨悲，悲為眾德之本，以悲、智相導故。二人同會，會緣之終此二滿故，將見慈氏紹佛位故。」（澄觀《華嚴經疏》卷五十九，《大正藏》卷三十五，頁九五四中）

**【語譯】**善財童子慢慢地向南進發，到達了出生城中的法村落，看見了最寂靜婆羅門，禮拜最寂靜婆羅門的雙足，在其周圍繞行致敬，然後合掌恭敬，在一面站立，對婆羅門說：「聖者！我早先已經發阿耨多羅三藐三菩提心，但是卻未能知曉菩薩如何學菩薩行？如何修菩薩道？我聽說聖者諄諄善誘，希望您能夠為我解答這些問題！」

最寂靜婆羅門回答說：「善男子！我已經獲得了名為『誠願語』的菩薩解脫法門。過去、現在、未來的菩薩，正是因為這些誠願語的緣故，甚至於阿耨多羅三藐三菩提無有退轉，無已經減退、無正在減退、無有未來應當減退的情況。善男子！我因為住於誠願語的緣故，隨意所作，無不成滿。

「善男子！我只是知曉這一誠語解脫法門。如同諸菩薩一樣，與誠願語，行止無違，言必以誠，未曾虛妄，無量功德因為這樣而出生。而我為什麼能夠知曉、能夠演說這一法門呢？

「善男子！在此南方，有一座名為『妙意華門』的城市。那裡有一位名為『德生』的童子，又有一位名為『有德』的童女。你可以前往他們那裡向其請教：菩薩如何學菩薩行、修菩薩道？」

這時，善財童子對於法非常尊重，禮拜婆羅門的雙足，在其周圍繞行無數圈，懷著戀戀不捨的心情告別最寂靜婆羅門，踏上了繼續求法的歷程。

# 華嚴經　入法界品之十八

【題　解】本卷包括〈入法界品〉「末會」中的第五十二會的全部及第五十三會的一部分，即善財童子「五十三參」中的第五十、五十一參的全部及第五十二參的部分內容。

第五十、五十一參為「德生童子與有德童女會」：善財童子遵從最寂靜婆羅門的囑咐，前去拜訪「妙意華門」城中的「德生」童子與「有德」童女，向其請教修行菩薩行的方法、途徑。二位童男、童女告訴善財童子自己證得的是「幻住」菩薩解脫法門，見一切皆為幻住。德生童子與有德童女又向善財童子薦舉「海岸」國「大莊嚴」園「毗盧遮那莊嚴藏」樓閣中的菩薩，囑咐善財童子前往請教菩薩如何修行菩薩行。

德生童子、有德童女向善財童子解釋「彌勒」菩薩所具的功德，激勵善財童子前往拜見求法。其中，以十類九十八門標舉菩薩應該修行的法門。其十類為：一，「上求菩提行」；二，「下救眾生行」；三，「自斷惑障行」；四，「勸物出離行」；五，「淨自根欲行」；六，「力用自在行」；七，「攝法治惑行」；八，「供佛攝生行」；九，「悲願深廣行」；十，「證入圓滿行」。德生童子、有德童女激勵善財童子應該侍奉一切善知識。善財童子於是告別德生童子、有德童女，繼續前行求法。

第五十二參為「彌勒菩薩會」：善財童子在南下的路上，仔細回憶自己往昔的一切活動，產生了後悔往昔而發心修行的心理活動。善財童子回味著拜訪諸位善知識之所得，進入無比之智慧境界。到達毗盧遮那莊嚴藏廣大樓閣前面，善財童子頂禮彌勒菩薩，不可思議之善根一時彌貫善財童子的身心之中。善財童子在彌勒菩薩面前以長行、偈頌體讚頌大莊嚴園中的毗盧遮那莊嚴藏廣大樓閣的功德莊嚴。善財童子在讚嘆毗盧遮那莊嚴藏大樓閣中諸菩薩之後，看見在天龍及其許多眾生的圍繞下，彌勒菩薩來到這座樓閣中。善財童子立即拜見彌勒菩薩，彌勒菩薩將善財童子介紹給會中大眾，以偈語稱讚善財童子。善財童子聽完彌勒菩薩的稱讚後，不禁歡喜踴躍，身毛豎起，悲泣哽噎。善財童子起立合掌，恭敬禮拜彌勒菩薩。依持著文殊師利心念之力的緣故，無數花朵、瓔珞、種種美妙的珍寶不覺之間忽然自然自盈其手。善財童子非常歡喜，隨即將其奉上散佈在彌勒菩薩的身上。

## 善財童子第五十、五十一參：德生童子與有德童女會

爾時，善財童子漸次南行，至妙意華門城，見德生童子、有德童女，頂禮其足，右繞畢已，於前合掌而作是言：「聖者！我已先發阿耨多羅三藐三菩提心，而未知菩薩云何學菩薩行？云何修菩薩道？唯願慈哀，

為我宣說！」

時，童子、童女告善財言：「善男子！我等證得菩薩解脫，名為幻住❶。得此解脫故，見一切世界皆幻住，因緣所生故；一切眾生皆幻住，業煩惱所起故；一切世間皆幻住，無明、有、愛等展轉緣生故；一切法皆幻住，我見等種種幻緣所生故；一切三世皆幻住，我見等顛倒智所生故；一切眾生生滅、生老病死、憂悲苦惱皆幻住，虛妄分別所生故；一切國土皆幻住，想倒、心倒、見倒無明所現故；一切聲聞、辟支佛皆幻住，智斷分別所成故；一切菩薩皆幻住，能自調伏教化眾生諸行願法之所成故；一切菩薩眾會、變化、調伏、諸所施為皆幻住，願智幻所成故。善男子！幻境自性不可思議。

【章　旨】這是善財童子五十三參的第五十、五十一次參訪，也是〈入法界品〉「末會」中善財五十五會中的第五十二會。善財童子遵從最寂靜婆羅門的囑咐，前去拜訪「妙意華門」城中的「德生」童子與「有德」童女，向其請教修行菩薩行的方法、途徑。二位童男、童女告訴善財童子自己證得的是「幻住」菩薩解脫法門，見一切皆為幻住。

【注　釋】❶幻住　關於此法門，澄觀解釋說：「謂能、所、境、智、染、淨之法，皆從緣起，無定性故，如幻而住。」（澄觀《華嚴經疏》卷五十九，《大正藏》卷三十五，頁九五四中）也就是說，此法門的特徵就在於了知諸法皆為緣生，依幻而住。

【語　譯】這時，善財童子慢慢地向南行進，到達了妙意華門城，看見了德生童子、有德童女。善財童子頂禮童子、童女的雙足，在其周圍從右繞行致敬之後，在其前合掌而這樣說道：「聖者！我早先已經發阿耨多羅三藐三菩提心，但卻未能知曉菩薩如何學菩薩行？如何修菩薩道？希望您們慈哀我，為我回答這些問題！」

這時，德生童子、有德童女告訴善財童子說：「善男子！我們已經證得名為『幻住』的菩薩解脫法門。由於獲得這一解脫法門的緣故，我們看見一切世界都是依幻而住的，因為都是因緣所生的緣故；一切眾生都是依幻而住的，因為都是業煩惱所生起的緣故；一切世間都是依幻而住的，因為都是無明、有、愛等展轉緣生的緣故；一切法都是依幻而住的，因為這都是我見等種種幻緣所生起的緣故；一切三世都是依幻而住的，因為都是我見等顛倒智所生起的緣故；一切眾生的生滅、生老病死、憂悲苦惱等都是依幻而住的，因為這些都是虛妄分別所生起的緣故；一切國土都是依幻而住的，因為這些都是想倒、心倒、見倒無明所顯現的緣故；一切聲聞、辟支佛等都是依幻而住的，因為都是智斷分別所成就的緣故；一切菩薩都是依幻而住的，因為都是由能夠自己調伏教化眾生的諸行願法之所成就的緣故；一切菩薩眾會、變化、調伏、諸所施為都是依幻而住的，因為這些都是願望、智慧之幻所成就的緣故。善男子！幻境自性真是不可思議的。

「善男子！我等二人但能知此幻住解脫。如諸菩薩摩訶薩善入無邊諸事幻網，彼功德行，我等云何能知能說？」

時，童子、童女說自解脫已，以不思議諸善根力，令善財身柔軟光澤，而告之言：

「善男子！於此南方，有國名海岸❶，有園名大莊嚴❷，其中有一廣大樓閣，名毗盧遮那莊嚴藏❸，從菩薩善根果報生，從菩薩念力、願力、自在力、神通力生，從菩薩善巧方便生，從菩薩福德智慧生。

「善男子！住不思議解脫菩薩，以大悲心，為諸眾生，現如是境界，集如是莊嚴。彌勒菩薩摩訶薩安處其中，為欲攝受本所生處父母、眷屬及諸人民，令成熟故；又欲令彼同受生、同修行眾生，於大乘中得堅固故；又欲令彼一切眾生，隨住地、隨善根皆成就故；又欲為汝顯示菩薩解脫門故，顯示菩薩徧一切處受生自在故，顯示菩薩以種種身普現一切眾生之前常教化故，顯示菩薩以大悲力普攝一切世間資財而不厭故，顯示菩薩具修諸行知一切行離諸相故，顯示菩薩處處受生了一切生皆無相故。汝詣彼問：菩薩云何行菩薩行？云何修菩薩道？云何學菩薩戒？云何淨菩薩心？云何發菩薩願？云何集菩薩助道具？云何入菩薩所住地？云何滿菩薩波羅蜜？云何獲菩薩無生忍？云何具菩薩功德法？云何事菩薩善知識？

【章　旨】德生童子與有德童女又向善財童子薦舉「海岸」國「大莊嚴」園「毗盧遮那莊嚴藏」樓閣中的菩薩，囑咐善財童子前往請教菩薩如何修行菩薩行。

【注　釋】❶海岸　關於此國名稱的象徵性涵義，澄觀解釋說：「國名『海岸』者，南海北岸，一生菩薩臨智海故。」（澄觀《華嚴經疏》卷五十九，《大正藏》卷三十五，頁九五四下）這是說，因為這位菩薩臨界智慧之海，因此，國名為「海岸」。❷大莊嚴　關於此園名稱的象徵性涵義，澄觀解釋說：「園名『大莊嚴』，因圓萬行而嚴果故；又，生死園苑以萬行樹林嚴自果故。」（澄觀《華嚴經疏》卷五十九，《大正藏》卷三十五，頁九五四下）❸廣大樓閣名毗盧遮那莊嚴藏　關於此樓閣名稱的象徵性涵義，澄觀解釋說：「『廣大樓閣』等者，約事則其中廣博同虛空故，有多光明能徧照事、理故，阿僧祇等寶所嚴故，蘊多，樓閣包多事故。約法則二智相依緣起相由，故云『樓閣』。智即法界，是為『廣大』，名『毗盧』等順成上義。二智光明徧照事、理故，智能包含萬德，即『莊嚴藏』，華嚴萬行不離此故。」（澄觀《華嚴經疏》卷五十九，《大正藏》卷三十五，頁九五四下）

【語　譯】「善男子！我們二人只是能知曉這一幻住解脫法門。如同諸菩薩一樣善入無邊諸事幻網以及具備這一法門的功德行。我們為什麼能夠知曉、能夠演說這一法門呢？」

這時，童子、童女在解說完自己證得的解脫法門之後，以不可思議的諸善根之力，使善財童子身體柔軟而有光澤，二位善知識告訴善財童子說：

「善男子！從此繼續南下，有一個名為『海岸』的國家，此國中有一處名為『大莊嚴』的園林，此園林中有一座名為『毗盧遮那莊嚴藏』的廣大樓閣。這個廣大樓閣是因為菩薩的善根果報而修造的，是以菩薩的慧念之力、誓願之力、自在之力、神通之力產生的，以菩薩的善巧方便智而造就的，是從菩薩福德智慧中得以造就的。

「善男子！住於不可思議解脫的這位菩薩，以大悲之心，為一切眾生示現如此境界，積集如此莊嚴。彌勒菩薩之所以安然住於其中，是為了想攝受自己的父母、眷屬以及人民，使其能夠成就圓滿智慧；又想使與自己同時受生、同時修行的眾生，堅固大乘佛教的真理；為了使一切眾生，無論在什麼樣的生存環境、何種善根都能夠成就；是為了能夠顯示菩薩解脫的全部法門，是為了顯示菩薩在任何地方都可以受生而得到自在，是為了顯示菩薩常常以種種身完全顯現於一切眾生的面前來教化眾生，是為了顯示菩薩以大悲之力完全攝受一切世間資財而從不厭惡捨棄，是為了顯示菩薩具備修持一切法門而知曉一切修行都遠離諸相，是為了顯示菩薩能夠在處處受生而且了知一切受生都是無形無相的。你可以前往他那裡向其請教：菩薩如何實踐菩薩行？如何修習菩薩道？如何學菩薩戒？如何清淨菩薩心？如何發菩薩願？如何積集菩薩助道之具？如何進入菩薩所住之地？如何滿足菩薩波羅蜜？如何獲得菩薩無生法忍？如何具備菩薩功德法？如何侍奉菩薩善知識？

「何以故？善男子！彼菩薩摩訶薩通達一切菩薩行，了知一切眾生心，常現其前教化調伏。彼菩薩已滿一切波羅蜜，已住一切菩薩地，已證一切菩薩忍，已入一切菩薩位，已蒙授與具足記，已遊一切菩薩境，已得一切佛神力，已蒙一切如來以一切智甘露法水❶而灌其頂❷。善男子！彼善知識能潤澤汝諸善根，能增長汝菩提心，能堅汝志，能益汝善，能長汝菩薩根，能示汝無礙法，能令汝入普賢地❸，能為汝說菩薩願，能為汝說普賢行，能為汝說一切菩薩行願所成功德。

「善男子！汝不應修一善、照一法、行一行、發一願、得一記、住一忍，生究竟想；不應以限量心，行於六度，住於十地，淨佛國土，事善知識。

「何以故？善男子！菩薩摩訶薩應種無量諸善根，應集無量菩提具，應修無量菩提因，應學無量巧迴向，應化無量眾生界，應知無量眾生心，應知無量眾生根，應識無量眾生解，應觀無量眾生行，應調伏無量眾生，應斷無量煩惱，應淨無量業習，應滅無量邪見，應除無量雜染心，應發無量清淨心，應拔無量苦毒箭，應涸無量愛欲海，應破無量無明暗，應摧無量我慢山，應斷無量生死縛，應度無量諸有流，應竭無量受生海，應令無量眾生出五欲淤泥，應使無量眾生離三界牢獄，應置無量眾生於聖道中，應消滅無量貪欲行，應淨治無量瞋恚行，應摧破無量愚癡行，應超無量魔網，應離無量魔業，應淨治菩薩無量欲樂，應增長菩薩無量方便，應出生菩薩無量增上根，應明潔菩薩無量決定解，應趣入菩薩無量平等，應清淨菩薩無量功德，應修治菩薩無量諸行，應示現菩薩無量隨順世間行，應生無量淨信力，應住無量精進力，應淨無量正念力，應滿無量三昧力，應起無量淨慧力，應堅無量勝解力，應集無量福德力，應長無量智慧力，應發起無量菩薩力，應圓滿無量如來力，應分別無量法門，應了知無量法門，應清淨無量法門，應生無量法光明，應作無量法照耀，應照無量品類根，應知無量煩惱病，應集無量妙法藥，應療無量眾生疾，應嚴辦無量甘露供，應往詣無量佛國土，應供養無量諸如來，應入無量菩薩會，應受無量諸佛教，應忍無量眾生罪，應滅無量惡道難，應令無量眾生生善道，應以四攝攝無量眾生，應修無量總持門，應生無量大願門，應修無量大慈、大願力，應勤求無量法常無休息，應起無量思惟力，應起無量神通事，應淨無量智光明，應往無量眾生趣，應受無量諸有生，應現無量差別身，應知無量言辭法，應入無量差別心，應知菩薩大境界，應住菩薩大宮殿，應觀菩薩甚深妙法，應知菩薩難知境界，應行菩薩難行諸行，應具菩薩尊重威德，應踐菩薩難入正位，應知菩薩種種諸行，應現菩薩普徧神力，應受菩薩平等法雲，應廣菩薩無邊行網，應滿菩薩無邊諸度，應受菩薩無量記莂❹，應入菩薩無量忍門，應治菩薩無量諸地，應淨菩薩無量法門，應同諸菩薩，安住無邊劫，供養無量佛，嚴淨不可說佛國土，出生不可說菩薩願。善男子！舉要言之，應普修一切菩薩行，應普化一切眾生界，應普入一切劫，應普生一切處，應普知一切世，應普行一切法，應普淨一切剎，應普滿一切願，應普供一切佛，應普同一切菩薩願，應普事一切善知識。

【章　旨】德生童子、有德童女向善財童子解釋「彌勒」所具的功德，激勵善財童子前往拜見求法。其中，以十類九十八門標舉菩薩應該修行的法門。其十類為：一，「上求菩提行」；二，「下救眾生行」；三，「自斷惑障行」；四，「勸物出離行」；五，「淨自根欲行」；六，「力用自在行」；七，「攝法治惑行」；八，「供佛攝生行」；九，「悲願深廣行」；十，「證入圓滿行」（參見澄觀《華嚴經疏》卷五十九，《大正藏》卷三十五，頁九五五上）。

【注　釋】❶甘露法水　這裡指佛法。❷灌其頂　本指以水灌於頭頂，受灌者即獲晉陞一定地位之儀式。據佛陀跋陀羅譯《華嚴經》卷二十七〈十地品〉載，菩薩於十地中之第九地進入第十「法雲地」時，諸佛以智水灌其頂，以為受法王職的證明，此稱「受職灌頂」，或稱「授職灌頂」。❸普賢地　即「十地」。❹記莂　即「記別」，指佛對於其弟子成佛之事的預言。分別劫數、國土、佛名、壽命等事，謂為「記別」。授此記別於弟子，謂為「授記」。

【語　譯】「為什麼你須去向『彌勒』菩薩請教呢？善男子！那位菩薩通達一切菩薩行，了知一切眾生之心，常常顯現在眾生之前教化調伏眾生。那位菩薩已經圓滿一切波羅蜜，已經住於一切菩薩地，已經證得一切菩薩忍法，已經進入一切菩薩之位，已經承蒙佛授與具足記，已經游於一切菩薩之境界，已經獲得一切佛的神力，已經承蒙一切如來以一切智的甘露法水而灌其頂。善男子！那位善知識能夠潤澤你的諸善根，能夠使你的菩提心得到增長，能夠使你的意志得到堅定，能夠使你的善心得到增益，能夠使你的菩薩根得到增長，能夠示現給你無礙之法，能夠使你進入普賢地，能夠為你演說菩薩願，能夠為你演說普賢行，能夠為你演說一切菩薩行願所成就的功德。

「善男子！你不應該只是修習一善、照亮一法、實踐一行、發出一願、獲得一次授記、住於一忍，產生究竟之想；不應該以有限量之心，行於六度，住於十地，清淨佛之國土，侍奉善知識。

「為什麼這麼說呢？善男子！菩薩應該種植無量諸善根，應該聚集無量菩提之具，應該修習無量菩提之因，應該學習無量巧迴向，應該化度無量眾生界，應該知曉無量眾生之心，應該知曉無量眾生根，應該知曉無量眾生的理解，應該觀想無量眾生之行，應該調伏無量眾生，應該斷絕無量煩惱，應該使無量業習清淨，應該滅除無量邪見，應該滅除無量雜染之心，應該發無量清淨之心，應該拔除無量苦毒之箭，應該使無量愛欲海乾涸，應該破除無量無明之黑暗，應該摧破無量我慢之山，應該斷絕無量生死之繫縛，應該度過無量諸有之流，應該竭盡無量受生之海，應該使無量眾生拔出五欲之淤泥，應該使無量眾生遠離三界之牢獄，應該置無量眾生於聖道之中，應該消滅無量貪欲之行，應該淨治無量瞋恚之行，應該摧破無量愚癡之行，應該超越無量之魔網，應該遠離無量之魔業，應該淨治菩薩無量欲樂，應該增長菩薩無量之方便，應該出生菩薩無量增上之根，應該明潔菩薩無量決定之解，應該趣入菩薩無量平等，應該清淨菩薩無量功德，應該修治菩薩無量諸行，應該示現菩薩無量隨順世間行，應該產生無量淨信之力，應該住於無量精進之力，應該清淨無量正念之力，應該充滿無量三昧力，應該生起無量淨慧之力，應該使無量勝解力得到堅固，應該聚集無量福德之力，應該增長無量智慧之力，應該發起無量菩薩力，應該圓滿無量如來之力，應該分別無量法門，應該了知無量法門，應該清淨無量法門，應該產生無量法光明，應該作無量法而照耀世間，應該照耀無量品類眾生之根，應該知曉無量煩惱之病，應該聚集無量妙法之藥，應該治療無量眾生之疾病，應該嚴辦無量甘露之供養，應該前往無量之佛國土，應該供養無量諸如來，應該進入無量菩薩會，應該接受無量諸佛教，應該忍受無量眾生之罪，應該滅除無量惡道難，應該使無量眾生生於善道，應該以四攝攝取無量眾生，應該修習無量總持門，應該產生無量大願門，應該修習無量大慈、大願之力，應該勤求無量法而常無休息，應該生起無量思惟之力，應該生起無量神通事，應該清淨無量智光明，應該前往無量眾生趣，應該受無量諸有的產生，應該顯現出無量差別身，應該知曉無量言辭法，應該進入無量差別心，應該知曉菩薩大境界，應該住於菩薩大宮殿，應該觀想菩薩甚深妙法，應該知曉菩薩難知之境界，應該實踐菩薩難行之諸行，應該具備菩薩尊重威德，應該踐入菩薩難入之正位，應該知曉菩薩種種諸行，應該顯現菩薩普徧神力，應該接受菩薩平等法雲，應該擴大菩薩無邊行網，應該滿足菩薩無邊諸度，應該接受菩薩無量記別，應該進入菩薩無量忍門，應該治理菩薩無量諸地，應該清淨菩薩無量法門，應該與諸菩薩一樣，安住於無邊劫，供養無量佛，嚴淨不可說佛國土，出生不可說菩薩願。善男子！概括而言之，應該完全修習一切菩薩行，應該完全化度一切眾生界，應該完全進入一切劫，應該完全生於一切處，應該完全知曉一切世，應該完全實踐一切法，應該完全清淨一切國土，應該完全滿足一切願，應該完全供養一切佛，應該完全與一切菩薩之願相同，應該完全侍奉一切善知識。

「善男子！汝求善知識，不應疲倦；見善知識，勿生厭足；請問善知識，勿憚勞苦；親近善知識，勿懷退轉；供養善知識，不應休息；受善知識教，不應倒錯；學善知識行，不應疑惑；聞善知識演說出離門，不應猶豫；見善知識隨煩惱行，勿生嫌怪；於善知識所生深信尊敬心，不應變改。何以故？善男子！菩薩因善知識，聽聞一切菩薩諸行，成就一切菩薩功德，出生一切菩薩大願，引發一切菩薩善根，積集一切菩薩助道，開發一切菩薩法光明，顯示一切菩薩出離門，修學一切菩薩清淨戒，安住一切菩薩功德法，清淨一切菩薩廣大志，增長一切菩薩堅固心，具足一切菩薩陀羅尼辯才❶門，得一切菩薩清淨藏，生一切菩薩定光明，得一切菩薩殊勝願，與一切菩薩同一願，聞一切菩薩殊勝法，得一切菩薩秘密處，至一切菩薩法寶洲，增一切菩薩善根芽，長一切菩薩智慧身，護一切菩薩深密藏，持一切菩薩福德聚，淨一切菩薩受生道，受一切菩薩正法雲，入一切菩薩大願路，趣一切如來菩提果，攝取一切菩薩妙行，開示一切菩薩功德，往一切方聽受妙法，讚一切菩薩廣大威德，生一切菩薩大慈悲力，攝一切菩薩勝自在力，生一切菩薩菩提分，作一切菩薩利益事。

「善男子！菩薩由善知識任持，不墮惡趣；由善知識攝受，不退大乘；由善知識護念，不毀犯菩薩戒；由善知識守護，不隨逐惡知識；由善知識養育，不缺減菩薩法；由善知識攝取，超越凡夫地；由善知識教誨，超越二乘地；由善知識示導，得出離世間；由善知識長養，能不染世法；由承事善知識，修一切菩薩行；由供養善知識，具一切助道法；由親近善知識，不為業惑之所摧伏；由恃怙善知識，勢力堅固，不怖諸魔；由依止善知識，增長一切菩提分❷法。

「何以故？善男子！善知識者，能淨諸障，能滅諸罪，能除諸難，能止諸惡，能破無明長夜黑暗，能壞諸見堅固牢獄，能出生死城，能捨世俗家，能截諸魔網，能拔眾苦箭，能離無智險難處，能出邪見大曠野，能度諸有流，能離諸邪道，能示菩提路，能教菩薩法，能令安住菩薩行，能令趣向一切智，能淨智慧眼，能長菩提心，能生大悲，能演妙行，能說波羅蜜，能擯惡知識，能令住諸地，能令獲諸忍，能令修習一切善根，能令成辦一切道具，能施與一切大功德，能令到一切種智位，能令歡喜集功德，能令踴躍修諸行，能令趣入甚深義，能令開示出離門，能杜絕諸惡道，能令以法光照耀，能令以法雨潤澤，能令消滅一切惑，能令捨離一切見，能令增長一切佛智慧，能令安住一切佛法門。

【章　旨】德生童子、有德童女激勵善財童子應該侍奉一切善知識。

【注　釋】❶陀羅尼辯才　既能善於記憶一切佛法，又能善巧說法之才能。陀羅尼，能夠總攝憶持無量佛法而不忘失之念慧力。❷菩提分　又作「覺支」、「覺分」。分，支分；因。從廣義而言，泛指追求智慧之三十七種修行方法，即「三十七道品」——「四念住」、「四正勤」、「四如意足」、「五根」、「五力」、「七覺支」、「八正道」等。因為此三十七法都隨順進入菩提，故皆稱「菩提分法」。從狹義而言，則僅指三十七道品中的「七覺支」，即「念覺支」、「擇法覺支」、「精進覺支」、「喜覺支」、「輕安覺支」、「定覺支」、「捨覺支」。

【語　譯】「善男子！你尋找拜見善知識，不應該感到疲倦；拜見善知識，不要產生滿足；向善知識請教，不要害怕勞苦；親近善知識，不要懷有退轉之心；供養善知識，不應該休息；接受善知識的教誨，不應該顛倒和誤解；學習善知識的行為，不應該感到疑惑；聽聞善知識演說出離的法門，不應該猶豫；看見善知識隨煩惱之行，不要產生嫌棄與怪異之想；對於善知識所生的深信尊敬心，不應該變化更改。為什麼這麼說呢？善男子！菩薩憑藉善知識，聽聞一切菩薩諸行，成就一切菩薩功德，出生一切菩薩大願，引發一切菩薩善根，積集一切菩薩助道，開發一切菩薩法之光明，顯示一切菩薩出離法門，修學一切菩薩清淨戒，安住於一切菩薩功德法，清淨一切菩薩廣大志，增長一切菩薩堅固之心，具足一切菩薩陀羅尼辯才法門，獲得一切菩薩清淨藏，產生一切菩薩定光明，獲得一切菩薩殊勝大願，與一切菩薩具有一樣的願，聽聞一切菩薩殊勝之法，獲得一切菩薩秘密之處，到達一切菩薩法之寶洲，增長一切菩薩善根之芽，增長一切菩薩智慧之身，護守一切菩薩深密之藏，持一切菩薩福德聚，清淨一切菩薩受生道，受一切菩薩正法之雲，進入一切菩薩大願之路，趣入一切如來菩提果，攝取一切菩薩妙行，開示一切菩薩功德，前往一切地方聽受妙法，讚嘆一切菩薩廣大威德，產生一切菩薩大慈悲力，攝取一切菩薩殊勝自在力，產生一切菩薩菩提分，做一切菩薩利益眾生之事。

「善男子！菩薩由於有善知識任持，不會墮入惡趣；由於有善知識攝受，不會從大乘中退墜；由於有善知識護念，不會毀犯菩薩戒；由於有善知識守護，不會隨逐惡知識；由於有善知識的養育，不會缺減菩薩法；由於有善知識的攝取，會超越凡夫地；由於有善知識的教誨，超越了二乘地；由於有善知識的示範和引導，得以出離世間；由於有善知識長養，能夠不沾染世間法；由於承事善知識的緣故，得以修習一切菩薩行；由於供養善知識的緣故，具備一切助道法；由於親近善知識，不會被業惑之所摧伏；由於恃怙善知識，勢力堅固，不會恐怖諸魔；由於依止善知識，能夠增長一切菩提分法。

「為什麼能夠如此呢？善男子！善知識，能夠使諸障得到清淨，能夠滅除諸罪，能夠除滅諸難，能夠制止諸惡，能夠破除無明長夜黑暗，能夠毀壞諸見的堅固牢獄，能夠出離生死之城，能夠捨棄世俗之家，能夠截斷諸魔之網，能夠拔出眾苦之箭，能夠遠離無有智慧的險難之處，能夠出離邪見的大曠野，能夠度過諸有之水流，能夠遠離諸邪道，能夠示現菩提路，能夠教授菩薩法，能夠使其安住於菩薩行，能夠使其趣向一切智，能夠使其獲得清淨智慧之眼，能夠增長菩提心，能夠產生大悲之心，能夠演說妙行，能夠演說波羅蜜，能夠擯出惡知識，能夠使其住於諸地，能夠使其獲得諸忍，能夠使其修習一切善根，能夠使其成辦一切道具，能夠施與一切大功德，能夠使其到達一切種智之位，能夠使其歡喜地聚集功德，能夠使其踴躍地修習諸行，能夠使其趣入甚深之義，能夠使其開示出離世間之門，能夠使其杜絕諸惡道，能夠使其以法光照耀世間，能夠使其以法雨潤澤世間，能夠使其消滅一切惑，能夠使其捨棄遠離一切見，能夠使其增長一切佛之智慧，能夠使其安住於一切佛之法門。

「善男子！善知識者，如慈母，出生佛種故；如慈父，廣大利益故；如乳母，守護不令作惡故；如教師，示其菩薩所學故；如善導，能示波羅蜜道故；如良醫，能治煩惱諸病故；如雪山，增長一切智藥故；如勇將，殄除一切怖畏故；如濟客，令出生死暴流故；如船師，令到智慧寶洲故。善男子！常當如是正念思惟諸善知識。

「復次，善男子！汝承事一切善知識，應發如大地心，荷負重任無疲倦故；應發如金剛心，志願堅固不可壞故；應發如鐵圍山❶心，一切諸苦無能動故；應發如給侍心，所有教令皆隨順故；應發如弟子心，所有訓誨無違逆故；應發如僮僕心，不厭一切諸作務故；應發如養母心，受諸勤苦不告勞故；應發如傭作❷心，隨所受教無違逆故；應發如除糞人心，離憍慢故；應發如已熟稼心，能低下故；應發如良馬心，離惡性故；應發如大車心，能運重故；應發如調順象心，恆伏從故；應發如須彌山心，不傾動故；應發如良犬心，不害主故；應發如旃荼羅❸心，離憍慢故；應發如牸牛心，無威怒故；應發如舟船心，往來不倦故；應發如橋梁心，濟渡忘疲故；應發如孝子心，承順顏色故；應發如王子心，遵行教命故。

「復次，善男子！汝應於自身生病苦想，於善知識生醫王想，於所說法生良藥想，於所修行生除病想。又，應於自身生遠行想，於善知識生導師想，於所說法生正道想，於所修行生遠達想。又，應於自身生求度想，於善知識生船師想，於所說法生舟楫想，於所修行生到岸想。又，應於自身生苗稼想，於善知識生龍王想，於所說法生時雨想，於所修行生成熟想。又，應於自身生貧窮想，於善知識生毗沙門王想，於所說法生財寶想，於所修行生富饒想。又，應於自身生弟子想，於善知識生良工想，於所說法生技藝想，於所修行生了知想。又，應於自身生恐怖想，於善知識生勇健想，於所說法生器仗想，於所修行生破冤想。又，應於自身生商人想，於善知識生導師想，於所說法生珍寶想，於所修行生捃拾❹想。又，應於自身生兒子想，於善知識生父母想，於所說法生家業想，於所修行生紹繼想。又，應於自身生王子想，於善知識生大臣想，於所說法生王教想，於所修行生冠王冠想、服王服想、繫王繒想、坐王殿想。

【章　旨】德生童子、有德童女繼續激勵善財童子應該侍奉一切善知識。

【注　釋】❶鐵圍山　又作「鐵輪圍山」、「輪圍山」、「金剛山」、「金剛圍山」。佛教之世界觀以須彌山為中心，其周圍共有八山八海圍繞，最外側為鐵所成之山，稱「鐵圍山」。即圍繞須彌四洲外海之山。❷傭作　僕人；被僱傭者。❸旃荼羅　又作「旃陀羅」，印度種姓之中最低賤的亞種姓之一。《摩奴法典》稱，旃荼羅是人中最低賤者，是首陀羅男子與婆羅門女子逆婚所生的混雜種姓。旃荼羅的常見或曰「法定」職業為屠夫。「首陀羅」，賤民。❹捃拾　拾取落穗。

【語　譯】「善男子！善知識，就如同慈母，因為其能夠從中出生佛種的緣故；就如同慈父，因為其能夠給予修行者以廣大的利益的緣故；如同乳母，因為其能夠守護眾生使其不作惡的緣故；如同教師，因為其能夠示現菩薩所學的緣故；如同優秀的嚮導，因為其能夠指示波羅蜜道的緣故；如同良醫，因為其能夠治療煩惱諸病的緣故；如同雪山，因為其能夠增長一切智之藥的緣故；如同勇將，因為其能夠殄除一切怖畏的緣故；如同渡河的客人，因為其能夠出離生死暴流的緣故；如同船師，因為其能夠到達智慧的寶洲的緣故。善男子！應該常常如此正念思惟諸善知識。

「其次，善男子！你應該承事一切善知識，應該發如同大地一樣堅實的心，因荷負重任無有疲倦的緣故；應該發如同金剛一樣堅固的心，因志願堅固而不可毀壞的緣故；應該發如同鐵圍山一樣的心，因一切諸苦都不能動搖它的緣故；應該發如同侍者一樣的心，因所有教令都能夠隨順遵守的緣故；應該發如同弟子一樣的心，因所有訓誨從無違逆的緣故；應該發如同僮僕一樣的心，因不厭倦一切諸作務的緣故；應該發如同養母一樣的心，因受諸勤苦從不埋怨勞苦的緣故；應該發如同傭作一樣的心，因隨所受教無有違逆的緣故；應該發如同除糞人一樣的心，因遠離一切憍慢的緣故；應該發如同已經成熟的莊稼一樣的心，因能夠低下頭顱的緣故；應該發如同良馬一樣的心，因為遠離惡性的緣故；應該發如同大車一樣的心，因為能夠運送重物的緣故；應該發如同調順了的大象一樣的心，因為其永遠匍匐而服從的緣故；應該發如同須彌山一樣的心，因為其從不傾動的緣故；應該發如同良犬一樣的心，因為其從不謀害主人的緣故；應該發如同旃荼羅一樣的心，因為其遠離憍慢的緣故；應該發如同被牸住的牛一樣的心，因為其從無威怒的緣故；應該發如同舟船一樣的心，因為其往來從來不疲倦的緣故；應該發如同橋梁一樣的心，因為其濟渡而忘疲的緣故；應該發如同孝子一樣的心，因為其承順父母的臉色的緣故；應該發如同王子一樣的心，因為其一直遵行教命的緣故。

「其次，善男子！你應該將自己當作病苦之人看待，將善知識當作醫王來看待，將善知識所說之法當作良藥來看待，將所修行當作除去疾病的方法來看待。又，應該將自身當作遠行之人來看待，將善知識當作導師來看待，將善知識所說法當作生正道想，對於善知識所修行法門產生遠達的想法。又，應該從自身之中產生求度的想法，將善知識當作船師來看待，將善知識所說之法當作舟船來看待，將善知識所修行的法門當作到彼岸的法門看待。又，你應該將自己當作苗稼來看待，將善知識當作龍王來看待，將善知識所說之法當作及時雨來看待，將善知識所修行的法門當作成熟的果實來看待。又，你應該將自己當作貧窮之人來看待，將善知識當作毗沙門王者來看待，將善知識所說之法當作財寶來看待，將善知識所修行之法門當作富饒之法來看待。又，你應該將自己當作弟子來看待，將善知識當作良工來看待，將善知識所說之法當作技藝來看待，將善知識所修行之法當作能夠了知者來看待。又，你應該從自身中產生恐怖的想法，從善知識中產生勇健的想法，你應該將善知識所說之法當作器仗來看待，將善知識所修行的法門當作破除冤想的方法。又，你應該將自己當作商人來看待，將善知識當作導師來看待，將善知識所說之法當作珍寶來看待，將善知識所修行的法門當作能查漏補缺的方法來看待。又，你應該將自己當作兒子來看待，將善知識當作父母來看待，將善知識所說之法當作家業來看待，面對善知識所修行的法門產生繼承的想法。又，你應該將自己當作王子來看待，將善知識當作大臣來看待，將善知識所說之法當作王教來看待，將善知識所修行的法門當作戴著的王冠、穿著的王服、繫著的王繒、坐於王殿來看待。

「善男子！汝應發如是心，作如是意近善知識。何以故？以如是心近善知識，令其志願永得清淨。

「復次，善男子！善知識者長諸善根，譬如雪山長諸藥草；善知識者是佛法器，譬如大海吞納眾流；善知識者是功德處，譬如大海出生眾寶；善知識者淨菩提心，譬如猛火能煉真金；善知識者出過世法，如須彌山出於大海；善知識者不染世法，譬如蓮華不著於水；善知識者不受諸惡，譬如大海不宿死屍；善知識者增長白法，譬如白月光色圓滿；善知識者照明法界，譬如盛日照四天下；善知識者長菩薩身，譬如父母養育兒子。

「善男子！以要言之，菩薩摩訶薩若能隨順善知識教，得十不可說百千億那由他功德，淨十不可說百千億那由他深心，長十不可說百千億那由他菩薩根，淨十不可說百千億那由他菩薩力，斷十不可說百千億阿僧祇障，超十不可說百千億阿僧祇魔境，入十不可說百千億阿僧祇法門，滿十不可說百千億阿僧祇助道，修十不可說百千億阿僧祇妙行，發十不可說百千億阿僧祇大願。

「善男子！我復略說一切菩薩行、一切菩薩波羅蜜、一切菩薩地、一切菩薩忍、一切菩薩總持門、一切菩薩三昧門、一切菩薩神通智、一切菩薩迴向、一切菩薩願、一切菩薩成就佛法，皆由善知識力，以善知識而為根本，依善知識生，依善知識出，依善知識長，依善知識住，善知識為因緣，善知識能發起。」

時，善財童子聞善知識如是功德，能開示無量菩薩妙行，能成就無量廣大佛法，踴躍歡喜，頂禮德生及有德足，遶無量匝，慇勤瞻仰，辭退而去。

【章旨】德生童子、有德童女繼續激勵善財童子應該侍奉一切善知識。善財童子於是告別德生童子、有德童女，繼續前行求法。

【語譯】「善男子！你應該發如此之心，作如此心意而親近善知識。為什麼如此呢？以如此心親近善知識，使其志願永遠獲得清淨。

「其次，善男子！善知識生長諸善根，譬如雪山生長諸藥草；善知識是佛之法器，譬如大海吞納眾流；善知識是功德之處，譬如大海出生眾寶；善知識有清淨菩提心，譬如猛火能煉就真金；善知識出離世間之法，如同須彌山出於大海；善知識不沾染世間之法，譬如蓮花不著於水；善知識不受諸惡，譬如大海不停留死屍；善知識增長善法，譬如白色的月亮光色圓滿；善知識照耀著法界，譬如盛日照耀四天下；善知識生長出菩薩身，譬如父母養育著兒子。

「善男子！總而言之，菩薩如果能夠隨順善知識的教誨，獲得十不可說百千億那由他功德，使十不可說百千億那由他深心得到清淨，生長十不可說百千億那由他的菩薩根，使十不可說百千億那由他菩薩力得到清淨，斷絕十不可說百千億阿僧祇的障礙，超越十不可說百千億阿僧祇的魔境，進入十不可說百千億阿僧祇法門，完滿十不可說百千億阿僧祇助道，修習十不可說百千億阿僧祇妙行，發十不可說百千億阿僧祇大願。

「善男子！我又略說一切菩薩行、一切菩薩波羅蜜、一切菩薩地、一切菩薩忍、一切菩薩總持門、一切菩薩三昧門、一切菩薩神通智慧、一切菩薩迴向、一切菩薩願、一切菩薩成就佛法，都是由於善知識之力，以善知識而為根本，依善知識而生，依善知識而出，依善知識而生長，依善知識而住，善知識為修行的因緣，善知識能發起菩提心。」

這時，善財童子聽到善知識的如此功德，能夠開示無量菩薩的妙行，能夠成就無量廣大的佛法，踴躍歡喜。善財童子頂禮德生及有德的雙足，在其周圍繞行無量圈，殷勤瞻仰二位童子、童女。然後，善財童子辭別德生童子、有德童女，踏上了繼續求法的歷程。

# 善財童子第五十二參：彌勒菩薩會

爾時，善財童子聞善知識教，潤澤其心，正念思惟諸菩薩行，向海岸國。自憶往世不修禮敬，即時發意勤力而行；復憶往世身心不淨，即時發意專自治潔；復憶往世作諸惡業，即時發意專自防斷；復憶往世起諸妄想，即時發意恆正思惟；復憶往世所修諸行但為自身，即時發意令心廣大普及含識；復憶往世追求欲境常自損耗無有滋味，即時發意修行佛法長養諸根以自安隱；復憶往世起邪思念顛倒相應，即時發意生正見心起菩薩願；復憶往世日夜劬勞作諸惡事，即時發意起大精進成就佛法；復憶往世受五趣生於自他身皆無利益，即時發意願以其身饒益眾生，成就佛法，承事一切諸善知識。如是思惟，生大歡喜。復觀此身是生、老、病、死眾苦之宅，願盡未來劫，修菩薩道，教化眾生，見諸如來成就佛法，遊行一切佛剎，承事一切法師，住持一切佛教，尋求一切法侶❶，見一切善知識，集一切諸佛法，與一切菩薩願智身而作因緣。

作是念時，長不思議無量善根，即於一切菩薩深信尊重，生希有想，生大師想；諸根清淨，善法增益，起一切菩薩恭敬供養，作一切菩薩曲躬合掌，生一切菩薩普見世間眼，起一切菩薩普念眾生想，現一切菩薩無量願化身，出一切菩薩清淨讚說音；想見過、現一切諸佛及諸菩薩，於一切處示現成道神通變化，乃至無有一毛端處而不週徧；又得清淨智光明眼，見一切菩薩所行境界；其心普入十方剎網，其願普徧虛空法界，三世平等，無有休息。如是一切，皆以信受善知識教之所致耳。

【章　旨】這是善財童子五十三參的第五十二次參訪，也是〈入法界品〉「末會」中善財五十五會中的第五十三會。善財童子遵從德生童子與有德童女的囑咐，前去拜訪住於海岸國大莊嚴園毗盧遮那莊嚴藏廣大樓閣中的彌勒菩薩，向其請教修行菩薩行的方法、途徑。善財童子在南下的路上，仔細回憶自己往昔的一切活動，產生了後悔往昔而發心修行的心理活動。

【注釋】❶法侶 遵從佛法一起修行之徒侶，與「僧侶」的意義相同。

【語譯】這時，善財童子聽聞善知識的教誨，其心得到潤澤。善財童子一邊正念思惟諸菩薩行，一邊向海岸國走去。在路途，善財童子一旦回憶自己往世不去禮敬善知識之事，立即在心中發意勤力而行去拜訪善知識；又回憶起往世自己的身心不淨，立即在心中發意一定要專門對治除去不淨使其清淨；又回憶起往世所作的所有惡業，立即在心中發意自己要專門防止惡業、斷絕惡業；又回憶起往世生起諸妄想，立即在心中發意永遠正確地思惟；又回憶起往世所修的諸行只是為了自己，立即在心中發意使自己的心變得廣大而完全包含眾生；又回憶起往世追求欲望的滿足而損耗了自身而實際上沒有任何滋味，立即在心中發意修行佛法長期保養諸根以使自己安全穩定；又回憶起往世生起邪思邪念並且有與其相應的顛倒行為，立即在心中發意產生正見之心而發起菩薩大願；又回憶起往世日夜操勞諸惡事，立即在心中發意生起大精進而成就佛法；又回憶起往世受生五趣所生出的自他身都沒有任何利益，立即在心中發意希望以其自身饒益眾生、成就佛法、承事一切諸善知識。如此思惟，善財童子產生了大歡喜。再觀察自己的身體是生、老、病、死等眾苦的住宅，希望盡未來劫修習菩薩道，並且以之教化眾生，觀見諸如來而成就佛法，在一切佛土中遊行，承事一切法師，住持一切佛教，尋求一切法侶，拜見一切善知識，聚集一切諸佛法，與一切菩薩願智之身而產生因緣。

善財童子這樣想之時，生長出不可思議的無量善根，立即對於一切菩薩深信尊重，產生希有的想法，產生將一切菩薩當作大師的想法；自己的諸根變得清淨，善法得到增益，生起對於一切菩薩恭敬供養、在一切菩薩前都曲躬合掌致敬的念想，產生一切菩薩所具有的普見世間之眼，生起如同一切菩薩所具有的完全掛念眾生的想法，顯現出一切菩薩的無量願化身，發出一切菩薩所具有的清淨讚說佛法的聲音；想見過去、現在一切諸佛及諸菩薩，在一切處示現出成道神通變化，甚至無有一毛端處不週徧；又獲得清淨智光明之眼，看見一切菩薩所行的境界；善財童子之心完全進入十方國土之網，其願普徧虛空法界，三世平等，從不休息。如此一切，都是信受善知識的教誨所導致的結果啊！

善財童子以如是尊重、如是供養、如是稱讚、如是觀察、如是願力、如是想念、如是無量智慧境界，於毗盧遮那莊嚴藏大樓閣前，五體投地，暫時斂念，思惟觀察。以深信解、大願力故，入徧一切處智慧身平等門，普現其身在於一切如來前、一切菩薩前、一切善知識前、一切如來塔廟前、一切如來形像前、一切諸佛諸菩薩住處前、一切法寶前、一切聲聞辟支佛及其塔廟前、一切聖眾福田前、一切父母尊者前、一切十方眾生前，皆如上說，尊重禮讚，盡未來際無有休息。等虛空，無邊量故；等法界，無障礙故；等實際❶，徧一切故；等如來，無分別故。猶如影，隨智現故；猶如夢，從思起故；猶如像，示一切故；猶如響，緣所發故；無有生，遞興謝故；無有性❷，隨緣轉故。

又決定知一切諸報皆從業❸起，一切諸果皆從因❹起，一切諸業皆從習❺起，一切佛興皆從信起，一切化現諸供養事皆悉從於決定解起，一切化佛從敬心起，一切佛法從善根起，一切化身從方便起，一切佛事從大願起，一切菩薩所修諸行從迴向起，一切法界廣大莊嚴從一切智境界而起。離於斷見❻，知迴向故；離於常見❼，知無生故；離無因見，知正因❽故；離顛倒見，知如實理❾故；離自在見❿，知不由他故；離自他見⓫，知從緣起故；離邊執見⓬，知法界無邊故；離往來見⓭，知如影像故；離有無見⓮，知不生滅故；離一切法見⓯，知空無生故，知不自在故，知願力出生故；離一切相見，入無相際故。知一切法如種生芽故，如印生文故。知質如像故，知聲如響故，知境如夢故，知業如幻故。了世心現故，了果因起故，了報業集故，了知一切諸功德法皆從菩薩善巧方便所流出故。

善財童子入如是智，端心潔念；於樓觀前，舉體投地，殷勤頂禮；不思議善根流注身心，清涼悅懌。

【章　旨】善財童子回味著拜訪諸位善知識之所得，進入無比之智慧境界。到達毗盧遮那莊嚴藏廣大樓閣前面，善財童子頂禮彌勒菩薩，不可思議之善根一時彌貫善財童子的身心之中。

【注　釋】❶實際　即「真實之際」的意思，指絕離虛妄之涅槃實證；又指真如之理體。❷性　有不變之義，指本來具足之性質、事物之實體（即自性）、對相狀而言之自體、眾生之素質（種性）等，特別是指即使受外界影響也不改變的本質。❸業　為造作之義。意謂行為、所作、行動、作用、意志等身心活動，或單由意志所引生之身心生活。若與因果關係結合，則指由過去行為延續下來所形成之力量。此外，「業」亦含有行為上善惡苦樂等因果報應思想，及前世、今世、來世等輪迴思想。❹因　有廣、狹二種涵義：從廣義言之，泛指能引生結果之原因，凡參與造果之因素，包括使事物得以生存與變化的一切條件，皆稱為「因」。從狹義而言，「因」與「緣」為一組互相依存的範疇，引生結果的直接內在原因，稱為「因」（內因），而由外來相助的間接外在原因，則稱為「緣」（外緣）。❺習　即「煩惱習」、「餘習」、「殘氣」，指由經常生起的各種思想及行為熏習而在眾生之心中所形成的習慣、氣分、習性等等心理潛力。❻斷見　又稱「斷滅論」，為「常見」之對稱。凡是偏執世間及我終歸斷滅之邪見以及認為無有因果相續之理，如此等等觀點，都叫「斷見」。蓋諸法之因果各別亦復相續，非常亦非斷，執斷見者則唯執於一邊，謂無因果相續之理，稱之為「斷見」。❼常見　又作「常邪見」、「常論」，為「斷見」之對稱。凡是主張世界為常住不變，人類的自我不滅，人類死後自我也不消滅，且能再生，如此等等，稱之為「常見」。❽正因　對緣因而言。正生法之因種稱之為「正因」，資助之力稱之為「緣因」。❾如實理　即佛教的最高真理即「真如」，又作「真如實相」。諸法之理體，乃真實不變，平等無異，故稱「如實」。此處之「如」為「平等」之義。❿自在見　以為萬事萬物都獨立自足，眾生都進退無礙、自由而遠離煩惱，諸如此類的見解稱之為「自在見」。⓫自他見　「自」指「自我」、「自身」，「他」指「他人」、「他者」。凡是認為諸法都是依從於「自我」、「自身」而存在的觀念稱之為「自見」；凡是認為諸法都是依從於「他者」而存在的觀念稱之為「他見」。⓬邊執見　簡稱為「邊見」，指執著片面極端之見解。⓭往來見　將諸法即萬事萬物的生起、存在、變化、毀滅當作有一真實的實體性東西在其中流變存在的觀念，稱之為「往來見」。⓮有無見　指「有見」與「無見」。將諸法即萬事萬物當作真實的、不變的存在，稱之為「有見」；而將諸法即萬事萬物完全當作虛假不實、不承認其暫時性的「假有」之存在，這種觀念稱之為「無見」。這兩種觀念都是錯誤的顛倒之見，稱為「二邊見」。⓯法見　執著一法而以之非議他法。

【語　譯】善財童子以如此尊重、如此供養、如此稱讚、如此觀察、如此願力、如此想念、如此無量智慧境界，來到毗盧遮那莊嚴藏大樓閣之前，五體投地，摒聲斂念，思惟觀察。善財童子以深深的信解以及弘大的願力，進入偏一切處之智慧身平等法門，完全顯現其身於一切如來之前、一切菩薩之前、一切善知識之前、一切如來塔廟之前、一切如來的形像之前、一切諸佛諸菩薩住處之前、一切法寶之前、一切聲聞辟支佛及其塔廟之前、一切聖眾福田之前、一切父母尊者之前、一切十方眾生之前。在這些佛、菩薩、善知識等等之前，善財童子都尊重禮讚，窮盡未來際而從不休息。善財童子所證得的境界，與虛空界相等，因為其是無邊無量的緣故；與法界相等，因為它是沒有任何障礙的緣故；與實際相等，因為其徧佈一切處的緣故；與如來相等，因為其與如來本來就是無有分別的緣故。善財童子所證得的境界猶如影子，因為其是隨著智慧而顯現的緣故；猶如夢境，因為其是依從於心之思而生起的緣故；猶如影像，因為其可以示顯一切的緣故；猶如回聲，因為其有外緣作為發起者的緣故。善財童子所證得的境界根本沒有生起，因為其是遞相與起和代謝的緣故；根本不是不變的實體，因為其是隨緣而流轉的緣故。

善財童子又確實知曉一切諸報都是依從於業而生起的，一切諸果也都是依從於因而生起的，一切諸業都是依從於習而生起的，一切佛都是依從於信而生起的，對於佛、菩薩為救度眾生所顯現出來的一切化、現身的諸供養事都是完全依從於決定解而生起的，一切化佛都是從敬心而生起的，一切佛法都是依從於善根而生起的，一切化身都是依從於方便而生起的，一切佛事都是依從於大願而生起的，一切菩薩所修習的諸行都是依從於迴向而生起的，一切法界所舉的廣大莊嚴都是依從於一切智的境界而生起的。善財童子遠離了斷見，因為他知曉迴向的緣故；善財童子遠離於常見，因為他知曉無生的緣故；善財童子遠離無因之見，因為他知曉正因的緣故；善財童子遠離顛倒之見，因為他知曉真如之理的緣故；善財童子遠離自在之見，因為他知曉諸法不由自身而存在的緣故；善財童子遠離自他之見，因為他知曉諸法依從於緣起而生起、存在、壞滅的緣故；善財童子遠離邊執之見，因為他知曉法界是無邊無際的；善財童子遠離往來之見，因為他知曉諸法如同影子和鏡中的圖像的緣故；善財童子遠離有無之見，因為他知曉不生不滅的緣故；善財童子遠離一切法見，因為他知曉諸法無生的道理，知曉諸法都是不自在的，知曉這些都是依憑願力而出生的緣故；善財童子遠離一切相之見，因為他已經進入無相際的緣故。善財童子知曉一切法如同種子生長發芽的緣故，如同以印章而產生印紋的緣故。善財童子知曉萬物的本質如同鏡中之像，知曉萬物之聲如同回聲一樣，知曉外境就如同夢境一樣，知曉業力就如同幻覺一樣。善財童子了悟到世間的一切都是眾生之心所顯現的，了悟到果都是由因而起的，了悟到報都是依從聚集的業而起的，了知一切諸功德法都是從菩薩善巧方便所流出的。

善財童子進入如此智慧，端正心想清淨憶念。在毗盧遮那莊嚴藏廣大樓閣前，善財童子舉體投地，殷勤頂禮彌勒菩薩，同時，不可思議的善根流注到善財童子的身心之中，清涼悅懌，無可比擬。

從地而起，一心瞻仰，目不暫捨，合掌圍繞，經無量匝，作是念言：

「此大樓閣，是解空、無相、無願者之所住處；是於一切法無分別者之所住處；是了法界無差別者之所住處；是知一切眾生不可得者之所住處；是知一切法無生者之所住處；是不著一切世間者之所住處；是不著一切窟宅者之所住處；是不樂一切聚落者之所住處；是不依一切境界者之所住處；是離一切想者之所住處；是知一切法無自性者之所住處；是斷一切分別業者之所住處；是離一切想心、意、識者之所住處；是不入不出一切道者之所住處。

「是入一切甚深般若波羅蜜者之所住處；是能以方便住普門法界者之所住處；是息滅一切煩惱火者之所住處；是以增上慧除斷一切見、愛、慢者之所住處；是出生一切諸禪解脫三昧通明而遊戲者之所住處；是觀察一切菩薩三昧境界者之所住處；是安住一切如來所者之所住處。

「是以一劫入一切劫，以一切劫入一劫，而不壞其相者之所住處；是以一剎入一切剎，以一切剎入一剎，而不壞其相者之所住處；是以一法入一切法，以一切法入一法，而不壞其相者之所住處；是以一眾生入一切眾生，以一切眾生入一眾生，而不壞其相者之所住處；是以一佛入一切佛，以一切佛入一佛，而不壞其相者之所住處；是於一念中而知一切三世者之所住處；是於一念中往詣一切國土者之所住處。

「是於一切眾生前悉現其身者之所住處；是心常利益一切世間者之所住處；是能徧至一切處者之所住處；是雖已出一切世間，為化眾生故而恆於中現身者之所住處；是不著一切剎，為供養諸佛故而遊一切剎者之所住處；是不動本處，能普詣一切佛剎而莊嚴者之所住處；是親近一切佛而不起佛想者之所住處；是依止一切善知識而不起善知識想者之所住處；是住一切魔宮而不耽著欲境界者之所住處；是永離一切心想者之所住處；是雖於一切眾生中而現其身，然於自他不生二想者之所住處；是能普入一切世界而於法界無差別想者之所住處；是願住未來一切劫而於諸劫無長短想者之所住處；是不離一毛端處而普現身一切世界者之所住處；是能演說難遭遇法者之所住處。

「是能住難知法、甚深法、無二法、無相法、無對治法、無所得法、無戲論法者之所住處。

「是住大慈大悲者之所住處，是已度一切二乘智、已超一切魔境界、已於世法無所染、已到菩薩所到岸、已住如來所住處者之所住處；是雖離一切諸相而亦不入聲聞正位，雖了一切法無生而亦不住無生法性者之所住處；是雖觀不淨而不證離貪法亦不與貪欲俱，雖修於慈而不證離瞋法亦不與瞋垢俱，雖觀緣起而不證離癡法亦不與癡惑俱者之所住處。

「是雖住四禪而不隨禪生，雖行四無量為化眾生故而不生色界，雖修四無色定以大悲故而不住無色界者之所住處；是雖勤修止觀為化眾生故而不證明脫，雖行於捨而不捨化眾生事者之所住處；是雖觀於空而不起空見，雖行無相而常化著相眾生，雖行無願而不捨菩提行願者之所住處。

「是雖於一切業煩惱中而得自在為化眾生故而現隨順諸業煩惱，雖無生死為化眾生故示受生死，雖已離一切趣為化眾生故示入諸趣者之所住處；是雖行於慈而於諸眾生無所愛戀，雖行於悲而於諸眾生無所取著，雖行於喜而觀苦眾生心常哀愍，雖行於捨而不廢舍利益他事者之所住處。

「是雖行九次第定❶而不厭離欲界受生，雖知一切法無生無滅而不於實際作證，雖入三解脫門❷而不取聲聞解脫，雖觀四聖諦❸而不住小乘聖果❹，雖觀甚深緣起而不住究竟寂滅，雖修八聖道❺而不求永出世間，雖超凡夫地而不墮聲聞、辟支佛地，雖觀五取蘊而不永滅諸蘊，雖超出四魔❻而不分別諸魔，雖不著六處而不永滅六處，雖安住真如而不墮實際，雖說一切乘而不捨大乘。

「此大樓閣，是住如是等一切諸功德者之所住處。」

爾時，善財童子而說頌言：

「此是大悲清淨智，利益世間慈氏尊，灌頂地中佛長子，入如來境之住處。一切名聞諸佛子，已入大乘解脫門，遊行法界心無著，此無等者之住處。

「施戒忍進禪智慧，方便願力及神通，如是大乘諸度法，悉具足者之住處。智慧廣大如虛空，普知三世一切法，無礙無依無所取，了諸有者之住處。善能解了一切法，無性無生無所依，如鳥飛空得自在，此大

智者之住處。了知三毒❼真實性，分別因緣虛妄起，亦不厭彼而求出，
此寂靜人之住處。三解脫門八聖道，諸蘊處界及緣起，悉能觀察不趣寂，
此善巧人之住處。十方國土及眾生，以無礙智咸觀察，了性皆空不分別，
此寂滅人之住處。普行法界悉無礙，而求行性不可得，如風行空無所行，
此無依者之住處。

「普見惡道群生類，受諸楚毒無所歸，放大慈光悉除滅，此哀愍者之住處。見諸眾生失正道，譬如生盲踐畏途，引其令入解脫城，此大導師之住處。見諸眾生入魔網，生老病死常逼迫，令其解脫得慰安，此勇健人之住處。見諸眾生嬰惑病，而興廣大悲愍心，以智慧藥悉除滅，此大醫王❽之住處。見諸群生沒有海❾，沉淪憂迫受眾苦，悉以法船而救之，此善度者之住處。見諸眾生在惑海，能發菩提妙寶心，悉入其中而濟拔，此善漁人之住處。恆以大願慈悲眼，普觀一切諸眾生，從諸有海而拔出，此金翅王之住處。譬如日月在虛空，一切世間靡不燭，智慧光

明亦如是，此照世者之住處。菩薩為化一眾生，普盡未來無量劫，如為一人一切爾，此救世者之住處。於一國土化眾生，盡未來劫無休息，一一國土咸如是，此堅固意之住處。

「十方諸佛所說法，一座普受咸令盡，盡未來劫恆悉然，此智海人之住處。徧遊一切世界海，普入一切道場海，供養一切如來海，此修行者之住處。修行一切妙行海，發起無邊大願海，如是經於眾劫海，此功德者之住處。一毛端處無量剎，佛眾生劫不可說，如是明見靡不周，此無礙眼之住處。一念普攝無邊劫，國土諸佛及眾生，智慧無礙悉正知，此具德人之住處。十方國土碎為塵，一切大海以毛滴，菩薩發願數如是，此無礙者之住處。成就總持三昧門，大願諸禪及解脫，一一皆住無邊劫，此真佛子之住處。無量無邊諸佛子，種種說法度眾生，亦說世間眾技術，此修行者之住處。

「成就神通方便智，修行如幻妙法門，十方五趣悉現生，此無礙者之住處。菩薩始從初發心，具足修行一切行，化身無量徧法界，此神力者之住處。一念成就菩提道，普作無邊智慧業，世情思慮悉發狂，此難量者之住處。成就神通無障礙，遊行法界靡不周，其心未嘗有所得，此淨慧者之住處。菩薩修行無礙慧，入諸國土無所著，以無二智普照明，此無我者之住處。了知諸法無依止，本性寂滅同虛空，常行如是境界中，此離垢人之住處。普見群生受諸苦，發大仁慈智慧心，願常利益諸世間，此悲愍者之住處。

「佛子住於此，普現眾生前，猶如日月輪，徧除生死暗。佛子住於此，普順眾生心，變現無量身，充滿十方剎。

「佛子住於此，徧遊諸世界，一切如來所，無量無數劫。佛子住於此，思量諸佛法，無量無數劫，其心無厭倦。

「佛子住於此，念念入三昧，一一三昧門，闡明諸佛境。佛子住於此，悉知一切剎，無量無數劫，眾生佛名號。佛子住於此，一念攝諸劫，但隨眾生心，而無分別想。佛子住於此，修習諸三昧，一一心念中，了知三世法。佛子住於此，結跏身不動，普現一切剎，一切諸趣中。

「佛子住於此，飲諸佛法海，深入智慧海，具足功德海。佛子住於此，悉知諸剎數，世數眾生數，佛名數亦然。佛子住於此，一念悉能了，一切三世中，國土之成壞。佛子住於此，普知佛行願，菩薩所修行，眾生根性欲。佛子住於此，見一微塵中，無量剎道場，眾生及諸劫。如一微塵內，一切塵亦然，種種咸具足，處處皆無礙。佛子住於此，普觀一切法，眾生剎及世，無起無所有。

「觀察眾生等，法等如來等，剎等諸願等，三世悉平等。

「佛子住於此，教化諸群生，供養諸如來，思惟諸法性。無量千萬劫，所修願智行，廣大不可量，稱揚莫能盡。彼諸大勇猛，所行無障礙，安住於此中，我合掌敬禮。諸佛之長子，聖德慈氏尊；我今恭敬禮，願垂顧念我！」

【章　旨】善財童子在彌勒菩薩面前以長行、偈頌體讚頌大莊嚴園中的毗盧遮那莊嚴藏廣大樓閣的功德莊嚴。長行分為十層：「約境顯勝」、「約德顯妙」、「約用顯自在」、「約行顯勝」、「約觀顯深」、「約對治顯勝」、「約止觀明自在」、「約利他行顯勝」、「約護小乘行明自在」、「結德所住」。偈頌共五十五頌，前兩偈為總體讚嘆，其次的三十四頌七言為「舉德嘆處」，最後的二十一頌五言為「指處明德」（參見澄觀《華嚴經疏》卷六十，《大正藏》卷三十五，頁九五六上至中）。

【注　釋】❶九次第定　意為次第無間所修之九種禪定，又稱「無間禪」或「煉禪」。指色界之「四禪」、無色界之「四處」及「滅受想定」等九種禪定。以不雜他心，依次自一定入於他定，故稱「次第定」。分別為「初禪次第定」、「二禪次第定」、「三禪次第定」、「四禪次第定」、「空處次第定」、「識處次第定」、「無所有處次第定」、「非想非非想處次第定」及「滅受想次第定」等。❷三解脫門　指獲得解脫達到涅槃的三種法門，簡稱「三解脫」、「三脫門」、「三門」。即：第一，「空門」，觀一切法都無自性，都是由因緣和合而生；若能如此通達，即可於諸法而獲得自在。第二，「無相門」，又稱「無想門」，是說既知一切法空，乃觀男女一、異等相確實是不可得的；若能如此通達諸法無相，即離差別相而獲得自在。第三，「無願門」，又作「無作門」、「無欲門」，是說若知一切法無相，則於三界無所願求；若無願求，則不造作生死之業；若無生死之業，則無果報之苦而獲得自在。上述三門是依無漏之「空」、「無相」、「無願」等三種三昧而進入的，此三昧猶如門戶而能夠使眾生獲得解脫，故稱「三解脫門」。❸四聖諦　又名「四真諦」、「四諦法」，即「苦諦」、「集諦」、「滅諦」、「道諦」，為根本佛教的基本教義。「苦諦」是說明人生多苦的真理；「集諦」的「集」是集起的意思，集中說明人生的痛苦是怎樣來的真理；「滅諦」是說明涅槃境界纔是多苦的人生最理想最究竟的歸宿的真理，因涅槃是常住、安樂、寂靜的境界；「道諦」是說明人要修道纔能證得涅槃的真理，主要是指修習八正道。此四聖諦括盡了世、出世間的兩重因果，「集」是因，「苦」是果，是迷界的因果；「道」是因，「滅」是果，是悟界的因果。❹小乘聖果　指小乘聲聞修行所得之四種證果。其階段依次為「預流果」、「一來果」、「不還果」、「阿羅漢果」。❺八聖道　即「八正道」、「八支正道」、「八直行」、「八法」等，指八種求趣涅槃之正道，即八種通向涅槃解脫之正確方法或途徑。八正道為「正見」、「正思惟」、「正語」、「正業」、「正命」、「正精進」、「正念」、「正定」。❻四魔　第一種「四魔」是指惱害眾生之「無常」、「無樂」、「無我」、「不淨」等四種「顛倒心」。第二種「四魔」是指奪取眾生之身命及慧命之四種魔——「蘊魔」、「煩惱魔」、「死魔」、「天子魔」（即「他化自在天子魔」）。上述前三者為內魔，最後者為外魔。❼三毒　指「貪欲」、「瞋恚」、「愚癡」三種煩惱，又作「三火」、「三垢」。一切煩惱通稱為「毒」，然此三種煩惱通攝三界，為毒害眾生出世善心之中的最甚者，能使有情長劫受苦而不得出離，故特稱「三毒」。❽大醫王　對佛、菩薩的譬喻性稱呼，因佛、菩薩能夠如同高明的醫生一樣善於治療眾生之疾病。❾沒有海　沉沒於諸有之海。

**【語　譯】**善財童子從地上起來，一心瞻仰彌勒菩薩，眼睛一眨也不眨地注視著彌勒菩薩，然後，善財童子合掌圍繞無量圈，這樣想著：

「這座毗盧遮那莊嚴藏大樓閣，是理解空、無相、無願之道理的修行者的住處，是對於一切法無所分別者的住處，是了悟法界無差別者的住處，是知曉一切眾生不可得者的住處，是知曉一切法無生者的住處，是不著一切世間者的住處，是不執著一切住宅者的住處，是不樂一切村落、城市者的住處，是不依賴於一切境界者的住處，是遠離一切想者的住處，是知曉一切法無自性者的住處，是斷絕一切分別業者的住處，是遠離一切想心、意、識者的住處，是不進入不出離一切道者的住處。

「這座毗盧遮那莊嚴藏大樓閣，是進入一切甚深般若波羅蜜者的住處，是能以方便而住於普門法界者的住處，是息滅一切煩惱火者的住處，是以增上慧除斷一切見、愛、慢者的住處，是出生一切諸禪解脫三昧通明而遊戲者的住處，是觀察一切菩薩三昧境界者的住處，是安住一切如來所者的住處。

「這座毗盧遮那莊嚴藏大樓閣，是以一劫進入一切劫，以一切劫進入一劫，而不壞其相者的住處；是以一國土進入一切國土，以一切國土進入一國土，而不壞其相者的住處；是以一法進入一切法，以一切法進入一法，而不壞其相者的住處；是以一眾生攝入一切眾生，以一切眾生入一眾生，而不壞其相者的住處；是以一佛入一切佛，以一切佛入一佛，而不壞其相者的住處；是於一念中而知一切三世者的住處，是於一念中前往一切國土者的住處。

「這座毗盧遮那莊嚴藏大樓閣，是於一切眾生前完全顯現出其身者的住處，是心常利益一切世間者的住處，是能徧至一切處者的住處，是雖已出離一切世間但為了化度眾生的緣故而永遠於中現身者的住處，是不執著一切國土但為了供養諸佛的緣故而遊一切國土者的住處，是不動本來之處而能夠完全前往一切佛土而莊嚴者的住處，是親近一切佛而不起佛想者的住處，是依止一切善知識而不產生善知識想者的住處，是住於一切魔宮而不沉溺欲望之境界者的住處，是永遠遠離一切心想者的住處，是即使在一切眾生中顯現出身體但是並不產生自、他為二的想法者的住處，是能夠完全進入一切世界而對於法界不產生差別想者的住處，是願住於未來一切劫而於諸劫沒有長短高下之想法者的住處，是不離一毛端處而完全現身一切世界者的住處，是能夠演說難遭遇之法者的住處。

「這座毗盧遮那莊嚴藏大樓閣，是能住於難知之法、甚深之法、無二之法、無相之法、無對治之法、無所得之法、無戲論法者的住處。

「這座毗盧遮那莊嚴藏大樓閣，是住於大慈大悲者的住處，是已經超越一切二乘智、已經超越一切魔的境界、已經對於世間法無所沾染、已經到達菩薩所到岸、已經住於如來所住處者的住處；是雖離一切諸相但卻不進入聲聞正位，雖了悟一切法無生但卻不住於無生法性者的住處；是雖觀不淨而不證遠離貪法，但卻不與貪欲混融，雖修習慈而不證遠離瞋法，但卻不與瞋垢混融，雖觀緣起而不證遠離癡法，但卻不與癡惑混融的住處。

「這座毗盧遮那莊嚴藏大樓閣，是雖住四禪而不隨禪生，雖行四無量但卻為了化度眾生的緣故而不生於色界，雖修四無色定但卻因為以大悲的緣故而不住於無色界者的住處；是雖勤修止觀但卻為了化度眾生的緣故而不證得解脫，是雖行於捨而不捨化眾生事者的住處；是雖觀於空而不起空見，雖行無相而常化著相眾生，雖行無願而不捨菩提行願者的住處。

「這座毗盧遮那莊嚴藏大樓閣，是雖於一切業煩惱中獲得自在，但為了化度眾生的緣故而顯現出隨順諸業煩惱，雖無生死之變化，但為了化度眾生的緣故而示現受生死，雖已經遠離一切趣，但為了化度眾生的緣故而示入諸趣者的住處；是雖行於慈而對於諸眾生無愛戀，雖行於悲而對於諸眾生無所取著，雖行於喜而觀苦眾生心常哀愍，雖行於捨而不廢棄為他人謀取利益者的住處。

「這座毗盧遮那莊嚴藏大樓閣，是雖行九次第定而不厭離欲界受生，雖知曉一切法無生無滅而不於實際作證，雖進入三解脫門而不取聲聞解脫，雖觀四聖諦而不住於小乘聖果，雖觀甚深緣起而不住於究竟寂滅，雖修八聖道而不求永遠出離世間，雖超越凡夫地而不墮入聲聞、辟支佛地，雖觀五取蘊而不永遠滅除諸蘊，雖超出四魔而不分別諸魔，雖不執著六處而不永遠滅除六處，雖安住於真如而不墮入實際，雖演說一切乘而不捨棄大乘者的住處。

「總而言之，這座毗盧遮那莊嚴藏大樓閣，是住於如此等等一切諸功德者的住處。」

這時，善財童子又以偈頌體而讚頌道：

「此是大悲清淨智，利益世間慈氏尊，灌頂地中佛長子，入如來境之住處。一切名聞諸佛子，已入大乘解脫門，遊行法界心無著，此無等者之住處。

「施戒忍進禪智慧，方便願力及神通，如是大乘諸度法，悉具足者之住處。智慧廣大如虛空，普知三世一切法，無礙無依無所取，了諸有者之住處。善能解了一切法，無性無生無所依，如鳥飛空得自在，此大智者之住處。了知三毒真實性，分別因緣虛妄起，亦不厭彼而求出，此寂靜人之住處。三解脫門八聖道，諸蘊處界及緣起，悉能觀察不趣寂，此善巧人之住處。十方國土及眾生，以無礙智咸觀察，了性皆空不分別，此寂滅人之住處。普行法界悉無礙，而求行性不可得，如風行空無所行，此無依者之住處。

「普見惡道群生類，受諸楚毒無所歸，放大慈光悉除滅，此哀愍者之住處。見諸眾生失正道，譬如生盲踐畏途，引其令入解脫城，此大導師之住處。見諸眾生入魔網，生老病死常逼迫，令其解脫得慰安，此勇健人之住處。見諸眾生嬰惑病，而興廣大悲愍心，以智慧藥悉除滅，此大醫王之住處。見諸群生沒有海，沉淪憂迫受眾苦，悉以法船而救之，此善度者之住處。見諸眾生在惑海，能發菩提妙寶心，悉入其中而濟拔，此善漁人之住處。恆以大願慈悲眼，普觀一切諸眾生，從諸有海而拔出，此金翅王之住處。譬如日月在虛空，一切世間靡不燭，智慧光明亦如是，此照世者之住處。菩薩為化一眾生，普盡未來無量劫，如為一人一切爾，此救世者之住處。於一國土化眾生，盡未來劫無休息，一一國土咸如是，此堅固意之住處。

「十方諸佛所說法，一座普受咸令盡，盡未來劫恆悉然，此智海人之住處。徧遊一切世界海，普入一切道場海，供養一切如來海，此修行者之住處。修行一切妙行海，發起無邊大願海，如是經於眾劫海，此功德者之住處。一毛端處無量剎，佛眾生劫不可說，如是明見靡不周，此無礙眼之住處。一念普攝無邊劫，國土諸佛及眾生，智慧無礙悉正知，此具德人之住處。十方國土碎為塵，一切大海以毛滴，菩薩發願數如是，此無礙者之住處。成就總持三昧門，大願諸禪及解脫，一一皆住無邊劫，此真佛子之住處。無量無邊諸佛子，種種說法度眾生，亦說世間眾技術，此修行者之住處。

「成就神通方便智，修行如幻妙法門，十方五趣悉現生，此無礙者之住處。菩薩始從初發心，具足修行一切行，化身無量徧法界，此神力者之住處。一念成就菩提道，普作無邊智慧業，世情思慮悉發狂，此難量者之住處。成就神通無障礙，遊行法界靡不周，其心未嘗有所得，此淨慧者之住處。菩薩修行無礙慧，入諸國土無所著，以無二智普照明，此無我者之住處。了知諸法無依止，本性寂滅同虛空，常行如是境界中，此離垢人之住處。普見群生受諸苦，發大仁慈智慧心，願常利益諸世間，此悲愍者之住處。

「佛子住於此，普現眾生前，猶如日月輪，徧除生死暗。佛子住於此，普順眾生心，變現無量身，充滿十方剎。

「佛子住於此，偏遊諸世界，一切如來所，無量無數劫。佛子住於此，思量諸佛法，無量無數劫，其心無厭倦。

「佛子住於此，念念入三昧，一一三昧門，闡明諸佛境。佛子住於此，悉知一切剎，無量無數劫，眾生佛名號。佛子住於此，一念攝諸劫，但隨眾生心，而無分別想。佛子住於此，修習諸三昧，一一心念中，了知三世法。佛子住於此，結跏身不動，普現一切剎，一切諸趣中。

「佛子住於此，飲諸佛法海，深入智慧海，具足功德海。佛子住於此，悉知諸剎數，世數眾生數，佛名數亦然。佛子住於此，一念悉能了，一切三世中，國土之成壞。佛子住於此，普知佛行願，菩薩所修行，眾生根性欲。佛子住於此，見一微塵中，無量剎道場，眾生及諸劫。如一微塵內，一切塵亦然，種種咸具足，處處皆無礙。佛子住於此，普觀一切法，眾生剎及世，無起無所有。

「觀察眾生等，法等如來等，剎等諸願等，三世悉平等。

「佛子住於此，教化諸群生，供養諸如來，思惟諸法性。無量千萬劫，所修願智行，廣大不可量，稱揚莫能盡。彼諸大勇猛，所行無障礙，安住於此中，我合掌敬禮。諸佛之長子，聖德慈氏尊；我今恭敬禮，願垂顧念我！」

爾時，善財童子以如是等一切菩薩無量稱揚讚嘆法，而讚毗盧遮那莊嚴藏大樓閣中諸菩薩已，曲躬合掌，恭敬頂禮，一心願見彌勒菩薩親近供養；乃見彌勒菩薩摩訶薩從別處來，無量天、龍、夜叉、乾闥婆、阿修羅、迦樓羅、緊那羅、摩睺羅伽王，釋、梵、護世，及本生處無量眷屬、婆羅門眾，及餘無數百千眾生，前後圍遶而共來向莊嚴藏大樓觀所。善財見已，歡喜踴躍，五體投地。

時，彌勒菩薩觀察善財，指示大眾，歎其功德，而說頌曰：

「汝等觀善財，智慧心清淨，為求菩提行，而來至我所。

「善來圓滿慈，善來清淨悲，善來寂滅眼，修行無懈倦。善來清淨意，善來廣大心，善來不退根，修行無懈倦。善來不動行，常求善知識，了達一切法，調伏諸群生。善來行妙道，善來住功德，善來趣佛果，未曾有疲倦。善來德為體，善來法所滋，善來無邊行，世間難可見。善來離迷惑，世法不能染，利衰毀譽等，一切無分別。善來施安樂，調柔堪受化；諂誑瞋慢心，一切悉除滅。善來真佛子，普詣於十方，增長諸功德，調柔無懈倦。善來三世智，偏知一切法，普生功德藏，修行不疲厭。

「文殊、德雲等，一切諸佛子，令汝至我所，示汝無礙處。具修菩薩行，普攝諸群生；如是廣大人，今來至我所。

「為求諸如來，清淨之境界，問諸廣大願，而來至我所。去、來、現在佛，所成諸行業，汝欲皆修學，而來至我所。汝於善知識，欲求微妙法，欲受菩薩行，而來至我所。汝念善知識，諸佛所稱嘆，令汝成菩提，而來至我所。汝念善知識，生我如父母，養我如乳母，增我菩提分，如醫療眾疾，如天灑甘露，如日示正道，如月轉淨輪，如山不動搖，如海無增減，如船師濟渡，而來至我所。汝觀善知識，猶如大猛將，亦如大商主，又如大導師，能建正法幢❶，能示佛功德，能滅諸惡道，能開善趣門，能顯諸佛身，能守諸佛藏，能持諸佛法，是故願瞻奉。欲滿清淨智，欲具端正身，欲生尊貴家，而來至我所。

「汝等觀此人，親近善知識，隨其所修學，一切應順行。以昔福因緣，文殊令發心，隨順無違逆，修行不懈倦。父母與親屬，宮殿及財產，一切皆捨離，謙下求知識。淨治如是意，永離世間身，當生佛國土，受諸勝果報。

「善財見眾生，生老病死苦，為發大悲意，勤修無上道。善財見眾生，五趣常流轉，為求金剛智，破彼諸苦輪。善財見眾生，心田甚荒穢，為除三毒刺，專求利智犁。眾生處癡暗，盲冥失正道；善財為導師，示其安隱處。

「忍鎧❷解脫乘，智慧為利劍，能於三有內，破諸煩惱賊。善財法船師，普濟諸含識，令過爾燄海❸，疾至淨寶洲。善財正覺日，智光大願輪，周行法界空，普照群迷宅。善財正覺月，白法悉圓滿，慈定清涼光，等照眾生心。善財勝智海，依於直心住，菩提行漸深，出生眾法寶。善財大心龍，昇於法界空，興雲霔甘澤，生成一切果。善財然法燈，信炷慈悲油❹，念器功德光，滅除三毒暗。

「覺心迦羅邏❺，悲胞慈為肉，菩提分肢節，長於如來藏。增長福德藏，清淨智慧藏，開顯方便藏，出生大願藏。如是大莊嚴，救護諸群生；一切天、人中，難聞難可見。如是智慧樹，根深不可動，眾行漸增長，普蔭諸群生。欲生一切德，欲問一切法，欲斷一切疑，專求善知識。欲破諸惑魔，欲除諸見垢，欲解眾生縛，專求善知識。

「當滅諸惡道，當示人、天路，令修功德行，疾入涅槃城。當度諸見難，當截諸見網，當枯愛欲水，當示三有道。當為世依怙，當作世光明，當成三界師，示其解脫處。亦當令世間，普離諸想著，普覺煩惱睡，普出愛欲泥。當了種種法，當淨種種剎；一切咸究竟，其心大歡喜。

「汝行極調柔，汝心甚清淨，所欲修功德，一切當圓滿。不久見諸佛，了達一切法，嚴淨眾剎海，成就大菩提。當滿諸行海，當知諸法海，當度眾生海，如是修諸行。當到功德岸，當生諸善品，當與佛子等，如是心決定。當斷一切惑，當淨一切業，當伏一切魔，滿足如是願。當生妙智道，當開正法道，不久當捨離，惑業諸苦道。一切眾生輪，沉迷諸有輪；汝當轉法輪，令其斷苦輪。汝當持佛種，汝當淨法種，汝能集僧種，三世悉週徧。當斷眾愛網，當裂眾見網，當救眾苦網，當成此願網。當度眾生界，當淨國土界，當集智慧界，當成此心界。當令眾生喜，當令菩薩喜，當令諸佛喜，當成此歡喜。當見一切趣，當見一切剎，當見一切法，當成此佛見。當放破暗光，當放息熱光，當放滅惡光，滌除三有苦。當開天趣門，當開佛道門，當示解脫門，普使眾生入。當示於正道，當絕於邪道；如是勤修行，成就菩提道。當修功德海，當度三有海；普使群生海，出於眾苦海。當於眾生海，消竭煩惱海，令修諸行海，疾入大智海。汝當增智海，汝當修行海；諸佛大願海，汝當咸滿足。汝當入剎海，汝當觀眾海；汝當以智力，普飲諸法海。當覲諸佛雲，當起供養雲，當聽妙法雲，當興此願雲。普遊三有室，普壞眾惑室，普入如來室，當行如是道。普入三昧門，普遊解脫門，普住神通門，周行於法界。普現眾生前，普對諸佛前，譬如日月光，當成如是力。所行無動亂，所行無染著，如鳥行虛空，當成此妙用。譬如因陀網，剎網如是住；汝當悉往詣，如風無所礙。汝當入法界，徧往諸世界，普見三世佛，心生大歡喜。

「汝於諸法門，已得及當得，應生大喜躍，無貪亦無厭。汝是功德器，能隨諸佛教，能修菩薩行，得見此奇特。如是諸佛子，億劫難可遇；況見其功德，所修諸妙道！汝生於人中，大獲諸善利，得見文殊等，無量諸功德。已離諸惡道，已出諸難處，已超眾苦患，善哉勿懈怠。已離凡夫地，已住菩薩地，當滿智慧地，速入如來地。菩薩行如海，佛智同虛空，汝願亦復然，應生大欣慶。

「諸根不懈倦，志願恆決定，親近善知識，不久悉成滿。菩薩種種行，皆為調眾生，普行諸法門，慎勿生疑惑。汝具難思福，及以真實信；是故於今日，得見諸佛子。汝見諸佛子，悉獲廣大利，一一諸大願，一切咸信受。汝於三有中，能修菩薩行；是故諸佛子，示汝解脫門。非是法器人，與佛子同住，設經無量劫，莫知其境界。汝見諸菩薩，得聞如是法，世間甚難有，應生大喜慶。諸佛護念汝，菩薩攝受汝，能順其教行，善哉住壽命。

「已生菩薩家，已具菩薩德，已長如來種，當昇灌頂位。不久汝當得，與諸佛子等，見苦惱眾生，悉置安隱處。如下如是種，必獲如是果，我今慶慰汝，汝應大欣悅。無量諸菩薩，無量劫行道，未能成此行，今汝皆獲得。信樂堅進力，善財成此行；若有敬慕心，亦當如是學。一切功德行，皆從願欲生；善財已了知，常樂勤修習。如龍布密雲，必當霔大雨；菩薩起願智，決定修諸行。若有善知識，示汝普賢行；汝當好承事，慎勿生疑惑。汝於無量劫，為欲妄捨身；今為求菩提，此捨方為善。汝於無量劫，具受生死苦，不曾事諸佛，未聞如是行。汝今得人身，值佛善知識，聽受菩提行，云何不歡喜！雖遇佛興世，亦值善知識；其心不清淨，不聞如是法。若於善知識，信樂心尊重，離疑不疲厭，乃聞如是法。若有聞此法，而興誓願心；當知如是人，已獲廣大利。如是心清淨，常得近諸佛，亦近諸菩薩，決定成菩提。若入此法門，則具諸功德，永離眾惡趣，不受一切苦。不久捨此身，往生佛國土，常見十方佛，及以諸菩薩。往因今淨解，及事善友力，增長諸功德，如水生蓮華。樂事善知識，勤供一切佛，專心聽聞法，常行勿懈倦。汝是真法器，當具一切法，當修一切道，當滿一切願。汝以信解心，而來禮敬我，不久當普入，一切諸佛會。善哉真佛子，恭敬一切佛，不久具諸行，到佛功德岸。

「汝當往大智，文殊師利所；彼當令汝得，普賢深妙行。」

【章　旨】善財童子在讚嘆毗盧遮那莊嚴藏大樓閣中諸菩薩之後，看見在天龍及其許多眾生的圍繞下，彌勒菩薩來到這座樓閣中。善財童子立即拜見彌勒菩薩，彌勒菩薩將善財童子介紹給會中大眾，以偈語稱讚善財童子。其共一百一十三頌可分為三部分：第一偈為總體讚嘆，「最後一偈略示後友，中間諸偈別嘆勝德。」而中間的諸偈又分為三部分，「初二十二偈直對善財嘆」，也分為三段；從「汝等觀」下的二十六偈為第二部分，彌勒菩薩面對大眾而激勵會眾讚嘆善財童子，此部分可分為五段；從「汝行」下的六十三偈，彌勒菩薩又直接讚嘆善財童子，此段可分為五段（澄觀《華嚴經疏》卷六十，《大正藏》卷三十五，頁九五六中）。

【注釋】❶法幢　其義有二：第一，比喻佛法如幢。「幢」為「幢幡」，與旌旗同義。佛教以法幢譬喻佛、菩薩之說法能降伏眾生煩惱之魔軍，後凡於佛法立一家之見，即稱為建立法幢。第二，為說法道場之標幟。宣揚大法之際，將幢幡建於道場門前，此稱為「法幢」、「法旆」。此處大致應該為第一種涵義。❷忍鎧　以「忍辱」波羅蜜為防護鎧甲。❸爾燄海　即「爾焰」之海。爾燄，意思為「所知」，指菩薩修行階位「十地」之第十地。澄觀解釋說，彌勒菩薩之所以如此言之，是因為善財童子已經斷除了十種所知障的緣故（參見澄觀《華嚴經疏》卷六十，《大正藏》卷三十五，頁九五六下）。❹信炷慈悲油　以「信」為燈炷，以「慈悲心」為油，以此組成的「法燈」照耀「無明」之黑暗，去除貪、瞋、癡「三毒」。❺迦羅邏　夜叉名。

【語譯】這時，善財童子以如此等一切菩薩無量稱揚讚嘆法讚頌毗盧遮那莊嚴藏大樓閣中諸菩薩之後，曲躬合掌，恭敬頂禮，一心希望見到彌勒菩薩並且能夠親近供養。於是，善財童子看見彌勒菩薩從別處來，有無量天、龍、夜叉、乾闥婆、阿修羅、迦樓羅、緊那羅、摩睺羅伽王，帝釋、梵、護世王，以及本生處的無量眷屬、婆羅門眾並及其餘無數百千位眾生，前後圍繞彌勒而一起來到莊嚴藏大樓觀所。善財童子看見之後，歡喜踴躍，五體投地。

這時，彌勒菩薩觀察善財，並且將善財童子介紹給大眾，讚嘆善財童子的功德，而說頌道：

「汝等觀善財，智慧心清淨，為求菩提行，而來至我所。

「善來圓滿慈，善來清淨悲，善來寂滅眼，修行無懈倦。善來清淨意，善來廣大心，善來不退根，修行無懈倦。善來不動行，常求善知識，了達一切法，調伏諸群生。善來行妙道，善來住功德，善來趣佛果，未曾有疲倦。善來德為體，善來法所滋，善來無邊行，世間難可見。善來離迷惑，世法不能染，利衰毀譽等，一切無分別。善來施安樂，調柔堪受化；諂誑瞋慢心，一切悉除滅。善來真佛子，普詣於十方，增長諸功德，調柔無懈倦。善來三世智，徧知一切法，普生功德藏，修行不疲厭。

「文殊、德雲等，一切諸佛子，令汝至我所，示汝無礙處。具修菩薩行，普攝諸群生；如是廣大人，今來至我所。

「為求諸如來，清淨之境界，問諸廣大願，而來至我所。去、來、現在佛，所成諸行業，汝欲皆修學，而來至我所。汝於善知識，欲求微妙法，欲受菩薩行，而來至我所。汝念善知識，諸佛所稱嘆，令汝成菩提，而來至我所。汝念善知識，生我如父母，養我如乳母，增我菩提分，如醫療眾疾，如天灑甘露，如日示正道，如月轉淨輪，如山不動搖，如海無增減，如船師濟渡，而來至我所。汝觀善知識，猶如大猛將，亦如大商主，又如大導師，能建正法幢，能示佛功德，能滅諸惡道，能開善趣門，能顯諸佛身，能守諸佛藏，能持諸佛法，是故願瞻奉。欲滿清淨智，欲具端正身，欲生尊貴家，而來至我所。

「汝等觀此人，親近善知識，隨其所修學，一切應順行。以昔福因緣，文殊令發心，隨順無違逆，修行不懈倦。父母與親屬，宮殿及財產，一切皆捨離，謙下求知識。淨治如是意，永離世間身，當生佛國土，受諸勝果報。

「善財見眾生，生老病死苦，為發大悲意，勤修無上道。善財見眾生，五趣常流轉，為求金剛智，破彼諸苦輪。善財見眾生，心田甚荒穢，為除三毒刺，專求利智犁。眾生處癡暗，盲冥失正道；善財為導師，示其安隱處。

「忍鎧解脫乘，智慧為利劍，能於三有內，破諸煩惱賊。善財法船師，普濟諸含識，令過爾燄海，疾至淨寶洲。善財正覺日，智光大願輪，周行法界空，普照群迷宅。善財正覺月，白法悉圓滿，慈定清涼光，等照眾生心。善財勝智海，依於直心住，菩提行漸深，出生眾法寶。善財大心龍，昇於法界空，興雲霔甘澤，生成一切果。善財然法燈，信炷慈悲油，念器功德光，滅除三毒暗。

「覺心迦羅邏，悲胞慈為肉，菩提分肢節，長於如來藏。增長福德藏，清淨智慧藏，開顯方便藏，出生大願藏。如是大莊嚴，救護諸群生；一切天、人中，難聞難可見。如是智慧樹，根深不可動，眾行漸增長，普蔭諸群生。欲生一切德，欲問一切法，欲斷一切疑，專求善知識。欲破諸惑魔，欲除諸見垢，欲解眾生縛，專求善知識。

「當滅諸惡道，當示人、天路，令修功德行，疾入涅槃城。當度諸見難，當截諸見網，當枯愛欲水，當示三有道。當為世依怙，當作世光明，當成三界師，示其解脫處。亦當令世間，普離諸想著，普覺煩惱睡，普出愛欲泥。當了種種法，當淨種種剎；一切咸究竟，其心大歡喜。

「汝行極調柔，汝心甚清淨，所欲修功德，一切當圓滿。不久見諸佛，了達一切法，嚴淨眾剎海，成就大菩提。當滿諸行海，當知諸法海，當度眾生海，如是修諸行。當到功德岸，當生諸善品，當與佛子等，如是心決定。當斷一切惑，當淨一切業，當伏一切魔，滿足如是願。當生妙智道，當開正法道，不久當捨離，惑業諸苦道。一切眾生輪，沉迷諸有輪；汝當轉法輪，令其斷苦輪。汝當持佛種，汝當淨法種，汝能集僧種，三世悉週徧。當斷眾愛網，當裂眾見網，當救眾苦網，當成此願網。當度眾生界，當淨國土界，當集智慧界，當成此心界。當令眾生喜，當令菩薩喜，當令諸佛喜，當成此歡喜。當見一切趣，當見一切剎，當見一切法，當成此佛見。當放破暗光，當放息熱光，當放滅惡光，滌除三有苦。當開天趣門，當開佛道門，當示解脫門，普使眾生入。當示於正道，當絕於邪道；如是勤修行，成就菩提道。當修功德海，當度三有海；普使群生海，出於眾苦海。當於眾生海，消竭煩惱海，令修諸行海，疾入大智海。汝當增智海，汝當修行海；諸佛大願海，汝當咸滿足。汝當入剎海，汝當觀眾海；汝當以智力，普飲諸法海。當覲諸佛雲，當起供養雲，當聽妙法雲，當興此願雲。普遊三有室，普壞眾惑室，普入如來室，當行如是道。普入三昧門，普遊解脫門，普住神通門，周行於法界。普現眾生前，普對諸佛前，譬如日月光，當成如是力。所行無動亂，所行無染著，如鳥行虛空，當成此妙用。譬如因陀網，剎網如是住；汝當悉往詣，如風無所礙。汝當入法界，徧往諸世界，普見三世佛，心生大歡喜。

「汝於諸法門，已得及當得，應生大喜躍，無貪亦無厭。汝是功德器，能隨諸佛教，能修菩薩行，得見此奇特。如是諸佛子，億劫難可遇；況見其功德，所修諸妙道！汝生於人中，大獲諸善利，得見文殊等，無量諸功德。已離諸惡道，已出諸難處，已超眾苦患，善哉勿懈怠。已離凡夫地，已住菩薩地，當滿智慧地，速入如來地。菩薩行如海，佛智同虛空，汝願亦復然，應生大欣慶。

「諸根不懈倦，志願恆決定，親近善知識，不久悉成滿。菩薩種種行，皆為調眾生，普行諸法門，慎勿生疑惑。汝具難思福，及以真實信；是故於今日，得見諸佛子。汝見諸佛子，悉獲廣大利，一一諸大願，一切咸信受。汝於三有中，能修菩薩行；是故諸佛子，示汝解脫門。非是法器人，與佛子同住，設經無量劫，莫知其境界。汝見諸菩薩，得聞如是法，世間甚難有，應生大喜慶。諸佛護念汝，菩薩攝受汝，能順其教行，善哉住壽命。

「已生菩薩家，已具菩薩德，已長如來種，當昇灌頂位。不久汝當得，與諸佛子等，見苦惱眾生，悉置安隱處。如下如是種，必獲如是果，我今慶慰汝，汝應大欣悅。無量諸菩薩，無量劫行道，未能成此行，今汝皆獲得。信樂堅進力，善財成此行；若有敬慕心，亦當如是學。一切功德行，皆從願欲生；善財已了知，常樂勤修習。如龍布密雲，必當霔大雨；菩薩起願智，決定修諸行。若有善知識，示汝普賢行；汝當好承事，慎勿生疑惑。汝於無量劫，為欲妄捨身；今為求菩提，此捨方為善。汝於無量劫，具受生死苦，不曾事諸佛，未聞如是行。汝今得人身，值佛善知識，聽受菩提行，云何不歡喜！雖遇佛興世，亦值善知識；其心不清淨，不聞如是法。若於善知識，信樂心尊重，離疑不疲厭，乃聞如是法。若有聞此法，而興誓願心；當知如是人，已獲廣大利。如是心清淨，常得近諸佛，亦近諸菩薩，決定成菩提。若入此法門，則具諸功德，永離眾惡趣，不受一切苦。不久捨此身，往生佛國土，常見十方佛，及以諸菩薩。往因今淨解，及事善友力，增長諸功德，如水生蓮華。樂事善知識，勤供一切佛，專心聽聞法，常行勿懈倦。汝是真法器，當具一切法，當修一切道，當滿一切願。汝以信解心，而來禮敬我，不久當普入，一切諸佛會。善哉真佛子，恭敬一切佛，不久具諸行，到佛功德岸。

「汝當往大智，文殊師利所；彼當令汝得，普賢深妙行。」

爾時，彌勒菩薩摩訶薩在眾會前，稱讚善財大功德藏。善財聞已，歡喜踴躍，身毛皆豎，悲泣哽噎；起立合掌，恭敬瞻仰，繞無量匝。以文殊師利心念力故，眾華、瓔珞、種種妙寶不覺忽然自盈其手；善財歡喜，即以奉散彌勒菩薩摩訶薩上。

時，彌勒菩薩摩善財頂，為說頌言：

「善哉善哉真佛子！普策諸根無懈倦，不久當具諸功德，猶如文殊及與我。」

時，善財童子以頌答曰：「我念善知識，億劫難值遇；今得咸親近，而來詣尊所。我以文殊故，見諸難見者；彼大功德尊，願速還瞻覲。」

【章　旨】善財童子聽完彌勒菩薩的稱讚後，不禁歡喜踴躍，身毛豎起，悲泣哽噎。善財童子起立合掌，恭敬禮拜彌勒菩薩。依持著文殊師利心念之力的緣故，無數花朵、瓔珞、種種美妙的珍寶不覺之間忽然自盈其手。善財童子非常歡喜，隨即將其奉上散佈在彌勒菩薩的身上。

【語　譯】這時，彌勒菩薩在眾會前，稱讚善財大功德之藏。善財童子聽完彌勒菩薩的稱讚後，不禁歡喜踴躍，身毛豎起，悲泣哽噎。善財童子起立合掌，恭敬瞻仰菩薩，在彌勒菩薩周圍繞行無量圈。依持著文殊師利心念之力的緣故，無數花朵、瓔珞、種種美妙的珍寶不覺之間忽然自然自盈其手。善財童子非常歡喜，隨即將其奉上散佈在彌勒菩薩的身上。

這時，彌勒菩薩撫摩著善財童子的頭頂，為其說頌道：

「好啊！好啊！真佛子！完全激勵諸根而無懈怠疲倦，不久應當具備諸功德，如同文殊和我一樣。」

這時，善財童子以頌體而回答說：「我念善知識，億劫難值遇；今得咸親近，而來詣尊所。我以文殊故，見諸難見者；彼大功德尊，願速還瞻覲。」

# 華嚴經　入法界品之十九

【題　解】本卷接續第七十七卷之「彌勒菩薩會」，即〈入法界品〉「末會」中的第五十三會，即善財童子「五十三參」中的第五十二參中間一大部分內容。

善財童子向彌勒菩薩恭敬地請教如何修習菩薩行和菩薩道。彌勒菩薩指著善財童子向會眾作介紹，並且高度讚揚善財童子發菩提心、修習菩薩行的功德。彌勒菩薩稱讚善財童子能夠發菩提心，並且以一百一十種比喻來稱讚菩提心。澄觀說這些比喻所言都通於三種發心，且菩提心「徧該諸地」。從內容上這些比喻大多用來說明「信成就及解行發心」以及「菩提心殊勝功德」（澄觀《華嚴經疏》卷六十，《大正藏》卷三十五，頁九五七中）。此一百一十種比喻又可分為十二個層次，澄觀則據北齊地論師慧光的解釋將其與「十二住」配釋，可以參考。

彌勒菩薩先以一百一十八種比喻稱讚菩提心，接著又以一百零三種比喻來稱讚菩提心所具有的「廣多無量」的自在功德。讚頌菩提心之功德的部分，層次很分明。其中，第一至第七句言「十住」之功德，以十種比喻稱讚「十行」所具有的功德，以九種比喻稱讚「十迴向」所具有的功德，以六十四種比喻來稱讚菩提心所具有的「十地」功德，以十七種比喻是用來稱讚「等覺位」所具有的功德。

本卷最後，彌勒菩薩又總結了對菩提心的稱讚之語，又引入善財童子所提出的問題，並且讓其進入毗盧遮那莊嚴藏大樓閣中週徧觀察，以學習菩薩行。

爾時，善財童子合掌恭敬，重白彌勒菩薩摩訶薩言：「大聖！我已先發阿耨多羅三藐三菩提心，而我未知菩薩云何學菩薩行？云何修菩薩道？

「大聖！一切如來授尊者記❶，一生當得阿耨多羅三藐三菩提。若一生當得無上菩提，則已超越一切菩薩所住處，則已出過一切菩薩離生位❷，則已圓滿一切波羅蜜，則已深入一切諸忍門，則已具足一切菩薩地，則已遊戲一切解脫門，則已成就一切三昧法，則已通達一切菩薩行，則已證得一切陀羅尼辯才，則已於一切菩薩自在中而得自在，則已積集一切菩薩助道法，則已遊戲智慧方便，則已出生大神通智，則已成就一切學處，則已圓滿一切妙行，則已滿足一切大願，則已領受一切佛所記，則已了知一切諸乘門，則已堪受一切如來所護念，則已能攝一切佛菩提，則已能持一切佛法藏，則已能持一切諸佛菩薩秘密藏，則已能於一切菩薩眾中為上首，則已能為破煩惱魔軍大勇將，則已能作出生死曠野大導師，則已能作治諸惑重病大醫王，則已能於一切眾生中為最勝，則已能於一切世主中得自在，則已能於一切聖人中最第一，則已能於一切聲聞、獨覺中最增上，則已能於生死海中為船師，則已能佈調伏一切眾生網，則已能觀一切眾生根，則已能攝一切眾生界，則已能守護一切菩薩眾，則已能談議一切菩薩事，則已能往詣一切如來所，則已能住止一切如來會，則已能現身一切眾生前，則已能於一切世法無所染，則已能超越一切魔境界，則已能安住一切佛境界，則已能到一切菩薩無礙境，則已能精勤供養一切佛，則已與一切諸佛法同體性，已繫妙法繒，已受佛灌頂，已住一切智，已能普生一切佛法，已能速踐一切智位。

「大聖！菩薩云何學菩薩行？云何修菩薩道？隨所修學，疾得具足一切佛法，悉能度脫所念眾生，普能成滿所發大願，普能究竟所起諸行，普能安慰一切天、人，不負自身，不斷三寶，不虛一切佛菩薩種，能持一切諸佛法眼。如是等事，願皆為說！」

【章　旨】善財童子向彌勒菩薩恭敬地請教如何修習菩薩行和菩薩道。

【注　釋】❶授尊者記　佛對於發菩提心之眾生授予將來必當成為佛的記別。尊者，一般是對羅漢的尊稱。❷離生位　即出離生死之位。謂三乘之人入於見道，了見諦理，斷盡見惑，永離三界之生死，達到這一境界可稱之為見道位。

【語　譯】這時，善財童子雙手合十恭敬地又對彌勒菩薩說：「大聖！我早就已經發過了阿耨多羅三藐三菩提心，但我卻不知道菩薩怎樣來學習菩薩行？怎樣來修習菩薩道？

「大聖！一切如來對於發菩提心的眾生授予將來必將成佛的記別，預言其在一生中應當證得無上菩提的果位。如果在一生中就能證得無上菩提，那麼就超越了一切菩薩安住的境地，就已經出離、超過一切菩薩的離生死之位，就已經圓滿了一切波羅蜜，就已經深入一切諸忍門，就已經具足一切菩薩地，就已經遊戲於一切解脫門，就已經成就了一切三昧法，就已經通達一切菩薩行，就已經證得了一切陀羅尼辯才，就已經於一切菩薩自在中獲得自在，就已經積集了一切菩薩助道法，就已經遊戲於智慧方便，就已經出生了大神通智，就已經成就了一切學處，就已經圓滿了一切妙行，就已經滿足了一切大願，就已經領受了一切佛的授記，就已經了知一切大乘、小乘、緣覺、聲聞等諸乘之門，就已經能夠領受一切如來的護念，就已經能夠攝取一切佛菩提，就已經能夠憶持一切佛之法藏，就已經能夠憶持一切諸佛菩薩的秘密藏，就已經能夠於一切菩薩眾中作為上首，就已經能夠作為破除煩惱魔軍的大勇將，就已經能夠作為眾生出離生死曠野的大導師，就已經能夠作治療諸惑重病的大醫王，就已經能夠於一切眾生中為最勝，就已經能夠於一切世主中得到自在，就已經能夠於一切聖人中為第一，就已經能夠於一切聲聞、獨覺中作為最為增上者，就已經能夠作為眾生濟度生死海時候的船師，就已經能夠佈置下用來調伏一切眾生的大網，就已經能夠觀察一切眾生之根，就已經能夠攝取一切眾生界，就已經能夠守護一切菩薩眾，就已經能夠談議一切菩薩之事，就已經能夠前往一切如來的所在，就已經能夠住止於一切如來組織的法會，就已經能夠現身於一切眾生前，就已經能夠於一切世間法無所沾染，就已經能夠超越一切魔的境界，就已經能夠安住於一切佛的境界，就已經能夠到達一切菩薩無所障礙的境界，就已經能夠精勤供養一切佛，就已經與一切諸佛法具有相同的體性，就已經繫上妙法之絲帶，就已經接受了佛的灌頂，已經住於一切智，已經能夠完全普徧生起一切佛法，已經能夠迅速到達一切智之位。

「大聖！菩薩如何學習菩薩行？如何修習菩薩道？隨著所修所學，迅速獲得具足一切佛法，完全能夠度脫所念護的眾生，完全能夠成就滿足所發的大願，完全能夠究竟圓滿一切所起的諸行，完全能夠安慰一切天、人，不辜負自身，不斷絕三寶，不斷絕一切佛、菩薩的種性，能夠持有一切諸佛的法眼。如此等事，希望大聖能夠都為我說一說。」

爾時，彌勒菩薩摩訶薩觀察一切道場眾會，指示善財而作是言：「諸仁者！汝等見此長者子，今於我所問菩薩行諸功德不？諸仁者！此長者子，勇猛精進，志願無雜，深心堅固，恆不退轉；具勝希望，如救頭然，無有厭足；樂善知識，親近供養，處處尋求，承事請法。諸仁者！此長者子，曩於福城❶受文殊教，展轉南行求善知識，經由一百一十善知識已❷，然後而來至於我所，未曾暫起一念疲懈。

「諸仁者！此長者子甚為難有，趣向大乘，乘於大慧，發大勇猛，擐大悲甲❸，以大慈心救護眾生，起大精進波羅蜜行，作大商主護諸眾生，為大法船度諸有海，住於大道，集大法寶，修諸廣大助道之法；如是之人，難可得聞，難可得見，難得親近、同居、共行。何以故？此長者子發心救護一切眾生，令一切眾生，解脫諸苦，超諸惡趣，離諸險難，破無明闇，出生死野，息諸趣輪❹，度魔境界，不著世法，出欲淤泥，斷貪鞅❺，解見縛，壞想宅❻，絕迷道，摧慢幢❼，拔惑箭，撤睡蓋❽，裂愛網，滅無明，度有流❾，離諂幻❿，淨心垢，斷癡惑，出生死。

「諸仁者！此長者子，為被四流⓫漂泊者，造大法船；為被見泥⓬沒溺者，立大法橋；為被癡暗昏迷者，然大智燈；為行生死曠野者，開示聖道；為嬰煩惱重病⓭者，調和法藥；為遭生、老、死苦者，飲以甘露，令其安隱；為入貪、恚、癡火者，沃以定水，使得清涼；多憂惱者，慰喻使安；繫有獄者，曉誨令出；入見網者，開以智劍；住界城⓮者，示諸脫門⓯；在險難者，導安隱處；懼結賊⓰者，與無畏法；墮惡趣者，授慈悲手；拘害蘊⓱者，示涅槃城；界蛇所纏⓲，解以聖道；著於六處空聚落⓳者，以智慧光引之令出；住邪濟⓴者，令入正濟；近惡友者，示其善友；樂凡法者，誨以聖法；著生死者，令其趣入一切智城。

「諸仁者！此長者子，恆以此行救護眾生，發菩提心未嘗休息，求大乘道曾無懈倦，飲諸法水不生厭足，恆勤積集助道之行，常樂清淨一切法門，修菩薩行不捨精進，成滿諸願善行方便，見善知識情無厭足，事善知識身不疲懈，聞善知識所有教誨常樂順行未曾違逆。

「諸仁者！若有眾生能發阿耨多羅三藐三菩提心，是為希有；若發心已，又能如是精進方便集諸佛法，倍為希有；又能如是求菩薩道，又能如是淨菩薩行，又能如是事善知識，又能如是如救頭然，又能如是順知識教，又能如是堅固修行，又能如是集菩提分，又能如是不求一切名聞利養㉑，又能如是不捨菩薩純一之心，又能如是不樂家宅、不著欲樂、不戀父母親戚知識，但樂追求菩薩伴侶，又能如是不顧身命，唯願勤修一切智道，應知展轉倍更難得。

「諸仁者！餘諸菩薩經於無量百千萬億那由他劫，乃能滿足菩薩願行，乃能親近諸佛菩提；此長者子，於一生內，則能淨佛剎，則能化眾生，則能以智慧深入法界，則能成就諸波羅蜜，則能增廣一切諸行，則能圓滿一切大願，則能超出一切魔業，則能承事一切善友，則能清淨諸菩薩道，則能具足普賢諸行。」

【章 旨】彌勒菩薩指著善財童子向會眾作介紹，並且高度讚揚善財童子發菩提心、修習菩薩行的功德。

【注 釋】❶福城 善財童子的家鄉及善財童子參見文殊菩薩的地方。❷一百一十善知識已 關於此處所言的善財童子已經經歷「一百一十位善知識」的問題，古來有許多解釋。晉譯《華嚴經》在「一百一十善知識」後沒有「已」字，因而法藏解釋為五十五位善知識各自具有主伴，成一百一十位。因唐譯在「一百一十善知識」後有「已」字，因此，澄觀不同意法藏的解釋，而提供了一種以義理象徵為理路的解釋。澄觀說：「然，下復云『百一十城』，又云『過百一十由旬』，皆言『百一十』者，有所表故。謂除佛位取其證入十地、等覺為百一十，一中具十故；亦顯位位十十相融，設有三賢亦唯具十，若合等覺屬十地勝進，則開十信為一故。進退行佈及與圓融，皆順百一十言。」（澄觀《華嚴經疏》卷六十，《大正藏》卷三十五，頁九五七上）❸擐大悲甲 披上大悲的鎧甲。❹趣輪 即六道之生死輪迴。❺貪鞅 貪欲的束縛。鞅，本來是指套在馬頭上的皮帶，用以束縛馬匹。❻想宅 「想」之住宅，意思為「想」的基礎、根源。❼慢幢 傲慢之心高舉，猶如幢之高高飄揚。幢，又作「寶幢」、「天幢」、「法幢」，為旗的一種，用以莊嚴佛、菩薩及道場。❽睡蓋 即「睡眠之蓋」。佛教以為，眾生被睡眠煩惱所覆蓋，不能通達佛法，因而沉淪於三界，無有出離之期。❾有流 又作「有暴流」，為四流之一。有，謂因果不無。流，謂流而不返。指「色界」與「無色界」的一切諸惑，但不包含「見惑」及「無明惑」，也就是指貪、慢等「思惑」。因為由此「思惑」，能使眾生流轉於「色界」與「無色界」，不能出離生死，故稱「有流」。❿諂幻 指心曲不真，將自己本心隱藏而對他人卻故意裝出順從之心理作用，與「討好」、「阿曲」、「諂曲」的意義相同。因為「諂」往往是以不真實的東西來眩惑人以達到自己的目的，所以佛教中將其稱之為「諂幻」。⓫四流 即「見流」、「欲流」、「有流」、「無明流」，有情眾生因為此四種法而在六道之中漂流不息，因此而名之為「流」。「見流」是指欲界、色界、無色界等三界的「見惑」。「欲流」是指欲界除了「見」與「無明」之外的一切諸惑。「有流」，是指欲界、色界除了「見」與「無明」之外的一切諸惑。「無明流」則是指三界的「無明」。⑫見泥　各種邪見如同污泥將眾生吸陷於其中，使其輪迴不休。⑬嬰煩惱重病　被煩惱所染污的重病所纏繞、困擾。⑭界城　據澄觀的解釋，「界城」即「十八界」，因為「一一根、境、識中別別解脫故。」（澄觀《華嚴經疏》卷六十，《大正藏》卷三十五，頁九五七中）十八界，即六根、六境和六識，即眼、耳、鼻、舌、身、意等六根（能發生認識之功能），及其所對之色、聲、香、味、觸、法等六境（為認識之對象），以及感官（六根）緣對境（六境）所生之眼、耳、鼻、舌、身、意等六識，合為十八種，稱為十八界。「界」有「差別」、「體性」、「原因」等意義，十八界就是把宇宙諸法分析成這十八種要素。也就是說，宇宙諸法是由根、境、識所構成的，而根、境、識三者各有區別又有聯繫。⑮諸脫門　即「三解脫門」。⑯結賊　煩惱能為害智慧，故喻之為「賊」。結，「煩惱」的別名。⑰拘害蘊　五蘊能夠拘禁、限制眾生，因此稱「五蘊」為「拘害蘊」。⑱界蛇所纏　指被「十八界」所糾纏。佛教以為，世間諸法歸根到底是由「根」、「境」、「識」三者之和合而產生的，眾生由於執持由此而形成的諸法為真實的、永恆不變的存在，纔會沉溺於六道輪迴之中，而解脫這一切的基本途徑就是從「六根」的清淨開始。⑲六處空聚落　眾生之眼、耳、鼻、舌、身、意「六根」都是依假名和合而並無實際之主體存在，如同無人之村落。⑳邪濟　以不正當方式去濟度眾生。㉑名聞利養　即「名利」，是指名聲遠聞與以利養身之意，也就是指欲求名聲遠聞及貪求財富之利益。

【語譯】這時，彌勒菩薩觀察了一切道場眾會，指著善財童子而這樣說道：「諸位仁者！你們看到的這位長者之子，現今是在向我請教菩薩行的各種功德嗎？諸位仁者！這位長者之子，勇猛精進，志願專一無雜，深心堅固，永遠不退轉，具有殷切的希望，就如同救助頭髮已經燃燒起來的自己一樣，求法之心從來沒有滿足的時候。他樂於拜見善知識，親近供養善知識，到處尋求善知識，承事善知識並向其請問佛法。諸位仁者！這位長者之子，曾經在福城受到文殊菩薩的指教，展轉南行尋找善知識，拜見經見了一百一十位善知識之後，來到了我的住所，其間未曾有過一念的疲倦與懈怠。

「諸位仁者！這位長者之子甚為難得稀有，他趣向大乘，憑藉其所具有的大智慧，發起大勇猛，披上大悲的鎧甲，以大慈心救護眾生，修行大精進波羅蜜行，作為大商主而救護諸眾生，製造大法船而使眾生度過諸有之海，他住於大道，聚集大法寶，修習一切廣大的助道之法。如此之人，難於得聞，難於遇見，難得親近、同居、共行。為什麼這麼說呢？這位長者之子發心救護一切眾生，使一切眾生解脫諸苦，超越諸惡道，遠離一切危險與困境，破除無明的黑暗，出離生死之曠野，息滅六道的輪轉，度過惡魔的境界，不執著世間之法，出離欲望之淤泥，斷絕貪欲之束縛，解開邪見的繫縛，毀壞想宅，斷絕迷途，摧破傲慢之幢，拔出疑惑之箭，撤除睡眠之蓋，撕裂愛欲之網，滅除無明，度過有流，遠離諂幻，使心中的污垢得到清淨，斷絕無明之惑，出離生死的流轉。

「諸位仁者！這位長者之子，為那些漂泊在見流、欲流、有流、無明流等四流之上的眾生製造出巨大的法船；為那些被見泥所沒溺的眾生，建立起巨大的法橋；為那些被無明之黑暗所昏昧迷惑的眾生，點燃巨大的智慧之燈；為那些行走於生死曠野的眾生，開示聖道；為那些被重病所糾纏的眾生，調製出法藥；為那些遭受生、老、死苦的眾生，給予甘露讓其飲下，使其得到安寧穩定；為那些進入貪、恚、癡之大火堆的眾生，澆以禪定之水，使其得到清涼；為那些憂愁、苦惱甚多的眾生，給予撫慰使其安定；為那些被關在牢獄之中的眾生，給予教誨使其出離牢獄；為那些進入邪見之網的眾生，以智慧之劍斬斷羅網；為那些住於三界之城垣中的眾生，給其示現一切解脫法門；將那些處在危險和困境之中的眾生，引導到安全穩定的地方；為那些懼怕『結』之賊的眾生，給與無畏之法；為那些墮入惡道的眾生，伸出慈悲之手；為那些被危害甚大的五蘊所拘禁的眾生，示現出涅槃之城；為那些被三界之蛇所糾纏的眾生，講解聖道；為那些著於六根這一空聚落的眾生，給予智慧之光，引導其走出來；指點那些住於邪惡的濟度的眾生，使其進入正確的濟度方式；為那些親近惡友的眾生，曉示其應該親近善友；為那些樂於凡人之法的眾生，教以聖者之法；為那些執著生死的眾生，使其趣入一切智之城。

「諸位仁者！這位長者之子，一直以這些行為救護眾生，發菩提心而未嘗休息，求取大乘道而從無懈怠、厭倦，飲諸法水而從未產生滿足，一直勤於積集助道之行，常常以清淨一切法門為樂，修習菩薩行而從不捨棄精進，成就滿足諸願，善行一切方便，拜見善知識而從內心深處從不產生滿足，侍奉善知識而身體從不疲倦懈怠，聽聞善知識的所有教誨而常常樂於順行未曾有所違逆。

「諸位仁者！如果有眾生能夠發阿耨多羅三藐三菩提心，這本身就是非常稀少的；如果發心之後，又能如此精進不懈怠，以善巧方便聚集諸佛之法，更是加倍希有；又能如此求菩薩道，又能如此清淨菩薩行，又能如此侍奉善知識，又能如此如同救滅自己頭髮上燃燒的火一樣急迫地修行，又能如此順從善知識的教誨，又能如此堅固地修行，又能如此聚集菩提分，又能如此不求一切名聞利養，又能如此不捨棄菩薩純一之心，又能如此不樂於自己的家宅、不執著欲望和快樂、不掛戀父母、親戚、善知識，只是樂於追求菩薩伴侶，又能如此不顧身命，只是希望勤奮修習一切智之道。應該知曉，這樣展轉修行，更是加倍難得。

「諸位仁者！其他的諸位菩薩經過無量百千萬億那由他劫，纔能滿足菩薩的願行，纔能親近諸佛菩提。而這位長者之子，在其一生之內，就能夠清淨佛土，就能夠化度眾生，就能夠以智慧深入法界，就能夠成就諸波羅蜜，就能夠增廣一切諸行，就能夠圓滿一切大願，就能夠超出一切魔業，就能夠承事一切善友，就能夠清淨諸菩薩道，就能夠圓滿具足普賢菩薩諸行。」

爾時，彌勒菩薩摩訶薩如是稱嘆善財童子種種功德，令無量百千眾生發菩提心已，告善財言：「善哉善哉！善男子！汝為饒益一切世間，汝為救護一切眾生，汝為勤求一切佛法故，發阿耨多羅三藐三菩提心。

「善男子！汝獲善利，汝善得人身，汝善住壽命，汝善值如來出現，汝善見文殊師利大善知識。汝身是善器，為諸善根之所潤澤。汝為白法之所資持，所有解欲悉已清淨，已為諸佛共所護念，已為善友共所攝受。何以故？

「善男子！菩提心者，猶如種子，能生一切諸佛法故；菩提心者，猶如良田，能長眾生白淨法故；菩提心者，猶如大地，能持一切諸世間故❶。

「菩提心者，猶如淨水，能洗一切煩惱垢故；菩提心者，猶如大風，普於世間無所礙故；菩提心者，猶如盛火，能燒一切諸見薪故；菩提心者，猶如淨日，普照一切諸世間故；菩提心者，猶如盛月，諸白淨法悉圓滿故；菩提心者，猶如明燈，能放種種法光明故❷。

「菩提心者，猶如淨目，普見一切安危處故；菩提心者，猶如大道，普令得入大智城故；菩提心者，猶如正濟，令其得離諸邪法故；菩提心者，猶如大車，普能運載諸菩薩故；菩提心者，猶如門戶，開示一切菩薩行故；菩提心者，猶如宮殿，安住修習三昧法故；菩提心者，猶如園苑，於中遊戲受法樂故；菩提心者，猶如舍宅，安隱一切諸眾生故；菩提心者，則為所歸，利益一切諸世間故；菩提心者，則為所依，諸菩薩行所依處故；菩提心者，猶如慈父，訓導一切諸菩薩故；菩提心者，猶如慈母，生長一切諸菩薩故；菩提心者，猶如乳母，養育一切諸菩薩故；

菩提心者，猶如善友，成益一切諸菩薩故；菩提心者，猶如君主，勝出一切二乘人故；菩提心者，猶如帝王，一切願中得自在故❸。

「菩提心者，猶如大海，一切功德悉入中故；菩提心者，如須彌山，於諸眾生心平等故；菩提心者，如鐵圍山，攝持一切諸世間故；菩提心者，猶如雪山，長養一切智慧藥故；菩提心者，猶如香山，出生一切功德香故；菩提心者，猶如虛空，諸妙功德廣無邊故；菩提心者，猶如蓮華，不染一切世間法故❹。

【章　旨】彌勒菩薩稱讚善財童子能夠發菩提心，並且以一百一十種比喻來稱讚菩提心。澄觀說這些比喻所言都通於三種發心，且菩提心「徧該諸地」。從內容上，這些比喻大多用來說明「信成就及解行發心」以及「菩提心殊勝功德」（澄觀《華嚴經疏》卷六十，《大正藏》卷三十五，頁九五七中）。此一百一十種比喻又可分為十二個層次，此章先敘述前四個層次三十二句比喻。澄觀則據北齊地論師慧光的解釋將其與「十二住」配釋，可以參考。

【注　釋】❶菩提心者猶如種子九句　據澄觀說，此三種比喻屬於「十二住」中的「種性住」，「皆是種生之義」。此「住」屬於「十地」之「初地」（澄觀《華嚴經疏》卷六十，《大正藏》卷三十五，頁九五七下）。❷菩提心者

猶如淨水十八句　據澄觀說，此六種比喻屬於「十二住」中的「勝解行住」，「明勝解行住中之益」。此「住」屬於「十地」之「初地」（澄觀《華嚴經疏》卷六十，《大正藏》卷三十五，頁九五七下）。諸見薪，一切諸見如同可以燃燒的柴草、薪木。❸菩提心者猶如淨目四十八句　據澄觀說，此十六種比喻屬於「十二住」中的「極喜增上住」，此「住」屬於「十地」之「初地」（澄觀《華嚴經疏》卷六十，《大正藏》卷三十五，頁九五七下）。所歸，所歸趣、歸向、嚮往的對象。所依，所依止、依託的對象。❹菩提心者猶如大海二十一句　據澄觀說，此七種比喻屬於「十二住」中的「戒增上住」（澄觀《華嚴經疏》卷六十，《大正藏》卷三十五，頁九五七下）。香山，即大量出產香木、香料之山。佛教典籍中以為在無熱池之北，為閻浮提洲之最高中心。中國古人以之為「崑崙山」，《俱舍論》稱之為「香醉山」，當今的地理學家以為是喜馬拉雅山。

**【語譯】**這時，彌勒菩薩這樣稱嘆善財童子使無量百千眾生發菩提心的種種功德之後，就對善財童子說：「好啊！好啊！善男子！你為了饒益一切世間，你為了救護一切眾生，你為了勤求一切佛法的緣故，發起了阿耨多羅三藐三菩提心。

「善男子！你不僅獲得了善妙的利益，你又善於獲得人身，你善於保養壽命，你善於遇到如來出現，你善於拜見文殊師利大善知識。你的身體是很好的根器，它被諸善根所潤澤。你被善法所資持，你所有的知解、欲望都已經完全清淨，已經被諸佛一起所護念，已經被善友所共同攝受。為什麼這麼說呢？

「善男子！菩提心，猶如種子，從其中因為能夠生出一切諸佛法的緣故；菩提心，猶如良田，因為從中能夠使眾生的白淨法得到增長的緣故；菩提心，猶如大地，因為它能夠執持一切諸世間的緣故。

「菩提心，猶如淨水，因為能夠用它洗去一切煩惱垢的緣故；菩提心，猶如大風，因為其在世間完全沒有任何障礙的緣故；菩提心，猶如熊熊燃燒著的火，因為它能夠燒盡一切諸見之柴薪的緣故；菩提心，猶如明淨的太陽，因為其完全照耀著一切諸世間的緣故；菩提心，猶如圓滿的月亮，因為諸多白淨法即善法完全圓滿的緣故；菩提心，猶如明燈，因為它能夠放出種種法光明的緣故。

「菩提心，猶如明淨的眼睛，因為藉助於它能夠完全看見一切安全、危險之處的緣故；菩提心，猶如大道，因為藉助於它能夠完全進入大智之城的緣故；菩提心，猶如正確的渡河方法，因為它能夠使眾生得以遠離諸邪法的緣故；菩提心，猶如大車，因為它能夠運載諸菩薩的緣故；菩提心，猶如門戶，因為它能夠開示一切菩薩行的緣故；菩提心，猶如宮殿，因為可以藉助於它安住而修習三昧法的緣故；菩提心，猶如園苑，因為在其中可以遊戲而享受法樂的緣故；菩提心，猶如住宅，因為它可以使一切眾生得到安全、穩定的住處的緣故；菩提心，是眾生的所歸，因為可以藉助於它使一切諸世間都得到利益的緣故；菩提心，為眾生的所依，因為它是諸菩薩行所依之處的緣故；菩提心，猶如慈父，因為它訓導一切諸菩薩的緣故；菩提心，猶如慈母，因為藉助於它可以生長出一切諸菩薩的緣故；菩提心，猶如乳母，因為它養育一切諸菩薩的緣故；菩提心，猶如善友，因為它能夠成就利益一切諸菩薩的緣故；菩提心，猶如君主，因為它勝於一切聲聞、緣覺等修習二乘之人的緣故；菩提心，猶如帝王，因為其中的一切願都可以得到自在的緣故。

「菩提心，猶如大海，因為一切功德都全部進入菩提心之中的緣故；菩提心，如同須彌山，因為它對於諸眾生之心來說是平等的；菩提心，如同鐵圍山，因為它能夠攝持一切諸世間的緣故；

菩提心，猶如雪山，因為它長期養育一切智慧之藥的緣故；菩提心，猶如香山，因為在其中能夠出生一切功德之香的緣故；菩提心，猶如虛空，因為它所具的諸多美妙功德廣闊而無有邊際的緣故；菩提心，猶如蓮花，因為它不沾染一切世間之法的緣故。

「菩提心者，如調慧象❶，其心善順不獷戾❷故；菩提心者，如良善馬，遠離一切諸惡性故；菩提心者，如調御師，守護大乘一切法故；菩提心者，猶如良藥，能治一切煩惱病故；菩提心者，猶如坑阱❸，陷沒一切諸惡法故；菩提心者，猶如金剛，悉能穿徹一切法故；菩提心者，猶如香篋❹，能貯一切功德香故；菩提心者，猶如妙華，一切世間所樂見故；菩提心者，如白栴檀❺，除眾欲熱使清涼故；菩提心者，如黑沉香，能熏法界悉周遍故❻。

「菩提心者，如善見藥王，能破一切煩惱病故；菩提心者，如毗笈摩藥❼，能拔一切諸惑箭故；菩提心者，猶如帝釋，一切主中最為尊故；

菩提心者，如毗沙門，能斷一切貧窮苦故；菩提心者，如功德天❽，一切功德所莊嚴故；菩提心者，如莊嚴具，莊嚴一切諸菩薩故；菩提心者，如劫燒火❾，能燒一切諸有為故；菩提心者，如無生根藥❿，長養一切諸佛法故；菩提心者，猶如龍珠⓫，能消一切煩惱毒故；菩提心者，如水清珠⓬，能清一切煩惱濁故⓭。

「菩提心者，如如意珠⓮，周給一切諸貧乏故；菩提心者，如功德瓶⓯，滿足一切眾生心故；菩提心者，如如意樹⓰，能雨一切莊嚴具故；菩提心者，如鵝羽衣⓱，不受一切生死垢故；菩提心者，如白氎線⓲，從本已來性清淨故；菩提心者，如快利犁，能治一切眾生田故；菩提心者，如那羅延，能摧一切我見敵故；菩提心者，猶如快箭，能破一切諸苦的故；菩提心者，猶如利矛，能穿一切煩惱甲故；菩提心者，猶如堅甲，能護一切如理心故⓳。

「菩提心者，猶如利刀，能斬一切煩惱首故；菩提心者，猶如利劍，能斷一切憍慢鎧故；菩提心者，如勇將幢，能伏一切諸魔軍故；菩提心者，猶如利鋸，能截一切無明樹故；菩提心者，猶如利斧，能伐一切諸苦樹故；菩提心者，猶如兵仗，能防一切諸苦難故；菩提心者，猶如善手⑳，防護一切諸度身故；菩提心者，猶如好足，安立一切諸功德故；菩提心者，猶如眼藥，滅除一切無明翳故；菩提心者，猶如鉗鑷，能拔一切身見刺故㉑。

【章旨】彌勒菩薩以一百一十八種比喻稱讚菩提心，此章接著敘述中間四個層次四十句比喻。

【注釋】❶調慧象　已經馴服了的智慧之象。❷獷戾　兇悍、暴戾。❸坑阱　指捕捉野獸的陷阱、陷坑。❹香篋　裝藏香木、香料的篋子。❺白栴檀　香木之名。栴檀有赤、白、黑、紫等類型。白色之栴檀名為「白栴檀」，能治療熱病。❻菩提心者如調慧象三十句　據澄觀說，此十種比喻屬於「十二住」中的「增上心住」（澄觀《華嚴經疏》卷六十，《大正藏》卷三十五，頁九五七下）。❼毗笈摩藥　又作「頻伽陀藥」，意思為「除去」、「普去」，據說此藥能夠除去所有毒惡疾病。❽功德天　即「吉祥天」，為施福德之女神，又稱「摩訶室利」、「室唎天女」、「吉祥天女」、「吉祥功德天」、「寶藏天女」等等。本為印度神話中的神，係那羅延天之妃，愛欲神之母，後與帝釋、摩醯首羅、毗濕奴等諸神，一併為佛教所繼承，成為佛教之護法天神。據早期印度佛教之傳說，此天係毗沙門天之妃，其父為德叉迦，母為鬼子母神。❾劫燒火　壞劫時大火災之火，能將一切都燒光。❿無生根藥指不生根之藥。⓫龍珠　指龍頷下之珠瓔。根據《四分律含註戒本疏行宗記》卷五載，昔有螺髻梵志居於恆河邊，為龍所阻撓，佛令其乞龍頸下之珠瓔，龍即不再出現。⓬水清珠　即「淨水珠」，能使濁水澄淨，以喻慈心及信心。⓭菩提心者如善見藥王三十句　據澄觀說，此十種比喻屬於「十二住」中的「覺分相應增上慧住、戒增上住」（澄觀《華嚴經疏》卷六十，《大正藏》卷三十五，頁九五七下）。⓮如意珠　即「如意寶珠」、「摩尼寶珠」，據說此珠能夠隨眾生之意願，變現出種種珍寶；此珠也有除病、去苦的功能。關於此寶珠之出處，說法不一，有說出自龍王的，有說出自摩竭魚之腦中，也有說為佛舍利所變成。此珠多在大海中，大龍王以之為首飾，若轉輪聖王出世，以慈悲方便能得此珠，於閻浮提作大饒益。⓯功德瓶　即「如意瓶」、「善瓶」、「寶瓶」、「德瓶」、「吉祥瓶」，據說能夠產生善福，能夠滿足眾生的一切願望，能夠成立一切功德。⓰如意樹　即「劫波樹」、「劫樹」，為生於帝釋天所居喜林園中之樹名。「劫波」為時間之義。關於此樹名稱之由來，據《金剛頂經》卷四載，劫波樹能應時產生一切所需之物，如衣服、莊嚴之飾物、日常用具等，故有此稱。另外一種說法是，由此樹之花開花謝而可測知晝夜時間，故稱為「劫波樹」。⓱鵝羽衣　用鵝毛製作的衣服，不沾水，不沾染污垢。⓲白氎線　以白氎紡成的線，潔白無瑕。⓳菩提心者如如意珠三十句　據澄觀說，此十種比喻屬於「十二住」中的「諸諦相應增上住」（澄觀《華嚴經疏》卷六十，《大正藏》卷三十五，頁九五七下）。⓴善手　指「淨居天」五種手印之一，即妙好之手，即施無畏。左、右手皆可，一般皆用左手。㉑菩提心者猶如利刀三十句　據澄觀說，此十種比喻屬於「十二住」中的「相應增上住」，以之「明緣起流轉止息」（澄觀《華嚴經疏》卷六十，《大正藏》卷三十五，頁九五七下）。

【語　譯】「菩提心，如同馴服了的大象，因為其心已經善順而不獷戾的緣故；菩提心，如同良善的馬，因為其已經遠離一切諸惡性的緣故；菩提心，如同調御師，因為其守護大乘一切法的緣故；菩提心，猶如良藥，因為藉助於它能夠治癒一切煩惱等疾病的緣故；菩提心，猶如陷坑，因為藉助於它能夠陷沒一切諸惡法的緣故；菩提心，猶如金剛，因為它完全能夠穿徹一切法的緣故；菩提心，猶如香篋，因為它能夠貯藏一切功德香的緣故；菩提心，猶如美妙的花朵，因為它是一切世間眾生所樂見的緣故；菩提心，如同白色的栴檀香，因為藉助於它能夠除去眾生的欲熱而使其變得清涼的緣故；菩提心，如同黑色的沉香，因為藉助於它能夠完全周全地熏染法界的緣故。

「菩提心，如善見藥王，因為藉助於它能夠破除一切煩惱疾病的緣故；菩提心，如同毗笈摩藥，因為藉助於它能夠拔除一切諸惑之箭的緣故；菩提心，猶如帝釋，因為它是一切主之中最為尊貴的緣故；菩提心，如同毗沙門，因為藉助於它能夠斷除一切貧窮之苦的緣故；菩提心，如同功德天，因為它是一切功德所莊嚴的緣故；菩提心，如同莊嚴具，因為它莊嚴一切諸菩薩的緣故；菩提心，如同劫燒火，因為它能夠燒毀一切諸有為法的緣故；菩提心，如同無生根藥，因為它長期養育一切諸佛法的緣故；菩提心，猶如龍珠，因為它能夠消滅一切煩惱之毒的緣故；菩提心，如同水清珠，因為它能夠清除一切煩惱之濁的緣故。

「菩提心，如同如意珠，因為它能夠周全地給予一切諸位貧乏眾生的緣故；菩提心，如同功德瓶，因為它能夠滿足一切眾生之心的緣故；菩提心，如同如意樹，因為它能夠降下一切莊嚴具的緣故；菩提心，如同鵝羽衣，因為它不受一切生死之垢污染的緣故；菩提心，如同白氎線，因為它從本已來其性清淨的緣故；菩提心，如同快利犁，因為它能夠治一切眾生之田的緣故；菩提心，如同那羅延，因為它能夠摧毀一切我見之敵的緣故；菩提心，猶如快箭，因為它能夠破除一切諸苦的的緣故；菩提心，猶如利矛，因為它能夠穿透一切煩惱之鎧甲的緣故；菩提心，猶如堅甲，因為它能夠保護一切如理之心的緣故。

「菩提心，猶如利刀，因為它能夠斬斷一切煩惱之首的緣故；菩提心，猶如利劍，因為它能夠斷除一切憍慢之鎧甲的緣故；菩提心，如同勇將之幢，因為它能夠伏滅一切諸魔軍的緣故；菩提心，猶如利鋸，因為它能夠截斷一切無明之樹的緣故；菩提心，猶如利斧，因為它能夠伐除一切諸苦之樹的緣故；菩提心，猶如兵杖，因為它能夠防止一切諸苦難的緣故；菩提心，猶如善手，因為它能夠防護一切諸度之身的緣故；菩提心，猶如好足，因為它能夠安立一切諸功德的緣故；菩提心，猶如眼藥，因為它能夠滅除一切無明之翳障的緣故；菩提心，猶如鉗鑷，因為藉助於它能夠拔除一切身見之刺的緣故。

「菩提心者，猶如臥具，息除生死諸勞苦故；菩提心者，如善知識，能解一切生死縛故；菩提心者，如好珍財，能除一切貧窮事故；菩提心者，如大導師，善知菩薩出要道故；菩提心者，猶如伏藏，出功德財無匱乏故；菩提心者，猶如湧泉，生智慧水無窮盡故；菩提心者，猶如明鏡，普現一切法門像故；菩提心者，猶如蓮華，不染一切諸罪垢故；菩提心者，猶如大河，流引一切度攝法故；菩提心者，如大龍王，能雨一切妙法雨故❶。

「菩提心者，猶如命根，任持菩薩大悲身故；菩提心者，猶如甘露，能令安住不死界故；菩提心者，猶如大網，普攝一切諸眾生故；菩提心者，猶如罥索❷，攝取一切所應化故；菩提心者，猶如鉤餌，出有淵中所居者故；菩提心者，如阿伽陀藥❸，能令無病永安隱故；菩提心者，如除毒藥，悉能消歇貪愛毒故；菩提心者，如善持咒，能除一切顛倒毒故；菩提心者，猶如疾風，能卷一切諸障霧故；菩提心者，如大寶洲❹，出生一切覺分寶❺故❻。

「菩提心者，如好種性，出生一切白淨法故；菩提心者，猶如住宅，諸功德法所依處故；菩提心者，猶如市肆，菩薩商人貿易處故；菩提心者，如煉金藥，能治一切煩惱垢故；菩提心者，猶如好蜜，圓滿一切功德味故；菩提心者，猶如正道，令諸菩薩入智城故；菩提心者，猶如好器，能持一切白淨法故；菩提心者，猶如時雨，能滅一切煩惱塵故；菩提心者，則為住處，一切菩薩所住處故；菩提心者，則為壽行❼，不取聲聞解脫果故❽。

「菩提心者，如淨琉璃，自性明潔無諸垢故；菩提心者，如帝青寶❾，出過世間二乘智故；菩提心者，如更漏鼓❿，覺諸眾生煩惱睡故；菩提心者，如清淨水，性本澄潔無垢濁故；菩提心者，如閻浮金，映奪一切有為善故；菩提心者，如大山王，超出一切諸世間故；菩提心者，則為所歸，不拒一切諸來者故；菩提心者，則為義利⓫，能除一切衰惱事故；菩提心者，則為妙寶，能令一切心歡喜故；菩提心者，如大施會⓬，充滿一切眾生心故；菩提心者，則為尊勝，諸眾生心無與等故；菩提心者，猶如伏藏，能攝一切諸佛法故；菩提心者，如因陀羅網，能伏煩惱阿修羅故；菩提心者，如婆樓那風⓭，能動一切所應化故；菩提心者，如因陀羅火⓮，能燒一切諸惑習故；菩提心者，如佛支提，一切世間應供養故⓯。

「善男子！菩提心者，成就如是無量功德；舉要言之，應知悉與一切佛法諸功德等。

【章　旨】彌勒菩薩以一百一十八種比喻稱讚菩提心，此章接著敘述最後四個層次四十六句比喻。

【注　釋】❶菩提心者猶如臥具三十句　據澄觀說，此十種比喻屬於「十二住」中的「無相有功用住」（澄觀《華嚴經疏》卷六十，《大正藏》卷三十五，頁九五七下）。❷罥索　又稱「金剛索」、「罥網」，為戰鬥或狩獵之用具，係於戰鬥之時用以罥取人，或罥取馬頭、馬腳之繩索，俗稱搭索。❸阿伽陀藥　又作「阿揭陀」、「阿竭陀」，原意為「健康」、「長生不死」、「無病」、「普去」、「無價」，後轉用作藥物名稱，尤指解毒藥而言。「阿伽陀藥」又稱「不死藥」、「丸藥」，此藥靈奇，價值無量，服之能普去眾疾。❹大寶洲　意思為埋藏珍寶的河中或海中的陸地，在此是比喻佛果之大妙地。❺一切覺分寶　指三十七「菩提分」之寶。覺分，梵語音譯叫做「菩提分」，即順於覺的支分，有三十七法，亦即三十七科的道品。❻菩提心者猶如命根三十句　據澄觀說，此十種比喻屬於「十二住」中的「無相無功用住」（澄觀《華嚴經疏》卷六十，《大正藏》卷三十五，頁九五七下）。❼壽行　關於此比喻，澄觀有一更正性質的解釋，「言『壽行』者，梵本云則為『磁石』，不吸聲聞解脫果故。」（澄觀《華嚴經疏》卷六十，《大正藏》卷三十五，頁九五七下）❽菩提心者如好種性三十句　據澄觀說，此十種比喻屬於「十二住」中的「無礙解住」（澄觀《華嚴經疏》卷六十，《大正藏》卷三十五，頁九五七下）。❾帝青寶　即「帝釋寶」，因為它是青色，是寶中之最貴重的，故稱之為「帝青寶」。❿更漏鼓　即「更鼓」，又作「更點」，即指夜裡為報告時刻而於每更敲打大鼓。⓫義利　道理與利益。⓬大施會　即「無遮大會」，「無遮」即無有限制之意，為定期舉行的一種盛大的布施僧眾的法會，所有僧俗都可平等地參加，故稱「無遮」。法顯、玄奘都說這種「無遮大會」為「五年大會」即五年舉行一次。⓭婆樓那風　即「婆樓那龍王」之風，此風迅猛、堅密，如同執持世間之風輪。⓮因陀羅火　即「帝釋天」之火。⓯菩提心者如淨琉璃四十八句　據澄觀說，此十六種比喻屬於「十二住」中的「最上菩薩住」（澄觀《華嚴經疏》卷六十，《大正藏》卷三十五，頁九五七下）。

【語　譯】「菩提心，猶如臥具，因為它能夠息除生死諸勞苦的緣故；菩提心，如同善知識，因為它能夠解開一切生死之繫縛的緣故；菩提心，如同美好的珍貴財寶，因為它能夠去除一切貧窮之事的緣故；菩提心，如同大導師，因為藉助於它能夠很好地知曉菩薩出生的關鍵之道的緣故；菩提心，猶如伏藏，因為它能夠出生功德財而無有匱乏的緣故；菩提心，猶如湧泉，因為它能夠生出智慧之水而無有窮盡的緣故；菩提心，猶如明鏡，因為它能夠完全顯現出一切法門之像的緣故；菩提心，猶如蓮花，因為它不沾染一切諸罪垢的緣故；菩提心，猶如大河，因為從其中能夠引出一切度之攝法的緣故；菩提心，如同大龍王，因為它能夠降下一切美妙的法雨的緣故。

「菩提心，猶如命根，因為它能夠任持菩薩之大悲身的緣故；菩提心，猶如甘露，因為它能夠使眾生安住於不死亡之界的緣故；菩提心，猶如大網，因為它能夠完全攝入一切眾生的緣故；菩提心，猶如羂索，因為藉助於它能夠化度一切所應化度的眾生的緣故；菩提心，猶如鉤餌，因為藉助於它能夠引誘出深淵中的所居者的緣故；菩提心，如同阿伽陀藥，因為它能夠使眾生永遠無病永遠享受安全穩定的生活的緣故；菩提心，如同除毒之藥，因為它能夠完全消除貪愛之毒的緣故；菩提心，如同善持之咒，因為藉助於它能夠除去一切顛倒之毒的緣故；菩提心，猶如疾風，因為它能夠捲走一切作為障礙的大霧的緣故；菩提心，如同大寶之洲，因為藉助於它能夠出生一切覺分寶的緣故。

「菩提心，如同高等級的種性，因為從中能夠出生一切善淨之法的緣故；菩提心，猶如住宅，因為它是一切功德法的所依之處的緣故；菩提心，猶如市場，因為它是菩薩商人貿易之處的緣故；菩提心，如同煉金之藥，因為它能夠治療一切煩惱之污垢的緣故；菩提心，猶如上等的蜂蜜，因為它能夠圓滿一切功德味的緣故；菩提心，猶如正道，因為它能夠使諸位菩薩進入智慧之城的緣故；菩提心，猶如上等的器物，因為藉助於它能夠任持一切善淨之法的緣故；菩提心，猶如及時雨，因為它能夠滅除一切煩惱之塵的緣故；菩提心，就是住處，因為它是一切菩薩所住之處的緣故；菩提心，就是壽行，因為它不採納聲聞解脫果的緣故。

「菩提心，如同清淨的琉璃，因為它的自性本來就是明潔沒有任何污垢的緣故；菩提心，如同帝青寶，因為它已經出離超越了世間之聲聞、緣覺二乘之智慧的緣故；菩提心，如同更漏鼓，因為它能夠喚醒諸眾生煩惱睡的緣故；菩提心，如同清淨水，因為它的本性本來就澄清而沒有任何垢濁的緣故；菩提心，如同閻浮提的檀金，因為藉助於它能夠映奪一切有為善法的緣故；菩提心，如同大山王，因為它已經超出一切諸世間的緣故；菩提心，就是眾生的所歸，因為它從不拒絕一切前來歸依的眾生的緣故；菩提心，就是道義與利益，因為它能夠除去一切衰弱、煩惱之事的緣故；菩提心，就是美妙的珍寶，因為它能夠使一切心產生歡喜的緣故；菩提心，如同大型的布施法會，因為它充滿一切眾生之心的緣故；菩提心，就是最尊貴的，因為諸眾生之心無法與其相等的緣故；菩提心，猶如伏藏，因為它能夠攝取一切諸佛法的緣故；菩提心，如同因陀羅網，因為它能夠降伏煩惱阿修羅的緣故；菩提心，如同婆樓那風，因為它能夠吹動一切所應化度的眾生的緣故；菩提心，如同因陀羅之火，因為它能夠燒盡一切諸惑習的緣故；菩提心，如同佛塔，因為它是一切世間眾生應該供養的對象的緣故。

「善男子！菩提心，能夠成就如此無量功德。舉要言之，應該知曉它完全與一切佛法的所有功德相等。

「何以故？因菩提心出生一切諸菩薩行，三世如來從菩提心而出生故。是故，善男子！若有發阿耨多羅三藐三菩提心者，則已出生無量功德，普能攝取一切智道。

「善男子！譬如有人，得無畏藥，離五恐怖。何等為五？所謂：火不能燒，毒不能中，刀不能傷，水不能漂，煙不能熏。菩薩摩訶薩亦復如是，得一切智菩提心藥，貪火不燒，瞋毒不中，惑刀不傷，有流不漂，諸覺觀煙不能熏害。

「善男子！譬如有人，得解脫藥，終無橫難❶。菩薩摩訶薩亦復如是，得菩提心解脫智藥，永離一切生死橫難。

「善男子！譬如有人，持摩訶應伽藥❷，毒蛇聞氣，即皆遠去。菩薩摩訶薩亦復如是，持菩提心大應伽藥，一切煩惱諸惡毒蛇，聞其氣者，悉皆散滅。

「善男子！譬如有人，持無勝藥，一切怨敵無能勝者。菩薩摩訶薩亦復如是，持菩提心無能勝藥，悉能降伏一切魔軍。

「善男子！譬如有人，持毗笈摩藥，能令毒箭自然墮落。菩薩摩訶薩亦復如是，持菩提心毗笈摩藥，令貪、恚、癡、諸邪見箭自然墮落。

「善男子！譬如有人，持善見藥，能除一切所有諸病。菩薩摩訶薩亦復如是，持菩提心善見藥王，悉除一切諸煩惱病。

「善男子！如有藥樹，名珊陀那❸，有取其皮以塗瘡者，瘡即除愈；然其樹皮，隨取隨生，終不可盡。菩薩摩訶薩從菩提心生一切智樹亦復如是，若有得見而生信者，煩惱業瘡悉得消滅，一切智樹初無所損。

【章　旨】彌勒菩薩稱讚善財童子能夠發菩提心，並且以一百零三種比喻來稱讚菩提心所具有的「廣多無量」的自在功德。第一至第七句「攝十住德，覺心自性離惡覺等故」（澄觀《華嚴經疏》卷六十，《大正藏》卷三十五，頁九五七下）。

【注　釋】❶橫難　指「橫死」。非因往世之業果而致死，而是因為遭遇意外災禍而死亡的情形，稱為「橫死」。又作「非時死」、「不慮死」、「事故死」。共有九種：第一，得病無醫；第二，王法誅戮；第三，非人奪精氣；第四，火焚；第五，水溺；第六，惡獸啖；第七，墮崖；第八，毒藥咒咀；第九，饑渴所困。❷摩訶應伽藥　即「大身之藥」。應伽，身；支分。❸珊陀那　神話中之藥樹名，意譯作「續斷」、「和合」。該木之樹皮可作癒瘡之用，或使斷傷接合，故稱「珊陀那」。據《華嚴經探玄記》卷二十的解釋：「刪陀那，大藥王樹者，此云『續斷藥』，謂此樹藥能令所傷骨肉等皆得後續故。」（法藏《華嚴探玄記》卷二十，《大正藏》卷三十五，頁四八八中）

【語　譯】「為什麼菩提心具有如此功德呢？因為從菩提心中能夠出生一切諸菩薩行，三世如來也是從菩提心而出生的緣故。因為這些緣故，善男子！如果有發阿耨多羅三藐三菩提心的眾生，就已經可以出生無量功德，完全能夠攝取一切智之道。

「善男子！譬如有人，獲得了無畏藥，遠離五種恐怖。這五種恐懼是什麼呢？它們是：火不能燒，毒不能發作，刀不能傷害，水不能沖走，煙不能熏染。菩薩也是如此，因為他們獲得了一切智的菩提心之藥，因此貪火不能使其燃燒，瞋毒不能在其中發作，惑刀不再能夠傷害他們，諸種感覺器官的觀想之煙不能熏害他們。

「善男子！譬如有人，獲得了解脫藥，終日沒有任何橫難。菩薩也是如此，因為他們已經獲得了菩提心解脫智慧之藥，永遠脫離了一切生死的橫難。

「善男子！譬如有人，身持大應伽藥，毒蛇聞到此藥所散發的氣，立即都遠去。菩薩也是如此，身持菩提心大應伽藥，一切如同毒蛇之毒的煩惱諸惡，一經聞到其氣，都會完全散滅。

「善男子！譬如有人，身持無勝藥，一切怨敵沒有能夠戰勝的。菩薩也是如此，持菩提心無能勝之藥，就完全能夠降伏一切魔軍。

「善男子！譬如有人，身持毗笈摩藥，能夠使毒箭自然墮落。菩薩也是如此，身持菩提心毗笈摩藥，就可以使貪、恚、癡、諸邪見之箭自然墮落。

「善男子！譬如有人，身持善見藥，就能夠除去一切所有諸病。菩薩也是如此，持菩提心善見藥王，都完全能夠除去一切諸煩惱之病。

「善男子！譬如有一種名為『珊陀那』的藥樹，如果剝取其皮塗在瘡上面，瘡隨即就痊癒了。但是這種樹皮，隨取隨生，最終不可能取盡。菩薩從菩提心中生出的一切智之樹也是如此，如果有得以見到菩提心而產生信仰之心者，煩惱之業瘡就可以完全得以消滅，而一切智樹卻並無任何損壞。

「善男子！如有藥樹，名無生根，以其力故，增長一切閻浮提樹。菩薩摩訶薩菩提心樹亦復如是，以其力故，增長一切學與無學及諸菩薩所有善法。

「善男子！譬如有藥，名阿藍婆❶，若用塗身，身之與心咸有堪能。菩薩摩訶薩得菩提心阿藍婆藥亦復如是，令其身心增長善法。

「善男子！譬如有人，得念力藥，凡所聞事憶持不忘。菩薩摩訶薩得菩提心念力妙藥，悉能聞持一切佛法皆無忘失。

「善男子！譬如有藥，名大蓮華，其有服者住壽一劫。菩薩摩訶薩服菩提心大蓮華藥亦復如是，於無數劫，壽命自在。

「善男子！譬如有人，執翳形藥❷，人與非人悉不能見。菩薩摩訶薩執菩提心翳形妙藥，一切諸魔不能得見。

「善男子！如海有珠，名普集眾寶，此珠若在，假使劫火焚燒世間，能令此海減於一滴，無有是處。菩薩摩訶薩菩提心珠亦復如是，住於菩薩大願海中，若常憶持不令退失，能壞菩薩一善根者，終無是處；若退其心，一切善法即皆散滅。

「善男子！如有摩尼，名大光明，有以此珠瓔珞身者，映蔽一切寶莊嚴具，所有光明悉皆不現。菩薩摩訶薩菩提心寶亦復如是，瓔珞其身，映蔽一切二乘心寶，諸莊嚴具悉無光彩。

「善男子！如水清珠，能清濁水。菩薩摩訶薩菩提心珠亦復如是，能清一切煩惱垢濁。

「善男子！譬如有人，得住水寶，繫其身上，入大海中，不為水害。菩薩摩訶薩亦復如是，得菩提心住水妙寶，入於一切生死海中，終不沉沒。

「善男子！譬如有人，得龍寶珠，持入龍宮，一切龍蛇不能為害。菩薩摩訶薩亦復如是，得菩提心大龍寶珠，入欲界中，煩惱龍蛇不能為害。

【章　旨】彌勒菩薩稱讚善財童子能夠發菩提心，此處的十種比喻是用來稱讚「十行」所具有的功德的。

【注　釋】❶阿藍婆　全稱「阿羅底藍婆」，略稱「藍婆」，意譯作「汁藥」，為一種藥草。產於印度之香山、雪山一帶，一般取其草汁塗身，可去患得喜，故又譯為「得喜」。❷翳形藥　又作「翳身藥」，即「隱身藥」。用此藥塗眼，則他人不能見及。六十卷《華嚴經》卷四十四說：「譬如有人以翳身藥自塗其目，行、住、坐、臥無能見者，唯有彼人悉能睹見。如來亦復如是，永離世間，無能見者，唯一切智菩薩境界，非諸聲聞之所能知。」（《大正藏》卷三十五，頁六八〇中）

【語　譯】「善男子！譬如有一種名為『無生根』的藥樹，因為其所具之力的緣故，能夠使一切閻浮提中的樹都得到增長。菩薩的菩提心樹也是如此，以其力的緣故，增長一切學與無學及諸菩薩所有善法。

「善男子！譬如有一種名為『阿藍婆』的藥，如果將其塗抹在身上，身與心都能夠有非常大的能耐。菩薩獲得的菩提心阿藍婆藥也是如此，它能夠使其身心增長善法。

「善男子！譬如有人獲得一種念力藥，凡所聽說的事情都能夠憶持而不忘。菩薩獲得的菩提心念力妙藥，也能夠聞持一切佛法而使其完全不忘失。

「善男子！譬如有一種名為『大蓮華』的藥，凡是服食此藥的眾生可以住世一劫。菩薩所具有的服食的菩提心大蓮華藥也是如此，菩薩在無數劫，壽命自在。

「善男子！譬如有人持有翳形藥，人與非人都不能看見他。菩薩因為執有菩提心翳形妙藥，一切諸魔也不能看見他。

「善男子！譬如海中有一種名為『普集眾寶』的寶珠，此珠如果在海中，假使劫火焚燒世間，也絕對不可能使此海水減少一滴。菩薩所具有的菩提心之珠也是如此，菩薩住於菩薩大願之海中，如果常常憶持不使其退轉遺失，想毀壞菩薩一善根，也是沒有任何可能的；如果真的能夠使菩薩的菩提心退轉，一切善法也就會全部散滅，而這又是不可能的。

「善男子！譬如有一種名為『大光明』的摩尼寶，如果以此寶珠製作瓔珞掛在其身上，就能夠遮蔽其他一切寶的裝飾作用，其他裝飾品的所有光明都完全不再顯現。菩薩所具的菩提心寶也是如此，以瓔珞裝飾其身，就會映蔽一切聲聞、緣覺二乘之心寶，使其諸莊嚴具完全失去光彩。

「善男子！譬如水清珠，能夠使濁水清潔。菩薩所具有的菩提心珠也是如此，它能夠清潔一切煩惱之垢濁。

「善男子！譬如有人，獲得了住水之寶，並將其繫在身上，這樣，他進入大海中，就不會被水所禍害。菩薩也是如此，獲得菩提心住水之妙寶，進入一切生死海之中，就一直不會沉沒。

「善男子！譬如有人，獲得了龍寶珠，將其帶入龍宮，一切龍蛇就不能夠殘害他。菩薩也是如此，獲得菩提心大龍寶珠，進入欲界之中，煩惱之龍蛇就不能夠再殘害他。

「善男子！譬如帝釋，著摩尼冠❶，映蔽一切諸餘天眾。菩薩摩訶薩亦復如是，著菩提心大願寶冠，超過一切三界眾生。

「善男子！譬如有人，得如意珠，除滅一切貧窮之苦。菩薩摩訶薩亦復如是，得菩提心如意寶珠，遠離一切邪命怖畏。

「善男子！譬如有人，得日精珠❷，持向日光而生於火。菩薩摩訶薩亦復如是，得菩提心智日寶珠，持向智光而生智火。

「善男子！譬如有人，得月精珠❸，持向月光而生於水。菩薩摩訶薩亦復如是，得菩提心月精寶珠，持此心珠，鑒迴向光，而生一切善根願水。

「善男子！譬如龍王，首戴如意摩尼寶冠❹，遠離一切怨敵怖畏。菩薩摩訶薩亦復如是，著菩提心大悲寶冠，遠離一切惡道諸難。

「善男子！如有寶珠，名一切世間莊嚴藏，若有得者，令其所欲悉得充滿，而此寶珠無所損減。菩提心寶亦復如是，若有得者，令其所願悉得滿足，而菩提心無有損減。

「善男子！如轉輪王，有摩尼寶，置於宮中，放大光明，破一切暗。菩薩摩訶薩亦復如是，以菩提心大摩尼寶，住於欲界，放大智光，悉破諸趣無明黑暗。

「善男子！譬如帝青大摩尼寶❺，若有為此光明所觸，即同其色。菩薩摩訶薩菩提心寶亦復如是，觀察諸法迴向善根，靡不即同菩提心色。

「善男子！如琉璃寶，於百千歲處不淨中，不為臭穢之所染著，性本淨故。菩薩摩訶薩菩提心寶亦復如是，於百千劫住欲界中，不為欲界過患所染，猶如法界性清淨故。

【章旨】彌勒菩薩稱讚善財童子能夠發菩提心，此處的九種比喻是用來稱讚「十迴向」所具有的功德的。

【注釋】❶摩尼冠　用摩尼製作裝飾的寶冠，一般認為是諸位天神所戴。❷日精珠　即「日精摩尼」，指「火珠」，為「頗梨」之一種，傳說日宮殿就是由「火珠」所成。千手觀音四十手之中，右邊的第八手執此珠。據《千手千眼觀世音菩薩大悲心陀羅尼》所載，盲者之眼觸此珠，則其眼得開而見光。❸月精珠　即「月精摩尼」，指「水珠」，為「頗梨」之一種，傳說月宮殿就是由「水珠」所成。千手觀音四十手中，左邊的第一手所持之物就是「水珠」，傳說此珠能夠使患熱毒病者得以清涼。❹如意摩尼寶冠　以如意珠、摩尼珍寶製作、裝飾的寶冠。❺帝青大摩尼寶　即「帝青寶」。

【語譯】「善男子！譬如帝釋天戴著摩尼冠，其光芒遮蔽了一切其他天眾。菩薩也是如此，戴著菩提心大願寶冠，超過一切欲界、色界、無色界等三界眾生。

「善男子！譬如有人，獲得如意珠，除滅一切貧窮之苦。菩薩也是如此，獲得菩提心如意寶珠，遠離一切邪命怖畏。

「善男子！譬如有人，獲得日精珠，持向日光而產生出火。菩薩也是如此，獲得菩提心智之日寶珠，持向智光而產生智火。

「善男子！譬如有人，獲得月精珠，持向月光而產生出水。菩薩也是如此，獲得菩提心月精寶珠，持此心珠，反射出迴向之光，而生出一切善根願之水。

「善男子！譬如龍王，頭戴如意摩尼寶冠，遠離對一切怨敵之怖畏。菩薩也是如此，頭戴菩提心大悲之寶冠，遠離一切惡道之諸難。

「善男子！如有一種名為『一切世間莊嚴藏』寶珠，如果獲得這一寶珠，就能夠使其所欲完全得到充滿，而此寶珠卻沒有任何損害減少。菩提心寶也是如此，如果有獲得者，就可使其所願全部得到滿足，而菩提心卻沒有任何損害減少。

「善男子！如同轉輪王，有摩尼寶置於宮中，放出大光明，破除一切黑暗。菩薩也是如此，以菩提心大摩尼寶住於欲界，放出大智之光，完全破除諸趣無明之黑暗。

「善男子！譬如帝青大摩尼寶，如果有被此光明所接觸，就立即與其同色。菩薩所具的菩提心寶也是如此，觀察諸法迴向善根，無不隨即與菩提心同色。

「善男子！如同琉璃寶，在百千歲中處於不淨之中，不被臭穢所染著，這是因為其性本來清淨的緣故。菩薩所具有的菩提心寶也是如此，在百千劫中住於欲界中，不被欲界過患所沾染，猶如法界，其性本來就是清淨的緣故。

「善男子！譬如有寶，名淨光明，悉能映蔽一切寶色。菩薩摩訶薩菩提心寶亦復如是，悉能映蔽一切凡夫二乘功德。善男子！譬如有寶，名為火燄，悉能除滅一切暗冥。菩薩摩訶薩菩提心寶亦復如是，能滅一切無知暗冥。善男子！譬如海中有無價寶，商人採得，船載入城；諸餘摩尼百千萬種，光色、價直無與等者。菩提心寶亦復如是，住於生死大海之中，菩薩摩訶薩乘大願船，深心相續，載之來入解脫城中，二乘功德無能及者。善男子！如有寶珠，名自在王，處閻浮洲，去日月輪四萬由旬，日月宮中所有莊嚴，其珠影現悉皆具足。菩薩摩訶薩發菩提心淨功德寶亦復如是，住生死中，照法界空，佛智日月一切功德悉於中現。

「善男子！如有寶珠，名自在王，日月光明所照之處，一切財寶、衣服等物，所有價直悉不能及。菩薩摩訶薩發菩提心自在王寶亦復如是，一切智光所照之處，三世所有天人、二乘漏無漏善一切功德皆不能及。善男子！海中有寶，名曰海藏，普現海中諸莊嚴事。菩薩摩訶薩菩提心寶亦復如是，普能顯現一切智海諸莊嚴事。善男子！譬如天上閻浮檀金，唯除心王大摩尼寶，餘無及者。菩薩摩訶薩發菩提心閻浮檀金亦復如是，除一切智心王大寶，餘無及者。

「善男子！譬如有人，善調龍法，於諸龍中而得自在。菩薩摩訶薩亦復如是，得菩提心善調龍法，於諸一切煩惱龍中而得自在。善男子！譬如勇士，被執鎧仗，一切怨敵無能降伏。菩薩摩訶薩亦復如是，被執菩提大心鎧仗，一切業惑諸惡怨敵無能屈伏。善男子！譬如天上黑栴檀香，若燒一銖，其香普熏小千世界❶，三千世界滿中珍寶所有價直皆不能及。菩薩摩訶薩菩提心香亦復如是，一念功德普熏法界，聲聞、緣覺一切功德皆所不及。善男子！如白栴檀，若以塗身，悉能除滅一切熱惱，令其身心普得清涼；菩薩摩訶薩菩提心香❷亦復如是，能除一切虛妄、分別、貪、恚、癡等諸惑熱惱，令其具足智慧清涼。

【章　旨】從此處開始，彌勒菩薩開始為善財童子等會眾以比喻稱讚菩提心所具有的「十地」功德。此章先以四種比喻讚嘆十地之初地——「歡喜地」所具的功德，再以三種比喻讚嘆第二地——「離垢地」之功德，其次以四種比喻讚嘆第三地——「發光地」之功德。

【注　釋】❶小千世界　以須彌山為中心，四周之鐵圍山為限叫「一世界」，此世界之數為一千就叫「小千世界」。❷心香　指心中之香。學佛者心中精誠，自能感格於佛，與焚香供佛無異，故稱「心香」。世俗本此，對於心所崇拜者，多用「一瓣心香」之語，以示其崇拜之意。此處是指以菩提心為香。

【語　譯】「善男子！譬如有一種名為『淨光明』的寶，完全能夠遮蔽一切珍寶之顏色。菩薩所具有的菩提心寶也是如此，其完全能夠遮蔽一切凡夫、聲聞、緣覺二乘之功德。善男子！譬如有一種名為『火燄』的珍寶，完全能夠除滅一切黑暗。菩薩所具有的菩提心寶也是如此，能夠滅除一切無知之黑暗。善男子！譬如海中有一種無價寶，商人將其採得，以船載入城；其他的摩尼寶有百千萬種，但其光色、價值沒有與其相等的。菩提心寶也是如此，住於生死大海之中，菩薩乘著大願之船，深心相續，載之前來進入解脫城之中，聲聞、緣覺二乘之功德沒有能夠趕得上的。善男子！譬如有一種名為『自在王』的寶珠，位於閻浮洲，距離日月輪四萬由旬，日月宮中的所有莊嚴，其珠影都完全具足地顯現出來。菩薩所發的菩提心之清淨功德寶也是如此，住於生死中，照耀法界虛空，佛智日月的一切功德都完全在其中顯現。

「善男子！譬如有一種名為自在王的寶珠，日月光明所照之處，一切財寶、衣服等物，所有價值都趕不上。菩薩所發菩提心的自在王寶也是如此，一切智之光所照之處，三世所有天、人、聲聞、緣覺等有漏、無漏之善等一切功德都不能及。善男子！海中有一種名為『海藏』的珍寶，完全顯現出海中的諸莊嚴事。菩薩所具有的菩提心寶也是如此，完全能夠顯現一切智之海諸莊嚴事。善男子！譬如天上的閻浮檀金，除過心王的大摩尼寶之外，其他都沒有能趕得上的。菩薩所發菩提心閻浮檀金也是如此，除過一切智之心王大寶外，其他都沒有能夠趕得上的。

「善男子！譬如有人善調龍之法，在諸龍之中獲得自在。菩薩也是如此，獲得菩提心善調龍之法，在諸一切煩惱龍中而獲得自在。善男子！譬如勇士，身披鎧甲手執兵杖，一切怨敵都沒有能夠降伏。菩薩也是如此，身披菩提大心之鎧仗，一切業惑諸惡怨敵沒有能夠屈伏的。善男子！譬如天上的黑栴檀香，如果燒一銖，其香完全熏染小千世界，三千世界全部珍寶的所有價值都不能夠趕得上。菩薩所具有的菩提心香也是如此，一念功德完全熏染法界，是聲聞、緣覺的一切功德所不能企及的。善男子！如同白色栴檀，如果以其塗抹身體，完全能夠除滅一切熱惱，使其身心完全得到清涼；菩薩所具有的菩提心香也是如此，能夠除去一切虛妄、分別、貪、恚、癡等諸惑熱惱，使其具足智慧清涼。

「善男子！如須彌山，若有近者，即同其色。菩薩摩訶薩菩提心山亦復如是，若有近者，悉得同其一切智色。善男子！譬如波利質多羅樹，其皮香氣，閻浮提中若婆師迦❶、若薝蔔迦❷、若蘇摩那❸，如是等華所有香氣皆不能及。菩薩摩訶薩菩提心樹亦復如是，所發大願功德之香，一切二乘無漏戒定、智慧解脫、解脫知見諸功德香悉不能及。善男子！譬如波利質多羅樹，雖未開華，應知即是無量諸華出生之處。菩薩摩訶薩菩提心樹亦復如是，雖未開發一切智華，應知即是無數天人眾菩提華所生之處。善男子！譬如波利質多羅華，一日熏衣，薝蔔迦華、婆利師華、蘇摩那華，雖千歲熏亦不能及。菩薩摩訶薩菩提心華亦復如是，一生所熏諸功德香，普徹十方一切佛所，一切二乘無漏功德百千劫熏所不能及。

「善男子！如海島中生椰子樹，根、莖、枝、葉及以華果，一切眾生恆取受用無時暫歇。菩薩摩訶薩菩提心樹亦復如是，始從發起悲願之心，乃至成佛，正法住世，常時利益一切世間無有間歇。善男子！如有藥汁，名訶宅迦❹，人或得之，以其一兩變千兩銅，悉成真金，非千兩銅能變此藥。菩薩摩訶薩亦復如是，以菩提心迴向智藥，普變一切業惑等法，悉使成於一切智相，非業惑等能變其心。善男子！譬如小火，隨所焚燒，其燄轉熾。菩薩摩訶薩菩提心火亦復如是，隨所攀緣，智燄增長。善男子！譬如一燈，然百千燈，其本一燈無減無盡。菩薩摩訶薩菩提心燈❺亦復如是，普然三世諸佛智燈，而其心燈無減無盡。

【章　旨】彌勒菩薩分別以四種比喻稱讚發菩提心所具有的十地之第四地——「焰慧地」、第五地——「極難勝地」的功德。

【注　釋】❶婆師迦　又作「婆使迦」、「婆利師」、「婆利師迦」、「婆師波利」，意譯作「雨時花」、「夏生花」等，此種花要至雨時方生。❷薝蔔迦　又作「瞻波」、「佔婆」、「瞻婆」、「瞻匐」、「瞻博」、「旃波迦」等，意譯「金色花樹」，其花有香氣遠熏，此樹形高大，花很香，其氣逐風彌遠。❸蘇摩那　又作「蘇末那」、「蘇蔓那」、「須摩那」，意譯「善意」，其花色黃白，香氣甚濃，不作大樹，纔高三、四尺，四垂似蓋。❹訶宅迦　又作「呵吒迦」，全稱「呵吒迦阿羅娑」，意譯「金色水」或「金光汁藥」，傳說為鍍金之材料，或指不老之藥。❺心燈　譬喻心靈。心靈能燭照一切，靜而不昧，因此以燈比喻之。

【語　譯】「善男子！如同須彌山，如果有接近的，隨即就與其同色。菩薩所具有的菩提心之山也是如此，如果有接近的，就完全得以與一切智之色相同。善男子！譬如波利質多羅樹，其皮具有香氣，閻浮提中的婆師迦、薝蔔迦、蘇摩那，如此等等花的所有香氣都趕不上。菩薩所具有的菩提心樹也是如此，所發的大願功德之香，一切聲聞、緣覺二乘等無漏戒禪定、智慧解脫、解脫知見諸功德香都完全不能企及。善男子！譬如波利質多羅樹，雖未開花，應該知曉就是無量諸花出生的地方。菩薩所具有的菩提心樹也是如此，雖未開發一切智之花，應該知曉就是無數天人眾菩提花所生的地方。善男子！譬如波利質多羅華，一日熏衣，薝蔔迦華、婆利師華、蘇摩那華即便是千歲熏習也是不能夠企及的。菩薩所具有的菩提心花也是如此，一生所熏習的諸功德之香，普徹十方一切佛之住所，一切聲聞、緣覺二乘無漏功德百千劫熏習所不能夠企及的。

「善男子！如同海島中生出的椰子樹，其根、莖、枝、葉以及花果，一切眾生永遠採摘受用而無有片刻暫歇。菩薩所具有的菩提心樹也是如此，始從發起悲願之心，直至成佛，正法住世，常常利益一切世間而無有間歇。善男子！譬如有一種名為『訶宅迦』的藥汁，人或得之，以其一兩藥變出千兩銅錢，再全部將其變成真金，但這並非一千兩銅能夠變成此藥。菩薩也是如此，以菩提心迴向智慧之藥，將一切業惑等法完全變成一切智之相，這並非從業惑等變出其心。善男子！譬如小火，隨著所焚燒的柴薪，其火焰便越來越熾盛。菩薩所具有的菩提心之火也是如此，隨著所攀緣的對象，其智慧之火焰也越來越增長。善男子！譬如一燈，點燃百千燈，其本來就是一燈而無減無盡。菩薩所具有的菩提心燈也是如此，完全點燃三世諸佛智慧之燈，而其心燈無減無盡。

「善男子！譬如一燈，入於闇室，百千年闇悉能破盡。菩薩摩訶薩菩提心燈亦復如是，入於眾生心室之內，百千萬億不可說劫諸業煩惱、種種闇障悉能除盡。

「善男子！譬如燈炷，隨其大小而發光明；若益膏油，明終不絕。菩薩摩訶薩菩提心燈亦復如是，大願為炷，光照法界；益大悲油，教化眾生，莊嚴國土，施作佛事，無有休息。

「善男子！譬如他化自在天王，冠閻浮檀真金天冠❶，欲界天子諸莊嚴具皆不能及。菩薩摩訶薩亦復如是，冠菩提心大願天冠，一切凡夫、二乘功德皆不能及。

「善男子！如師子王哮吼之時，師子兒聞皆增勇健，餘獸聞之即皆竄伏。佛師子王菩提心吼應知亦爾，諸菩薩聞增長功德，有所得❷者聞皆退散。

「善男子！譬如有人，以師子筋而為樂弦；其音既奏，餘弦悉絕。菩薩摩訶薩亦復如是，以如來師子波羅蜜身菩提心筋為法樂弦；其音既奏，一切五欲及以二乘諸功德弦悉皆斷滅。

「善男子！譬如有人，以牛羊等種種諸乳，假使積集盈於大海，以師子乳一滴投中，悉皆變壞，直過無礙。菩薩摩訶薩亦復如是，以如來師子菩提心乳，著無量劫業煩惱乳大海之中，悉令壞滅，直過無礙，終不住於二乘解脫。

【章旨】彌勒菩薩以六種比喻稱讚發菩提心所具有的十地之第六地——「現前地」的功德。

【注釋】❶天冠　又作「寶冠」，指諸天頭上所戴之冠，或類似諸天之冠的微妙之冠。以其精微殊妙，非人中所有，故稱「天冠」。❷有所得　指未悟空理之凡夫的心境，即執著之心與分別取捨之念。也是無法體達無二無別之理，凝滯於物，而分別有無、一異、是非之二相，而有取捨之念。為「無所得」之對稱。凡夫心存分別之念而取捨物，以期自己有所取得，或凝住於某見地而自得者，即是執持二法，住於有所得，悉是偏見邪見。

【語譯】「善男子！譬如一盞燈，一旦進入黑闇的房舍，此房舍中的百千年來的黑暗完全都能夠破除盡。菩薩所具有的菩提心燈也是如此，進入於眾生心室之內，百千萬億不可說劫的諸業煩惱、種種黑暗之障礙完全能夠除盡。

「善男子！譬如燈炷，隨其大小而發出光明；如果給其增加膏油，其光明終將不斷絕。菩薩所具有的菩提心燈也是如此，以大願為燈炷，以其光照耀法界；如果增加大悲之油，以之教化眾生，莊嚴國土，施作佛事，沒有休息。

「善男子！譬如他化自在天王，戴著以閻浮檀真金製作的天冠，是欲界天子諸莊嚴具都不能企及的。菩薩也是如此，冠菩提心大願之天冠，是一切凡夫、聲聞、緣覺等二乘功德所不能夠企及的。

「善男子！如同獅子王哮吼之時，獅子之子一聽聞都倍增勇健，餘獸聽聞之後隨即都竄伏。佛師子王菩提心之吼叫也應該如此，諸菩薩聽了之後就增長功德，凡夫、邪魔等有所得的一旦聽聞都退散了。

「善男子！譬如有人，以獅子之筋來製作樂弦；其音演奏出來後，其餘的弦就全部斷絕了。菩薩也是如此，以如來師子波羅蜜身般的菩提心筋為法樂之弦；其音演奏出來之後，一切財欲、色欲、飲食欲、名欲、睡眠欲等五欲以及聲聞、緣覺二乘諸功德之弦也全部斷絕壞滅了。

「善男子！譬如有人將牛羊等各種各樣的乳液積集起來傾滿整個大海，這時以一滴獅子乳投於其中，滿海的乳液都完全變化了，獅子乳在其中直通過無有障礙。菩薩也是如此，將如來師子菩提心之乳液投入到由無量劫之業煩惱的乳液組成的大海之中，就使無量劫之業煩惱的乳液完全壞滅了，菩提心之乳液在其中便直接通過無有障礙，最終不再住於聲聞、緣覺二乘解脫境界。

「善男子！譬如迦陵頻伽鳥❶，在卵㲉中有大勢力，一切諸鳥所不能及。菩薩摩訶薩亦復如是，於生死㲉發菩提心，所有大悲功德勢力，聲聞、緣覺無能及者。

「善男子！如金翅鳥王子，初始生時，目則明利，飛則勁捷，一切諸鳥雖久成長無能及者。菩薩摩訶薩亦復如是，發菩提心，為佛王子，智慧清淨，大悲勇猛，一切二乘雖百千劫久修道行所不能及。

「善男子！如有壯夫，手執利矛，刺堅密甲，直過無礙。菩薩摩訶薩亦復如是，執菩提心銛利快矛，刺諸邪見、隨眠密甲，悉能穿徹無有障礙。

「善男子！譬如摩訶那伽❷大力勇士，若奮威怒，於其額上必生瘡疱；瘡若未合，閻浮提中一切人民無能制伏。菩薩摩訶薩亦復如是，若起大悲，必定發於菩提之心；心未捨來，一切世間魔及魔民不能為害。

「善男子！譬如射師有諸弟子，雖未慣習其師技藝，然其智慧、方便、善巧，餘一切人所不能及。菩薩摩訶薩初始發心亦復如是，雖未慣習一切智行，然其所有願、智、解、欲，一切世間凡夫、二乘悉不能及。

【章　旨】彌勒菩薩以五種比喻稱讚發菩提心所具有的十地之第七地「遠行地」的功德。

【注　釋】❶迦陵頻伽鳥　又作「歌羅頻伽鳥」、「羯邏頻迦鳥」、「迦蘭頻伽鳥」、「迦陵毗伽鳥」，意譯作「好聲鳥」、「美音鳥」、「妙聲鳥」。此鳥產於印度，本出自雪山，山谷曠野亦多。其色黑似雀，羽毛甚美，喙部呈赤色，在卵殼中即能鳴，音聲清婉，和雅微妙，為天、人、緊那羅、一切鳥聲所不能及。在佛教經典中，常以其鳴聲譬喻佛菩薩之妙音。或謂此鳥即極樂淨土之鳥，在淨土曼荼羅中，作人頭鳥身形。❷摩訶那伽　即「大龍象」。「摩訶」為「大」；「那伽」，可譯作「龍」，也可譯作「象」，有「無上」、「最上」之義。以龍為水族之王，象為獸類之王，在水行中龍力最大，陸行中象力最大，故取「龍象」比喻諸阿羅漢中，修行勇猛、有最大力者。也有以此比喻佛或高僧大德的。此處是指大勇士。

【語　譯】「善男子！譬如迦陵頻伽鳥，在卵殼中就有大勢力，是一切諸鳥所不能企及的。菩薩也是如此，在生死殼中發菩提心，其所具有的大悲功德勢力，是聲聞、緣覺所不能企及的。

「善男子！譬如金翅鳥王子，其初始生下之時，目光就很明利，飛翔起來很有勁，也很敏捷，一切諸鳥即便經過長久生長也是無法企及的。菩薩也是如此，其發菩提心，作佛王子，智慧清淨，大悲勇猛，一切聲聞、緣覺二乘即便是經過百千劫久久修習所獲得的道行也是無法企及的。

「善男子！譬如有壯夫，手執利矛，去刺堅密的鎧甲，沒有任何阻礙。菩薩也是如此，執菩提心之銛利快矛，刺諸邪見、煩惱等等堅密的鎧甲，完全能夠穿徹而無任何障礙。

「善男子！譬如大龍象大力勇士，如果振臂威怒，在其額頭上一定生出瘡疱；其瘡如果未曾癒合，閻浮提中的一切人民沒有能夠制伏他的。菩薩也是如此，如果他生起大悲之心，一定是從菩提之心發出的；此心如果未曾捨棄，一切世間之魔以及魔民都不能為害世間。

「善男子！譬如射師有這樣一些弟子，雖然未曾習慣其師的技藝，然而其智慧、方便、善巧，是其他一切人所不能夠企及的。菩薩初始發心也是如此，雖然未曾習慣一切智之行，然而其所有的願力、智慧、理解力、欲想，是一切世間的凡夫、聲聞、緣覺等等全部不能夠企及的。

「善男子！如人學射，先安其足，後習其法。菩薩摩訶薩亦復如是，欲學如來一切智道，先當安住菩提之心，然後修行一切佛法。

「善男子！譬如幻師，將作幻事，先當起意憶持幻法，然後所作悉得成就。菩薩摩訶薩亦復如是，將起一切諸佛菩薩神通幻事，先當起意發菩提心，然後一切悉得成就。

「善男子！譬如幻術，無色現色。菩薩摩訶薩菩提心相亦復如是，雖無有色，不可睹見，然能普於十方法界示現種種功德莊嚴。

「善男子！譬如貓狸❶，纔見於鼠，鼠即入穴不敢復出。菩薩摩訶薩發菩提心亦復如是，暫以慧眼觀諸惑業，皆即竄匿不復出生。

「善男子！譬如有人，著閻浮金莊嚴之具，映蔽一切皆如聚墨。菩薩摩訶薩亦復如是，著菩提心莊嚴之具，映蔽一切凡夫、二乘功德莊嚴悉無光色。

「善男子！如好磁石，少分之力，即能吸壞諸鐵鉤鎖。菩薩摩訶薩發菩提心亦復如是，若起一念，悉能壞滅一切見欲、無明鉤鎖。

「善男子！如有磁石，鐵若見之，即皆散去，無留住者。菩薩摩訶薩發菩提心亦復如是，諸業煩惱、二乘解脫，若暫見之，即皆散滅，亦無住者。

「善男子！譬如有人，善入大海，一切水族無能為害；假使入於摩竭魚❷口，亦不為彼之所吞噬。菩薩摩訶薩亦復如是，發菩提心入生死海，諸業煩惱不能為害；假使入於聲聞、緣覺實際法中，亦不為其之所留難。

「善男子！譬如有人，飲甘露漿，一切諸物不能為害。菩薩摩訶薩亦復如是，飲菩提心甘露法漿，不墮聲聞、辟支佛地，以具廣大悲願力故。

「善男子！譬如有人，得安繕那藥❸以塗其目，雖行人間，人所不見。菩薩摩訶薩亦復如是，得菩提心安繕那藥，能以方便入魔境界，一切眾魔所不能見。

「善男子！譬如有人，依附於王，不畏餘人。菩薩摩訶薩亦復如是，依菩提心大勢力王，不畏障、蓋、惡道之難。

「善男子！譬如有人，住於水中，不畏火焚。菩薩摩訶薩亦復如是，住菩提心善根水中，不畏二乘解脫智火。

「善男子！譬如有人，依倚猛將，即不怖畏一切怨敵。菩薩摩訶薩亦復如是，依菩提心勇猛大將，不畏一切惡行怨敵。

「善男子！如釋天王，執金剛杵❹，摧伏一切阿修羅眾。菩薩摩訶薩亦復如是，持菩提心金剛之杵，摧伏一切諸魔外道。

【章　旨】彌勒菩薩以十四種比喻稱讚發菩提心所具有的十地之第八地——「不動地」的功德。

【注　釋】❶貓狸　「貓」和「狸」的合稱，都以捕鼠為食。狸，即「山貓」、「野貓」，也稱為「豹貓」。❷摩竭魚　又作「摩伽羅魚」、「麼迦羅魚」，意譯為「大體魚」、「鯨魚」、「巨鰲」。佛教典籍將其當作大魚記載，當代學者將其視為與鱷、鯊魚、海豚等同類。也有可能為古代印度人假想中之魚。印度神話中，以之為水神之坐騎，愛神所執之旗上也附有摩竭魚圖，又為十二宮之一，稱「摩竭宮」。其頭部與前肢似羚羊，身體與尾部則呈魚形。❸安繕那藥　又作「安膳那」、「安禪那」、「安闍那」。一說為眼藥名，其色青黑。一說為植物之一種，其葉可和合眼藥使用。據說將之塗於眼瞼四周，使眼部青黑，則他人無法辨認。現今的印度人仍然將之塗於小孩之眼緣上，因相信此藥有強眼之效用，並認為眼緣為黑色更惹人喜愛。❹金剛杵　又稱「金剛智杵」、「堅慧杵」，為帝釋天、執金剛神、大力金剛、金剛手諸尊之執持物，亦為密教行者修法所用之法器。此物本為印度人所使用之武器，由於質地堅固，能擊破各種物質，故冠以「金剛」之名。佛教密宗用以象徵具有摧破煩惱之佛智。最初金剛杵尖端甚銳利，直至用為佛教之法器，其形狀已改變許多。

【語　譯】「善男子！譬如有人學射，先安定其足，然後再學習射擊的方法。菩薩也是如此，想學習如來一切智之道，先應當安住於菩提之心，然後修行一切佛法。

「善男子！譬如幻師，將作幻事之前，先應當發起意念憶持幻之法，然後其所作纔能完全得以成就。菩薩也是如此，將發起一切諸佛菩薩神通幻事，先應當起意發菩提心，然後一切纔能完全得以成就。

「善男子！譬如幻術，有一種讓無顏色的東西顯現出顏色的本領。菩薩所具有的菩提心之相狀也是如此，雖然其心沒有顏色，不可能看見，但是卻能夠完全在十方法界示現出種種功德莊嚴。

「善男子！譬如貓狸，即便是其初次看見鼠，但鼠卻嚇得進入洞穴而不敢再出來。菩薩發菩提心也是如此，暫時以智慧之眼觀諸惑業，其惑業也就竄匿而不再出生。

「善男子！譬如有人，佩帶著以閻浮金製作的莊嚴之具，遮蔽得周邊一切都如同聚墨一樣無光。菩薩也是如此，擁有著菩提心莊嚴之具，遮蔽得一切凡夫、聲聞、緣覺功德莊嚴也都全部沒有任何光色。

「善男子！譬如上好的磁石，以少分之力，就能夠吸壞諸鐵鉤鎖。菩薩發菩提心也是如此，若生起一念，就能夠完全壞滅一切見欲、無明鉤鎖。

「善男子！譬如有磁石，鐵如果遇見它，就立即被吸引而去，沒有能夠留在原處的。菩薩發菩提心也是如此，諸業煩惱、聲聞、緣覺二乘解脫，如果一見到菩薩之菩提心，隨即就都完全散滅了，不再有人再住於此種解脫方法。

「善男子！譬如有人，善於進入大海，而一切水族都不能夠傷害他；假使進入了摩竭魚之口，也可以不被此魚所吞噬。菩薩也是如此，發菩提心而進入生死之海，諸業煩惱再也不能夠為害；假使進入聲聞、緣覺之實際法中，也自然不會被其吸引而停留於此。

「善男子！譬如有人，飲甘露漿，一切諸物不能夠再傷害他。菩薩也是如此，飲菩提心之甘露法漿，不墮入聲聞、辟支佛地，因為他具有廣大悲願之力的緣故。

「善男子！譬如有人，獲得安繕那藥而以之塗抹在自己的眼皮上，即便是在人間行走，別人也看不見他。菩薩也是如此，獲得菩提心之安繕那藥，能夠以方便進入魔的境界，但一切眾魔卻不能看見他。

「善男子！譬如有人，依附於國王，而不畏懼其他人。菩薩也是如此，依靠於菩提心之大勢力王，就不畏懼障、蓋、惡道等等的苦難、困境。

「善男子！譬如有人，住於水中，就不害怕被火所焚。菩薩也是如此，住於菩提心之善根水中，就不害怕聲聞、緣覺二乘解脫智之火。

「善男子！譬如有人，依靠猛將，就不怖畏一切怨敵。菩薩也是如此，依靠菩提心之勇猛大將，就不畏懼一切惡行怨敵。

「善男子！譬如帝釋天王，手執金剛杵，摧毀降伏一切阿修羅眾。菩薩也是如此，持菩提心金剛之杵，一定會摧毀降伏一切諸魔外道。

「善男子！譬如有人，服延齡藥❶，長得充健，不老不瘦。菩薩摩訶薩亦復如是，服菩提心延齡之藥，於無數劫修菩薩行，心無疲厭亦無染著。

「善男子！譬如有人，調和藥汁，必當先取好清淨水。菩薩摩訶薩亦復如是，欲修菩薩一切行願，先當發起菩提之心。

「善男子！如人護身，先護命根。菩薩摩訶薩亦復如是，護持佛法，亦當先護菩提之心。

「善男子！譬如有人，命根若斷，不能利益父母、宗親。菩薩摩訶薩亦復如是，捨菩提心，不能利益一切眾生，不能成就諸佛功德。

「善男子！譬如大海，無能壞者。菩提心海亦復如是，諸業煩惱、二乘之心所不能壞。

「善男子！譬如日光，星宿光明不能映蔽。菩提心日亦復如是，一切二乘無漏智❷光所不能蔽。

「善男子！如王子初生，即為大臣之所尊重，以種性自在故。菩薩摩訶薩亦復如是，於佛法中發菩提心，即為耆宿❸久修梵行聲聞、緣覺所共尊重，以大悲自在故。

「善男子！譬如王子，年雖幼稚，一切大臣皆悉敬禮。菩薩摩訶薩亦復如是，雖初發心修菩薩行，二乘耆舊❹皆應敬禮。

「善男子！譬如王子，雖於一切臣佐之中未得自在，已具王相，不與一切諸臣佐等，以生處尊勝故。菩薩摩訶薩亦復如是，雖於一切業煩惱中未得自在，然已具足菩提之相，不與一切二乘齊等，以種性第一故。

「善男子！譬如清淨摩尼妙寶，眼有翳故見為不淨。菩薩摩訶薩菩提心寶亦復如是，無智不信謂為不淨。

【章旨】彌勒菩薩以十種比喻稱讚發菩提心所具有的十地之第九地——「善慧地」的功德。

【注釋】❶延齡藥　指能夠延年益壽的藥物。❷無漏智　指證見真理，遠離一切煩惱過與是非的智慧。對於小乘佛教來說，證見四諦理之智，稱為「無漏智」。對於大乘唯識學而言，「無漏智」分為「根本」、「後得」二智，「根本智」為唯識之性，即證得真如理性之「無分別智」；「後得智」由「根本智」所出，為唯識之相，即了知因緣現起之萬象。❸耆宿　年高有德之人。❹耆舊　指年高望重之人。

【語譯】「善男子！譬如有人，服食延齡之藥，長得非常健康，不老也不瘦。菩薩也是如此，服食菩提心延齡之藥，在無數劫修習菩薩行，心沒有疲倦和厭惡，也無染著。

「善男子！譬如有人，調和藥汁，一定先取好清淨之水。菩薩也是如此，想修習菩薩一切行願，必然應該先發起菩提之心。

「善男子！譬如有人護身，必然先保護命根。菩薩也是如此，護持佛法，必然會先保護菩提之心。

「善男子！譬如有人，如果斷絕了命根，就不能夠給予父母、宗親以利益。菩薩也是如此，如果捨棄菩提心，就不能夠利益一切眾生，不能夠成就諸佛功德。

「善男子！譬如大海，是沒有人能夠毀壞的。菩提心海也是如此，是諸業煩惱、聲聞、緣覺二乘之心所不能毀壞的。

「善男子！譬如日光，是星宿之光明所不能映蔽的。菩提心之日也是如此，是一切聲聞、緣覺二乘之無漏智光所不能遮蔽的。

「善男子！譬如王子初生，即為大臣之所尊重，以種性自在故。菩薩也是如此，於佛法中發菩提心，就被德高望重並且久修梵行的聲聞、緣覺所共同尊重，因為其已經以大悲而獲得自在的緣故。

「善男子！譬如王子，雖然年輕幼稚，但一切大臣卻都向其致敬。菩薩也是如此，雖然初發心修習菩薩行，但聲聞、緣覺二乘耆舊都應當向其致敬。

「善男子！譬如王子，雖然在一切臣佐之中未能獲得自在，但他卻已經具備王者之相，並不與一切諸臣佐相同，這是因為他的出生地位很尊貴超越的緣故。菩薩也是如此，雖然在一切業煩惱之中未能獲得自在，但是卻已經具足菩提之相，並不與一切聲聞、緣覺二乘相等同，這是因為菩薩的種性是第一的緣故。

「善男子！譬如清淨的摩尼妙寶，那些眼睛有障蔽之物的人會將其看作不乾淨的。菩薩所具有的菩提心寶也是如此，那些缺乏智慧以及沒有信仰的人就會將其看作不清淨的。

「善男子！譬如有藥，為咒所持，若有眾生見、聞、同住，一切諸病皆得消滅。菩薩摩訶薩菩提心藥亦復如是，一切善根、智慧、方便、菩薩願智共所攝持，若有眾生見、聞、同住、憶念之者，諸煩惱病悉得除滅。

「善男子！譬如有人，常持甘露，其身畢竟不變不壞。菩薩摩訶薩亦復如是，若常憶持菩提心露，令願智身❶畢竟不壞。

「善男子！如機關木人❷，若無有楔，身即離散，不能運動。菩薩摩訶薩亦復如是，無菩提心，行即分散，不能成就一切佛法。

「善男子！如轉輪王，有沉香寶，名曰象藏；若燒此香，王四種兵悉騰虛空。菩薩摩訶薩菩提心香亦復如是，若發此意，即令菩薩一切善根永出三界，行如來智無為❸空中。

「善男子！譬如金剛，唯從金剛處及金處生，非餘寶處生。菩薩摩訶薩菩提心金剛亦復如是，唯從大悲救護眾生金剛處、一切智智殊勝境界金處而生，非餘眾生善根處生。

「善男子！譬如有樹，名曰無根，不從根生，而枝、葉、華、果悉皆繁茂。菩薩摩訶薩菩提心樹亦復如是，無根可得，而能長養一切智智神通大願；枝、葉、華、果，扶疏蔭映❹，普覆世間。

【章　旨】彌勒菩薩以六種比喻稱讚發菩提心所具有的十地之第十地——「法雲地」的功德。

【注　釋】❶願智身　指以「願智」為體的菩薩之身。願智，如願知悉一切之智慧。❷機關木人　用機關啟動的木人。❸無為　無造作之意，是指非因緣所造作，離生滅變化而絕對常住之法。也指「無為法」，是「涅槃」之異名。❹扶疏蔭映　指枝葉繁茂分披，覆照、覆映著行人。

【語　譯】「善男子！譬如有一種藥，被咒所執持，如果有眾生見到、聽到以及與其同住在一起，一切諸病都得以消滅。菩薩所具有的菩提心藥也是如此，為一切善根、智慧、方便、菩薩願智共同攝持，如果有眾生看見、聽到、同住、憶念菩提心藥，諸煩惱病也都完全可以除滅。

「善男子！譬如有人，常常持有甘露，其身永遠不變不壞。菩薩也是如此，如果常常憶持菩提心露，就會使其願智之身永遠不壞。

「善男子！如機關木人，如果沒有楔子將其連接起來，其機身立即就會離散，不能運動。菩薩也是如此，如果沒有菩提心，菩薩之行就立即會分散，就不能夠成就一切佛法。

「善男子！譬如轉輪王，擁有名為『象藏』的沉香寶；如果燃燒此香，轉輪王的象兵、馬兵、車兵、步兵四兵都完全飛騰進入虛空。菩薩所具有的菩提心香也是如此，如果能夠發此意，就會使菩薩一切善根永遠出離欲界、色界、無色界三界，行於如來智的無為空中。

「善男子！譬如金剛，只是從金剛和金處出生，並非在其他的珍寶處產生。菩薩所具有的菩提心金剛也是如此，只是從大悲救護眾生金剛處、一切智智殊勝境界之金處而產生，並非在其餘眾生之善根處產生。

「善男子！譬如有一種名為『無根』的樹，它不從根生，而枝、葉、花、果都完全繁茂。菩薩所具有的菩提心樹也是如此，無根可得，但卻能夠長養一切智智神通大願；其枝、葉、花、果，扶疏蔭映，完全覆蓋世間。

「善男子！譬如金剛，非劣惡器及以破器所能容持，唯除全具上妙之器。菩提心金剛亦復如是，非下劣眾生慳、嫉、破戒、懈怠、妄念、無智器中所能容持，亦非退失殊勝志願、散亂、惡覺眾生器中所能容持，唯除菩薩深心寶器。

「善男子！譬如金剛，能穿眾寶。菩提心金剛亦復如是，悉能穿徹一切法寶。

「善男子！譬如金剛，能壞眾山。菩提心金剛亦復如是，悉能摧壞諸邪見山。

「善男子！譬如金剛，雖破不全，一切眾寶猶不能及。菩提心金剛亦復如是，雖復志劣，少有虧損，猶勝一切二乘功德。

「善男子！譬如金剛，雖有損缺，猶能除滅一切貧窮。菩提心金剛亦復如是，雖有損缺，不進諸行，猶能捨離一切生死。

「善男子！如小金剛，悉能破壞一切諸物。菩提心金剛亦復如是，入少境界，即破一切無知諸惑。

「善男子！譬如金剛，非凡人所得。菩提心金剛亦復如是，非劣意眾生之所能得。

「善男子！譬如金剛，不識寶人不知其能、不得其用。菩提心金剛亦復如是，不知法人不了其能、不得其用。

「善男子！譬如金剛，無能銷滅。菩提心金剛亦復如是，一切諸法無能銷滅。

「善男子！如金剛杵，諸大力人皆不能持，唯除有大那羅延力。菩提之心亦復如是，一切二乘皆不能持，唯除菩薩廣大因緣堅固善力。

「善男子！譬如金剛，一切諸物無能壞者，而能普壞一切諸物，然其體性無所損減。菩提之心亦復如是，普於三世無數劫中，教化眾生，修行苦行，聲聞、緣覺所不能者咸能作之，然其畢竟無有疲厭亦無損壞。

「善男子！譬如金剛，餘不能持，唯金剛地之所能持。菩提之心亦復如是，聲聞、緣覺皆不能持，唯除趣向薩婆若者。

「善男子！如金剛器，無有瑕缺用盛於水，永不滲漏而入於地。菩提心金剛器亦復如是，盛善根水，永不滲漏，令入諸趣。

「善男子！如金剛際，能持大地，不令墜沒。菩提之心亦復如是，能持菩薩一切行願，不令墜沒入於三界。

「善男子！譬如金剛，久處水中，不爛不濕。菩提之心亦復如是，於一切劫處，在生死業惑水中，無壞無變。

「善男子！譬如金剛，一切諸火不能燒然、不能令熱。菩提之心亦復如是，一切生死諸煩惱火不能燒然、不能令熱。

「善男子！譬如三千世界之中金剛座上，能持諸佛坐於道場、降伏諸魔、成等正覺，非是餘座之所能持。菩提心座亦復如是，能持菩薩一切願行、諸波羅蜜、諸忍、諸地、迴向、受記、修集菩提助道之法、供養諸佛、聞法受行，一切餘心所不能持。

「善男子！菩提心者，成就如是無量無邊乃至不可說不可說殊勝功德。

「若有眾生發阿耨多羅三藐三菩提心，則獲如是勝功德法。是故，善男子！汝獲善利！汝發阿耨多羅三藐三菩提心，求菩薩行，已得如是大功德故。

【章　旨】彌勒菩薩稱讚善財童子能夠發菩提心，此處的十七種比喻是用來稱讚「等覺位」所具有的功德的。在此，彌勒菩薩總結了對菩提心的稱讚之語。

【語　譯】「善男子！譬如金剛，並非惡劣的器物以及破敗的器物所能容持，只有完整的美妙的上等器物纔能盛放。菩提心之金剛也是如此，並非下劣眾生的吝嗇、嫉妒、破戒、懈怠、妄念、無智之根器所能夠容持，也並非退失殊勝志願、散亂之心、惡覺眾生之根器所能夠容持，只有菩薩深心之寶器纔能容持。

「善男子！譬如金剛，能夠穿刺眾寶。菩提心之金剛也是如此，它完全能夠穿徹一切法寶。

「善男子！譬如金剛，能夠毀壞眾山。菩提心之金剛也是如此，它完全能夠摧毀破壞諸邪見之山。

「善男子！譬如金剛，即便是破敗不全，一切眾寶仍然不能夠企及。菩提心之金剛也是如此，即便是志向拙劣，少有虧損，仍然勝過一切聲聞、緣覺二乘之功德。

「善男子！譬如金剛，即便是有損缺，仍然能夠除滅一切貧窮。菩提心之金剛也是如此，即便是有損缺，不能夠進修諸行，仍然能夠捨棄遠離一切生死。

「善男子！譬如小金剛，完全能夠破壞一切諸物。菩提心金剛也是如此，進入一部分境界，就能夠破壞一切無知之諸惑。

「善男子！譬如金剛，並非凡人所得。菩提心之金剛也是如此，並非劣意眾生之所能得。

「善男子！譬如金剛，不認識這種珍寶的人不知曉其能、不能夠得其用處。菩提心之金剛也是如此，不知曉佛法的人不瞭解其能、不得其用。

「善男子！譬如金剛，沒有任何東西能夠將其銷滅。菩提心之金剛也是如此，一切諸法中沒有能夠銷滅它的。

「善男子！譬如金剛杵，諸大力人都不能夠持，唯有大那羅延之力纔可以執持。菩提之心也是如此，一切聲聞、緣覺二乘都不能夠持有它，只有菩薩廣大因緣堅固之善力纔能持有它。

「善男子！譬如金剛，一切諸物中沒有能夠毀壞它，但其卻能夠完全毀壞一切諸物，而其體性卻無所損減。菩提之心也是如此，完全在三世無數劫中，教化眾生，修行苦行，聲聞、緣覺所不能的方面它都能夠做之，但其自身卻畢竟無有疲倦和厭惡，也無任何損壞。

「善男子！譬如金剛，其他各地都不能持有，唯有金剛地纔能持有。菩提之心也是如此，聲聞、緣覺都不能持有，只是趣向般若波羅蜜的菩薩纔能擁有。

「善男子！譬如金剛器，沒有瑕疵，用其盛水就永遠不會滲漏而進入地下。菩提心之金剛器也是如此，盛放著善根之水，永遠不會滲漏，使其進入諸趣。

「善男子！譬如金剛的邊際，能夠執持大地，不使其墜沒。菩提之心也是如此，能夠持菩薩一切行願，不使其墜沒進入三界。

「善男子！譬如金剛，長久地置放於水中，它既不腐爛，也不潮濕。菩提之心也是如此，在一切劫處，在生死業惑之水中，不壞也不變。

「善男子！譬如金剛，是一切諸火所不能燒燃的，甚至也不能使其發熱。菩提之心也是如此，一切生死諸煩惱之火並不能使其燒燃，也不能使其發熱。

「善男子！譬如三千世界之中的金剛座，能夠使諸佛坐於道場、降伏諸魔、成等正覺，而其他的座位並不能完成這一偉業。菩提心之座也是如此，它能夠持菩薩一切願行、諸波羅蜜、諸忍、諸地、迴向、受記、修集菩提助道之法、供養諸佛、聞法而受行，這是一切其他心所不能做到的。

「善男子！總而言之，菩提心能夠成就如此無量無邊乃至不可說不可說殊勝功德。

「如果有眾生發阿耨多羅三藐三菩提心，就可以獲得如此勝功德法。是故，善男子！你可以獲得善利！你發阿耨多羅三藐三菩提心，求菩薩行，已經獲得了如此的大功德。

「善男子！如汝所問：菩薩云何學菩薩行、修菩薩道？善男子！汝可入此毗盧遮那莊嚴藏大樓閣中週徧觀察，則能了知學菩薩行，學已成就無量功德。」

【章　旨】彌勒菩薩又引入善財童子所提出的問題，並且讓其進入毗盧遮那莊嚴藏大樓閣中週偏觀察，以學習菩薩行。

【語　譯】「善男子！如你所問：菩薩如何學習菩薩行、修習菩薩道？善男子！你可以進入此毗盧遮那莊嚴藏大樓閣中週偏觀察，就能夠了知如何學習菩薩行以及學成以後所成就的無量功德。」

# 華嚴經 入法界品之二十

【題 解】本卷接續第七十八卷之「彌勒菩薩會」，即〈入法界品〉「末會」中的第五十三會，即善財童子「五十三參」中的第五十二參最後一大部分內容。

善財童子請求彌勒菩薩打開毗盧遮那莊嚴藏大樓閣，讓自己能夠進入。彌勒菩薩至樓門前彈指出聲，其門自開，善財童子得以進入，看到了樓閣中的奇異莊嚴。善財童子看見毗盧遮那莊嚴藏樓閣如此不可思議的自在境界，生出大歡喜，進入無礙解脫之門。由於進入了無礙解脫境界，善財童子得以看見彌勒菩薩從初發心、修行得法，一直到其隨類攝取眾生的整個過程。

善財童子在毗盧遮那莊嚴藏樓閣看見菩薩進入三昧，以各種變化身演說佛法；也看見了諸佛攝化眾生的功德以及彌勒菩薩一生所做的功德。善財童子在毗盧遮那莊嚴藏樓閣中又見到、聽見各種莊嚴具的微妙作用，共分十段。善財童子在毗盧遮那莊嚴藏樓閣中聽聞寶網鈴鐸及諸樂器演說佛法，又看到寶鏡中顯現出的種種形像、樓閣中的寶柱放出摩尼王大光明網、以閻浮提檀金製作的童女及眾寶像。善財童子又看見在樓閣中出生許多真珠瓔珞、香水、琉璃、瓔珞，這些珍寶都放出百千光明。這時，善財童子又看見有各色蓮花在其中盛開，在每一朵蓮花中顯現出各種顏色的眾生形像。此外，善財童子還看見毗盧遮那莊嚴藏樓閣中的淨琉璃地每一步間都顯現出不可思議的各種形像。善財童子在毗盧遮那莊嚴藏樓閣中看見在各種寶樹中都顯現出佛、菩薩、天、龍等半身形像，看見了此樓閣中的半月形建築發出無數星宿的種種光明。最後，善財童子還看見，在毗盧遮那莊嚴藏樓閣的週迴四壁上，其每一寶中都顯現出了彌勒菩薩在修行中所作的「隨類攝生」的事情。

善財童子因為獲得了不忘失憶念之力的緣故，纔獲得了見十方清淨之眼、善觀察無礙智、諸菩薩自在智，並且因為獲得了諸菩薩已入智地後所具的廣大解，所以，他纔能在此樓閣中見到如此奇異的境界。此處以十種比喻顯示善財童子之所見，十種比喻均有二義：一喻能見因緣不同，二喻所見境界不同。彌勒菩薩進入毗盧遮那莊嚴藏樓閣，以彈指作聲，將善財童子從三昧定中喚出。彌勒菩薩告訴善財童子，因為菩薩之法力加持的緣故，纔見到如此的境界。善財童子請問此法門之名，彌勒菩薩告訴善財童子說，這一法門名為「三世一切境界不忘念智莊嚴藏」。

善財童子又向彌勒菩薩請教三世一切境界不忘念智莊嚴藏法門所具如此境界的本源。彌勒菩薩則回答說，此法非去非來，非集非常，遠離一切。善財童子所見到的一切景象都是憑藉菩薩智慧神力而住，也是不住於內，不住於外，非來非去的。

善財童子又詢問彌勒菩薩是從何處生出的。彌勒菩薩以三層來回答：第一，從法身而言，無來之來，來即無來。第二，從「相」即「實報」言之，「從萬行中來」。第三，從化身、現身而言，從「隨機熟處而來」。這三層「即法、報、化身，亦體、相、用，亦理、行、事。又初唯理，後唯事，中一具理、事」（澄觀《華嚴經疏》卷六十，《大正藏》卷三十五，頁九五九中）。善財童子又向彌勒菩薩請教菩薩的生處，彌勒菩薩先回答菩薩的十種生處，後又向善財童子說明出生菩薩的二十種因緣。彌勒菩薩告訴善財童子自己為了化度眾生的緣故，而生於閻浮提界的「摩羅提」國中的「拘吒」聚落的婆羅門家，當自己在未來成佛之後，善財童子可以與文殊菩薩一起來與其相會。

彌勒菩薩又向善財童子舉薦「文殊師利」菩薩，囑咐他前去拜訪，向其請教修行菩薩行的方法、途徑。彌勒菩薩對於文殊師利菩薩推崇倍至，善財童子於是告別了彌勒菩薩，踏上了繼續求法的歷程。

爾時，善財童子恭敬右繞彌勒菩薩摩訶薩已，而白之言：「唯願大聖開樓閣門，令我得入！」

時，彌勒菩薩前詣樓閣，彈指出聲，其門即開，命善財入❶。善財心喜，入已還閉❷。

見其樓閣廣博無量同於虛空，阿僧祇寶以為其地；阿僧祇宮殿、阿僧祇門闥、阿僧祇窗牖、阿僧祇階陛、阿僧祇欄楯、阿僧祇道路，皆七寶成；阿僧祇幡、阿僧祇幢、阿僧祇蓋，週迴間列；阿僧祇眾寶瓔珞、阿僧祇真珠瓔珞、阿僧祇赤真珠瓔珞、阿僧祇師子珠瓔珞，處處垂下；阿僧祇半月❸、阿僧祇繒帶、阿僧祇寶網，以為嚴飾；阿僧祇寶鐸風動成音，散阿僧祇天諸雜華，懸阿僧祇天寶鬘帶，嚴阿僧祇眾寶香爐，雨阿僧祇細末金屑，懸阿僧祇寶鏡，然阿僧祇寶燈，佈阿僧祇寶衣，列阿僧祇寶帳，設阿僧祇寶坐，阿僧祇寶繒以敷座上；阿僧祇閻浮檀金童女像、阿僧祇雜寶諸形像、阿僧祇妙寶菩薩像，處處充徧；阿僧祇眾鳥出和雅音；阿僧祇寶優鉢羅華、阿僧祇寶波頭摩華、阿僧祇寶拘物頭華、阿僧祇寶芬陀利華，以為莊嚴；阿僧祇寶樹次第行列，阿僧祇摩尼寶放大光明。如是等無量阿僧祇諸莊嚴具，以為莊嚴。

又見其中，有無量百千諸妙樓閣，一一嚴飾悉如上說；廣博嚴麗皆同虛空，不相障礙亦無雜亂。善財童子於一處中見一切處，一切諸處悉如是見。

【章　旨】善財童子請求彌勒菩薩打開毗盧遮那莊嚴藏大樓閣，讓自己能夠進入。彌勒菩薩至樓門前彈指出聲，其門自開，善財童子得以進入，看到了樓閣中的奇異莊嚴。

【注　釋】❶彌勒菩薩前詣樓閣四句　關於此四句所具有的象徵意義，澄觀說：「令其就法，亡言會旨，則佛法門開，故云『前詣』等。即開理智門，示令其悟入也。」（澄觀《華嚴經疏》卷六十，《大正藏》卷三十五，頁九五八上）❷善財心喜入已還閉　關於此二句所具有的象徵意義，澄觀說：「約因自證，悟佛知見，則入法界。從迷之悟加行趣入，有門理之殊；證已契合，能、所兩亡，即妄而真，更無入處，故云『還閉』。」（澄觀《華嚴經疏》卷六十，《大正藏》卷三十五，頁九五八上）❸半月　指半月形的莊嚴宮殿或裝飾身體之物。據《理趣經》載，他化自在天王宮以珠鬘、瓔珞、半滿月等而為莊嚴。

【語　譯】這時，善財童子恭敬地在彌勒菩薩身邊右繞致敬之後，對彌勒菩薩說：「希望大聖打開樓閣之門，使我得以進入！」

當時，彌勒菩薩前往毗盧遮那莊嚴藏大樓閣，彈指出聲，門隨即自己打開了。彌勒菩薩命善財童子進入。善財童子心中大喜，進入樓閣之後，門就自己關閉了。

善財童子看見這座樓閣廣博無量，與虛空同樣寬廣，它以無數的珍寶鋪設地面；有無數的宮殿、無數的門階、無數的窗戶、無數的臺階、無數的欄杆、無數的道路，這些都是以金、銀、琉璃、硨磲、瑪瑙、真珠、玫瑰等七寶裝飾的；有無數的幡、無數的幢、無數的蓋在其周圍交錯排列；有無數的以許多珍寶製作的瓔珞、無數的以真珠製作的瓔珞、無數的以赤真珠製作的瓔珞、無數的以師子珠製作的瓔珞，到處垂下；有無數的半月形裝飾物、無數的繒綢帶、無數的寶網，作為美麗的裝飾；無數的寶鐸在風的吹動之下，發出美妙的聲音，到處散佈著無數的天上的多種雜花，懸掛著無數的以天寶製作的鬘帶，盛放著無數的以許多珍寶製作的香爐，降下無數的珍寶之細末金屑，懸掛著無數的寶鏡，點燃著無數的寶燈，佈列著無數的寶衣，陳列著無數的寶帳，設置了無數的寶座，以無數珍貴的絲綢鋪設座位；有以無數的閻浮檀金製作的童女像、無數的雜寶製作的形像、無數的以美妙珍寶製作的菩薩像，到處都是；無數的鳥發出和雅的鳴叫；無數的優鉢羅華、無數的波頭摩華、無數的拘物頭華、無數的芬陀利華，作為樓閣的莊嚴；無數的寶樹次第排列，無數的摩尼寶大放光明。如此等無量阿僧祇諸莊嚴具，作為這座樓閣的莊嚴具。

善財童子又看見毗盧遮那莊嚴藏大樓閣之中，有無量百千座美妙的樓閣，每一座樓閣的美妙裝飾都如同上面所說；這無數座樓閣廣博嚴麗，如同處於虛空中一樣，不互相妨礙，又不顯得雜亂。善財童子在此樓閣中的每一個事物之中看到一切事物，在一切地方所見都是如此。

爾時，善財童子見毗盧遮那莊嚴藏樓閣如是種種不可思議自在境界，生大歡喜，踊躍無量，身心柔軟，離一切想，除一切障，滅一切惑，所見不忘，所聞能憶，所思不亂，入於無礙解脫之門。普運其心，普見一切，普申敬禮，纔始稽首，以彌勒菩薩威神之力，自見其身徧在一切諸樓閣中，具見種種不可思議自在境界。

所謂：或見彌勒菩薩初發無上菩提心時如是名字、如是種族，如是善友之所開悟，令其種植如是善根、住如是壽、在如是劫、值如是佛、處於如是莊嚴剎土、修如是行、發如是願；彼諸如來如是眾會、如是壽命，經爾許時親近供養，悉皆明見。

或見彌勒最初證得慈心三昧❶，從是已來，號為慈氏；或見彌勒修諸妙行，成滿一切諸波羅蜜；或見得忍，或見住地，或見成就清淨國土，或見護持如來正教，為大法師，得無生忍，某時、某處、某如來所受於無上菩提之記。

或見彌勒為轉輪王，勸諸眾生住十善道；或為護世，饒益眾生；或為釋天，呵責五欲；或為燄摩天王，讚不放逸；或為兜率天王，稱歎一生菩薩功德；或為化樂天王，為諸天眾現諸菩薩變化莊嚴；或為他化自在天王，為諸天眾演說一切諸佛之法；或作魔王，說一切法皆悉無常；或為梵王，說諸禪定無量喜樂；或為阿修羅王，入大智海，了法如幻，為其眾會常演說法，斷除一切憍、慢、醉、傲。或復見其處閻羅界，放大光明，救地獄苦；或見在於餓鬼之處，施諸飲食，濟彼饑渴；或見在於畜生之道，種種方便，調伏眾生。

【章　旨】善財童子看見毗盧遮那莊嚴藏樓閣如此不可思議的自在境界，生出大歡喜，進入無礙解脫之門。由於進入了無礙解脫境界，善財童子得以看見彌勒菩薩從初發心、修行得法，一直到其隨類攝取眾生的整個過程。

【注　釋】❶慈心三昧　又稱「慈三昧」、「白光明慈三昧」、「大慈三昧」，或稱「慈心觀」，是大乘菩薩修慈悲行的根本。即去除妄念雜慮、遠離瞋恚怨憎之念，專門致力於以慈悲心觀一切眾生普遍受樂的三昧。這是行者憐念眾生、關懷眾生的心理境界。

【語　譯】這時，善財童子看見毗盧遮那莊嚴藏樓閣如此種種不可思議的自在境界，產生極大歡喜，踴躍無量，身心柔軟，遠離一切想，除去了一切障礙，滅除了一切惑，其所見都不再忘記，其所聽說的都能夠記住，其所思都不再雜亂。善財童子進入了無礙解脫之門，他完全運轉自己的這種心，完全看見一切。善財童子想向一切善知識致以敬禮。剛剛開始稽首，他就憑藉彌勒菩薩威神之力，自己看見自身徧在一切諸樓閣中，完全看見了種種不可思議自在的境界。

善財童子看到：有時看見彌勒菩薩初發無上菩提心時的如此名字、如此種族，如此善友之所開悟，使其種植如此善根、住於如此壽、在如此劫、值如此佛、處於如此莊嚴國土、修習如此行、發如此願。善財童子看見自己在一切如來的道場之中，看到如此眾會、如此壽命，經過許多時候親近供養諸佛，所有這些事情，善財童子都完全能夠明晰地看見。

善財童子也看見彌勒菩薩最初證得慈心三昧，從此以來，號為慈氏。也看見彌勒菩薩修諸妙行，成就圓滿一切諸波羅蜜；也看見其獲得忍波羅蜜，也看見其所住之地，看見其成就清淨國土，看見其護持如來正教，為大法師，獲得無生法忍，在某時、某處、某如來之所受於無上菩提之記。

善財童子也看見彌勒菩薩為轉輪王，激勵諸眾生住於十善道；看見其作為護世天王，饒益眾生；看見其作為帝釋天，呵責五欲之享受；看見其為燄摩天王，稱讚不放逸的品行；看見其作為兜率天王，稱嘆一生菩薩之功德；看見其為化樂天王，為了諸天眾顯現出諸菩薩變化出的莊嚴；看見其為他化自在天王，為諸天眾演說一切諸佛之法；看見其作為魔王，說一切法都是無常；看見其作為梵王，演說諸禪定之無量喜樂；看見其為阿修羅王，進入大智海，了法如幻，為其眾會常常演說法，斷除一切憍慢醉傲。也看見其處於閻羅界，放出大光明，拯救地獄中的苦難眾生；也看見其處於餓鬼之地，為餓鬼布施飲食，救濟餓鬼之饑渴；也看見其在於畜生之道，以種種方便，調伏眾生。

或復見為護世天王眾會說法，或復見為忉利天王眾會說法，或復見為燄摩天王眾會說法，或復見為兜率天王眾會說法，或復見為化樂天王眾會說法，或復見為他化自在天王眾會說法，或復見為大梵王眾會說法，或復見為龍王眾會說法，或復見為夜叉、羅剎王眾會說法，或復見為乾闥婆、緊那羅王眾會說法，或復見為阿修羅、陀那婆王❶眾會說法，或復見為迦樓羅、摩睺羅伽王眾會說法，或復見為其餘一切人、非人等眾會說法，或復見為聲聞眾會說法，或復見為緣覺眾會說法，或復見為初發心乃至一生所繫❷已灌頂者❸諸菩薩眾而演說法。

或見讚說初地乃至十地所有功德，或見讚說滿足一切諸波羅蜜，或見讚說入諸忍門，或見讚說諸大三昧門，或見讚說甚深解脫門，或見讚說諸禪三昧神通境界，或見讚說諸菩薩行，或見讚說諸大誓願，或見與諸同行菩薩讚說世間資生工巧種種方便利眾生事，或見與諸一生菩薩讚說一切佛灌頂門。

或見彌勒於百千年，經行、讀誦、書寫經卷，勤求觀察，為眾說法，或入諸禪四無量心❹，或入徧處❺及諸解脫，或入三昧以方便力現諸神變。

【章 旨】善財童子在毗盧遮那莊嚴藏樓閣又看見彌勒菩薩在道場之中為眾生演說佛法。

【注 釋】❶陀那婆王 即「有施神」。❷一生所繫 即「一生補處菩薩」，為彌勒菩薩的尊號之一。釋尊曾預言授記，當彌勒壽命四千歲（約人間五十七億六千萬年）盡時，將下生此世，於龍華樹下成佛，分三會說法。以其代釋迦佛說教之意，因此稱作「一生補處菩薩」、「補處菩薩」、「補處薩埵」；當時，其一經獲得佛格，因此也稱為「彌勒佛」、「彌勒如來」。❸已灌頂者 指彌勒菩薩已經證入第十地「法雲地」，此地又名「灌頂住」。菩薩從十地中的第九地進入第十「法雲地」時，諸佛以智水灌其頂，作為受法王職之證明，此稱「受職灌頂」。❹四無量心 即「慈無量心」、「悲無量心」、「喜無量心」、「捨無量心」。與一切眾生樂，名「慈無量心」；拔一切眾生苦，名「悲無量心」；見人行善或離苦得樂，深生歡喜，名「喜無量心」；如上三心，捨之而不執著，或怨親平等，不起愛憎，名「捨無量心」。四心普緣無量眾生，引生無量之福，故名「無量心」。❺偏處 即「十偏處」，又作「十偏」、「十偏入」、「十偏處定」、「十一切入」、「十一切處」，禪定修持法之一，是一種可遠離三界煩惱的禪觀，即觀六大及四顯色各偏滿一切處而無間隙。六大指地、水、火、風、空、識，四顯色即青、黃、赤、白。

【語 譯】善財童子在毗盧遮那莊嚴藏樓閣又看見彌勒菩薩作為護世天王為眾會說法，又看見彌勒菩薩作為忉利天王為眾會說法，又看見彌勒菩薩作為燄摩天王為眾會說法，又看見彌勒菩薩作為兜率天王為眾會說法，又看見彌勒菩薩作為化樂天王為眾會說法，又看見彌勒菩薩作為他化自在天王為眾會說法，又看見彌勒菩薩作為大梵王為眾會說法，又看見彌勒菩薩作為龍王為眾會說法，又看見彌勒菩薩作為夜叉、羅剎王為眾會說法，又看見彌勒菩薩作為乾闥婆、緊那羅王為眾會說法，又看見彌勒菩薩作為阿修羅、陀那婆王為眾會說法，又看見彌勒菩薩作為迦樓羅、摩睺羅伽王為眾會說法，又看見彌勒菩薩作為其餘一切人、非人等為眾會說法，又看見彌勒菩薩作為聲聞為眾會說法，又看見彌勒菩薩作為緣覺為眾會說法，又看見彌勒菩薩作為初發心乃至一生所繫已經灌頂的諸菩薩眾而為眾生演說佛法。

善財童子又看見彌勒菩薩讚說初地乃至十地所有功德，又看見彌勒菩薩讚說滿足一切諸波羅蜜，也看見彌勒菩薩讚說進入諸忍門，也看見彌勒菩薩讚說諸大三昧門，也看見彌勒菩薩讚說甚深解脫門，也看見彌勒菩薩讚說諸禪三昧神通境界，也看見彌勒菩薩讚說諸菩薩行，也看見彌勒菩薩讚說諸大誓願，也看見彌勒菩薩與諸同行菩薩一起讚說世間資生工巧種種方便利益眾生之事，也看見與諸一生菩薩一起讚說一切佛之灌頂門。

善財童子看見彌勒在百千年之中經行、讀誦、書寫經卷，勤求觀察，為眾生說法，也看見其進入諸禪四無量心，也看見其進入偏處及諸解脫法門，也看見其進入三昧以方便力顯現出諸神變。

或見諸菩薩入變化三昧，各於其身一一毛孔，出於一切變化身雲；或見出天眾身雲，或見出龍眾身雲，或見出夜叉、乾闥婆、緊那羅、阿修羅、迦樓羅、摩睺羅伽、釋、梵、護世、轉輪聖王、小王、王子、大臣、官屬、長者、居士身雲，或見出聲聞、緣覺及諸菩薩、如來身雲，或見出一切眾生身雲。或見出妙音，讚諸菩薩種種法門。所謂：讚說菩提心功德門；讚說檀波羅蜜乃至智波羅蜜功德門；讚說諸攝❶、諸禪❷、諸無量心❸，及諸三昧❹、三摩缽底❺、諸通❻、諸明❼、總持、辯才、諸諦、諸智❽、止觀❾、解脫、諸緣❿、諸依⓫、諸說法門；讚說念處⓬、正勤⓭、神足⓮、根、力⓯、七菩提分、八聖道分、諸聲聞乘、諸獨覺乘、諸菩薩乘、諸地、諸忍、諸行、諸願，如是等一切諸功德門。

或復於中，見諸如來，大眾圍繞；亦見其佛生處、種姓、身形、壽命、剎劫、名號、說法利益、教住久近，乃至所有道場眾會種種不同，悉皆明見。

又復於彼莊嚴藏內諸樓閣中，見一樓閣，高廣嚴飾，最上無比；於中悉見三千世界百億四天下、百億兜率陀天，一一皆有彌勒菩薩降神誕生、釋梵天王捧持頂戴、遊行七步、觀察十方、大師子吼、現為童子、居處宮殿、遊戲園苑、為一切智出家苦行、示受乳糜、往詣道場、降伏諸魔、成等正覺、觀菩提樹、梵王勸請轉正法輪、昇天宮殿而演說法、劫數壽量、眾會莊嚴、所淨國土、所修行願、教化成熟眾生方便、分佈舍利、住持教法，皆悉不同。

爾時，善財自見其身，在彼一切諸如來所；亦見於彼一切眾會、一切佛事，憶持不忘，通達無礙。

【章旨】善財童子在毗盧遮那莊嚴藏樓閣又看見菩薩進入三昧，以各種變化身演說佛法；也看見了諸佛攝化眾生的功德以及彌勒菩薩一生所做的功德。

【注釋】❶諸攝　指「四攝法」，菩薩攝受眾生的四種方法「布施攝」、「愛語攝」、「利行攝」、「同事攝」。❷諸禪　禪，又作「禪那」、「持阿那」，意譯作「靜慮」、「思惟修習」等，指將心專注於某一對象，極寂靜、詳密思惟之定慧均等之狀態。在原始佛教及部派佛教，將「禪」以「尋」、「伺」、「喜」、「樂」之有無分為「初禪」、「二禪」、「三禪」、「四禪」等四種。在大乘佛教中，禪為六波羅蜜、十波羅蜜之一，即「禪波羅蜜」。《菩薩地持經》卷六及《瑜伽師地論》卷四十三等載，禪波羅蜜有九種相：第一，「自性禪」，指靜慮之自性，即將心集中於一對象的「心一境性」境界；或指由觀心之自性所得之禪。第二，「一切禪」，為攝盡自行化他一切法之禪。第三，「難禪」，難修之禪之意，為利益無量之有情，捨去禪定之樂，還生欲界，乃至依止靜慮，證悟無上菩提。第四，

「一切門禪」，一切禪定以此四禪為門，而自此出與入。第五，「善人禪」，不愛著禪定之樂，而與四無量心俱行之禪。此乃具有殊勝善根之眾生所修，故稱「善人禪」。第六，「一切行禪」，攝盡大乘一切行，故稱「一切行禪」。第七，「除煩惱禪」，除去眾生種種苦惱之禪。第八，「此世他世樂禪」，使眾生得現在、未來一切快樂之禪。第九，「清淨禪」，又作「清淨靜慮」，已斷盡一切惑、業，得大菩提果，故稱「清淨」。以上是菩薩所修之殊勝禪，因此稱「九種大禪」。❸諸無量心　即「四無量心」。❹諸三昧　指各種「三昧」。三昧，又名「三摩提」、「三摩地」，意思為「正定」，即離諸邪亂，攝心不散的意思。佛教中有二種三昧、三種三昧、四種三昧等說法。❺三摩缽底　又作「三摩拔提」，意思為「等至」、「正受」、「正定現前」，指由遠離惛沉、掉舉等，而使身心達於平等安和之境。依《俱舍論》卷二十八，「四靜慮」及「四無色定」為「根本八等至」。「四靜慮」色界諸天分為四禪，即初禪、二禪、三禪、四禪。四無色定為「空無邊處定」、「識無邊處定」、「無所有處定」、「非想非非想處定」。❻諸通　指佛、菩薩、仙人所具有的「六神通」即「六通」。作用自在無礙，謂之「通」。「六通」為「神足」、「天眼」、「天耳」、「他心」、「宿命」、「漏盡」。❼諸明　有「智慧」與「學問」兩種涵義。從「學問」意義而言，印度各種學問技術可分為「聲明」（語言、文典之學）、「工巧明」（工藝、技術、算曆之學）、「醫方明」（醫學、藥學、咒法之學）、「因明」（論理學）、「內明」（專心思索五乘因果妙理之學）。從佛教「智慧」而言，「明」是指破除愚癡之闇昧，而悟達真理之神聖智慧。據《佛地經論》卷二載，由於「明」能除「闇」，故以「慧」為自性；由於「明」為「無明」之相對者，故以無癡之善根為自性。無學之聖者所具有的六神通中之「宿住通」、「生死通」、「漏盡通」等三通能破除過去、未來、現在三際之愚闇，此稱為無學之「三明」。六十卷《華嚴經》說，十地菩薩具有如下十種智明：㈠他心智明，㈡天眼智明，㈢宿命智明，㈣未來際智明，㈤天耳智明，㈥神力智明，㈦分別言音智明，㈧色身莊嚴智明，㈨真實智明，㈩滅定智明。八十卷《華嚴經》將此譯為「神通」，故又作「十通」。❽諸智　指各種各樣的智慧。佛教經論中，關於智慧的分類極多，極為繁複。有二智、四智、五智、六智、八智、十智、四十四智、七十七智。智，對於一切事物之道理能夠斷定是非、正邪，而有所取捨者。❾止觀　即「止」與「觀」。「止」是止息一切妄念，「觀」是觀察一切真理。「止」屬於定，「觀」屬於慧，止觀就是定慧雙修的意思。止息一切外境與妄念，而貫注於特定之對象（止），並生起正智慧以觀此一對象（觀），稱為「止觀」。❿諸緣　指各種「緣」。「緣」有廣、狹二義。狹義指引起結果的間接原因，即「外緣」。廣義而言，是指「因」與「緣」兩者之稱。佛教各宗派普偏認可「四緣」的說法：第一，因緣，「因」亦為「緣」之意，指產生果報之直接內在原因，即狹義之因。第二，「等無間緣」，指心、心所之相續中，由前一剎那引導後一剎那生起之原因。第三，「所緣緣」（緣緣），所緣指外境，心緣外境時，必藉外境以為助緣。第四，「增上緣」，泛指不對某一法產生障礙之一切法。⓫諸依　即各種「所依」。「依」為依止、依憑之意，有「能依」、「所依」之別。依賴、依憑者，稱為「能依」；被依賴、依憑者，稱為「所依」。「所依」有「因緣依」、「增上緣依」、「等無間緣依」等「三所依」。又二種以上共同依止者，稱「共依」，反之則為「不共依」。⓬念處　又作「念住」。「念」為能觀之智，「處」為所觀之境。即以智慧觀察對境，而留住意念於此。為三十七菩提分法之一科。念處有四種，係以身、受、心、法等四念處，觀自相、共相，而一一對治「淨」、「樂」、「常」、「我」等四顛倒。⓭正勤　即「四正勤」，已生惡令斷滅、未生惡令不生、未生善令生起、已生善令增長。此四正勤就是精進，精進勤勞修習四種道法，以策勵身、口、意，斷惡生善。⓮神足　即「神足通」，又名「神境智證通」、「心如意通」，即身如其意，隨念即至，可在一想念間，十方無量國土都能同時一一到達，變化無窮。⓯力　機能、能力之意。此處之「力」有以下幾種可能的所指：第一，指十波羅蜜中之第九，即稱「力波羅蜜」。第二，指思擇力、修習力。第三，指「自力」、「他力」。第四，指產生菩提心之力有「自力」、「他力」、「因力」、「方便力」等四力。

【語　譯】善財童子在毗盧遮那莊嚴藏樓閣又看見諸菩薩進入變化三昧，各於其身一一毛孔之中生出一切變化身雲；看見在其每一毛孔之中生出天眾身雲，看見在其每一毛孔中生出龍眾身雲，看見在其每一毛孔中生出夜叉、乾闥婆、緊那羅、阿修羅、迦樓羅、摩睺羅伽、帝釋、梵、護世四天王、轉輪聖王、小王、王子、大臣、官屬、長者、居士等等身雲，也看見在其每一毛孔中生出聲聞、緣覺及諸菩薩、如來身之雲，看見在其每一毛孔中生出一切眾生身雲。這些變化身雲，有的發出美妙的聲音，稱讚諸菩薩的種種法門。這些法門有：讚說菩提心功德門；讚說檀波羅蜜乃至智波羅蜜功德門；讚說四攝法、諸種禪定、四無量心以及各種三昧、三摩缽底、諸種神通、各種明、總持、辯才、各種真理、各種智慧、止觀、解脫法門、諸緣、諸依、諸說法門；讚說四念處、四正勤、神足通、六根、力、七菩提分、八聖道分、諸聲聞乘、諸獨覺乘、諸菩薩乘、諸地、諸忍、諸行、諸願，如此等一切諸功德門。

善財童子又在毗盧遮那莊嚴藏樓閣之中，看見在大眾圍繞下的諸位如來，也看見其佛出生之處、其種姓、身形、壽命、國土與劫、名號、說法利益、教住久近，乃至所有道場眾會等等種種不同的情形，都完全得以明晰地看見。

善財童子又在那莊嚴藏內的諸樓閣中，看見一座樓閣，其既高又寬闊，裝飾富麗堂皇，是無與倫比的；從這座樓閣中完全看見三千世界百億的四天下、百億的兜率陀天，一一都有彌勒菩薩從中降神誕生、釋梵天王捧持頂戴、遊行七步、觀察十方、發出大師子似的吼叫、顯現為童子、居處宮殿、遊戲園苑、為了求得一切智而出家苦行、示受乳糜、前往道場、降伏諸魔、成等正覺、坐於菩提樹下觀想、梵王勸請旋轉正法輪、昇天宮殿而演說佛法、劫數壽量、眾會莊嚴、所淨國土、所修行願、教化成熟眾生方便、分佈舍利、住持教法，這些不同的情形一一都可以完全看見。

這時，善財童子看見自己的身體，在那些一切諸如來的住所；也看見那一切眾會、一切佛事。所有這些，善財童子都憶持不忘，通達無礙。

復聞一切諸樓閣內，寶網鈴鐸及諸樂器，皆悉演暢不可思議微妙法音，說種種法。所謂：或說菩薩發菩提心，或說修行波羅蜜行，或說諸願，或說諸地，或說恭敬供養如來，或說莊嚴諸佛國土，或說諸佛說法差別。如上所說一切佛法，悉聞其音，敷暢❶辯了❷。

又聞某處，有某菩薩，聞某法門，某善知識之所勸導發菩提心，於某劫、某剎、某如來所、某大眾中，聞於某佛如是功德，發如是心，起如是願，種於如是廣大善根；經若干劫修菩薩行，於爾許時當成正覺，如是名號，如是壽量，如是國土，具足莊嚴，滿如是願，化如是眾、如是聲聞、菩薩眾會；般涅槃後，正法住世，經爾許劫，利益如是無量眾生。

或聞某處，有某菩薩，布施、持戒、忍辱、精進、禪定、智慧，修習如是諸波羅蜜。或聞某處，有某菩薩，為求法故，棄捨王位及諸珍寶、妻子、眷屬、手、足、頭、目，一切身分皆無所吝。或聞某處，有某菩薩，守護如來所說正法，為大法師，廣行法施，建法幢，吹法螺❸，擊法鼓，雨法雨，造佛塔廟，作佛形像，施諸眾生一切樂具。或聞某處，有某如來，於某劫中，成等正覺，如是國土，如是眾會，如是壽命，說如是法，滿如是願，教化如是無量眾生。

善財童子聞如是等不可思議微妙法音，身心歡喜，柔軟悅懌❹，即得無量諸總持門、諸辯才門、諸禪、諸忍、諸願、諸度、諸通、諸明，及諸解脫、諸三昧門。

【章　旨】善財童子在毗盧遮那莊嚴藏樓閣中又見到、聽見各種莊嚴具的微妙作用，共分十段。此章先言聽聞寶網鈴鐸及諸樂器演說佛法。

【注　釋】❶敷暢　鋪敘而加以發揮；廣為傳播。❷辯了　清楚；明白。❸法螺　意譯為「珂」、「貝」、「蠡貝」。在印度，召集人群或征戰時，多吹此貝。亦為樂器。後世因為吹螺之聲遠聞，且螺聲勇猛，因而佛教典籍中常常以此比喻佛說法儀節隆盛，廣泛地澤披大眾，並能夠降伏魔鬼。❹悅懌　歡樂；愉快。此處意思為光潤悅目。

【語　譯】善財童子又在毗盧遮那莊嚴藏樓閣聽到一切諸樓閣內的寶網上的鈴鐸及諸樂器，都全部演奏出順暢的不可思議的微妙法音，宣說種種法。這些聲音：有的宣說菩薩發菩提心，有的宣說修行波羅蜜行，有的宣說諸願，有的宣說諸地，有的宣說如何恭敬供養如來，有的宣說莊嚴諸佛國土，有的宣說諸佛說法差別。如上所說的一切佛法，既充實又很清楚，善財童子都全部聽聞其音，理解其意。

善財童子又聽聞某處有某菩薩，聞某法門，在某善知識的勸導下發菩提心，在某劫、某國土、某如來的住所、某大眾之中，聽聞某佛如此功德，發如此心，起如此願，種植如此廣大善根；經過若干劫修習菩薩行，在那時應當成正覺，如此名號，如此壽量，如此國土，具足莊嚴，滿足如此願，化度如此眾生、如此聲聞、如此菩薩眾會；後來，涅槃後，其所宣揚的正法住於世間，經過許多劫，利益如此無量眾生。

善財童子又聽到某處有某菩薩，布施、持戒、忍辱、精進、禪定、智慧，修習如此諸波羅蜜。又聽聞某處有某菩薩，為了求法的緣故，棄捨王位及諸珍寶、妻子、眷屬、手、足、頭、目，身體的一切部分都從不吝嗇。有時又聽聞某處有某菩薩，守護如來所說的正法，作為大法師，廣行法施，建立法幢，吹響法螺，敲擊法鼓，降下法雨，建造佛的塔廟，製作佛的形像，布施給眾生一切樂具。有時聽聞某處有某如來，在某劫中，成等正覺，如此國土，如此眾會，如此壽命，說如此法，滿足如此願，教化如此無量眾生。

善財童子聽聞如此等不可思議的微妙法音，身心歡喜，身體變得柔軟舒適，隨即獲得無量諸總持門、諸辯才門、諸禪、諸忍、諸願、諸度、諸通、諸明以及諸解脫法門、諸三昧法門。

又見一切諸寶鏡中種種形像。所謂：或見諸佛眾會道場，或見菩薩眾會道場，或見聲聞眾會道場，或見緣覺眾會道場，或見淨世界，或見不淨世界，或見淨不淨世界，或見不淨淨世界，或見有佛世界，或見無佛世界，或見小世界，或見中世界，或見大世界，或見因陀羅網世界，或見覆世界，或見仰世界，或見平坦世界，或見地獄、畜生、餓鬼所住世界，或見天、人充滿世界。於如是等諸世界中，見有無數大菩薩眾，或行或坐作諸事業，或起大悲憐愍眾生，或造諸論利益世間，或受或持，或書或誦，或問或答、三時懺悔❶、迴向、發願。

又見一切諸寶柱中，放摩尼王大光明網，或青、或黃、或赤、或白、或玻璃色、或水精色、或帝青色、或虹霓色、或閻浮檀金色，或作一切諸光明色。

又見彼閻浮檀金童女及眾寶像，或以其手而執華雲，或執衣雲，或執幢幡，或執鬘蓋，或持種種塗香、末香，或持上妙摩尼寶網，或垂金鎖，或掛瓔珞，或舉其臂捧莊嚴具，或低其首垂摩尼冠，曲躬瞻仰，目不暫捨。

又見彼真珠瓔珞，常出香水，具八功德❷；琉璃、瓔珞，百千光明，同時照耀；幢、幡、網、蓋，如是等物，一切皆以眾寶莊嚴。

又復見彼優鉢羅華、波頭摩華、拘物頭華、芬陀利華，各各生於無量諸華，或大一手，或長一肘，或復縱廣猶如車輪，一一華中皆悉示現種種色像以為嚴飾。所謂：男色像、女色像、童男色像、童女色像、釋、梵、護世、天、龍、夜叉、乾闥婆、阿修羅、迦樓羅、緊那羅、摩睺羅伽、聲聞、緣覺及諸菩薩。如是一切眾生色像，皆悉合掌，曲躬禮敬。亦見如來結跏趺坐，三十二相莊嚴其身。

又復見彼淨琉璃地，一一步間，現不思議種種色像。所謂：世界色像、菩薩色像、如來色像及諸樓閣莊嚴色像。

【章　旨】善財童子在毗盧遮那莊嚴藏樓閣中又看到寶鏡中顯現出的種種形像、樓閣中的寶柱放出摩尼王大光明網、以閻浮提檀金製作的童女及眾寶像。善財童子又看見在樓閣中出生許多真珠瓔珞、香水、琉璃、瓔珞，這些珍寶都放出百千光明。這時，善財童子又看見有各色蓮花在其中盛開，在每一朵蓮花中顯現出各種顏色的眾生形像。此外，善財童子還看見毗盧遮那莊嚴藏樓閣中的淨琉璃地每一步間都顯現出不可思議的各種形像。

【注　釋】❶三時懺悔　疑為對於過去、現在、未來所做的不合乎佛法之事情進行懺悔。❷八功德　指「八功德水」，其八種功德為「澄淨」、「清冷」、「甘美」、「輕軟」、「潤澤」、「安和」、「除饑渴」、「長養諸根」。

【語　譯】善財童子在毗盧遮那莊嚴藏樓閣中又看到一切諸寶鏡中的種種形像。具體而言如下：有時見到諸佛眾會道場，有時看到菩薩眾會道場，有時看到聲聞眾會道場，有時看到緣覺眾會道場，有時看見清淨世界，有時看見不清淨的世界，有時看見清淨與不清淨交雜的世界，有時看見不清淨世界中的清淨世界，有時看見有佛的世界，有時看見無佛的世界，有時看見小千世界，有時看見中千世界，有時看見大千世界，有時看見因陀羅網世界，有時看見覆世界，有時看見仰世界，有時看見平坦的世界，有時看見地獄、畜生、餓鬼等所住的世界，有時看見天、人充滿的世界。在如此等諸世界之中，善財童子看見有無數大菩薩眾，有的行走，有的坐著作諸事業，有的生起大悲而憐愍眾生，有的造諸論以利益世間，有的受持，有的書寫、讀誦，有的問有的回答、三時懺悔並且迴向、發願。

善財童子又看見毗盧遮那莊嚴藏樓閣中的一切諸寶柱之中，放出摩尼王大光明網，有的為青色、有的為黃色、有的為赤色、有的是白色、有的是玻璃色、有的是水精色、有的是帝青色、有的是虹霓色、有的是閻浮檀金之色，有的顯現出一切諸光明之色。

善財童子又看見那閻浮檀金色童女以及許多以珍寶製成之像，有的以其手而執花雲，有的執持衣雲，有的執持幢幡，有的執持鬘蓋，有的執持種種塗香、末香，有的執持上等美妙的摩尼寶網，有的執持下垂的金鎖，有的掛著瓔珞，有的舉起手臂捧著莊嚴具，有的低著頭垂下摩尼寶冠。善財童子曲躬瞻仰這些形像，眼睛一眨也不眨。

善財童子又看見那些真珠瓔珞，常常流出香水，具備八種功德；琉璃、瓔珞所具的百千光明同時照耀著整座樓閣；幢、幡、網、蓋，如此等物，一切都以許多珍寶作為莊嚴。

善財童子又看見那些優缽羅華、波頭摩華、拘物頭華、芬陀利華中各各生出無數各種各樣的花朵，有的花有一手大，有的則長為一肘，有的更是縱廣猶如車輪，每一朵花中都完全示現出種種色像作為美麗的裝飾。這些花中的形像為：男子形像、女子形像、童男子形像、童女形像、帝釋天、梵天、護世四天王、天、龍、夜叉、乾闥婆、阿修羅、迦樓羅、緊那羅、摩睺羅伽、聲聞、緣覺以及諸位菩薩之形像。如此所有的眾生都合掌，曲躬禮敬。善財童子又看見如來結跏趺而坐，三十二相莊嚴其身。

善財童子又在此樓閣的清淨的琉璃地，其每一步間都顯現出不可思議的種種形像。這些形像有：世界的形像、菩薩的形像、如來的形像以及諸樓閣的莊嚴形像。

又於寶樹枝、葉、華、果一一事中，悉見種種半身色像。所謂：佛半身色像、菩薩半身色像，天、龍、夜叉，乃至護世、轉輪聖王、小王、王子、大臣、官長，及以四眾❶半身色像。其諸色像，或執華鬘，或執瓔珞，或持一切諸莊嚴具；或有曲躬合掌禮敬，一心瞻仰，目不暫捨；或有讚嘆，或入三昧。其身悉以相好莊嚴，普放種種諸色光明，所謂：金色光明、銀色光明、珊瑚色光明、兜沙羅色❷光明、帝青色光明、毗盧遮那寶色光明、一切眾寶色光明、瞻波迦華色❸光明。

又見諸樓閣半月像中，出阿僧祇日月星宿種種光明普照十方。

又見諸樓閣週迴四壁，一一步內，一切眾寶以為莊嚴。一一寶中，皆現彌勒曩劫修行菩薩道時，或施頭目，或施手足、脣舌、牙齒、耳鼻、血肉、皮膚、骨髓乃至爪髮，如是一切，悉皆能捨；妻妾、男女、城邑、聚落、國土、王位，隨其所須，盡皆施與。處牢獄者，令得出離；被繫縛者，使其解脫；有疾病者，為其救療；入邪徑者，示其正道。或為船師，令度大海；或為馬王，救護惡難；或為大仙，善說諸論；或為輪王，勸修十善；或為醫王，善療眾病。或孝順父母，或親近善友，或作聲聞，或作緣覺，或作菩薩，或作如來，教化調伏一切眾生；或為法師，奉行佛教，受持讀誦，如理思惟，立佛支提，作佛形像，若自供養，若勸於他，塗香散華，恭敬禮拜。如是等事，相續不絕。或見坐於師子之座，廣演說法，勸諸眾生安住十善，一心歸向佛、法、僧寶，受持五戒❹及八齋戒❺，出家聽法，受持讀誦，如理修行。乃至見於彌勒菩薩，百千億那由他阿僧祇劫，修行諸度一切色像；又見彌勒曾所承事諸善知識，悉以一切功德莊嚴；亦見彌勒在彼一一善知識所，親近供養，受行其教，乃至住於灌頂之地。

時，諸知識告善財言：「善來童子！汝觀此菩薩不思議事，莫生疲厭。」

【章　旨】善財童子在毗盧遮那莊嚴藏樓閣中看見在各種寶樹中都顯現出佛、菩薩、天、龍等半身形像，看見了此樓閣中的半月形建築發出無數星宿的種種光明。最後，善財童子還看見，在毗盧遮那莊嚴藏樓閣的週迴四壁上，其每一寶中都顯現出了彌勒菩薩在修行中所作的「隨類攝生」的事情。

【注　釋】❶四眾　有「出家四眾」和「佛弟子四眾」等數種說法。「出家四眾」為比丘、比丘尼、沙彌、沙彌尼。「佛弟子四眾」即「僧俗四眾」，為比丘、比丘尼、優婆塞、優婆夷。❷兜沙羅色　指如同霜冰的顏色。❸瞻波迦華色　指如同瞻波迦華般的金色。瞻波迦，又作「佔婆」、「瞻婆」、「旃波迦」，樹名，其意為「金色花樹」，其花有香氣遠熏。❹五戒　指五種制戒，有在家居士五戒與在家菩薩五戒的區別。在家男女所受持之五種制戒為：不殺生、不偷盜、不邪淫、不妄語、不飲酒。不殺生是不殺傷生命；不偷盜是不盜取別人的財物；不邪淫是不作夫婦以外的淫事；不妄語是不說欺誑騙人的話；不飲酒是不吸食含有麻醉人性的酒類及毒品。在家菩薩所受持之五種制戒為：不奪生命、不與取、不虛妄語、不欲邪行、不邪見等。❺八齋戒　又作「八戒齋」、「八關齋」、「八支齋」，簡稱「八戒」。第一、不殺生，不殺有生命的動物；第二、不與取，不取他不與之物；第三、不非梵行，不作男女之媾合；第四、不虛誑語，不說不符事實的話；第五、不飲酒，不飲一切的酒類；第六、不塗飾鬘舞歌觀聽，不身塗香飾花鬘及觀舞蹈聽歌曲；第七、不眠坐高廣嚴麗床上，不坐臥於高廣嚴麗的床上；第八、不非時食，不食非時之食，亦即過午不食。離上述八種之非法為八戒，又因此八戒中之第八「離非時食」是齋法，故總名「八戒齋」。

【語　譯】善財童子又在毗盧遮那莊嚴藏樓閣中的珍寶樹枝、葉、花、果等每一事中，都完全看見種種半身色像。這些形像是：佛的半身色像、菩薩的半身色像，天、龍、夜叉，乃至護世四天王、轉輪聖王、小王、王子、大臣、官長，以及四眾的半身色像。這些色像，有的佩帶花鬘，有的掛著瓔珞，有的持取一切諸莊嚴具；有的曲躬合掌禮敬，一心瞻仰，眼睛一眨也不眨；有的則在讚嘆佛法，有的則進入三昧。這些形像都以相、好莊嚴自身，完全放出種種顏色的光明。這些光明是：金色光明、銀色光明、珊瑚色光明、兜沙羅色光明、帝青色光明、毗盧遮那寶色光明、一切眾寶色光明、瞻波迦華色光明。

善財童子在毗盧遮那莊嚴藏樓閣中又見諸樓閣半月像中，出阿僧祇日月星宿種種光明，普照十方。

善財童子在毗盧遮那莊嚴藏樓閣中又看見諸樓閣內的四壁，每一步內都以一切眾寶作為莊嚴。每一寶中，都顯現出彌勒菩薩在過去劫修習實踐菩薩道之時所發生的故事。有布施頭與眼睛的，有布施手足、唇舌、牙齒、耳鼻、血肉、皮膚、骨髓乃至爪髮的，如此一切，都全部能夠捨棄；妻妾、男女、城邑、聚落、國土、王位，隨著眾生的需要，都完全可以施與。對於那些身處牢獄的眾生，使其得以出離牢獄；對於那些被繫縛的眾生，使其解脫繫縛；對於有疾病的眾生，為其救療；對於那些進入邪徑的眾生，指示其正確的道路。有時作為船師，使眾生得以渡過大海；有時又作為馬王，救護眾生所遇到的惡難；有時作為大仙，善於演說談論；有時又作為轉輪王，激勵眾生修習十種善行；有時作為醫王，為眾生治療疾病。有時孝順父母，有時又親近善友，有時又作為聲聞，有時又作為緣覺，有時又作為菩薩，有時又作為如來，教化調伏一切眾生；有時作為法師，奉行佛教，受持讀誦，如理思惟，建立佛支提塔，化作佛的形像，或者自己供養佛，或者激勵別人塗香散花，恭敬禮拜佛。如此等事，相續不絕。有時看見其坐於師子之座，廣演說法，激勵諸多眾生安住於十種善行，使其一心歸向佛、法、僧三寶，受持五戒及八齋戒，出家聽法，受持讀誦，如理修行。善財童子甚至看到彌勒菩薩在百千億那由他阿僧祇劫中，修行諸度的一切形像；又看見彌勒曾所承事的諸位善知識，都全部以一切功德莊嚴自身；也看見彌勒菩薩在那些每一位善知識的住所，親近供養，受行教誨，直至住於灌頂之地。

這時，諸位知識告訴善財童子說：「善來童子！你應該觀看此位菩薩的不思議事，不要產生疲倦與厭惡。」

爾時，善財童子得不忘失憶念力故，得見十方清淨眼故，得善觀察無礙智故，得諸菩薩自在智故，得諸菩薩已入智地廣大解故，於一切樓閣一一物中，悉見如是及餘無量不可思議自在境界諸莊嚴事。

譬如有人，於睡夢中見種種物❶，所謂：城邑、聚落、宮殿、園苑、山林、河池、衣服、飲食乃至一切資生之具；或見自身父母兄弟、內外親屬；或見大海、須彌山，乃至一切諸天宮殿、閻浮提等四天下事；或見其身形量廣大百千由旬，房舍、衣服悉皆相稱，謂於晝日經無量時不眠不寢受諸安樂。從睡覺已，乃知是夢，而能明記所見之事。善財童子亦復如是，以彌勒菩薩力所持故，知三界法皆如夢故，滅諸眾生狹劣想故，得無障礙廣大解故，住諸菩薩勝境界故，入不思議方便智故，能見如是自在境界。

譬如有人，將欲命終❷，見隨其業所受報相：行惡業者，見於地獄、畜生、餓鬼所有一切眾苦境界，或見獄卒手持兵杖或瞋或罵囚執將去，亦聞號叫、悲嘆之聲，或見灰河❸，或見鑊湯❹，或見刀山❺，或見劍樹❻，種種逼迫，受諸苦惱；作善業者，即見一切諸天宮殿無量天眾、天諸采女，種種衣服具足莊嚴，宮殿、園林盡皆妙好。身雖未死，而由業力見如是事。善財童子亦復如是，以菩薩業不思議力，得見一切莊嚴境界。

譬如有人，為鬼所持❼，見種種事，隨其所問，悉皆能答。善財童子亦復如是，菩薩智慧之所持故，見彼一切諸莊嚴事，若有問者，靡不能答。

譬如有人，為龍所持❽，自謂是龍，入於龍宮，於少時間，自謂已經日月年載。善財童子亦復如是，以住菩薩智慧想故，彌勒菩薩所加持故，於少時間謂無量劫。

譬如梵宮，名莊嚴藏❾，於中悉見三千世界一切諸物不相雜亂。善財童子亦復如是，於樓觀中，普見一切莊嚴境界種種差別不相雜亂。

譬如比丘，入徧處定❿，若行、若住、若坐、若臥，隨所入定，境界現前。善財童子亦復如是，入於樓觀，一切境界悉皆明瞭。

譬如有人，於虛空中見乾闥婆城具足莊嚴⓫，悉分別知，無有障礙；譬如夜叉宮殿與人宮殿⓬，同在一處而不相雜，各隨其業，所見不同；譬如大海⓭，於中悉見三千世界一切色像；譬如幻師⓮，以幻力故，現諸幻事種種作業。善財童子亦復如是，以彌勒菩薩威神力故，及不思議幻智力故，能以幻智知諸法故，得諸菩薩自在力故，見樓閣中一切莊嚴自在境界。

【章　旨】善財童子因為獲得了不忘失憶念之力的緣故，纔獲得了見十方清淨之眼、善觀察無礙智、諸菩薩自在智，並且因為獲得了諸菩薩已入智地後所具的廣大解，所以，他纔能在此樓閣中見到如此奇異的境界。此章以十種比喻顯示善財童子之所見，十種比喻均有二義：一喻能見因緣不同，二喻所見境界不同。

【注　釋】❶譬如有人於睡夢中見種種物　這一比喻即「夢喻」，從總體上比喻能見、所見都如同夢中的事情，其「大小無礙」（澄觀《華嚴經疏》卷六十，《大正藏》卷三十五，頁九五八下）。❷譬如有人將欲命終　這一比喻即「臨終現業喻」，是比喻「自因力隨自業」及「所見冥應」（澄觀《華嚴經疏》卷六十，《大正藏》卷三十五，頁九五八下）。❸灰河　即「灰河地獄」，為「十六小地獄」之一。佛教經籍記載，此地獄縱廣各五百由旬，灰河沸湧其中，惡氣蓬勃，迴波相搏，聲響可畏，從底至上，鐵刺縱橫，岸上則有劍林，其枝葉花實皆是刀劍。罪人入河，隨波上下，沉沒於迴流中，鐵刺刺其全身，內外通徹，苦痛萬端，罪人遂出灰河，至彼岸上，被利劍割刺，身體傷壞，復有豺狼來啃嚙罪人，生食其肉。罪人走上劍樹，劍刃向下刺之，下劍樹時，劍刃則向上刺之。罪人以手攀樹手絕，以足踏樹足斷，皮肉裂落，筋脈相連，另有鐵嘴鳥啄其頭，食其腦。罪人於此復入灰河，隨波沉沒，河中鐵刺刺其全身，皮肉壞爛，膿血流出，唯有白骨漂浮於外，冷風吹來，不久即起立，由宿業所牽引，不覺忽至鐵丸地獄。❹鑊湯　即「鑊湯地獄」。佛教經籍記載，此地獄以鍋鑊煮沸湯，置罪人於其中，以懲其生前罪行之地獄。據《觀佛三昧海經》卷五載，此地獄共有十八鑊，每一鑊縱廣皆四十由旬，有七重之鐵網，其內充滿沸鐵。有五百羅剎，以大石炭燒其銅鑊，其火焰焰相承，在地獄六十日（即此娑婆世界之十二萬年）而不滅。係眾生毀佛戒法、殺生祠祀、為食肉焚燒山野而傷害眾生、燒煮生類等所招感之果報。犯罪之人，臨命終時，身心煩悶，不能禁制大小便，身體或熱如湯，或冷如冰，乃萌生得大溫水沐浴之念。獄卒羅剎遂化作僮僕，手擎湯瓮至罪人所，罪人見瓮，心生喜愛，氣絕命終而生此鑊湯中。罪人於其內，身肉消爛，唯餘骨存在；即被用鐵叉取出鑊外，鐵狗食之，嘔吐在地，尋復還活；獄卒再驅捕罪人，還令入鑊中。罪人因畏鑊熱，乃攀劍樹上，骨肉斷壞，還墮鑊湯中。因殺生之罪，於一日一夜中有恆河沙之生死果報。罪畢乃出，生於畜生道，豬羊雞狗短命之處，無不經歷，待受身八千萬年後，纔生於人道。雖生人道中，仍受多病、短命之報，經無量劫後遇善知識，始能受持五戒、行六度。❺刀山　即「刀輪地獄」，這是以刀山、刀輪懲治罪人的地獄。為樂見他人苦惱，殺害眾生者所生之處。此獄四面皆山，山間積刀如塼，虛空中有八百萬億大刀輪，如雨滴下。罪人臨命終時，患逆氣病，心中充滿煩悶如堅石，遂有得利刀削之而快之念，獄卒應其念拿來利刀，割重病，罪人得大歡喜，絕命而生刀山間，四山一時而合，切其身。又有獄卒驅罪人登刀山，未至山頂，傷及足乃至胸，因畏獄卒，匍匐登山，獄卒以刀樹相撲，尚未死之際，有鐵狗、鐵蟲來啄。又罪人腳著鐵輪，自空而落，如是一日一夜，有六十億生死，經八千萬歲，五百世生於畜牲，復受五百世卑賤人身，遇善知識始知發心。❻劍樹　即「劍樹地獄」。佛教經籍記載，此地獄中，將罪人入劍林中，暴風起吹落劍樹葉，墮於其身，以致頭面身體無不傷壞。另有鐵嘴鳥啄其兩目，苦痛無量，久受苦已，方出此獄，復到寒冰地獄。❼譬如有人為鬼所持　這一比喻即「為鬼所持喻」，是比喻「緣力鬼所持」、「所見能說」（澄觀《華嚴經疏》卷六十，《大正藏》卷三十五，頁九五八下）。❽譬如有人為龍所持　這一比喻即「為龍所持喻」或「龍宮淹久喻」，是比喻「緣力龍所持」、「念劫圓融」、「所見能說」（澄觀《華嚴經疏》卷六十，《大正藏》卷三十五，頁九五八下）。❾譬如梵宮名莊嚴藏　這一比喻即「梵宮廣現喻」，是比喻「友依報力」、「一多無礙」（澄觀《華嚴經疏》卷六十，《大正藏》卷三十五，頁九五八下）。❿譬如比丘入偏處定　這一比喻即「偏處定境喻」，是比喻「定力」、「所見明瞭」（澄觀《華嚴經疏》卷六十，《大正藏》卷三十五，頁九五八下）。⓫譬如有人於虛空中見乾闥婆城具足莊嚴　這一比喻即「乾城依空喻」，是比喻「性空力」、「事理無礙」（澄觀《華嚴經疏》卷六十，《大正藏》卷三十五，頁九五八下）。⓬譬如夜叉宮殿與人宮殿　這一比喻即「同處異見喻」，是比喻「法界自在力」、「隱顯自在」（澄觀《華嚴經疏》卷六十，《大正藏》卷三十五，頁九五八下）。⓭譬如大海　這一比喻即「海現三千喻」，是比喻「智定無二力」、「頓現遠近」（澄觀《華嚴經疏》卷六十，《大正藏》卷三十五，頁九五八下）。⓮譬如幻師　這一比喻即「幻現眾多喻」，是比喻「幻智自在力」、「所見純雜無礙」（澄觀《華嚴經疏》卷六十，《大正藏》卷三十五，頁九五八下）。

【語　譯】這時，善財童子因為獲得了不忘失憶念之力的緣故，因為獲得了可以看見十方的清淨之眼的緣故，因為獲得了善於觀察的無礙智的緣故，因為獲得了諸菩薩自在智的緣故，也因為獲得諸菩薩已經進入智地之後所具有的廣大理解的緣故，善財童子在一切樓閣的每一物中，完全看見了如此及其他無量不可思議的自在境界的諸莊嚴事。

譬如有人，在睡夢中看見種種物。這些物有：城市、村落、宮殿、園苑、山林、河池、衣服、飲食甚至一切可以藉以資生的工具。這人可以在夢中看見自身以及父母兄弟、內外親屬；也可以看見大海、須彌山，甚至一切諸天的宮殿、閻浮提等四天下之事；也可以看見其身形量廣大竟達百千由旬，房舍、衣服都完全與其配套、相稱，在白日經過無量時而不眠不寢享受安樂。從睡夢中覺醒之後，此人纔知曉這是一場夢，但是卻能夠明晰地記起所看見的情境。善財童子也是如此，因為憑藉彌勒菩薩之力所持的緣故，因為知曉三界之法都如同夢的緣故，因為滅除了諸眾生所具有的狹劣想的緣故，因為獲得了無障礙廣大理解的緣故，因為住於諸菩薩的殊勝境界的緣故，因為進入不可思議的方便智的緣故，所以，能夠見到如此自在的境界。

譬如有人，在即將命終的時候，看見了隨自己的業所受的報應的相狀：對於行惡業的眾生，看見了地獄、畜生、餓鬼中的所有一切眾苦境界，有時看見了獄卒手持兵杖瞪著叱罵著將自己囚執而去，也聽到號叫、悲嘆之聲，有時看見了灰河地獄，有時看見了鑊湯地獄，有時看見了刀山地獄，有時看見了劍樹地獄，在地獄中受到了種種逼迫，忍受了種種苦惱。對於行善業的眾生，隨即就看見了一切諸天宮殿中的無量天眾以及天中的諸多采女，他們的種種衣服都具足各種裝飾，其宮殿、園林都非常美妙。身體即便是未死，而由於業的緣故可以看見如此等等事情。善財童子也是如此，憑藉菩薩業不思議之力的緣故，而得以看見一切莊嚴的境界。

譬如有人，被鬼所執持，看見種種事，隨其所問，都能夠完全回答。善財童子也是如此，因為菩薩智慧執持的緣故，看見那裡的一切諸莊嚴事，如果有問者，完全能夠回答。

譬如有人，被龍所持，自己以為是龍，進入龍宮，儘管只停留了很短的時間，但自己以為已經過了很長時間了。善財童子也是如此，因為住於菩薩智慧之想的緣故，因為被彌勒菩薩加持的緣故，儘管經歷了很短的時間但卻可以看作是無量劫。

譬如梵宮，名為「莊嚴藏」，從中完全看見了三千世界一切諸物，不相雜亂。善財童子也是如此，在樓觀中，完全看見一切莊嚴境界儘管有種種差別，但卻不相雜亂。

譬如比丘，進入徧處定，有時行、有時停住、有時坐著、有時躺著，隨所入定，境界便顯現在面前。善財童子也是如此，進入樓觀後，一切境界都完全明瞭。

譬如有人，在虛空中看見乾闥婆城具足莊嚴，都完全辨別清楚，沒有任何障礙；譬如夜叉宮殿及人所居住的宮殿，二者同在一個地方而不互相混雜，各自隨著自己之業，所見都各不相同；譬如大海，從中完全看見了三千世界中的一切形像；譬如幻師，憑藉幻力的緣故，顯現出諸幻事的種種結果。善財童子也是如此，憑藉彌勒菩薩威神之力的緣故，以及不可思議幻智之力的緣故，因為能夠憑藉幻智而知曉諸法的緣故，因為獲得了諸菩薩自在之力的緣故，看見了樓閣中的一切莊嚴自在境界。

爾時，彌勒菩薩摩訶薩即攝神力入樓閣中，彈指作聲，告善財言：「善男子起！法性如是，此是菩薩知諸法智因緣聚集所現之相。如是自性，如幻、如夢、如影、如像，悉不成就。」爾時，善財聞彈指聲，從三昧起。

彌勒告言：「善男子！汝住菩薩不可思議自在解脫，受諸菩薩三昧喜樂，能見菩薩神力所持、助道所流、願智所現種種上妙莊嚴宮殿；見菩薩行，聞菩薩法，知菩薩德，了如來願。」

善財白言：「唯然！聖者！是善知識加被憶念威神之力。聖者！此解脫門，其名何等？」

彌勒告言：「善男子！此解脫門，名三世一切境界不忘念智莊嚴藏❶。善男子！此解脫門中，有不可說不可說解脫門，一生菩薩之所能得。」

【章　旨】彌勒菩薩進入毗盧遮那莊嚴藏樓閣，以彈指作聲，將善財童子從三昧定中喚出。彌勒菩薩告訴善財童子，因為菩薩之法力加持的緣故，纔能見到如此的境界。善財童子請問此法門之名，彌勒菩薩告訴善財童子說，這一法門名為「三世一切境界不忘念智莊嚴藏」。

【注　釋】❶三世一切境界不忘念智莊嚴藏　關於此法門，澄觀解釋說：「『三世一切境界』者，即此所入所見之境。『不忘念智』者，即能入能現之智。良以三世，一如故，念劫圓融；隨一世中現三際之境，智入三世了法空寂與如冥契故，一念之中無所不見。『莊嚴藏』者有二義：一以法性嚴故，一莊嚴中包含出生無盡嚴具，如一閣中見多閣等；二以無礙智契圓融境，嚴如來藏則本具諸法故。」（澄觀《華嚴經疏》卷六十，《大正藏》卷三十五，頁九五九上）

【語　譯】這時，彌勒菩薩隨即攝神力而進入樓閣之中，彈指作聲，告訴善財童子說：「善男子起！法性是如此，這是菩薩知曉諸法之智慧因緣聚集起來所顯現的相狀。如此自性，如同幻、如同夢、如同影、如鏡中像，全部不能成就。」這時，善財童子聽到彈指之聲，隨即從三昧定中出來。

彌勒菩薩告訴善財童子說：「善男子！你住於菩薩不可思議的自在解脫法門，享受了諸菩薩的三昧喜樂，能夠見到菩薩神力所執持、助道所流出、願智所顯現的種種上等美妙的莊嚴宮殿；看見菩薩行，聽聞菩薩法，知曉菩薩德，了悟如來願。」

善財童子回答說：「確實如此！聖者！這是善知識加被憶念威神之力的結果。聖者！這一解脫門，其名是什麼呢？」

彌勒告訴善財童子說：「善男子！這一解脫門名為『三世一切境界不忘念智莊嚴藏』。善男子！這一解脫門中，包含著不可說不可說的解脫法門，是一生菩薩纔能夠獲得的。」

善財問言：「此莊嚴事，何處去耶？」

彌勒答言：「於來處去。」

曰：「從何處來？」

曰：「從菩薩智慧神力中來，依菩薩智慧神力而住，無有去處，亦無住處，非集非常，遠離一切。善男子！如龍王降雨，不從身出，不從心出，無有積集，而非不見；但以龍王心念力故，霈然洪霔，週徧天下，如是境界不可思議。善男子！彼莊嚴事亦復如是，不住於內，亦不住外，而非不見；但由菩薩威神之力、汝善根力，見如是事。善男子！譬如幻師作諸幻事，無所從來，無所至去；雖無來去，以幻力故，分明可見。

彼莊嚴事亦復如是，無所從來，亦無所去；雖無來去，然以慣習不可思議幻智力故，及由往昔大願力故，如是顯現。」

【章　旨】善財童子又向彌勒菩薩請教三世一切境界不忘念智莊嚴藏法門所具如此境界的本源。彌勒菩薩則回答說，此法非去非來，非集非常，遠離一切。善財童子所見到的一切景象都是憑藉菩薩智慧神力而住，也是不住於內，不住於外，非來非去的。

【語　譯】善財童子又問道：「這些莊嚴事，須到何處去呢？」

彌勒菩薩回答說：「到來處去。」

善財童子又問：「它們是從何處來的呢？」

彌勒菩薩回答說：「它們是從菩薩智慧神力中來的，依止於菩薩智慧神力而住，沒有去處，也沒有住處，非積聚也非不變，遠離一切。善男子！如同龍王降雨，不從自己的身中出來，也不從自己心中出來，沒有任何積集，但是卻並非看不見。這些雨只是憑藉龍王心念之力的緣故，霈然而流注，週徧天下，形成如此境界確實是不可思議的。善男子！這些莊嚴事也是如此，它們不住於內，也不住於外，但是卻並非看不見。只是由於菩薩威神之力以及你的善根之力的緣故，看見如此事。善男子！譬如幻師設計諸幻之事，沒有從什麼地方來，也不到什麼地方去。但即便是沒有來、去，因為憑藉幻力的緣故，仍然分明可見。這些莊嚴事也是如此，它們無所從來，也無所去；即便是沒有來、去，然而卻憑藉慣習不可思議幻智之力的緣故，已經由於往昔大願之力的緣故，如此顯現出來。」

善財童子言：「大聖從何處來？」

彌勒言：「善男子！諸菩薩無來無去，如是而來；無行無住，如是而來；無處無著，不沒不生，不住不遷，不動不起，無戀無著，無業無報，無起無滅，不斷不常，如是而來。善男子！菩薩從大悲處來，為欲調伏諸眾生故；從大慈處來，為欲救護諸眾生故；從淨戒處來，隨其所樂而受生故；從大願處來，往昔願力之所持故；從神通處來，於一切處隨樂現故；從無動搖處來，恆不捨離一切佛故；從無取捨處來，不役身心使往來故；從智慧方便處來，隨順一切諸眾生故；從示現變化處來，猶如影像而化現故。

「然，善男子！汝問於我從何處來者。善男子！我從生處摩羅提國❶而來於此。善男子！彼有聚落，名為房舍；有長者子，名瞿波羅❷。為化其人，令入佛法，而住於彼；又為生處一切人民隨所應化而為說法，亦為父母及諸眷屬、婆羅門等演說大乘。今其趣入故住於彼，而從彼來。」

【章　旨】善財童子又詢問彌勒菩薩是從何處生出的。彌勒菩薩以三層來回答：第一，從法身而言，無來之來，來即無來。第二，從「相」即「實報」言之，「從萬行中來」。第三，從化身、現身而言，從「隨機熟處而來」。這三層「即法、報、化身，亦體、相、用，亦理、行、事。又初唯理，後唯事，中一具理、事」（澄觀《華嚴經疏》卷六十，《大正藏》卷三十五，頁九五九中）。

【注　釋】❶摩羅提國　全名為「摩羅耶提數國」，意譯為「鬘施中」，即鬘施山，「其山在此國中故，或國中近此山故」（澄觀《華嚴經疏》卷六十，《大正藏》卷三十五，頁九五九中）。❷瞿波羅　澄觀解釋說：「『瞿』者，地也。『波羅』云『守護』，即守護土地及心地故。」（澄觀《華嚴經疏》卷六十，《大正藏》卷三十五，頁九五九中）

【語　譯】善財童子又問道：「大聖是從什麼地方來的呢？」

彌勒菩薩回答說：「善男子！諸菩薩無來無去，如此而來；無行無住，如此而來；無處無著，不消失也不產生，不住不遷，不動不起，無戀無著，無業無報，無起無滅，不斷不常，如此而來。

善男子！為欲調伏諸眾生的緣故，菩薩從大悲處來；為欲救護諸眾生的緣故，菩薩從大慈處來；

因為隨其所樂而受生的緣故，菩薩從淨戒處來；因為往昔願力之所持的緣故，菩薩從大願處來；因為在一切處而隨樂顯現的緣故，菩薩從神通處來；因為永遠不捨棄遠離一切佛的緣故，菩薩從無動搖處來；因為不役使身心使其往來的緣故，菩薩從沒有取捨處來；因為隨順一切諸眾生的緣故，菩薩從智慧方便處來；因為猶如影像而化現的緣故，菩薩從示現變化處來。

「然而，善男子！你向我詢問，我從何處來。善男子！我從生處『摩羅提』國而來到這裡。善男子！那裡有一名為『房舍』的村落，此村落中有一位名為『瞿波羅』的長者之子。為了化度這位長者子，使其進入佛法，我就住在那裡；又為了所生處的一切人民便隨所應化而為其說法，也為父母及諸眷屬、婆羅門等演說大乘佛法。我是為了使其趣入佛法而住在那裡的，我是從那裡來的。」

善財童子言：「聖者！何者是菩薩生處？」

答言：「善男子！菩薩有十種生處。何者為十？善男子！菩提心是菩薩生處，生菩薩家故；深心是菩薩生處，生善知識家故；諸地是菩薩生處，生波羅蜜家故；大願是菩薩生處，生妙行家故；大悲是菩薩生處，生四攝家故；如理觀察是菩薩生處，生般若波羅蜜家故；大乘是菩薩生處，生方便善巧家故；教化眾生是菩薩生處，生佛家故；智慧方便是菩薩生處，生無生法忍家故；修行一切法是菩薩生處，生過、現、未來一切如來家故。

「善男子！菩薩摩訶薩，以般若波羅蜜為母，方便善巧為父，檀波羅蜜為乳母，尸波羅蜜為養母，忍波羅蜜為莊嚴具，勤波羅蜜為養育者，禪波羅蜜為浣濯人，善知識為教授師，一切菩提分為伴侶，一切善法為眷屬，一切菩薩為兄弟，菩提心為家，如理修行為家法，諸地為家處，諸忍為家族，大願為家教，滿足諸行為順家法，勸發大乘為紹家業，法水灌頂一生所繫菩薩為王太子，成就菩提為能淨家族。

「善男子！菩薩如是超凡夫地，入菩薩位，生如來家，住佛種性，能修諸行，不斷三寶，善能守護菩薩種族，淨菩薩種，生處尊勝，無諸過惡，一切世間天、人、魔、梵、沙門、婆羅門恭敬讚嘆。

「善男子！菩薩摩訶薩生於如是尊勝家已，知一切法如影像故，於諸世間無所惡賤；知一切法如變化故，於諸有趣無所染著；知一切法無有我故，教化眾生心無疲厭；以大慈悲為體性故，攝受眾生不覺勞苦；了達生死猶如夢故，經一切劫而無怖畏；了知諸蘊皆如幻故，示現受生而無疲厭；知諸界、處同法界故，於諸境界無所壞滅；知一切想如陽燄❶故，入於諸趣不生倒惑；達一切法皆如幻故，入魔境界不起染著；知法身故，一切煩惱不能欺誑；得自在故，於一切趣通達無礙。

【章　旨】善財童子又向彌勒菩薩請教菩薩的生處，彌勒菩薩先回答菩薩的十種生處，後又向善財童子說明出生菩薩的二十種因緣。

【注　釋】❶陽燄　指浮塵為日光所照時呈現的一種遠望似水如霧的自然景象。佛經中常用以比喻事物之虛幻不實者。

【語　譯】善財童子又問道：「聖者！什麼地方是菩薩的生處呢？」

彌勒菩薩回答說：「善男子！菩薩有十種生處。這十種是什麼呢？善男子！菩提心是菩薩的生處，因為其是生出菩薩的家的緣故；深心是菩薩的生處，因為其是生出善知識的家的緣故；諸地是菩薩的生處，因為其是生出波羅蜜的家的緣故；大願是菩薩的生處，因為它是生出妙行之家的緣故；大悲是菩薩的生處，因為其是生出四攝之家的緣故；如理觀察是菩薩的生處，因為它是生出般若波羅蜜之家的緣故；大乘是菩薩的生處，因為它是生出方便善巧之家的緣故；教化眾生是菩薩的生處，因為它是生出佛的家的緣故；智慧方便是菩薩的生處，因為它是生出無生法忍的家的緣故；修行一切法是菩薩的生處，因為它是生出過去、現在、未來一切如來的家的緣故。

「善男子！菩薩以般若波羅蜜為母，以方便善巧為父，以檀波羅蜜為乳母，以尸波羅蜜為養母，以忍波羅蜜為莊嚴具，以勤波羅蜜為養育者，以禪波羅蜜為浣洗人，以善知識為教授師，以一切菩提分為伴侶，以一切善法為眷屬，以一切菩薩為兄弟，以菩提心為家，以如理修行為家法，以諸地為家處，以諸忍為家族，以大願為家教，以滿足諸行為順家法，以勸發大乘為紹繼家業的方式，以授法灌頂的一生所繫菩薩作為法王太子，以成就菩提為能夠清淨的家族。

「善男子！菩薩如此超越凡夫地，進入菩薩位，生於如來家，住於佛種性，能夠修習諸行，不斷絕三寶，善於並且能夠守護菩薩種族，清淨菩薩種，生處很尊勝，沒有任何過錯惡劣之事，一切世間的天、人、魔王、梵天、沙門、婆羅門都恭敬讚嘆。

「善男子！菩薩生於如此尊勝之家以後，知曉一切法都如同影像的緣故，在諸世間沒有惡賤；知曉一切法如同變化的緣故，在諸有趣中無所染著；知曉一切法沒有我的緣故，教化眾生而心沒有疲倦與厭惡；以大慈悲為體性的緣故，攝受眾生而不覺得勞苦；了達生死猶如夢的緣故，經過一切劫而沒有任何恐怖畏懼；了知諸蘊都如同幻覺的緣故，示現受生而沒有疲倦與厭惡；知曉諸界、處如同法界的緣故，所以對於任何境界都沒有壞滅之感；知曉一切想如同陽燄的緣故，進入諸趣而不產生顛倒之惑；了達一切法都如同幻覺的緣故，進入魔境界而不產生染著；知曉法身的緣故，不能被一切煩惱所欺誑；獲得自在的緣故，對於一切趣都通達無礙。

「善男子！我身普生一切法界，等一切眾生差別色相，等一切眾生殊異言音，等一切眾生種種名號，等一切眾生所樂威儀，隨順世間教化調伏；等一切清淨眾生示現受生，等一切凡夫眾生所作事業，等一切眾生想，等一切菩薩願，而現其身充滿法界。

「善男子！我為化度與我往昔同修諸行，今時退失菩提心者；亦為教化父母、親屬；亦為教化諸婆羅門，令其離於種族憍慢，得生如來種性之中，而生於此閻浮提界摩羅提國拘吒聚落❶婆羅門家。善男子！我住於此大樓閣中，隨諸眾生心之所樂，種種方便教化調伏。善男子！我為隨順眾生心故，我為成熟兜率天中同行天故，我為示現菩薩福智變化莊嚴；超過一切諸欲界故，令其捨離諸欲樂故，令知有為皆無常故，令知諸天盛必衰故，為欲示現將降生時大智法門；與一生菩薩共談論故，為欲攝化諸同行故，為欲教化釋迦如來所遣來者令如蓮華悉開悟❷故，於此命終，生兜率天。善男子！我願滿足，成一切智，得菩提時，汝及文殊俱得見我❸。

【章　旨】彌勒菩薩告訴善財童子自己為了化度眾生的緣故，而生於閻浮提界的「摩羅提」國中的「拘吒」聚落的婆羅門家，當自己在未來成佛之後，善財童子可以與「文殊」菩薩一起來與其相會。

【注　釋】❶拘吒聚落　「拘吒」的意思為「樓閣」。關於其來歷有二說，一是說此聚落中多樓閣，因此名之「拘吒聚落」；第二種說法是，因為彌勒菩薩所住的樓閣在此村落中的緣故。❷如蓮華悉開悟　據澄觀的解釋，此有三義：第一，「釋迦下種，彼華開故。」第二，「昔因含果，如華未開；因亡果現，故如蓮華開。」第三，「聞熏含實，如蓮未開；見實亡言故云開悟。」（澄觀《華嚴經疏》卷六十，《大正藏》卷三十五，頁九五九下）

❸汝及文殊俱得見我　據澄觀的解釋，此有三義：第一，「俱助化故。」第二，「善財表行，文殊信智，成正覺時俱證此故。」第三，「文殊古佛，善財當佛，慈氏現佛，三世圓融，浩然大均，故云『俱見』。」（澄觀《華嚴經疏》卷六十，《大正藏》卷三十五，頁九五九下）

【語　譯】「善男子！我的身完全出生一切法界，與一切眾生的不同的身形完全相等，與一切眾生的殊異聲音完全相等，與一切眾生的種種名號完全相等，與一切眾生所樂見的威儀完全相等，我隨順世間而教化調伏眾生；我與一切清淨眾生示現相同的受生，與一切凡夫眾生所作事業相等，與一切眾生所想相同，與一切菩薩所願相等，我所示現的身體充滿法界。

「善男子！我為了化度與我過去同修諸行而現在卻退失菩提心的眾生，也為了教化父母、親屬，也為了教化諸位婆羅門，使其離於種族所具有的憍慢，得以生於如來種性之中，由於這些原因，我生於此閻浮提界的摩羅提國中的拘吒聚落的婆羅門家。善男子！我住於此大樓閣中，隨諸眾生心中的所樂，以種種方便教化調伏眾生。善男子！我為了隨順眾生之心的緣故，我為了成熟兜率天中的同行天的緣故，我為其示現菩薩福智變化莊嚴；為了使其超過一切諸欲界的緣故，使其捨棄遠離諸欲樂的緣故，使其知曉有為都是無常的緣故，使其知曉諸天由盛必然轉衰的緣故，我為其示現將降生時的大智法門；因為與一生菩薩一同談論的緣故，為了想攝化諸同行的緣故，為了想教化釋迦如來所遣來者使其如同蓮花般開悟的緣故，在此命終，生於兜率天。善男子！當我的願望得到滿足，成就一切智，獲得菩提之時，你和文殊菩薩可以一起前來見我。

「善男子！汝當往詣文殊師利善知識所而問之言：『菩薩云何學菩薩行？云何而入普賢行門？云何成就？云何廣大？云何隨順？云何清淨？云何圓滿？』善男子！彼當為汝分別演說。何以故？文殊師利所有大願，非餘無量百千億那由他菩薩之所能有。

「善男子！文殊師利童子，其行廣大，其願無邊，出生一切菩薩功德無有休息。善男子！文殊師利常為無量百千億那由他諸佛母❶，常為無量百千億那由他菩薩師❷，教化成熟一切眾生，名稱普聞十方世界；常於一切諸佛眾中為說法師，一切如來之所讚歎；住甚深智，能如實見一切諸法，通達一切解脫境界，究竟普賢所行諸行。

「善男子！文殊師利童子是汝善知識，令汝得生如來家，長養一切諸善根，發起一切助道法，值遇真實善知識；令汝修一切功德，入一切願網，住一切大願；為汝說一切菩薩秘密法，現一切菩薩難思行；與汝往昔同生同行。

「是故，善男子！汝應往詣文殊之所莫生疲厭，文殊師利當為汝說一切功德。何以故？汝先所見諸善知識聞菩薩行、入解脫門、滿足大願，皆是文殊威神之力，文殊師利於一切處咸得究竟。」

時，善財童子頂禮其足，繞無量匝，殷勤瞻仰，辭退而去。

【章　旨】彌勒菩薩又向善財童子舉薦「文殊師利」菩薩，囑咐他前去拜訪，向其請教修行菩薩行的方法、途徑。彌勒菩薩對於文殊師利菩薩推崇倍至，善財童子於是告別了彌勒菩薩，踏上了繼續求法的歷程。

【注　釋】❶文殊師利常為無量百千億那由他諸佛母　在佛教中，文殊師利菩薩往往象徵著佛教的最高智慧般若，而般若智慧是成佛的最重要的因素，所以，此處說文殊師利菩薩是一切諸佛之母。❷常為無量百千億那由他菩薩師　文殊師利菩薩除了具備般若智慧之外，他還「具善巧智，通達解脫究竟普賢行」（澄觀《華嚴經疏》卷六十，《大正藏》卷三十五，頁九五九下），而普賢行則是菩薩修行的最關鍵的方法。因此，此處說文殊師利菩薩是一切菩薩之師。

【語　譯】「善男子！你應當前往文殊師利善知識的住所向他請教：『菩薩如何學菩薩行？如何進入普賢行之門？如何成就？如何廣大？如何隨順？如何清淨？如何圓滿？』善男子！他將為你分別演說這些問題。為什麼呢？文殊師利所有的大願，不是無量百千億那由他菩薩所能夠具有的。

「善男子！文殊師利童子，其行非常廣大，其願無邊無際，出生一切菩薩功德而沒有休息。善男子！文殊師利常常作為無量百千億那由他諸佛之母，常常為無量百千億那由他菩薩之師，他教化成熟一切眾生，其名稱在十方世界中無所不聞；他常常於一切諸佛眾中為說法之師，被一切如來所讚嘆；他住於甚深智慧，能夠如實知見一切諸法，通達一切解脫境界，究竟實踐普賢所修行的諸種法門。

「善男子！文殊師利童子是你的善知識，可以使你得以生於如來之家，長期養育一切諸善根，發起一切助道之法，遇到真實的善知識；使你修習一切功德，進入一切大願之網，住於一切大願；為你演說一切菩薩秘密法，顯現一切菩薩難思之行；與你過去同生同行。

「因此，善男子！你應該前往拜見文殊師利菩薩而不要產生任何疲倦與厭惡，文殊師利應該為你宣說一切功德。為什麼呢？你先前所見的諸善知識、聽聞的菩薩行、進入的解脫法門、滿足的大願，都是文殊師利菩薩威神之力所致，文殊師利菩薩在一切處都獲得了究竟。」

這時，善財童子頂禮彌勒菩薩的雙足，在其周圍繞行無量圈，殷勤瞻仰菩薩。然後，善財童子辭別彌勒菩薩，踏上了繼續求法的歷程。

# 華嚴經 入法界品之二十一

【題　解】本卷包含〈入法界品〉「末會」中的第五十四會，以及第五十五會即善財童子「五十三參」中的第五十三參的內容。

「末會」第五十四會為「文殊師利菩薩會」：善財童子遵從彌勒菩薩的囑咐，前去拜訪「文殊師利」菩薩，向其請教修行菩薩行的方法、途徑。善財童子經歷了一百一十城之後，到達了「普門」國「蘇摩那」城文殊師利菩薩的住所門前，他思惟文殊菩薩，隨順觀察。這時，文殊師利菩薩遠遠地伸出右手撫摩著善財童子的頭頂，為其說法，使其進入普賢行道場，文殊師利菩薩則隱藏起來，沒有現身。

善財童子第五十三參為「普賢菩薩會」：善財童子因文殊師利菩薩等善知識的教誨，趣求成佛之心普徧增長，所得之境界也漸為深邃，為其證入法界顯示廣大之因。這時，善財童子生起強烈的欲拜見「普賢」菩薩之心，便生起十一種正觀普賢境界之心。由於生起此等心，善財童子得以看到十種瑞相和十種光明相。善財童子看見十種光明之相，渴望見到普賢菩薩之心更加強烈。

隨即，善財童子攝止自己散亂之心住於定境。在定境中，善財童子觀見普賢菩薩坐於寶蓮華師子座上，普賢的智慧境界無量，普賢菩薩的每一毛孔之中出生無限無量的美妙境界。善財童子又重新觀想普賢菩薩體內所包含的一切境界，並且將在此看到的境界與在其他處所見到的境界進行比較，證實普賢菩薩之境界是殊勝的境界。善財童子因為看見如此殊勝的境界而獲得十種智波羅蜜。獲得此等智慧之後，普賢菩薩即伸手撫摩善財童子的頭頂，善財童子隨即又獲得無數三昧，在每一三昧之中顯現出無數境界。

普賢菩薩為善財童子講解自己獲得「究竟三世平等清淨法身」、「清淨無上色身」及其救護眾生的種種神通的因緣。普賢菩薩鼓勵善財童子觀看普賢神奇的、清淨的身體。普賢菩薩說，如果眾生見到或者聽說我的清淨國土，就一定會生於這一清淨國土中；如果有眾生見到或者聽說我的清淨身體，就一定會生於我的清淨身之中。善財童子應普賢菩薩的要求重新觀看普賢菩薩的色身，看見其每一毛孔之中都含有種種世間、種種眾生，看見普賢菩薩的色身徧於諸國土並且生起教化眾生的大用。善財童子又看見自己的身體在普賢菩薩的身內，並且在十方一切世界教化眾生。由此，善財童子感覺到自己所獲得的善根、多種境界、功德以及所進入的國土海，都遠遠無法與普賢菩薩相比較。看到如此神奇之境界，善財童子獲得了普賢菩薩行願之海。

普賢菩薩首先以偈頌體告訴善財童子，佛果之海離言而難說難思，今姑且以現佛之德來顯示善財童子之果相。在座的諸位菩薩聽說普賢菩薩的說法之後，都產生渴望、景仰。普賢菩薩應諸位菩薩之要求，以九十五偈讚頌難思難議的佛德。這九十五偈讚嘆毗盧遮那之十身圓滿二十一種殊勝功德。偈頌即可分為二十一部分去理解。

八十卷《華嚴經》至此處全部結束。

# 末會五十五會第五十四會：文殊師利菩薩會

爾時，善財童子依彌勒菩薩摩訶薩教，漸次而行，經由一百一十餘城已，到普門國蘇摩那城❶，住其門所❷，思惟文殊師利，隨順觀察，周旋求覓，希欲奉覲。

是時，文殊師利遙伸右手，過一百一十由旬，按善財頂❸，作如是言：「善哉！善哉！善男子！若離信根，心劣憂悔，功行不具，退失精勤，於一善根心生住著，於少功德便以為足，不能善巧發起行願，不為善知識之所攝護，不為如來之所憶念，不能了知如是法性、如是理趣❹、如是法門、如是所行、如是境界。若週徧知、若種種知、若盡源底，若解了、若趣入、若解說、若分別、若證知、若獲得，皆悉不能。」

是時，文殊師利宣說此法，示教利喜❺，令善財童子成就阿僧祇法門，具足無量大智光明，今得菩薩無邊際陀羅尼、無邊際願、無邊際三昧、無邊際神通、無邊際智，令入普賢行道場❻，及置善財自所住處❼。文殊師利還攝不現。

於是，善財思惟觀察，一心願見文殊師利，及見三千大千世界微塵數諸善知識，悉皆親近，恭敬承事，受行其教，無有違逆。

【章　旨】這是〈入法界品〉「末會」中善財五十五會中的第五十四會。善財童子遵從彌勒菩薩的囑咐，前去拜訪「文殊師利」菩薩，向其請教修行菩薩行的方法、途徑。善財童子經歷了一百一十城之後，到達了「普門」國「蘇摩那」城文殊師利菩薩的住所門前，他思惟文殊菩薩，隨順觀察。這時，文殊師利菩薩遠遠地伸出右手撫摩著善財童子的頭頂，為其說法使其進入普賢行道場，文殊師利菩薩則隱藏起來，沒有現身。

【注　釋】❶普門國蘇摩那城　關於文殊師利菩薩所住的城市的名稱之涵義，澄觀解釋說：「『蘇摩那』者，此云『悅意』，即華名也。謂智照一性，悅本心故，即『德生城』。有本云，至普門國，顯攝諸差別歸無二相，即『普門』故。」（澄觀《華嚴經疏》卷六十，《大正藏》卷三十五，頁九六〇上）❷住其門所　善財童子停留在文殊師利菩薩住所前的門邊，有重要的象徵涵義。澄觀解釋說，這是「顯解心已極，將入般若無二之門故」（澄觀《華嚴經疏》卷六十，《大正藏》卷三十五，頁九六〇上）。❸文殊師利遙伸右手過一百一十由旬按善財

頂　文殊師利菩薩遠遠地伸手撫摩善財童子的頭頂，此舉動有象徵涵義，澄觀對此解釋說：「『過百一十由旬』者，徹過前位故。始信該於極果，故曰『遙伸』。隨順行成，故曰『右手』。然『過城』約超封域，『由旬』明超數量，又前越諸位斷德，後越諸位智地。『按頂』表於攝受，亦以普法置心頂故，信至極故。」（澄觀《華嚴經疏》卷六十，《大正藏》卷三十五，頁九六〇上）❹理趣　指理體與歸趣。「理」指萬象差別事法之本體，為平等一如之真理。「趣」為「所往」之義，乃相對於「因」而言的，因能向果，而果為「因趣」，故稱為「趣」。❺示教利喜　為「示」、「教」、「利」、「喜」的並稱，是指佛陀說法教化的四種次第，又作「示教贊喜」、「示教照喜」。示，即顯示其義，如示人之善、不善，示事之應行、不應行，或分別生死與涅槃，三乘與六波羅蜜等義。教，即教導其行，如教導眾生捨惡行善。利，即獲得義利，謂眾生未得善法之味時，為免其心退，遂導之勤苦修行，則可得法味大利益。喜，即歡喜行成，謂隨眾生所行而讚嘆之，使其心喜。❻普賢行道場　即普賢菩薩修行的道場，此名有象徵意義。澄觀將此象徵意義解釋為「舉足下足皆與普賢行相應故」（澄觀《華嚴經疏》卷六十，《大正藏》卷三十五，頁九六〇中）。❼置善財自所住處　意思為，文殊師利菩薩指引善財童子到達自己修行應該停留的最終目的地。澄觀說：「『自所住處』者，即是法界，是文殊大智無住住故，又普賢道場即法界理，自所住處即文殊智。」（澄觀《華嚴經疏》卷六十，《大正藏》卷三十五，頁九六〇中）這是說，善財童子的最終修行結果是將文殊菩薩所象徵的智慧與普賢菩薩道場所象徵的「法界之理」融合在一起。

【語　譯】這時，善財童子依照彌勒菩薩的教誨，逐漸向前進發，經過一百一十多座城之後，到達了『普門』國的『蘇摩那』城。善財童子在文殊師利菩薩的住所，思惟著文殊師利，隨順觀察，在周圍仔細尋找，希望能夠觀見文殊師利菩薩。

此時，文殊師利菩薩遠遠地伸出右手，越過了一百一十由旬的距離，按在善財童子的頭頂，這樣對善財童子說：「好啊！好啊！善男子！如果離開了信仰之根，心就會變得下劣而有憂慮與後悔，就不具備功行，退失了精進與勤奮，具有一點善根就在心中產生執著而停留，具有很少的功德便以之感到滿足，不能善巧地發起行願，也不被善知識接受、保護，不被如來所記憶掛念，不能了知如此法性、如此理趣、如此法門、如此所行、如此的境界。還有，對於上述這些法，即便想從總體上完全知曉，想細緻地將種種法都知曉，想窮究諸法的根源，想理解了悟諸法，想趣入諸法，想向眾生解說諸法，想辨析諸法，想證知諸法，想獲得諸法，這些願望、想法都是不能實現的。」

這時，文殊師利菩薩宣說此法，顯示其教義，以之教導善財，使其獲得利益，心中得到歡喜，使善財童子成就無數法門，具足無量大智之光明，使其獲得菩薩無邊無際的陀羅尼、無邊無際的大願、無邊無際的三昧、無邊無際的神通、無邊無際的智慧，使其進入普賢行道場。文殊師利菩薩將善財童子安置在他應該停住的地方。文殊師利菩薩則仍然隱藏起來，沒有現身。

於是，善財童子思惟觀察，一心希望見到文殊師利菩薩，也想見到三千大千世界微塵數的善知識，想全部親近這些善知識，恭敬地侍奉這些善知識，悉心接受他們的教誨，沒有任何違逆。

## 善財童子第五十三參：普賢菩薩會

增長趣求一切智慧，廣大悲海，益大慈雲，普觀眾生，生大歡喜。安住菩薩寂靜法門，普緣一切廣大境界，學一切佛廣大功德，入一切佛決定知見，增一切智助道之法，善修一切菩薩深心，知三世佛出興次第。入一切法海，轉一切法輪，生一切世間，入於一切菩薩願海，住一切劫修菩薩行，照明一切如來境界，長養一切菩薩諸根。獲一切智清淨光明，普照十方，除諸暗障，智周法界。於一切佛剎、一切諸有，普現其身，靡不週徧。摧一切障，入無礙法，住於法界平等之地；觀察普賢解脫境界，即聞普賢菩薩摩訶薩名字、行願、助道、正道、諸地地、方便地、入地、勝進地、住地、修習地、境界地、威力地。

【章 旨】這是善財童子「五十三參」的最後一次參訪，也是〈入法界品〉「末會」中善財五十五會中的第五十五會。此章顯示善財童子趣求成佛之心普徧增長，所得之境界也漸為深邃，為其證入法界顯示廣大之因。

【語 譯】善財童子發心增長趣求一切智慧，增廣擴大大悲之海，增益大慈之雲，完全觀察眾生，產生大歡喜。善財童子安住於菩薩寂靜法門，完全以一切廣大境界為緣，學習一切佛的廣大功德，進入一切佛的決定知見，增長一切智的助道之法，善於修習一切菩薩之深心，知曉三世佛的出興次第。善財童子進入一切法之海，旋轉一切法輪，生於一切世間，進入一切菩薩大願之海，住於一切劫去修習菩薩行，照明一切如來的境界，長期養育一切菩薩諸根。善財童子由此獲得了一切智之清淨光明，完全照耀著十方，除去世間的黑暗和障礙，其智慧週徧一切法界。善財童子在一切佛剎、一切諸有，完全顯現其身，無不週徧。善財童子摧毀了一切障礙，進入無礙之法，住於法界平等之地。善財童子還悉心觀察普賢解脫境界，隨即聽到普賢菩薩的名字、行願、助道、正道、十地之地、方便地、進入地、勝進地、住地、修習地、境界地、威力地。

同住渴仰，欲見普賢菩薩，即於此金剛藏菩提場❶，毗盧遮那如來師子座前，一切寶蓮華藏座上，起等虛空界廣大心、捨一切剎離一切著無礙心、普行一切無礙法無礙心、徧入一切十方海無礙心、普入一切智境界清淨心、觀道場莊嚴明瞭心、入一切佛法海廣大心、化一切眾生界週徧心、淨一切國土無量心、住一切劫無盡心、趣如來十力究竟心。

善財童子起如是心時，由自善根力、一切如來所加被力、普賢菩薩同善根力故，見十種瑞相。何等為十？所謂：見一切佛剎清淨，一切如來成正等覺；見一切佛剎清淨，無諸惡道；見一切佛剎清淨，眾妙蓮華以為嚴飾；見一切佛剎清淨，一切眾生身心清淨；見一切佛剎清淨，種種眾寶之所莊嚴；見一切佛剎清淨，一切眾生諸相嚴身；見一切佛剎清淨，諸莊嚴雲以覆其上；見一切佛剎清淨，一切眾生互起慈心，遞相利益，不為惱害；見一切佛剎清淨，道場莊嚴；見一切佛剎清淨，一切眾生心常念佛。是為十。

又見十種光明相。何等為十？所謂：見一切世界所有微塵，一一塵中，出一切世界微塵數佛光明網雲，週徧照耀；一一塵中，出一切世界微塵數佛光明輪雲，種種色相週徧法界；一一塵中，出一切世界微塵數佛色像寶雲，週徧法界；一一塵中，出一切世界微塵數佛光燄輪雲，週徧法界；一一塵中，出一切世界微塵數眾妙香雲，週徧十方，稱讚普賢一切行願大功德海；一一塵中，出一切世界微塵數日月星宿雲，皆放普賢菩薩光明，徧照法界；一一塵中，出一切世界微塵數一切眾生身色像雲，放佛光明，徧照法界；一一塵中，出一切世界微塵數一切佛色像摩尼雲，週徧法界；一一塵中，出一切世界微塵數菩薩身色像雲，充滿法界，令一切眾生皆得出離、所願滿足；一一塵中，出一切世界微塵數如來身色像雲，說一切佛廣大誓願，週徧法界。是為十。

【章　旨】善財童子生起強烈的欲拜見普賢菩薩之心，便生起十一種正觀普賢境界之心。由於生起此等心，善財童子得以看到十種瑞相和十種光明相。

【注　釋】❶金剛藏菩提場　即如同金剛一樣堅固的成佛之地。關於此名稱的象徵意義，澄觀解釋說：「『菩提場』者，是所觀處。『金剛藏』者約表，即於本所信自心佛果。菩提體中，金剛智內，起一切因陀羅網普賢心觀。約事，即前其地『金剛』，而蘊德具嚴故名為『藏』。」（澄觀《華嚴經疏》卷六十，《大正藏》卷三十五，頁九六一上）

【語　譯】同時，善財童子也產生了渴仰，想要見到普賢菩薩，就在此金剛藏菩提場中，在毗盧遮那如來師子座前，一切寶蓮華藏座上，生起與虛空界相等的廣大心，生起捨棄一切國土、遠離一切執著的無礙心，生起普徧修行一切無礙之法的無礙心，生起普徧進入一切十方海的無礙心，生起普徧進入一切智之境界的清淨心，生起觀察道場莊嚴的明瞭之心，生起進入一切佛法之海的廣大心，生起化度一切眾生界的週徧心，生起清淨一切國土的無量心，生起住於一切劫的無盡心，生起趣向如來十力的究竟心。

善財童子生起如此心之時，由於自己的善根之力，由於一切如來的加被之力，由於與普賢菩薩相同的善根之力的緣故，善財童子看見了十種瑞相。這十種瑞相是什麼呢？它們是：見一切佛土清淨，一切如來成正等覺；見一切佛土清淨，沒有那些惡道；見一切佛土清淨，以許多美妙的蓮花作為美麗的裝飾；見一切佛土清淨，一切眾生的身心也同樣清淨；見一切佛土清淨，以種種眾寶作為莊嚴；見一切佛土清淨，一切眾生諸相都是莊嚴之身；見一切佛土清淨，一切莊嚴雲都覆蓋在其上；見一切佛土清淨，一切眾生都互相生起慈心，相互利益對方，不作惱害他人之事；見一切佛土清淨，道場都呈現出莊嚴之相；見一切佛土清淨，一切眾生心中常常念佛。就是這十種。

善財童子又看見了十種光明相。這十種光明相是什麼呢？它們是：見一切世界的所有微塵，每一塵中都示現出一切世界微塵數那樣多的佛光明網雲，週遍照耀；每一塵中都生出一切世界微塵數佛光明輪雲，以種種色相週徧法界；每一塵中都生出一切世界微塵數佛之色像寶雲，週徧法界；每一塵中都生出一切世界微塵數佛光燄輪雲，週徧法界；每一塵中都生出一切世界微塵數眾妙香雲，週徧十方，稱讚普賢一切行願之大功德海；每一塵中都生出一切世界微塵數日月星宿雲，都放出普賢菩薩光明，完全照耀著法界；每一塵中都生出一切世界微塵數一切眾生身色像雲，放出佛光明，徧照法界；每一塵中都生出一切世界微塵數一切佛色像摩尼雲，週徧法界；每一塵中都生出一切世界微塵數菩薩身色像雲，充滿法界，使一切眾生都能夠得以出離世間，使其所有的願望都得到滿足；每一塵中都生出一切世界微塵數如來身色像雲，宣說一切佛的廣大誓願，週徧法界。就是這十種。

時，善財童子見此十種光明相已，即作是念：「我今必見普賢菩薩，增益善根，見一切佛；於諸菩薩廣大境界，生決定解，得一切智。」

於時，善財普攝諸根，一心求見普賢菩薩，起大精進，心無退轉。即以普眼觀察十方一切諸佛、諸菩薩眾所見境界，皆作得見普賢之想。以智慧眼觀普賢道，其心廣大猶如虛空，大悲堅固猶如金剛，願盡未來常得隨逐普賢菩薩，念念隨順，修普賢行，成就智慧，入如來境，住普賢地。

時，善財童子即見普賢菩薩，在如來前眾會之中，坐寶蓮華師子之座，諸菩薩眾所共圍繞，最為殊特，世無與等；智慧境界無量無邊，難測難思，等三世佛，一切菩薩無能觀察。

見普賢身一一毛孔，出一切世界微塵數光明雲，徧法界、虛空界、一切世界，除滅一切眾生苦患，令諸菩薩生大歡喜。

見一一毛孔，出一切佛剎微塵數種種色香燄雲，徧法界、虛空界一切諸佛眾會道場，而以普熏；見一一毛孔，出一切佛剎微塵數雜華雲，偏法界、虛空界一切諸佛眾會道場，雨眾妙華；見一一毛孔，出一切佛剎微塵數香樹雲，偏法界、虛空界一切諸佛眾會道場，雨眾妙香；見一一毛孔，出一切佛剎微塵數妙衣雲，偏法界、虛空界一切諸佛眾會道場，雨眾妙衣；見一一毛孔，出一切佛剎微塵數寶樹雲，偏法界、虛空界一切諸佛眾會道場，雨摩尼寶。

見一一毛孔，出一切佛剎微塵數色界天身雲，充滿法界，嘆菩提心；見一一毛孔，出一切佛剎微塵數梵天身雲，勸諸如來轉妙法輪；見一一毛孔，出一切佛剎微塵數欲界天主身雲，護持一切如來法輪。

見一一毛孔，念念中出一切佛剎微塵數三世佛剎雲，偏法界、虛空界，為諸眾生，無歸趣者為作歸趣❶，無覆護者為作覆護❷，無依止者為作依止。

見一一毛孔，念念中出一切佛剎微塵數清淨佛剎雲，偏法界、虛空界，一切諸佛於中出世，菩薩眾會悉皆充滿；見一一毛孔，念念中出一切佛剎微塵數淨不淨佛剎雲，徧法界、虛空界，令雜染眾生皆得清淨；見一一毛孔，念念中出一切佛剎微塵數不淨淨佛剎雲，徧法界、虛空界，令雜染眾生皆得清淨；見一一毛孔，念念中出一切佛剎微塵數不淨佛剎雲，徧法界、虛空界，令純染眾生皆得清淨。

見一一毛孔，念念中出一切佛剎微塵數眾生身雲，徧法界、虛空界，隨其所應，教化眾生，皆令發阿耨多羅三藐三菩提心；見一一毛孔，念念中出一切佛剎微塵數菩薩身雲，徧法界、虛空界，稱揚種種諸佛名號，令諸眾生增長善根；見一一毛孔，念念中出一切佛剎微塵數菩薩身雲，徧法界、虛空界一切佛剎，宣揚一切諸佛菩薩從初發意所生善根；見一一毛孔，念念中出一切佛剎微塵數菩薩身雲，徧法界、虛空界，於一切佛剎一一剎中，宣揚一切菩薩願海及普賢菩薩清淨妙行；見一一毛孔，念念中出普賢菩薩行雲，令一切眾生心得滿足，具足修習一切智道；見一一毛孔，出一切佛剎微塵數正覺身雲，於一切佛剎，現成正覺，令諸菩薩增長大法、成一切智。

【章　旨】善財童子看見十種光明之相，渴望見到普賢菩薩的想法更加強烈。隨即，善財童子攝止自己散亂之心住於定境。在定境中，善財童子觀見普賢菩薩坐於寶蓮華師子座上，普賢的智慧境界無量，普賢菩薩的每一毛孔之中出生無限無量的美妙境界。

【注　釋】❶歸趣　指歸；意向。❷覆護　保護；庇佑。

【語　譯】這時，善財童子見到這十種光明相之後，立即這樣想道：「我現今一定會見到普賢菩薩，增益我的善根，觀見一切佛；在諸菩薩的廣大境界之中，生出確定的、不可動搖的理解，獲得一切智。」

在這時，善財童子完全攝止自己的諸根，一心想拜見普賢菩薩，生起大精進而心無退轉。隨即，善財童子以普眼觀察十方一切諸佛、諸菩薩眾所見的境界，從所見的境界中更加深了拜見普賢菩薩的渴望；善財童子又以智慧之眼觀察普賢之道，其心廣大猶如虛空，其大悲之心堅固猶如金剛，希望盡未來之際得以常常隨逐普賢菩薩，念念不忘隨順修習普賢之行，成就智慧，進入如來之境，住於普賢地。

這時，善財童子就看見普賢菩薩，在如來前眾會之中，坐於寶蓮華師子之座上，諸菩薩眾一起圍繞著他，普賢菩薩最為殊特，無與倫比；普賢菩薩的智慧境界無量無邊，難於推測難於思量，這些都與三世佛相等，一切菩薩都沒有能夠去觀察。

善財童子看見普賢菩薩的身體的每一毛孔之中，生出一切世界微塵數光明雲，充滿法界、虛空界以及一切世界，除滅一切眾生的苦患，使諸菩薩產生大歡喜。

善財童子看見普賢菩薩的每一毛孔之中，生出一切佛土微塵數的種種顏色的香燄雲，充滿法界、虛空界的一切諸佛眾會道場，並且這些香燄雲普徧地熏染著法界、虛空界；善財童子看見普賢菩薩的每一毛孔之中，生出一切佛土微塵數的雜花雲，充滿法界、虛空界的一切諸佛眾會道場，降下許多美妙的花朵；善財看見普賢菩薩的每一毛孔之中，生出一切佛土微塵數的香樹雲，充滿法界、虛空界的一切諸佛眾會道場，降下許多美妙的香；善財看見普賢菩薩的每一毛孔之中，生出一切佛土微塵數的美妙的衣雲，充滿法界、虛空界的一切諸佛眾會道場，降下許多美妙的衣服；善財看見普賢菩薩的每一毛孔之中，生出一切佛土微塵數的寶樹雲，充滿法界、虛空界的一切諸佛眾會道場，降下摩尼寶。

善財看見普賢菩薩的每一毛孔之中，生出一切佛土微塵數的色界天身之雲，充滿法界，讚嘆菩提心；善財看見普賢菩薩的每一毛孔之中，生出一切佛土微塵數梵天身之雲，激勵諸如來旋轉美妙法輪；善財看見普賢菩薩的每一毛孔之中，生出一切佛土微塵數的欲界天主身之雲，護持一切如來法輪。

善財看見普賢菩薩的每一毛孔之中，念念中生出一切佛土微塵數的三世佛土之雲，充滿法界、虛空界，為那些沒有歸宿的眾生充當歸趣，為那些沒有覆護的眾生充當覆護，為那些沒有依止的眾生充當依止。

善財看見普賢菩薩的每一毛孔之中，念念中生出一切佛土微塵數清淨佛土雲，充滿法界、虛空界，一切諸佛於中出世，菩薩眾會完全充滿；善財看見普賢菩薩的每一毛孔之中，念念中生出一切佛土微塵數的清淨中夾雜不清淨的佛土雲，充滿法界、虛空界，使雜染眾生都得以清淨；善財看見普賢菩薩的每一毛孔之中，念念中生出一切佛剎微塵數不清淨中夾雜清淨的佛土雲，充滿法界、虛空界，使雜染的眾生都得以清淨；善財看見普賢菩薩的每一毛孔之中，念念中生出一切佛土微塵數不清淨佛土雲，充滿法界、虛空界，使純染的眾生都得以清淨。

善財看見普賢菩薩的每一毛孔之中，念念中生出一切佛土微塵數的眾生身雲，充滿法界、虛空界，隨其所應，教化眾生，使其都發阿耨多羅三藐三菩提心；善財看見普賢菩薩的每一毛孔之中，念念中生出一切佛土微塵數菩薩身雲，充滿法界、虛空界，稱揚種種諸佛名號，使諸眾生的善根得以增長；善財看見普賢菩薩的每一毛孔之中，念念中生出一切佛土微塵數的菩薩身雲，充滿法界、虛空界一切佛土，宣揚一切諸佛菩薩從初發意所生的善根；善財看見普賢菩薩的每一毛孔之中，念念中生出一切佛土微塵數的菩薩身雲，充滿法界、虛空界，在一切佛土的每一國土中，宣揚一切菩薩願海以及普賢菩薩的清淨妙行；善財看見普賢菩薩的每一毛孔之中，念念中生出普賢菩薩行雲，使一切眾生之心獲得滿足，具足修習一切智之道；善財看見普賢菩薩的每一毛孔之中，生出一切佛土微塵數正覺身雲，在一切佛土，顯現成正覺的形像，使諸菩薩增長大法、成就一切智。

爾時，善財童子見普賢菩薩如是自在神通境界，身心徧喜，踴躍無量。重觀普賢一一身分、一一毛孔，悉有三千大千世界。風輪、水輪、地輪、火輪，大海、江河及諸寶山、須彌、鐵圍，村營、城邑、宮殿、園苑，一切地獄、餓鬼、畜生、閻羅王界，天龍八部、人與非人，欲界、色界、無色界處，日月星宿、風雲雷電、晝夜月時及以年劫❶、諸佛出世、菩薩眾會、道場莊嚴；如是等事，悉皆明見。如見此世界，十方所有一切世界悉如是見；如見現在十方世界，前際、後際❷一切世界亦如是見，各各差別，不相雜亂。

如於此毗盧遮那如來所，示現如是神通之力；於東方蓮華德世界賢首佛所，現神通力亦復如是。如賢首佛所，如是東方一切世界。如東方，南、西、北方，四維、上、下，一切世界諸如來所，現神通力當知悉爾。如十方一切世界；如是十方一切佛剎，一一塵中皆有法界諸佛眾會，一一佛所普賢菩薩坐寶蓮華師子座上現神通力悉亦如是。彼一一普賢身中，皆現三世一切境界、一切佛剎、一切眾生、一切佛出現、一切菩薩眾，及聞一切眾生言音、一切佛言音、一切如來所轉法輪、一切菩薩所成諸行、一切如來遊戲神通。

【章　旨】善財童子又重新觀想普賢菩薩體內所包含的一切境界，並且將在此看到的境界與在其他處所見到的境界進行比較，證實普賢菩薩之境界是殊勝的境界。

【注　釋】❶年劫　即年時和劫時。❷前際後際　即過去世、未來世。

【語　譯】這時，善財童子看見普賢菩薩有如此自在神通的境界，身心充滿歡喜，踴躍無限。於是，善財童子又重新觀想普賢菩薩身體的每一部分、每一毛孔，都有三千大千世界，都有風輪、水輪、地輪、火輪，大海、江河及諸寶山、須彌山、鐵圍山，村營、城邑、宮殿、園苑，一切地獄、餓鬼、畜生、閻羅王界，天龍八部、人與非人，欲界、色界、無色界處，日月星宿、風雲雷電、晝夜月時以及年劫、諸佛出世、菩薩眾會、道場莊嚴，如此等事，善財童子都完全明晰地看見。猶如見到這個世界，十方所有一切世界都如此清晰地看見；猶如見到現在十方世界，過去、未來的一切世界也是如此清晰地看見了，世界各各不同的現象，互相不再混雜。

猶如在毗盧遮那如來的住所一樣，示現出如此神通之力；在東方蓮華德世界賢首佛的住所，顯現出的神通力也是如此。如同賢首佛的住所，如同東方一切的世界。如同東方，南、西、北方，四維、上、下，一切世界諸如來的所在，顯現出的神通力應當知曉也是如此。猶如十方一切世界；猶如此十方一切佛土，一一塵中都有法界諸佛眾會，在一一佛所，普賢菩薩都坐於寶蓮華師子座上顯現的神通力也是如此。那每一位普賢菩薩的身體之中，都顯現出三世一切境界、一切佛土、一切眾生、一切佛出現、一切菩薩眾，以及聽聞一切眾生的聲音、一切佛的聲音、一切如來所旋轉的法輪、一切菩薩所成就的諸行、一切如來的遊戲神通。

善財童子見普賢菩薩如是無量不可思議大神通力，即得十種智波羅蜜❶。何等為十？所謂：於念念中，悉能週遍一切佛剎智波羅蜜；於念念中，悉能往詣一切佛所智波羅蜜；於念念中，悉能供養一切如來智波羅蜜；於念念中，普於一切諸如來所聞法受持智波羅蜜；於念念中，思惟一切如來法輪智波羅蜜；於念念中，知一切佛不可思議大神通事智波羅蜜；於念念中，說一句法盡未來際辯才無盡智波羅蜜；於念念中，以深般若觀一切法智波羅蜜；於念念中，入一切法界實相海智波羅蜜；於念念中，知一切眾生心智波羅蜜；於念念中，普賢慧行皆現在前智波羅蜜。

善財童子既得是已，普賢菩薩即伸右手摩觸其頂。既摩頂❷已，善財即得一切佛剎微塵數三昧門，各以一切佛剎微塵數三昧而為眷屬；一一三昧，悉見昔所未見一切佛剎微塵數佛大海，集一切佛剎微塵數一切智助道具，生一切佛剎微塵數一切智上妙法，發一切佛剎微塵數一切智大誓願，入一切佛剎微塵數大願海，住一切佛剎微塵數一切智出要道，修一切佛剎微塵數諸菩薩所修行，起一切佛剎微塵數一切智大精進，得一切佛剎微塵數一切智淨光明。如此娑婆世界毗盧遮那佛所，普賢菩薩摩善財頂；如是十方所有世界，及彼世界一一塵中一切世界一切佛所，普賢菩薩悉亦如是摩善財頂，所得法門亦皆同等。

【章　旨】善財童子因為看見如此殊勝的境界而獲得十種智波羅蜜。獲得此等智慧之後，普賢菩薩即伸手撫摩善財童子的頭頂，善財童子隨即又獲得無數三昧，在每一三昧之中顯現出無數境界。

【注釋】❶十種智波羅蜜　能了知一切法之智慧稱為「智波羅蜜」。此處所言的十種智波羅蜜是細緻地對於智波羅蜜之功能的說明。❷摩頂　「頂」指人的頭頂，「摩頂」是佛、菩薩為囑咐大法，以手摩弟子之頂，或為預示將來作佛之授記。

【語譯】善財童子看見普賢菩薩如此無量不可思議的大神通力，隨即獲得十種智波羅蜜。這十種智波羅蜜是什麼呢？它們是：於念念中，完全能夠週徧一切佛土的智波羅蜜；於念念中，完全能夠前往一切佛所的智波羅蜜；於念念中，完全能夠供養一切如來的智波羅蜜；於念念中，對於在一切諸如來的所在聽聞到的法都完全能夠受持的智波羅蜜；於念念中，思惟一切如來法輪的智波羅蜜；於念念中，知曉一切佛不可思議大神通事的智波羅蜜；於念念中，說一句法盡未來際辯才無盡的智波羅蜜；於念念中，以深般若觀一切法的智波羅蜜；於念念中，進入一切法界實相海的智波羅蜜；於念念中，知曉一切眾生心的智波羅蜜；於念念中，普賢慧行都能夠完全顯現在前的智波羅蜜。

善財童子得到這十種智波羅蜜之後，普賢菩薩隨即伸出右手撫摩著善財童子的頭頂。撫摩完畢之後，善財童子隨即獲得了一切佛土微塵數的三昧門，各自以一切佛土微塵數三昧作為其眷屬；一一三昧中，都完全看見昔日所未曾見到的一切佛土微塵數的佛之大海，積集了一切佛土微塵數的一切智的助道具，生起一切佛土微塵數的一切智的上等妙法，發一切佛土微塵數一切智的大誓願，進入一切佛土微塵數的大願海，住於一切佛土微塵數的一切智的出離要道，修習一切佛土微塵數諸菩薩的修行，生起一切佛土微塵數的一切智的大精進，獲得一切佛土微塵數的一切智的淨光明。在如此娑婆世界的毗盧遮那佛的所在，普賢菩薩撫摩善財童子的頭頂；如此十方所有世界，以及那些世界的一一塵中、一切世界、一切佛所，普賢菩薩也都如此撫摩善財童子的頭頂，所獲得的法門也都相同。

爾時，普賢菩薩摩訶薩告善財言：「善男子！汝見我此神通力不？」

「唯然！已見。大聖！此不思議大神通事，唯是如來之所能知。」

普賢告言：「善男子！我於過去不可說不可說佛剎微塵數劫，行菩薩行，求一切智；一一劫中，為欲清淨菩提心故，承事不可說不可說佛剎微塵數佛；一一劫中，為集一切智福德具故，設不可說不可說佛剎微塵數廣大施會，一切世間咸使聞知，凡有所求悉令滿足；一一劫中，為求一切智法故，以不可說不可說佛剎微塵數財物布施；一一劫中，為求佛智故，以不可說不可說佛剎微塵數城邑、聚落、國土、王位、妻子、眷屬、眼、耳、鼻、舌、身、肉、手、足乃至身命而為布施；一一劫中，為求一切智首故，以不可說不可說佛剎微塵數頭而為布施；一一劫中，為求一切智故，於不可說不可說佛剎微塵數諸如來所，恭敬尊重，承事供養，衣服、臥具、飲食、湯藥，一切所須悉皆奉施，於其法中出家學道，修行佛法，護持正教。

「善男子！我於爾所劫海中，自憶未曾於一念間不順佛教，於一念間生瞋害心、我我所心❶、自他差別心❷、遠離菩提心、於生死中起疲厭心、懶惰心、障礙心、迷惑心，唯住無上不可沮壞集一切智助道之法大菩提心。

「善男子！我莊嚴佛土，以大悲心救護眾生，教化成就，供養諸佛，事善知識；為求正法，弘宣護持，一切內外悉皆能捨，乃至身命亦無所吝。一切劫海說其因緣，劫海可盡，此無有盡。

「善男子！我法海中，無有一文，無有一句，非是捨施轉輪王位而求得者，非是捨施一切所有而求得者。善男子！我所求法，皆為救護一切眾生。一心思惟：『願諸眾生得聞是法，願以智光普照世間，願為開示出世間智❸，願令眾生悉得安樂，願普稱讚一切諸佛所有功德。』我如是等往昔因緣，於不可說不可說佛剎微塵數劫海說不可盡。

「是故，善男子！我以如是助道法力、諸善根力、大志樂力❹、修功德力❺、如實思惟一切法力、智慧眼力❻、佛威神力、大慈悲力、淨神通力、善知識力❼故，得此究竟三世平等清淨法身❽，復得清淨無上色身，超諸世間，隨諸眾生心之所樂而為現形，入一切剎，徧一切處，於諸世界廣現神通，令其見者靡不欣樂。

【章　旨】普賢菩薩為善財童子講解自己獲得的「究竟三世平等清淨法身」、「清淨無上色身」及其救護眾生的種種神通的因緣。

【注　釋】❶我我所心　即「我心」與「我所心」。「我心」是指執持有一真實存在的實體性的自我之心。「我所心」是指執持有真實存在的、為我所有的身外之事物的心理感受、心理活動。❷自他差別心　是指執持自己與他人有所差別的心理感受、心理活動。符合佛教道理的觀念是「自他無二」。❸出世間智　指聲聞、緣覺二乘之智，世間智、出世間智、出世間上上智等三智之一。二乘之人，以一切智修四諦、十二因緣，能出離世間，故稱之為「出世間智」。❹大志樂力　指「大志意樂」之力，而「大志意樂」為「六種意樂」即「思修六意」之一。凡心裡所欲作為，皆稱為「意樂」。「大志意樂」是指菩薩以六度所集之善根功德迴施一切眾生，使其同得勝果，因此稱之為「大志意樂」。❺助道法力諸善根力大志樂力修功德力　這四者通於「緣因佛性」。「緣因佛性」是指一切功德善根，因為其能夠資助了因，開發正因之性，因此稱之為「緣因佛性」。❻如實思惟一切法力智慧眼力　此二者通於「了因佛性」。「了因佛性」是指顯發照了眾生本具正性之觀智，此覺智（佛）非常非無常（性），理智相應，如人善知金藏，此智不可破壞，因此稱之為「了因佛性」。❼佛威神力大慈悲力淨神通力善知識力　此四者共通於「緣因佛性」、「了因佛性」。❽究竟三世平等清淨法身　即「究竟法身」與「平等法身」。「究竟法身」是指無上之佛果，也就是已經證悟法性的究竟佛身。「平等法身」指「自性法身」，為八地以上的菩薩所證得的平等寂滅之真如，雖任其自然，不加功用，也能一時徧於十方世界，示現種種教化，作種種佛事，而無往來之想，也無造作之想，因此稱之為「平等法身」。

**【語譯】**這時，普賢菩薩告訴善財童子說：「善男子！你看到了我的這些神通力了嗎？」

善財童子回答說：「是的！我已經看到了。大聖！這不可思議的大神通之事，只有如來纔能知曉。」

普賢菩薩告訴善財童子說：「善男子！我在過去不可說不可說佛土微塵數劫中，實行菩薩行，尋求一切智；在每一劫中，為了要清淨菩提心的緣故，承事不可說不可說佛土微塵數的佛；在每一劫中，為了聚集產生一切智之福德的工具的緣故，設置了不可說不可說佛土微塵數的廣大布施法會，使一切世間都能夠聽到知曉，凡眾生有所要求，都能夠使其得到滿足；在每一劫中，為了求取一切智之法的緣故，以不可說不可說佛土微塵數的財物布施；在每一劫中，為了求得佛智的緣故，以不可說不可說佛土微塵數的城邑、聚落、國土、王位、妻子、眷屬、眼、耳、鼻、舌、身、肉、手、足乃至身命而作為布施；在每一劫中，為了求得一切智之開端的緣故，以不可說不可說佛土微塵數的頭顱作為布施；在每一劫中，為了求取一切智的緣故，在不可說不可說佛土微塵數諸如來的住所，恭敬尊重，承事供養，衣服、臥具、飲食、湯藥，凡是諸佛所須的一切都完全奉獻施與，在諸佛之法中出家學道，修行佛法，護持正教。

「善男子！我在那劫海之中，自己知道未曾在一念間不遵順佛的教誨，未曾在一念間產生瞋害心、我與我所之心、自與他的差別心、遠離菩提心、在生死中生起疲倦與厭惡之心、懶惰心、障礙心、迷惑心，只是住於無上不可沮壞聚集的一切智助道之法大菩提心之中。

「善男子！我莊嚴佛土，以大悲心救護眾生，教化眾生使其取得成就，供養諸佛，侍奉善知識；為了求取正法，弘揚宣傳護持，我的一切內、外都完全能夠捨棄，甚至身命也無所吝嗇。我在一切劫海宣說其因緣，而劫海可以耗盡，這種因緣則永遠不會窮盡。

「善男子！在我的法海之中，沒有一字，沒有一句，不是因為捨棄而給予別人轉輪王位而獲得的，也沒有一樣不是捨棄布施我所有的一切而獲得的。善男子！我所尋求之法，都是為了救護一切眾生。我一心這樣想：『希望諸位眾生得以聽聞這些法，希望以智慧之光普偏照耀世間，希望為其開示出世間智，希望使眾生都能夠得到安樂，希望普偏稱讚一切諸佛的所有功德。』我如此等等的過去因緣，在不可說不可說佛土微塵數劫海也是不可說盡的。

「因為這些緣故，善男子！我因為如此助道法之力、諸善根之力、大志樂之力、修習功德之力、如實地思惟一切法之力、智慧眼之力、佛威神之力、大慈悲之力、清淨神通之力、善知識之力的緣故，獲得此『究竟三世平等清淨法身』，又獲得了『清淨無上色身』，超越諸世間，隨諸眾生心之所樂而為其示現身形，進入一切國土，充滿一切地方，在諸世界之中廣泛地顯現出神通，使其看見這些的眾生無不感到興奮、快樂。

「善男子！汝且觀我如是色身；我此色身，無邊劫海之所成就，無量千億那由他劫難見難聞。

「善男子！若有眾生未種善根及種少善根，聲聞、菩薩，猶尚不得聞我名字，況見我身！善男子！若有眾生得聞我名，於阿耨多羅三藐三菩提不復退轉；若見若觸，若迎若送，若暫隨逐，乃至夢中見聞我者，皆亦如是。或有眾生，一日一夜憶念於我即得成熟；或七日七夜、半月一月、半年一年、百年千年、一劫百劫，乃至不可說不可說佛剎微塵數劫，憶念於我而成熟者；或一生、或百生，乃至不可說不可說佛剎微塵數生，憶念於我而成熟者；或見我放大光明，或見我震動佛剎，或生怖畏，或生歡喜，皆得成熟。善男子！我以如是等佛剎微塵數方便門，令諸眾生於阿耨多羅三藐三菩提得不退轉。

「善男子！若有眾生見聞於我清淨剎者，必得生此清淨剎中；若有眾生見聞於我清淨身者，必得生我清淨身中。善男子！汝應觀我此清淨身。」

【章旨】普賢菩薩鼓勵善財童子觀看普賢神奇的、清淨的身體。普賢菩薩說，如果眾生見到或者聽說我的清淨國土，就一定會生於這一清淨國土中；如果有眾生見到或者聽說我的清淨身體，就一定會生於我的清淨身之中。

【語譯】「善男子！你且來觀看我如此的色身。我這一色身，是在無邊劫海之中所成就的，即便在無量千億那由他劫中也是難於見到、難於聽說的。

「善男子！如果那些未曾種植善根的眾生，以及只是種植了很少善根的眾生，甚至聲聞、菩薩，尚且沒有機會聽說我的名字，何況看見我的身體啊！善男子！如果那些得以聽說我的名字的眾生，就能夠獲得阿耨多羅三藐三菩提而不再退轉；那些能夠見到我的眾生，能夠想到我的眾生，能夠迎接我的眾生，能夠歡送我的眾生，能夠暫時隨逐我的眾生，甚至在夢中見到、聽到我的眾生，都能夠如此而獲得阿耨多羅三藐三菩提而不再退轉。那些一日一夜憶念我的眾生，也能夠成就阿耨多羅三藐三菩提並且不再退轉；那些在七日七夜、半月或一月、半年或一年、百年千年、一劫百劫，甚至於不可說不可說佛土微塵數劫的時間中，憶念我的這些眾生，也能夠成就阿耨多羅三藐三菩提而不再退轉；那些一生、百生，甚至不可說不可說佛土微塵數生憶念我的眾生，也能夠成就阿耨多羅三藐三菩提而不再退轉；那些看見我放大光明以及看見我震動佛土而產生怖畏或產生歡喜的眾生，也能夠成就阿耨多羅三藐三菩提不再退轉。善男子！我以如此與佛土微塵數相等的方便門，使那些眾生獲得阿耨多羅三藐三菩提而得以不退轉。

「善男子！如果眾生見到或者聽說我的清淨國土，就一定會生於這一清淨國土中；如果有眾生見到或者聽說我的清淨身體，就一定會生於我的清淨身之中。善男子！你確實應該觀看我這一清淨之身。」

爾時，善財童子觀普賢菩薩身，相、好肢節，一一毛孔中，皆有不可說不可說佛剎海；一一剎海，皆有諸佛出興於世，大菩薩眾所共圍繞。又復見彼一切剎海，種種建立、種種形狀、種種莊嚴、種種大山周匝圍繞，種種色雲彌覆虛空，種種佛興演種種法；如是等事，各各不同。又見普賢於一一世界海中，出一切佛剎微塵數佛化身雲，週遍十方一切世界，教化眾生，令向阿耨多羅三藐三菩提。時，善財童子又見自身在普賢身內，十方一切諸世界中教化眾生。

又，善財童子親近佛剎微塵數諸善知識所得善根、智慧光明，比見普賢菩薩所得善根，百分不及一，千分不及一，百千分不及一，百千億分乃至算數譬喻亦不能及是。善財童子從初發心，乃至得見普賢菩薩，於其中間所入一切諸佛剎海，今於普賢一毛孔中一念所入諸佛剎海，過前不可說不可說佛剎微塵數倍；如一毛孔，一切毛孔悉亦如是。

善財童子於普賢菩薩毛孔剎中，行一步，過不可說不可說佛剎微塵數世界；如是而行，盡未來劫，猶不能知一毛孔中剎海次第、剎海藏、剎海差別、剎海普入、剎海成、剎海壞、剎海莊嚴所有邊際❶；亦不能知佛海次第、佛海藏、佛海差別、佛海普入、佛海生、佛海滅所有邊際；亦不能知菩薩眾海次第、菩薩眾海藏、菩薩眾海差別、菩薩眾海普入、菩薩眾海集、菩薩眾海散所有邊際；亦不能知入眾生界、知眾生根、教化調伏諸眾生智、菩薩所住甚深自在、菩薩所入諸地、諸道❷，如是等海所有邊際。

善財童子於普賢菩薩毛孔剎中，或於一剎經於一劫如是而行，乃至或有經不可說不可說佛剎微塵數劫如是而行，亦不於此剎沒、於彼剎現，念念週遍無邊剎海，教化眾生，令向阿耨多羅三藐三菩提。

當是之時，善財童子則次第得普賢菩薩諸行願海，與普賢等，與諸佛等，一身充滿一切世界，剎等❸、行等、正覺等、神通等、法輪等、辯才等、言辭等、音聲等、力無畏等、佛所住等、大慈悲等、不可思議解脫自在悉皆同等。

【章旨】善財童子應普賢菩薩要求重新觀看普賢菩薩的色身，看見其每一毛孔之中都含有種種世間、種種眾生，看見普賢菩薩的色身徧於諸國土並且生起教化眾生的大用。善財童子又看見自己的身體在普賢菩薩的身內，並且在十方一切世界教化眾生。由此，善財童子感覺到自己所獲得的善根、多種境界、功德以及所進入的國土海，都遠遠無法與普賢菩薩相比較。看到如此神奇之境界，善財童子獲得了普賢菩薩行願之海。

【注釋】❶邊際　本來的意思是「邊界」、「邊緣」，此章所用為「窮極」、「窮盡」的意思，即無有能夠超越者。❷諸道　指眾生所輪迴的天、人、阿修羅、畜生、餓鬼、地獄等六道。❸剎等　即與一切國土同等。

【語　譯】這時，善財童子觀察普賢菩薩的色身，其肢節都十分符合佛的相、好，每一毛孔之中，都有不可說不可說佛土之海；每一國土海中，都有諸佛在世間興世，並且在大菩薩眾的共同圍繞之下。善財童子又看見那一切國土海建立的種種設施以及其種種不同的形狀、種種的莊嚴，種種大山圍繞著國土海，有種種色雲完全覆蓋著整個虛空，有種種佛興起並且演說著種種法；如此等事，各各不同。善財童子又看見普賢菩薩在每一世界海之中，生出一切佛土微塵數的佛之化身雲，週徧十方一切世界教化眾生，使其趣向阿耨多羅三藐三菩提。這時，善財童子又看見自己的身體也在普賢菩薩的身內，在十方一切諸世界中教化眾生。

又，善財童子將自己親近佛土微塵數諸善知識所得的善根、智慧光明，與見到的普賢菩薩所得的善根相比較。善財童子發現，自己所獲得的這些尚不及普賢菩薩的百分之一、千分之一、百千分之一、百千億分之一，甚至以算數譬喻來說明的，也無法說清楚二者之間的差別。善財童子從初發心，直至得以見到普賢菩薩，在此之間所進入的一切諸佛土之海，比起今日在普賢菩薩一毛孔中於一念中所進入的諸佛土之海來，後者要超過前者不可說不可說佛土微塵數倍。如同一毛孔一樣，在一切毛孔中也是如此。

善財童子在普賢菩薩毛孔國土中行走一步，要越過不可說不可說佛土微塵數繁榮世界；如此而行走，盡未來劫，仍然不能知曉一毛孔中國土海的次第、國土海中的寶藏、國土海的差別、國土海普徧進入的情形、國土海的生成、國土海的毀壞、國土海莊嚴的所有邊際；也不能知曉佛海的次第、佛海中的寶藏、佛海的差別、佛海的普徧進入、佛海的產生、佛海的寂滅的所有邊際；也不能知曉菩薩眾海的次第、菩薩眾海的寶藏、菩薩眾海的差別、菩薩眾海的普徧進入、菩薩眾海的聚集、菩薩眾海離散的所有邊際；也不能知曉進入眾生界、知曉眾生根、教化調伏諸眾生的智慧、菩薩所住的甚深自在、菩薩所進入的諸地以及諸道，如此如同大海般的所有邊際。

善財童子在普賢菩薩毛孔國土中，有時在一國土經歷了一劫而行走，有時甚至經過不可說不可說佛土微塵數的劫而行走，也不在這個國土沉沒、在那一國土出現。善財童子在念念中週徧無邊的國土海，教化眾生，使其趣向阿耨多羅三藐三菩提。

當此之時，善財童子就先後獲得普賢菩薩諸行願海，與普賢菩薩相等，與諸佛相等，一身充滿一切世界，與一切國土相等，與諸行相等，與佛的正覺相等，與佛的神通相等，與法輪相等，與佛的辯才相等，與佛的言辭相等，與佛的音聲相等，與佛的力、無畏相等，與佛的所住相等，與佛的大慈悲相等，與佛的不可思議解脫自在都完全同等。

爾時，普賢菩薩摩訶薩即說頌言：

「汝等應除諸惑垢，一心不亂而諦聽；我說如來具諸度，一切解脫真實道。出世調柔勝丈夫❶，其心清淨如虛空，恆放智日大光明，普使

群生滅癡暗。如來難可得見聞，無量億劫今乃值，如優曇華❷時一現，
是故應聽佛功德。隨順世間諸所作，譬如幻士現眾業，但為悅可眾生心，
未曾分別起想念。」

爾時，諸菩薩聞此說已，一心渴仰，唯願得聞如來世尊真實功德，咸作是念：「普賢菩薩具修諸行，體性清淨，所有言說皆悉不虛，一切如來共所稱嘆。」作是念已，深生渴仰。

【章　旨】普賢菩薩首先以偈頌體告訴善財童子，佛果之海離言而難說難思，今姑且以現佛之德來顯示善財童子之果相。在座的諸位菩薩聽說普賢菩薩的說法之後，都產生渴望、景仰。

【注　釋】❶調柔勝丈夫　即調順、殊勝的丈夫。調柔，調順；調伏。❷優曇華　又名「優曇缽華」，意譯為「靈瑞」、「瑞應」，是多年生草，莖高四、五尺，花作紅黃色，產於喜馬拉雅山麓及錫蘭等處，二千年開花一次，開時僅一現，故人們對於難見而易滅的事，稱為「曇花一現」。

【語　譯】這時，普賢菩薩摩訶薩隨即說頌言：

「你們應該滅除一切煩惱、塵垢，一心不亂而仔細地聽我講；我說如來具有的六度，以及一切解脫的真實途徑。出世間的調順、殊勝的丈夫，其心清淨就如同虛空，永遠放出智慧之日大光

明，普徧使得眾生滅除無明之黑暗。如來是難得見到、聽說的，經過無量億劫纔在今日得以遇到，如同優曇華千百年只是顯現一時，因此應該仔細聽聽佛的功德。佛隨順世間的一切所作所為，譬如幻師可以顯現出許多業像，只是為了取悅眾生之心，其本身卻未曾分別而生起想念。」

當時，諸菩薩聽說這些之後，一心渴望、景仰，只希望能夠得以聽聞如來世尊的真實功德，都這樣想道：「普賢菩薩具足修習諸行，體性清淨，所有言說都完全是真實不虛的，為一切如來所共同稱讚感嘆。」這樣想之後，深深地產生渴望、景仰。

爾時，普賢菩薩功德智慧具足莊嚴，猶如蓮華不著三界一切塵垢，告諸菩薩言：「汝等諦聽，我今欲說佛功德海一滴之相。」即說頌言：

「佛智廣大同虛空，普徧一切眾生心，悉了世間諸妄想，不起種種異分別。一念悉知三世法，亦了一切眾生根，譬如善巧大幻師，念念示現無邊事。

「隨眾生心種種行，往昔諸業誓願力，令其所見各不同，而佛本來無動念。

「或有處處見佛坐，充滿十方諸世界，或有其心不清淨，無量劫中不見佛。或有信解離憍慢，發意即得見如來；或有諂誑不淨心，億劫尋求莫值遇。或一切處聞佛音，其音美妙令心悅；或有百千萬億劫，心不淨故不聞者。

「或見清淨大菩薩，充滿三千大千界，皆已具足普賢行，如來於中儼然坐。或見此界妙無比，佛無量劫所嚴淨；毗盧遮那最勝尊，於中覺悟成菩提。或見蓮華勝妙剎，賢首如來住在中，無量菩薩眾圍繞，皆悉勤修普賢行。或有見佛無量壽❶，觀自在❷等所圍繞，悉已住於灌頂地，充滿十方諸世界。或有見此三千界，種種莊嚴如妙喜❸，阿閦如來❹住在中，及如香象❺諸菩薩。或見月覺大名稱❻，與金剛幢菩薩❼等，住如圓鏡❽妙莊嚴，普徧十方清淨剎。或見日藏❾世所尊，住善光明清淨土，及與灌頂諸菩薩，充徧十方而說法。或見金剛大燄佛，而與智幢菩薩❿俱，周行一切廣大剎，說法除滅眾生翳。一一毛端不可說，諸佛具相三十二，菩薩眷屬共圍繞，種種說法度眾生。或有觀見一毛孔，具足莊嚴廣大剎，無量如來悉在中，清淨佛子皆充滿。或有見一微塵內，具有恆沙佛國土，無量菩薩悉充滿，不可說劫修諸行。或有見一毛端處，無量塵沙諸剎海，種種業起各差別，毗盧遮那轉法輪。或見世界不清淨，或見清淨寶所成，如來住壽無量時，乃至涅槃諸所現。普徧十方諸世界，種種示現不思議，隨諸眾生心智業⓫，靡不化度令清淨。如是無上大導師⓬，充滿十方諸國土，示現種種神通力，我說少分汝當聽。

「或見釋迦成佛道，已經不可思議劫；或見今始為菩薩，十方利益諸眾生。或有見此釋師子，供養諸佛修行道；或見人中最勝尊，現種種力神通事。或見布施或持戒，或忍或進或諸禪，般若方便願力智⓭，隨眾生心皆示現。

【章　旨】普賢菩薩應諸位菩薩之要求，以九十五偈讚頌難思說的佛德。這九十五偈讚嘆毗盧遮那之十身圓滿二十一種殊勝功德。偈頌即可分為二十一部分去理解。此章為其前五部分。第一部分二偈讚嘆「有無無二相真如最清淨能入功德」(即真如無二、無動念之功德),第二部分一偈讚嘆「佛無障礙智」,第三部分三偈讚嘆「無功用佛事不休息功德」,第四部分十五偈讚嘆「法身中所依意樂作事無差別功德」,「即修一切障對治功德」(參見澄觀《華嚴經疏》卷六十,《大正藏》卷三十五,頁九六二上)。

【注　釋】❶佛無量壽　即阿彌陀佛。❷觀自在　即觀世音菩薩。❸妙喜　即妙喜世界,東方阿閦佛的世界。❹阿閦如來　全名「阿閦鞞佛」、「阿閦婆佛」,意譯為「無動佛」、「不動佛」。往昔在距離東方千佛土出現於阿比羅提國之大日如來的所在發願,修行後,成佛於東方,其國土名「善快」,現於其土說法。❺香象　即「香象菩薩」,又作「香惠菩薩」、「赤色菩薩」、「不可息菩薩」,是賢劫十六尊菩薩之一。此位菩薩身出香風,在北方之香聚山說法。❻月覺大名稱　即「月覺菩薩」。❼金剛幢菩薩　金剛界十六菩薩之一,為南方寶生如來四親近之一,以寶幢之三昧耶標註寶雨。❽圓鏡　即「大圓鏡智」、「大圓鑒智」,是指可如實映現一切法之佛智,為唯識學的四智之一,由轉第八識(阿賴耶識)而得。此智是在證入佛果之時,阿賴耶識捨斷一切煩惱習氣,轉依而成的純粹的無漏智。此智能明察三世一切諸法,萬德圓滿,無所欠缺,猶如大圓鏡之能顯現一切色像,故稱為「大圓鏡智」。❾日藏　即「日藏菩薩」,為顯教在家十六位菩薩之一。❿智幢菩薩　為密教在家十六位菩薩之一。⓫眾生心智業　由一切眾生之心所起的智慧產生之業。「心智」即「心」與「智」。⓬無上大導師　佛的尊稱。⓭般若方便願力智　即般若、方便智與願力智。

【語　譯】此時,普賢菩薩的功德、智慧都圓滿具足,十分莊嚴,猶如蓮花不沾染欲界、色界、無色界三界的一切塵垢,普賢菩薩告訴諸位菩薩說:「你們應該仔細聽著,我現今想說說佛的功德海中的一滴水之相狀。」普賢菩薩隨即念說偈頌說：

「佛智廣大如同虛空，普徧存在於一切眾生之心中，完全了知世間的諸妄想，不生起種種不同的分別。一念完全知曉三世之法，也了知一切眾生之根，譬如善巧的大幻師，可以在念念中示現出無邊無際的事情。

「隨著眾生之心修習種種行，依靠過去諸業的誓願之力，使其所見各不相同，而佛本來就毫無動念。

「有人處處看見佛坐在師子之座上，充滿了十方諸世界，也有些人由於其心不清淨，即便在無量劫中也不能看見佛。有人對於佛法能夠產生信解並且遠離憍慢，一經發心就可以立即見到如來；也有些人生諂誑不淨之心，即便在億劫尋求佛也是難於遇到佛的。有的人在一切處聽到佛的聲音，佛的聲音美妙使其心中充滿喜悅；也有的人即便在百千萬億劫中，由於其心不淨的緣故卻不能聽聞佛的聲音。

「有人看見清淨的大菩薩，充滿了三千大千界，都已經具足普賢行，如來在其中儼然而坐。有的人看到這一世界奇妙無比，是佛在無量劫中嚴淨的結果；毗盧遮那佛最為殊勝受眾生尊敬，在此世界中覺悟成就菩提。有的人看見蓮花勝妙的國土，賢首如來住於其中，有無量的菩薩眾圍繞著，都完全勤奮地修習普賢行。也有的人看見無量壽佛，觀音菩薩等圍繞著，都完全已經住於灌頂地，充滿十方諸世界。也有的看見此三千界，種種莊嚴猶如妙喜世界，阿閦如來住於其中，還有香象諸菩薩。有的人看見月覺大菩薩，與金剛幢菩薩等，住於如同大圓鏡般美妙莊嚴、普徧十方的清淨國土。有的人看見日藏菩薩為世間所尊敬，住於善光明清淨土，與灌頂諸地的諸位菩薩，充徧十方而為眾生說法。有的則看見金剛大燄佛，與智幢菩薩一起，周行一切廣大國土，為眾生說法而除滅遮蔽眾生的障礙。佛的每一毛端都是不可說的，諸佛具足三十二相，菩薩眷屬共同圍繞著，佛宣說種種說以濟度眾生。也有人觀見佛的每一毛孔，具足莊嚴廣大國土，無量如來都在其中，清淨佛子都充滿其中。也有人看見一微塵之內，具有恆沙數的佛國土，有無量菩薩完全充滿其中，在不可說劫中修習諸行。也有人看見一毛端處，無量塵沙數的諸國土海中，因種種業而生起各各差別，毗盧遮那佛在其中旋轉法輪。有人看見世界不清淨，有人看見世界是清淨的珍寶所組成，如來住壽無量時，直至涅槃諸相顯現出來。佛普徧十方諸世界，示現出種種不可思議的現象，隨著諸位眾生的心之智慧之業，無一不得到化度並且使其得到清淨。如此無上的大導師，充滿十方諸國土，示現出種種神通之力，我只是說出一點點讓你們仔細聽一聽。

「有人看見釋迦成就佛道，已經經歷了不可思議的劫數；有人看見他現今纔成為菩薩，在十方利益諸多眾生。也有人看見這位釋迦族的師子，供養一切諸佛修行佛道；有人看見他是人中最勝尊的，顯現出種種力、種種神通之事。有人看見他修習布施、持戒，修習忍，修習精進，修習諸禪，修習般若、方便願力智，如此等等都隨著眾生之心而示現出來。

「或見究竟波羅蜜，或見安住於諸地，總持三昧神通智，如是悉現無不盡。或現修行無量劫，住於菩薩堪忍位❶；或現住於不退地❷，或現法水灌其頂。或現梵釋護世身，或現剎利婆羅門，種種色相所莊嚴，猶如幻師現眾像。

「或現兜率始降神，或見宮中受嬪御，或見棄捨諸榮樂，出家離俗行學道。或見始生或見滅，或見出家學異行，或見坐於菩提樹，降伏魔軍成正覺。或有見佛始涅槃，或見起塔徧世間，或見塔中立佛像，以知時故如是現。或見如來無量壽，與諸菩薩授尊記，而成無上大導師，次補住於安樂剎。或見無量億千劫，作佛事已入涅槃；或見今始成菩提，或見正修諸妙行。或見如來清淨月，在於梵世及魔宮，自在天宮化樂宮，示現種種諸神變。或見在於兜率宮，無量諸天共圍繞，為彼說法令歡喜，悉共發心供養佛。或見住在夜摩天，忉利護世龍神處，如是一切諸宮殿，莫不於中現其像。於彼然燈世尊所，散華佈髮為供養，從是了知深妙法，恆以此道化群生。或有見佛久涅槃，或見初始成菩提；或見住於無量劫，或見須臾即滅度。身相光明與壽命，智慧菩提及涅槃，眾會所化威儀聲，如是一一皆無數。或現其身極廣大，譬如須彌大寶山；或見跏趺不動搖，充滿無邊諸世界。或見圓光一尋量，或見千萬億由旬，或見照於無量土，或見充滿一切剎。或見佛壽八十年，或壽百千萬億歲，或住不可思議劫，如是展轉倍過此。佛智通達淨無礙，一念普知三世法，皆從心識因緣起，生滅無常無自性。於一剎中成正覺，一切剎處悉亦成，一切入一一亦爾，隨眾生心皆示現。

「如來住於無上道，成就十力四無畏；具足智慧無所礙，轉於十二行法輪❸。了知苦集及滅道，分別十二因緣法❹；法義樂說辭無礙❺，以是四辯廣開演。諸法無我無有相，業性不起亦無失，一切遠離如虛空，佛以方便而分別。如來如是轉法輪，普震十方諸國土，宮殿山河悉搖動，不使眾生有驚怖。如來普演廣大音，隨其根欲皆令解，悉使發心除惑垢，而佛未始生心念。或聞施戒忍精進，禪定般若方便智，或聞慈悲及喜捨，種種音辭各差別。或聞四念四正勤，神足根力及覺道，諸念神通止觀等，無量方便諸法門。龍神八部人非人，梵釋護世諸天眾，佛以一音為說法，隨其品類皆令解。若有貪欲瞋恚癡，忿覆慳嫉及憍諂❻，八萬四千煩惱異，皆令聞說彼治法。若未具修白淨法，令其聞說十戒行；已能布施調伏人，令聞寂滅涅槃音。若人志劣無慈愍，厭惡生死自求離；令其聞說三脫門，使得出苦涅槃樂。若有自性少諸欲，厭背三有求寂靜；令其聞說諸緣起，依獨覺乘而出離。若有清淨廣大心，具足施戒諸功德，親近如來具慈愍，令其聞說大乘音。或有國土聞一乘，或二或三或四五❼，如是乃至無有量，悉是如來方便力。涅槃寂靜未曾異，智行勝劣有差別；譬如虛空體性一，鳥飛遠近各不同。佛體音聲亦如是，普徧一切虛空界，隨諸眾生心智殊，所聞所見各差別。佛以過去修諸行，能隨所樂演妙音，無心計念此與彼，我為誰說誰不說。如來面門放大光，具足八萬四千數；所說法門亦如是，普照世界除煩惱。

「具足清淨功德智，而常隨順三世間，譬如虛空無染著，為眾生故而出現。示有生老病死苦，亦示住壽處於世；雖順世間如是現，體性清淨同虛空。一切國土無有邊，眾生根欲亦無量；如來智眼皆明見，隨所應化示佛道。

「究竟虛空十方界，所有人天大眾中，隨其形相各不同，佛現其身亦如是。若在沙門大眾會，剃除鬚髮服袈裟，執持衣缽護諸根，令其歡喜息煩惱。若時親近婆羅門，即為示現羸瘦身，執杖持瓶恆潔淨，具足智慧巧談說。吐故納新自充飽，吸風飲露無異食[8]，若坐若立不動搖，現斯苦行摧異道。

「或持彼戒為世師，善達醫方等諸論，書數天文地眾相，及身休咎無不了。深入諸禪及解脫，三昧神通智慧行，言談諷詠共嬉戲，方便皆令住佛道。

【章　旨】此章讚嘆毗盧遮那之十身圓滿二十一種殊勝功德中的第七種至十二種功德。九十五偈中的第六部分三偈讚嘆「降伏一切外道功德」，第七部分十六偈讚嘆「生在世間不為世法所礙功德」，第八部分十八偈讚嘆「安立正法功德」，第九部分三偈讚嘆「授記功德」，第十部分四偈讚嘆「示現受用變化身功德」，第十一部分二偈讚嘆「斷一切疑功德」，第十二部分九偈讚嘆「令入種種行功德」（參見澄觀《華嚴經疏》卷六十，《大正藏》卷三十五，頁九六二中至九六二下）。

【注　釋】❶堪忍位　即「堪忍地」。天台宗以為是指菩薩十地中之初地「歡喜地」。但據南本《大般涅槃經》卷十〈聖行品〉載，修行者已得四念處，則住於堪忍地中，能堪忍貪欲、恚、癡，亦能堪忍寒熱、饑渴、蚊虻、蚤虱、暴風、惡觸、種種疾病，以及撾打楚撻等一切身心苦惱。因為此時的菩薩對於一切都能夠忍受，因而稱此境界為「堪忍地」。❷不退地　是指不退墮於惡趣及二乘地，且所得所證之法不退失。「不退」有三種、四種之別，其位次雖依諸宗而異，然一般皆指菩薩初地以上之位，即「三種不退」中的「行不退」，「四種不退」中的「證不退」。❸轉於十二行法輪　即「三轉十二行相」，指世尊三次旋轉四諦之法輪，為眾生說法：第一為「示轉」，指示「此是苦，此是集，此是滅，此是道」。第二為「勸轉」，勸示「此是苦，汝應知；此是集，汝應斷；此是滅，汝應證；此是道，汝應修」。第三為「證轉」，證示「此是苦，我已知，不復更知；此是集，我已斷，不復更斷；此是滅，我已證，不復更證；此是道，我已修，不復更修」。以每一轉各具「眼」、「智」、「明」、「覺」四行相，因此而成「十二行相」。❹十二因緣法　即「十二因緣」，又名「十二有支」、「十二緣起」，是佛教用來說明有情生死流轉的過程的理論。十二因緣是無明（貪瞋癡等煩惱為生死的根本）、行（造作諸業）、識（業識投胎）、名色（但有胎形六根未具）、六入（胎兒長成眼等六根的人形）、觸（出胎與外境接觸）、受（與外境接觸生起苦樂的感受）、愛（對境生愛欲）、取（追求造作）、有（成業因能招感未來果報）、生（再受未來五蘊身）、老死（未來之身又漸老而死）。以上十二支，包括三世起惑、造業、受生等一切因果，周而復始，至於無窮。❺法義樂說辭無礙　指佛、菩薩等所具有的四種自在無礙辯，又作「四無礙智」、「四無礙解」，簡稱為「四辯」或「四無礙」。「法無礙辯」，指對於一切法相、名字有無礙自在的智解，故能善於辯說。「義無礙辯」，指關於一切法相、名字的義理有無礙自在的智解辯才。「辭無礙辯」，指通曉一切方言而無礙辯說的智解、辯才。「辯無礙辯」，是指隨順眾生根機而巧妙演說，令眾生樂聞的智解、辯才。大乘佛教認為，因為法、義、辭、辯四者窮盡法性，進入第一義諦，甚妙難測。因此，惟有佛、菩薩真正具有四辯。❻忿覆慳嫉及憍諂　指十種「小隨煩惱」。即「忿」（心裡不平）、「恨」（心裡怨恨）、「覆」（隱藏自己的罪過）、「惱」（對他人發火）、「嫉」（嫉忌他人）、「慳」（捨不得財物，氣量小）、「誑」（欺騙他人）、「諂」（趨奉他人）、「害」（傷害他人）、「憍」（憍傲自大）。以上十種煩惱，是隨著六種「根本煩惱」而起的「枝末煩惱」，這些煩惱因其性質比較粗和猛烈，而且各別生起，範圍較小，所以叫做「小隨煩惱」。❼一乘或二或三或四五　「一乘」為佛乘，「二」為聲聞乘、緣覺乘或大乘、小乘，「三」則為聲聞乘、緣覺乘、菩薩乘，「四」為聲聞乘、緣覺乘、菩薩乘、佛乘，「五」則為人乘、天乘、聲聞乘、緣覺乘、菩薩乘。❽吐故納新自充飽吸風飲露無異食　這是古代印度外道所流行的修行方法。「吐故納新」是指調整呼吸之法，「飲露」為其苦行之一。

【語　譯】「有人看見世尊獲得究竟波羅蜜，有人看見其安住於諸地，獲得總持三昧神通之智，如此完全顯現出來而無不窮盡。或顯現出修行無量劫之時，住於菩薩堪忍位；有時顯現住於不退地，有時顯現出法水灌其頂的情景。有時顯現出梵天、帝釋天、護世四天王身，有時顯現出剎帝利、婆羅門的身相；世尊之身以種種色相莊嚴，猶如幻師顯現出許多身像。

「有時顯現出從兜率天開始降下，有時示現在宮中接受嬪妃，有時顯現出捨棄諸榮樂，出家離俗去修行學道。有時顯現出生的情形，有時顯現出寂滅的情形，有時顯現出出家學習外道之修行方法的情景，有時顯現出坐於菩提樹下，降伏魔軍成就正覺。有時顯現出佛涅槃的情形，有時顯現出建立佛塔徧世間的情形，有時顯現出在塔中樹立的佛像，因為其預知時節的緣故而顯現出如此情形。有人看見無量壽佛給予諸菩薩授尊記，並且成為無上大導師，次補佛位而住於安樂國土。有人看見無量億千劫，作完佛所做之事而已經進入涅槃；有人看見現今纔始成就菩提，有人看見其正在修習諸妙行。有人看見如來猶如清淨的月亮，住於梵天世界及天魔的宮殿，住於自在天宮和化樂天宮，示現出種種諸神變。有人看見其在兜率天宮，有無量諸天一起圍繞，世尊為會眾說法使其得到歡喜，都一起發心而供養佛。有人看見世尊住於夜摩天，在忉利天護世四天王及龍神所在的地方，如此一切諸宮殿，世尊無不在其中顯現出其形像。在那位燃燈佛的所在，世尊撒花布髮供養燃燈佛，從此世尊了知深刻的妙法，永遠以此道化度眾生。也有人看見佛久住於涅槃，也有人看見世尊初始成就菩提；有人看見其住於無量劫，有人看見其在須臾間就滅度。其身相光明與壽命，智慧、菩提及涅槃，在眾會中教化眾生的威儀之聲，如此一一都有無數情形顯現出來。有時顯現出其身極為廣大，譬如須彌山如同大寶山；有人看見其跏趺坐而不動搖，充滿無邊諸世界。有人看見世尊的圓光有一尋量，有人看見其光有千萬億由旬，有人看見其光照耀在無量國土，有人看見其光充滿一切國土。有人看見世尊的壽命八十年，有人看見世尊的壽命百千萬億歲，也有人看見其住於不可思議劫，如此展轉超過這樣好多倍。佛智通達清淨無礙，一念完全知曉三世之法，都是從心識的因緣生起，生滅無常而無自性。在一國土中成就正覺，在一切國土處也都完全成就，一切進入一，一也進入一切，這些隨著眾生之心也都示現出來。

「如來住於無上之道，成就了十力、四無畏；具足智慧無所障礙，三轉法輪於十二行法輪。

了知苦、集、滅、道四諦，分別十二因緣法；法、義、樂說、辭四無礙辯，於此廣為開演。諸法無我、無有為之相，業性不起也不失去，一切遠離就如同虛空，佛以善巧方便而作種種分別。如來如此旋轉法輪，完全震動十方諸國土，宮殿、山河都全部搖動了，但卻不使眾生有驚懼和恐怖。如來完全演說廣大法音，隨著眾生的根欲都使眾生得到理解，完全使其發心除去煩惱、污垢，而佛卻未曾生起任何心念。或者聽到布施、持戒、忍辱、精進、禪定、般若等六度以及方便智，或者聽到慈悲及喜、捨，其種種音辭各有差別。或者聽到四念處、四正勤、四神足、五根、五力以及七覺支分、八正道，一切諸念、神通、止觀等，無量的方便諸法門。天龍八部、人非人、梵天、帝釋天、護世四天王等天眾，佛以一音為其說法，隨著眾生的品類而使其都能夠理解。如果有貪欲、瞋恚、癡三種根本煩惱，忿、覆、慳、嫉及憍、諂等十種小隨煩惱，八萬四千種煩惱各個互異，都使眾生聽聞並且為其解說那些對治之法。如果尚未具備修習善淨之法，就使其聽聞十戒之行；如果已經能夠布施、調伏之人，使其聽聞寂滅、涅槃之音。如果有人本性意志下劣而無有慈愍之心，厭惡生死自己求取出離；就使其聞說三解脫法門，使其得以出離苦海而得到涅槃之樂。如果有人自己本性就少有諸欲，厭惡、背離三界之生死而祈求寂靜；使其聞聽各種緣起法，使其依照獨覺乘而得以出離生死。如果有人已經有清淨廣大心，具足了布施、持戒等等功德，能夠親近如來而具有慈愍之心，使其聽取大乘法音。也有人在佛之國土聽聞了一乘、二乘、三乘或四、五乘，如此乃至無有量，完全是如來方便法力。涅槃、寂靜未曾有區別，智慧、修行的勝與劣則有差別；譬如虛空的體性是一樣的，鳥的飛翔則遠近各不相同。佛的體性、聲音也是如此，普徧一切虛空界，隨著諸位眾生的心智不同，所聞、所見則各有差別。佛以過去修習的諸行，能夠隨著所樂，對於演說的美妙的聲音無心計度、思念此與彼，也無心計度、思念我為誰說法、為誰不說法。如來的臉面放出大光明，具足八萬四千的數目；所說的法門也是如此，普徧照耀世界而除去煩惱。

「諸佛具足清淨功德之智，常常隨順過去、現在、未來三種世間，譬如虛空而沒有染著，但為眾生的緣故而又出現於世間。世尊示現出生、老、病、死之苦，也示現出住壽而在世間居住；即便是隨順世間而如此顯現，但其體性清淨如同虛空。一切國土沒有邊際，眾生的根欲也是無限量的；如來的智眼都能夠明晰地看見，隨順眾生的根機而應化示現成佛之道。

「在究竟虛空的十方界所有人、天大眾之中，隨其形相各不同，佛顯現出的佛身也是如此各不相同。如果在沙門大眾之會中，佛就剃除鬚髮而穿著袈裟，執持衣鉢護持諸根，使其歡喜而息滅煩惱。如果有人當時親近婆羅門，佛就為其示現羸瘦之身，執持杖、瓶而永遠潔淨，以其具足的智慧與其善巧談論。以呼吸吐納使自己充飽，吸風飲露之處沒有其他的食物，若坐若立毫不動搖，顯現出這些苦行而摧破外道。

「世尊有時嚴持那些戒法而作為世間的導師，善於通達醫方明等諸論，書寫、數學、天文、地理等相，以及身體狀況的凶吉，無不了知。深入諸禪定及解脫法門，修習三昧、神通、智慧之行，與眾生一起言談、吟頌，一起嬉戲，以方便使其都住於成佛之道。

「或現上服以嚴身，首戴華冠蔭高蓋，四兵前後共圍繞，誓眾宣威伏小王。或為聽訟斷獄官，善解世間諸法務，所有與奪皆明審，令其一切悉欣伏。或作大臣事弼輔，善用諸王治政法，十方利益皆週徧，一切眾生莫了知。或為粟散❶諸小王，或作飛行轉輪帝，令諸王子采女眾，悉皆受化無能測。或作護世四天王，統領諸龍夜叉等，為其眾會而說法，一切皆令大欣慶。或為忉利大天王，住善法堂歡喜園❷，首戴華冠說妙法，諸天覲仰莫能測。或住夜摩兜率天，化樂自在魔王所，居處摩尼寶宮殿，說真實行令調伏。或至梵天眾會中，說四無量諸禪道，普令歡喜便捨去，而莫知其往來相。或至阿迦尼吒天❸，為說覺分諸寶華，及餘無量聖功德，然後捨去無知者。

「如來無礙智所見，其中一切諸眾生，悉以無邊方便門，種種教化令成就。

「譬如幻師善幻術，現作種種諸幻事；佛化眾生亦如是，為其示現種種身。譬如淨月在虛空，令世眾生見增減，一切河池現影像，所有星宿奪光色。如來智月出世間，亦以方便示增減，菩薩心水現其影，聲聞星宿無光色。譬如大海寶充滿，清淨無濁無有量；四洲所有諸眾生，一切於中現其像。佛身功德海亦爾，無垢無濁無邊際；乃至法界諸眾生，靡不於中現其影。

「譬如淨日放千光，不動本處照十方；佛日光明亦如是，無去無來除世暗。譬如龍王降大雨，不從身出及心出，而能霑洽❹悉周徧，滌除炎熱使清涼。如來法雨亦復然，不從於佛身心出，而能開悟一切眾，普使滅除三毒火。

「如來清淨妙法身，一切三界無倫匹；以出世間言語道，其性非有非無故。雖無所依無不住，雖無不至而不去；如空中畫夢所見，當於佛體如是觀。

「三界有無一切法，不能與佛為譬喻；譬如山林鳥獸等，無有依空而住者。

「大海摩尼無量色，佛身差別亦復然；如來非色非非色，隨應而現無所住。

「虛空真如及實際，涅槃法性寂滅等；唯有如是真實法，可以顯示於如來。

「剎塵心念可數知，大海中水可飲盡，虛空可量風可繫，無能盡說佛功德。

「若有聞斯功德海，而生歡喜信解心，如所稱揚悉當獲，慎勿於此懷疑念。」

【章　旨】此章讚歎毗盧遮那之十身圓滿二十一種殊勝功德中的第十二種至二十一種功德。第十二部分九偈讚歎「令入種種行功德」，第十三部分一偈讚歎「如來無礙智」，第十四部分五偈讚歎「隨其勝解示現功德」，第十五部分三偈讚歎「無量所依調伏有情加行功德」，第十六部分二偈讚歎「平等法身波羅蜜多成滿功德」，第十七部分一偈讚歎「隨勝解示現差別佛土功德」，第十八部分一偈讚歎「三種佛身方處無分限功德」，第十九部分一偈讚歎三種功德，即「窮生死際常現利樂一切有情功德」、「無盡功德」、「究竟功德」。第二十部分一偈總結功德，最後一偈激勵眾生生起信仰（參見澄觀《華嚴經疏》卷六十，《大正藏》卷三十五，頁九六二中至九六二下）。

【注釋】❶粟散　即「粟散王」，小王之數眾多，猶如粟散，故稱「粟散王」。❷歡喜園　又名「歡樂園」、「喜林苑」，為忉利天帝釋四園之一，在喜見城外之北方，一切天人一到此地，就自然的生起歡喜的心情。❸阿迦尼吒天　又作「阿迦膩吒天」，意譯為「一究竟天」、「一善天」、「有頂天」。為色界十八天之一，五淨居天之一。位於第四禪天之最頂位，亦為色界十八天之最上天，為有形體之天處的最究竟者，故又稱「質礙究竟天」、「色究竟天」。❹霑洽　雨水充分，使土地浸潤；普徧施惠使受益。

【語　譯】「世尊有時顯現出以上等衣服裝飾起來的身體，他頭戴花冠，身被高高的蓋所庇蔭，有象、馬、車、步四兵前後一起圍繞，警告眾生、宣揚威儀、折伏小王。有時成為聽訟的斷獄官，善於調解世間的諸多法律事務，所有對錯、應該贊成的、應該剝奪的，都審理得明明白白，使其一切都完全欣悅、調伏。有時作為大臣專門弼輔君王，善於使用諸王治理政務、法律事務，十方民眾的利益都能夠得到周到的照顧，而一切眾生卻都不了知。有時作為粟散的諸小王，有時成為能夠在空中飛行的轉輪王，使諸王子、采女眾都全部受化而無能測知其玄妙。有時作為護世四天王，統領諸龍、夜叉等，為其眾會而說法，一切都使其獲得巨大的欣悅而歡慶。有時作為忉利大天王，住於善法堂的歡喜園，頭戴花冠而宣說妙法，諸天覲仰都不能測知其玄妙。有時住於夜摩天、兜率天、化樂自在天和魔王的所在，居住於摩尼寶宮殿，演說真實行使其得到調伏。有時到達梵天眾會之中，為其演說四無量心以及一切諸禪定、八正道，完全使其歡喜之後，便離去，這些天眾並不知曉其往來之相。有時至阿迦尼吒天為天眾演說三十七菩提分並且散佈諸寶花，以及其餘無量的神聖功德，然後便離去，而這些天眾則並不知曉。

「在如來無礙智中所看見的一切眾生，都以無邊的方便門，以種種方法教化眾生使其成就。

「譬如幻師善於表演幻術，顯現出種種幻事；諸佛化度眾生也是如此，為其示現種種色身。譬如明淨的月亮掛在虛空，使世間的眾生看到其盈與虧，在一切河水、池塘水中都顯現出月亮的影像，所有星宿都被其奪去光色。如來的智慧之月出現在世間，也以方便而示現出世間的增減，在菩薩的心水中顯現出其影像，使得聲聞的星宿沒有光色。譬如大海充滿了珍寶，清淨無濁而且沒有數量；四大洲的所有諸眾生，所有的一切都在大海之中顯現出其影像。佛身功德之海也是如此，無垢無濁而無有邊際；甚至法界中的一切眾生，無不在功德之海中顯現出其影像。

「譬如清淨之太陽放出千道光明，不動本處而照耀十方；佛之太陽的光明也是如此，無去無來而除去世間的黑暗。譬如龍王降下大雨，不從其身流出，也不從其心流出，但卻能夠使大地都被雨水普徧潤足，滌除了炎熱使世間清涼。如來之法雨也是如此，不從佛身之心流出，但卻能夠開悟一切眾生，完全使其滅除三毒之火。

「如來清淨美妙的法身，在一切欲界、色界、無色界中是無與倫比的；以出世間的言語演說其道，其體性非有也非無。雖然它是無所依的，但也是無不住的；雖然是無不至的，但卻是不去的；如虛空中的畫、夢中的所見，對於佛的體性也應該如此來看。

「欲界、色界、無色界三界有為、無為等等一切法，都不能用來作為佛的譬喻；譬如山林中的鳥獸等等，沒有一種是依靠虛空而住的。

「大海中的摩尼寶有無數種顏色，佛身的差別也是如此；如來非色身，也並非不是色身，隨著眾生所應而顯現各種形像，但又無所住著。

「虛空、真如以及實際，涅槃、法性、寂滅等等，只有如此的真實法，可以顯示出如來。

「國土中的外塵、眾生的心念之數可以知曉，大海中的水可以飲盡，虛空可以衡量，風可以縛住，但是卻沒有能盡說佛的功德。

「如果有人聽聞這些功德之海，而產生歡喜之心、信解之心，如其所稱讚頌揚的那樣應該全部獲得，因此，一定不要對此生起懷疑的念頭。」